개정판

유통정보론

이상윤 · 박한혁

도서출판 두남

개정판을 내면서

우리나라 유통시장의 급속한 성장과 기술혁신으로 유통업이 비약적으로 발전되어 소매 유통업의 매출 신장은 되었지만, 현장에서 경쟁은 더욱 치열해지고 있다. 이러한 성장과 기술혁신이 진행되는 환경에서 유통정보의 습득과 이해로 차별화하는 것이 중요한 시점이 되었다.

본 유통정보론은 기술 발전과 급변하는 유통환경에서 유통업에 종사하기를 희망하는 학생 및 유통업에 종사하는 사람들에게 가장 기본이 되는 유통정보에 대한 안내서이다. 특히 업계의 실무 현장에서 필요한 지식과 유통 학계의 이론적 지식을 반영한 유통정보론은 유통업에 종사하고자 하는 학생에게 기초적이고 기본적인 지식을 습득하는 최적의 산학연계 교재이다.

내용은 총 4부 12장으로 1부 유통정보 입문, 2부 유통정보 기술, 3부 유통정보 활용, 4부 유통정보 시스템으로 구성되었다. 유통업계 실무 현장에서 적용 가능한 유통정보에 관한 실무 위주 내용을 12장으로 구성하고 대학에서 1학기 과정에 학습할 수 있도록 정리하여 유통정보의 이론과 실무지식을 단기간에 학습할 수 있도록 하였다.

유통정보론이 2017년 8월에 대한민국 최초로 출간되고 나서 업계, 학계 선후배님들의 많은 성원과 구독으로 초판 3쇄를 거듭해오다 5년 만에 개정판을 출간하게 되었다.

이번 개정판에서는 4차 산업혁명과 유통기술 변화, 전자상거래 온라인유통 부분을 추가하였고 POS 시스템 실습 실무 내용은 ㈜ 투게더스의 매뉴얼을 업체 승낙을 받아 게재하였다. 초판 본문 내용의 깔끔하지 못한 표현과 오류, 그사이 변화된 내용을 전부 교정하였고 독자들이 보기 편하게 편집하였다. 본서를 완성하기까지 도움을 주신 유통업계와 학계 선후배님들에게 감사드린다. 특히 출판에 도움을 주신 두남출판사 전두표 사장님, 이승구 상무님 등 관계자들에게 진심으로 감사드린다.

2022년 7월

해항 이상윤·박한혁 씀

Contents

제1부 유통정보 입문

제3부 유통정보 활용

제 9 장 성과관리 … 290

제4부 유통정보 시스템

제 10 장 POS 시스템 … 321

제 11 장 점포 시스템 … 359

제 12 장 매장 진단 평가 … 386

표 차례

그림 차례

제 1 부 유통정보 입문

제1장 유통환경 변화

제1절 유통업태 현황

1 업태 개념

유통업에 있어서 영업 형태를 세분하면 업태(types of operation)와 업종(types of business)으로 나눌 수 있다.

1) 업종

업종이란 소매업에서 "비즈니스 타입" 내지는 "소매업 종류"라는 의미로 '무엇을 판매하고 있는가(what to sell)를 의미한다. 즉 컴퓨터판매점, 가전 판매점, 채소가게, 생선가게, 정육점, 의류점, 가구점, 완구점 등 상품 종류에 의한 분류 방법이다. 그래서 업종은 생산과 밀접한 관련이 있다.

[표 1-1] 업종과 업태 비교

구분	업종(types of business)	업태(types of operation)
의미	무엇을 판매하고 있는가(what to sell)	어떠한 방법으로 판매하나(How to sell)
종류	컴퓨터판매점, 가전 판매점, 채소가게, 생선가게, 정육점, 의류점, 가구점, 완구점 등	백화점, 편의점, 전문점, 슈퍼마켓, 드럭스토어 등
관점	생산과 밀접한 관련	소비자 구매 행동과 관련된 판매시스템과 밀접한 관련

2) 업태

업태는 “소매업 형태”라는 의미로 ‘어떠한 방법으로 판매하나(How to sell)’를 의미한다. 즉 백화점, 편의점, 전문점, 슈퍼마켓, 드럭스토어 등 상품 종류보다는 소비자 구매 행동과 관련된 판매시스템과 밀접한 관련이 있다([표 1-1] 참조).

2 유통업 업태 정의

1) 유통업 정의와 본질

(1) 유통업 정의

우리나라 유통산업 발전법에서는 유통산업을 전통적인 제품 도소매업에 국한하여 정의하고 있다. 유통산업이란 농산물, 임산물, 축산물, 수산물 및 공산품 도매·소매 및 이를 영위하기 위한 보관·배송·포장과 이와 관련된 정보·용역 제공 등을 목적으로 하는 산업을 말한다.

일본은 유통업에 대한 정의를 수립하는 데 있어서 사회적 경제적 기능을 중시하고 있다. 1965년 일본 통계심의회 유통통계부가 “유통 활동이라는 것은 물리적 또는 사회적인 ‘물건 흐름’에 관한 경제활동”이라고 정의하였다.

유통을 용어 그대로 물건 흐름을 통하여 생산과 소비를 연결하는 활동으로 규정하는 것이 특징이다.

국가 경제적 관점에서 상품 및 서비스가 생산자로부터 소비자에게로 유통 및 이전되면서 그 사용가치와 경제적 효용이 높아져 부가가치를 창출하는 것을 강조한다.

미국 경우에는 유통산업을 소비자 관점에서 정의하고 있다. 미국 유통산업은 소매 중심으로 분류되며 소비자 접점에서 이루어지는 활동을 유통산업으로 간주한다.

미국은 ‘유통’이라는 용어를 생산자 관점에서 제품을 소비자에게 유통하는 기능으로 간주하기 때문에 유통산업이라는 용어를 사용하지 않는다. ‘산업’으로는 도매업과 소매업을 구분하고 있으며 통상적으로 우리나라에서 말하는 유통산업은 주로 소매업에 속한다.

(2) 우리나라 유통산업 정의와 분류 문제점

우리나라 유통산업 정의는 개념적으로 도매, 소매와 기타 유통서비스 활동을 포괄하고 있으나 실제적으로는 소매업 중심 상품 판매 활동에 치중하고 있다. 도매업 및 기타 유통서비스 범위가 매우 넓고 그 활동이 다양하여 구분이 애매하다.

참고

한국표준산업 분류상 도소매업 정의와 범위

① 도매 및 상품 중개업

- 구입한 새로운 상품 또는 중고품을 변형하지 않고 소매업자, 산업 및 상업 사용자, 단체, 기관 및 전문사용자 또는 다른 도매업자에게 재판매하는 활동을 말한다.
- 개인이나 사업자를 위하여 상품 매매의 중개 또는 대리 활동이 포함된다.
- 도매 활동과 관련하여 상품을 물리적으로 조합·분류·선별·분할·재포장·상표부착·보관·냉장 및 배달과 설치 서비스 등이 포함될 수 있다.

② 소매업

- 개인 및 소비용 상품(신품·중고품)을 변형하지 않고 일반 대중에게 재판매하는 산업 활동으로써 여기에는 백화점, 점포, 배달 또는 통신판매, 소비조합, 행상인, 경매 등이 포함된다.
- 소매업은 최종소비자에게 직접 상품이나 서비스를 제공하는 기능을 담당하며 이를 제외한 모든 활동은 도매업으로 분류된다.

소매업자가 대형화되고 시장지배력이 커지면서 사회경제적으로 소매업에 관한 관심이 증대하여 소매업과 유통산업을 동일하게 간주하는 사례가 증가하였다. 외국 경우엔 물리적 기능에 치중한 Distribution(학계를 제외하고는 실무에서는 Distribution이라는 표현을 잘 사용하지 않음)과 경로 기능에 치중한 Channel, 그리고 소매업을 뜻하는 Retailing, 도매업을 뜻하는 Wholesale로 구분하여 사용한다. 우리나라 유통산업은 산업과 기능을 전부 포함하고 있으면서 현실적으로는 소매업 중심 물적 활동으로 간주하고 있다. 즉 유통의 서비스 기능보다는 상품의 물리적 이동과 판매에 한정되어 있다.

따라서 유통산업 정의와 범위에 대한 재정립이 필요하다. 다른 국가의 경우 국제적 기준을 고려하여 자국 상황에 적합한 정의와 분류 체계를 사용하고 있다. 예를 들면 일본은 사회적 기능, 미국은 소비자 접점을 중심으로 분류하고 있다. 우리나라 경우 유통산업에 도매업과 소매업이 포함되어 있으나 도매업은 상대적으로 소홀하게 취급하고 있다. 도매업 경우 상품별로 특성이 다르고 기능적으로는 판매와 물류에 치중하고 있다. 우리나라 도소매업이라는 기준 자체가 제품 판매에 치중하여 서비스 기능적 측면에 대한 이해가 부족하다. 장기적으로 볼 때 공급자를 위한 판매 기능보다 소비자 중심으로 유통산업을 정의하고 유통서비스 기능을 강조할 필요가 있다.

(3) 유통산업 효용과 가치

유통은 생산된 제품이 시장에서 거래되도록 만드는 효용(utility)을 추가함으로써 상품 거래가치를 높여준다. 유통과정에 관여하는 유통업체에 의해 창출되는 효용에는 4가지가 있는데 시간 효용, 장소 효용, 소유 효용, 형태 효용이다. 이 네 가지 효용을 창출하기 위해 유통업체가 수행하는 기본적 기능에는 거래 기능이 있으며, 부수적 기능에는 물류 기능, 조성 기능이 있다. 기본적 기능인 거래 기능은 유통업체가 직접 매입하고 직접 판매함으로써 유통과정 상에서 발생하는 비용과 위험을 흡수함으로써 생산자는 생산 활동에 전념하고 소비자는 필요한 상품을 구매하는 데 불편이 없도록 만드는 것이다.

유통업체가 취득하는 유통마진이란 유통과정에서 창출하는 효용에 대한 보상으로 수행하는 기능 범위가 넓고 효용이 클수록 마진이 높아지고 기능이 약하면 마진이 낮아지게 되어 있다.

참고

유통업체에 의해 창출되는 4가지 효용

① 시간 효용(Time Utility) : 생산 시점과 소비 시점의 시간적 괴리(gap) 해소
② 장소 효용(Place Utility) : 생산 지점과 소비 지점의 지리적 괴리 해소
③ 소유 효용(Possession Utility) : 생산자로부터 소비자에게로 제품의 원활한 소유권 이전
④ 형태 효용(Form Utility) : 제품의 형태를 판매하고 소비하기 좋게 가공(예 : 소분 포장)

참고

유통업체가 수행하는 기본적 기능과 부수적 기능

① 거래 기능 : 상품 소유권이 원활히 이전되도록 유통업체가 수행하는 기능
- 매입 기능 : 생산자로부터 상품을 매입하여 생산자 재고 부담 경감
- 판매 기능 : 잠재고객에 대한 판매촉진, 상품설명, 거래체결, 대금수취 등 수행

② 물류 기능 : 상품의 시간적·공간적 이전에 관계되는 기능
- 운송 기능 : 생산지역과 소비지역 간의 괴리를 연결
- 보관 기능 : 생산 시점과 소비 시점 간의 괴리를 연결

③ 조성 기능 : 거래 및 물류가 원활히 이루어지도록 보조하는 기능
- 표준화 기능 : 상품을 품질 수준에 따라 분류하여 소비자가 쉽게 품질을 평가할 수 있도록 규격화
- 금융 기능 : 소비자에게 신용 제공, 생산자에게 생산자금 지원
- 정보 기능 : 상품정보, 생산정보 등을 소비자에게 제공하고 시장정보, 소비자정보, 가격정보, 예상판매량 등을 생산자에게 제공

통상적으로 규모가 큰 유통업체는 거래 기능, 물류 기능, 조성 기능 등을 종합적으로 수행하여 유통과정에서 발생하는 비용과 위험을 부담하고 그 대가로 높은 마진을 보상받으며 규모가 영세한 유통업체는 물류 등 제한적 기능만 수행하고 낮은 마진을 보상받는 것이 정상적이며 효율적으로 작동하는 유통시장이라 할 수 있다. 규모가 큰 유통업체가 위험과 비용은 회피하면서 높은 마진을 받는 것은 비효율적이며 불공정한 유통시장 구조라고 평가된다. 즉 유통업체의 본질적 기능은 위험부담 기능이며 유통마진은 위험을 부담하는 것에 대한 보상인 셈이다.

여기에서 말하는 유통업체 위험부담 기능이란 생산과 소비의 괴리에 따라 발생하는 생산량과 수요량 불일치, 가격변동 위험, 상품 진부화 위험 등을 부담하여 생산과 소비를 활성화하는 것으로 유통업체의 경제적 기여를 뜻한다.

3 국내 소매업태 분류

국내 주요 소매업태를 구분한다면, 업태를 어떻게 구분하느냐에 따라 분류된 내용이 달라질 것이다. 아직 제대로 분류방식이 정립되어 있지 않기 때문에 애매한 부분이 없지 않아 있다.

특히 외국과 달리 소매업태는 외국 소매업태가 그대로 들어오는 것이 아니라 국내 실정에 맞게 변형되어 들어와서 성장하였기 때문에 외국 소매업태와는 용어가 같아도 실제 내용은 다른 경우가 많다. 따라서 국내 실정에 맞게 다음 [표 1-2]와 같이 분류하고자 한다.

국내 주요 소매업태 중에서도 국내에서 운영 중인 업태를 중심으로 서술하고자 한다. 단, 쇼핑센터, 상점가, 대형마트 등은 업태와 다르거나 광범위한 개념이다. 그러나 주요한 개념이므로 별도로 추가하여 설명하고자 한다([표 1-3] 참조).

1) 백화점

(1) 업태 정의

용역 제공 장소를 제외한 매장면적 합계가 3천 제곱미터 이상인 점포 집단으로서 다양한 상품을 구매할 수 있도록 현대적 판매시설과 소비자 편익시설이 설치된 점포로서 직영 비율이 30% 이상인 점포 집단을 말한다. 하나의 매장에서 일괄구매와 비교구매가 가능하도록 상품을 부문으로 구성하여 직영 위주로 영업하는 대규모 점포이다.

[표 1-2] 국내 소매업태 분류

	구분		국내 소매업태
유점포 소매점	백화점		- 가격, 입지, 상품으로 백화점 구분 - 고급백화점 롯데, 신세계, 현대백화점
	슈퍼마켓	슈퍼마켓 (super market)	- 체인스토어형, 독립점포형 - 해태슈퍼, 한화슈퍼, 일반 재래슈퍼점
		대형슈퍼마켓 (super super market)	- 슈퍼마켓 대형화 - 롯데슈퍼, GS슈퍼, 이마트에브리데이, 홈플러스 익스프레스
		종합슈퍼마켓 (general super market)	- 슈퍼센터(하이퍼마켓) 형, MWC 형 - 이마트, 월마트, 까르프, 코스트코 등
	전문점	의 류	- 패션매장형과 아울렛매장 형 주로 가격, 상품으로 구분 - 패션백화점 앤비, 2001아울렛 등
		가 전	- 가전제품 종합매장으로 전자랜드, 하이마트 등
		생활문화	- 북센터, 문구센터, 기타 카테고리형 매장
	편의점		- 편의품 중심 주거 밀착형 매장 - 세븐일레븐, 패밀리, 미니스톱 및 독립편의점
	드럭스토어		- 주거 밀착으로 편의품과 의약품을 취급하는 매장 - CJ올리브영, GS왓슨즈 등
무점포 소매점	인터넷쇼핑몰		- 인터파크, 삼성몰, 옥션 등
	TV홈쇼핑		- CJ홈쇼핑, GS홈쇼핑, 롯데홈쇼핑, 농수산TV, 현대홈쇼핑
	기 타		- 카탈로그판매업, 자동판매기, 방문판매업

[표 1-3] 소매업태 분류 유형

구 분		분류 내용
상품 계열별		종합소매점, 한정구색소매점, 식생활용품소매점, 일상편의소매점, 서비스소매점
가격대별		저가소매점, 중가소매점, 고가소매점
점포 유무별	무 점포판매	주문판매업(홈쇼핑, 인터넷쇼핑몰, 카탈로그), 자동판매기, 방문판매업
	유 점포판매	백화점 등 전통적 점포형 판매방식
판매방법별		대면판매, 셀프판매
시스템 통제 방법별		레귤러 체인, 볼런터리 체인, 프랜차이즈 체인

백화점은 다양한 상품구색으로 원스톱 쇼핑과 부가적 서비스를 제공하는 대면판매를 특징으로 한다. 대면판매는 판매원이 고객에게 직접 응대하고 판매하는 방법이다.

(2) 거래 형태

매입 유통업체가 상품 소유권을 이전받는 행위로 매입에 의해 상품에 따른 비용과 위험뿐 아니라 수익도 이전된다. 유통업체 마진은 상품을 매입하여 재고로 보관하고 소비자에게 판매하는 역할에 대한 보상이다. 유통거래에서 매입방식은 납품업체와 유통업체가 양자 간 합의한 조건에 의해 결정되는데 상품유형, 시장여건, 유통구조 등에 따라 일반적으로 통용되는 관행이 달라진다.

① 상품유형

농산물, 수산물, 생활용품, 의류, 잡화, 가구, 가전 등에 따라 다르다(농산물도 쌀, 과일, 야채, 화훼 등에 따라 거래 관행에 차이가 있다). 수요예측 용이성, 공급조절 가능성, 신선도, 보관 용이성, 재고 가치 하락 위험, 계절성, 전문성 등 기준에서 차이가 난다. 상품 유통이나 취급이 어려운 경우엔 거래 조건이 다양하고 복잡해진다.

② 시장여건

정보통신과 물류시스템 발달 정도, 법령·제도 체계, 계약 문화, 신용거래 보편화, 상호 신뢰성, 지리 접근성 등을 말한다. 제품은 상품 가치 평가, 대금결제 위험, 의사소통과 정보교류 정확성 등에 의해 제조되는데, 유통거래 위험과 비용 결정은 시장여건이 낙후되어 비효율적일수록 유통거래 위험과 비용이 커지며, 거래선들은 이런 위험과 비용을 분산하거나 전가하려는 성향을 갖게 된다.

③ 유통구조

거래 관행은 우월적 사업자가 일방적 이익을 추구할 경우 불공정해지고, 상생협력과 동반성장을 추구할 경우 공정한 방향으로 정착된다.

(3) 우리나라 백화점 매입거래 방식과 현황

우리나라 백화점이 납품업체와 거래하는 방식에는 직매입, 특약매입, 위탁매입, 판매분 매입 등 네 가지가 있다.

① 직매입

백화점에서 직접 재고를 안고 매입하는 거래형태로 백화점으로 소유권이 이전됨과 동시에 납품업체에 대금을 지불하는 방식으로 판매에 따른 비용과 책임도 백화점이 부담한다.

② 특약매입

백화점이 납품업자로부터 상품을 외상 매입하여 판매하고 미판매 분은 납품업체에 반품하는 위·수탁 거래형태 매입방식(특정매입이라고 함)으로 납품업체가 판매에 따른 비용과 책임을 부담하며, 백화점에 상품 판매액의 일정률 또는 일정액을 수수료로 지급한다. 임대차거래와 직매입의 중간 성격이다.

③ **위탁매입(임대차매입)**

점포임차인이 백화점 매장 일부를 임차하여 상품 등 판매에 사용하고, 그 판매액의 일부를 임대료로 지급하는 거래 방식으로 세금계산서 발행부터 매출인식, 재고관리 등을 전적으로 임차인 자신 명의와 계산으로 한다.

임대료 지급방식에 따라 임대(갑)과 임대(을)로 구분한다.

Ⓐ 임대(갑)

임대보증금을 백화점에 예치하고 매월 임대료를 납부하는 것으로, 소매점에서 완전히 독립된 형태로 영업하며 매출액과 상관없이 고정 임대료를 납부한다.

Ⓑ 임대(을)

매출에 대하여 소매점이 관리하고 매출액의 일정 비율을 마진/수수료로 부과하는 것으로, 임대보증금은 때에 따라 요구되거나 면제되며, 매출액의 일정 비율을 마진/수수료로 지급한다는 면에서 특약매입거래와 유사하다.

④ **판매분매입**

백화점이 판매된 상품만 매입하는 형태로 상품 소유권, 진열상품 손상, 도난 등 관리책임이 납품업체에 귀속되며, 때에 따라서는 상품 가격 결정 및 판매나 계산 책임까지도 납품업체가 부담한다. 판매가 완료된 시점에 매입절차를 밟는다는 것이 특약매입과 차이점이다.

우리나라 백화점 매입 관행은 백화점 산업 발달과 정부 정책 변화에 따라 변화됐다. 1970년대까지는 대부분 백화점이 단일점포를 운영하고 있었으며, 이 당시에는 임대방식이 관행이었다. 상품매입 및 매장운영을 직접 수행하거나 관리할 수 있는 조직과 시스템이 빠져 있었기 때문이다. 1980년대에 신세계, 미도파, 롯데, 현대 등 대기업들이 점포대형화와 다점포화를 추진하면서 거래 관행도 임대방식에서 판매분 매입방식으로 전환되었는데, 이는 임대방식과 달리 백화점이 상품을 매입하지만, 재고를 부담하지 않기 위해 판매된 상품만 매입으로 처리한다.

판매분 매입은 매우 전형적인 '한국형 거래방식'으로 이후에 백화점과 납품업체 거래 관행을 규정하는데 큰 영향을 미쳤고, 지금도 변형된 형태로 잔존하고 있다. 상품이 판매된 후에 매입으로 잡는다는 것은 백화점이 자기 매장에서 판매되는 상품의 모든 비용과 책임을 납품업체에게 떠넘기는 지극히 위험 회피적인 소극적 거래방식이다. 1990년대 무자료 거래 근절 및 세수확대 차원에서 부가가치세 제도가 도입되면서 판매분 매입은 특약매입으로 전환되었고, 현재 특약매입이 주된 관행으로 자리를 잡고 있다. 회계절차나 세무처리를 떠나 실질적인 유통거래 과정에 있어서 판매분 매입과 특약매입이 어떤 차이를 가졌는지 불분명하다.

현재 판매분 매입은 예외적인 경우에만 발생하며, 공식적으로 존재하지 않는다. 판매분 매입이 이행되는 경우는 매입절차를 밟을 시간적 여유가 없이 수요가 급증하여 상품을 시급히 공급해야 할 때이다. 예를 들면, 일본인 관광객들이 대거 매장에 들어와 김과 같은 특정 상품을 대량 구매하는 경우에 먼저 업체에서 상품을 갖다 팔고 사후에 매입 처리하는 식이다. 그러나 부가세 문제가 있어 백화점들은 공식적으로 판매분 매입이 없다고 주장하고 있다. 특정한 경우라 할지라도 판매분 매입이 발생했다는 사실이 인정되면, 부가세법 위반에 따른 제재가 취해질 것을 우려하기 때문이다.

2) 대형마트

대형마트는 할인점(Discount Store) 일종으로 소비자가 일상생활에서 사용하는 상품을 박리다매 원칙에 따라 항상 저렴한 가격으로 판매하는 대규모 점포를 지칭하며 유통산업발전법이 개정됨에 따라 2006년부터 공식적 명칭이 대형마트로 바뀌게 되었다. 대형마트는 매장면적 합계가 3,000m^{2}이상인 점포 집단으로서 식품·가전 및 생활용품을 중심으로 점원 도움 없이 소비자에게 소매하는 점포 집단으로 정의한다. 따라서 대형마트는 유통구조 합리화를 통해 소매점에서 거래되는 통상적 시중 가격보다 현저하게 저렴한 가격으로 상품을 판매하는 3,000m^2 이상인 점포라고 할 수 있다.

대형마트 효시는 1948년 미국에서 개점한 콜벳(Korvette)이며, 현재 미국뿐 아니라 전 세계에서 가장 규모가 큰 대형마트 체인은 월마트(Wall-mart)이다. 미국에서 일반적으로 저가격의 다양한 상품을 종합적으로 판매하는 매장을 '마트'라 부르고, 특히 식품·의류, 내구소비재·생활용품 등을 풀라인(full-line)으로 취급하는 경우 '종합마트'라고 한다.

대형마트 특징은 대량구매, 저마진/고회전, 셀프서비스, 최저투자 등으로 생산·유통·판매 구조를 효율화시킴으로써 저가 판매를 목적으로 하는 업태이다. 다점포화 및 대형화를 통해 저비용운영(Low Cost Operation) 체제를 갖추는 것이 경쟁력에 필수적이다. 저가 셀프서비스로 판매되는 업태는 세부적으로 상품 구색에 따라 디스카운트 스토어, 슈퍼센터, 하이퍼마켓, 회원제 도매클럽, 홈센터, 아울렛 등으로 구분된다.

우리나라 대형마트 중 생활용품 및 잡화만 판매하는 미국형 디스카운트 스토어는 거의 없고 대부분이 식품과 생활용품을 병행 취급하는 슈퍼센터 또는 하이퍼마켓에 속한다. 우리나라에는 유럽형 하이퍼마켓인 까르푸가 해외 소매점으로 가장 먼저 들어와 대형마트의 대표적 업태(Store Type)로 자리 잡았으며, 현재 이마트, 롯데마트, 홈플러스는 하이퍼마켓으로 분류되고 있다([표 1-4] 참조).

대형마트는 소비자들에게 폭넓은 구색의 상품을 원스톱 쇼핑으로 편리하고 저렴하게 구매할 수 있는 편익을 제공하는 업태로, 마진이 낮은 대신 대량판매를 통한 고회전과 저비용 운영(High-Turnover Low Margin Operation)을 통해 수익을 창출한다. 어떤 업태이건 박리다매를 위한 대형마트의 운영은 아래와 같은 특징을 가진다.

① 대량판매를 위한 대형매장
② 소비자 대량구매 편의를 위한 주차시설
③ 매장 인원 최소화를 위한 셀프서비스 판매방식
④ 임시직 활용으로 인건비 절감
⑤ 인테리어 간소화로 점포투자 최소화
⑥ 토지비용이 낮은 입지를 선택하여 출점비용 절감

[표 1-4] 대형마트 유형 분류

업태 명	특 징	예시
디스카운트 스토어 (Discount Store)	– 의류, 일용잡화, 내구소비재 등 실용적 생활용품 취급	월마트, K마트
슈퍼센터 (Supercenter)	– 할인점과 슈퍼마켓 장점을 접목한 업태 – 기존 디스카운트 스토어에 식품 추가	월마트슈퍼센터, 테스코
하이퍼마켓 (Hypermarket)	– 대형 슈퍼마켓에 할인점을 접목한 형태	까르푸, 클레프, 프로모데스
회원제 도매클럽 (Membership Wholesale Club)	– 제조업체가 출하한 파레트 상태로 진열하고 박스 단위로 판매	샘스클럽, 코스트코
홈센터 (Homecenter)	– 소비자가 셀프서비스로 주택을 보수, 유지, 개선하는데 사용하는 공구 및 자재 판매	홈데포, 홈플레이스
아울렛 스토어 (Outlet Store)	– 재고품 상설 할인판매 점포	2001아울렛, 마리오 아울렛

3) TV 홈쇼핑

(1) 홈쇼핑

홈쇼핑은 케이블TV 네트워크를 통하여 가전 의류 등 상품을 판매하는 것이다. 시청자는 전화로 주문하고 신용카드로 주로 결제하는 시스템이다. 24시간 방영되는 홈쇼핑 판매는 상품을 24시간 이내에 집으로 배달한다. 시청자를 확보하기 위하여 각종 오락프로와 연계하는 방송을 실시하기도 하고 특정 시간대에 특정 상품을 소구하여 특정 상품을 구매하려는 고객을 대상으로 방송한다.

(2) 거래형태 현황

상품공급자와 TV홈쇼핑 사업자의 상품 거래방식에는 주로 특정매입의 한 형태인 위·수탁 거래방식이 활용되고 있다([표 1-5] 참조).

우리나라 홈쇼핑업체는 매우 다양한 상품을 많은 고객에게 판매하기 때문에 판매량 예측과 고객관리가 매우 어려워 직매입 도입에는 한계가 있다. 일부 생활용품과 액세서리 등에서 직매입할 때도 있으나 일반적인 거래형태는 아니며 판매가 왕성한 시간대는 대부분 위·수탁 거래형식을 적극적으로 활용한다. 최근 일부 홈쇼핑업체들이 상품경쟁력 강화 차원에서 직매입을 확대하려는 노력을 기울이고 있다.

[표 1-5] TV홈쇼핑 매입방식 유형

구 분		내 용
직매입거래		대형유통업체가 납품업체로부터 직접 상품을 매입하여 일정한 마진을 붙여 판매하는 거래형태(반품불가), 대형마트의 주 거래형태로써 대형마트는 마진 수익 외에 납품업체로부터 판매장려금을 받아 수익을 올림
특정매입거래		TV홈쇼핑사가 상품공급업자로부터 상품을 외상 매입하여 판매하고 재고품은 반품하는 거래형태
위·수탁 거래		대규모소매업자가 납품업자가 납품한 상품을 자기 명의로 판매하고 상품 판매 후 일정률이나 일정액의 수수료를 공제한 상품판매대금을 납품업자에게 지급하는 거래형태로서 TV홈쇼핑 주 거래형태
위·수탁 거래에서의 판매수수료	정액제	판매에 따른 수수료를 지불하는 변동비적 지불 방식에서 일정 금액을 고정비적 성격의 금액으로 지불하는 방식
	정률제	판매로 인해 발생한 매출액의 일정비율을 TV홈쇼핑사가 가져가는 수수료 형태

4 유통산업 효용과 역할

1) 유통업 효용

유통(distribution)이란 상품을 생산자로부터 최종소비자에게까지 전달하는 중간 기능이며 모든 경제활동이다. 즉 생산자에서 소비자까지 중간과정에서 상품과 서비스 흐름을 가교 하는 효용창출 활동이다. 유통경로는 특정 상품과 서비스가 생산자로부터 중간상을 거쳐서 최종소비자에게 유통되는 과정에 참여하는 모든 개인과 회사의 집합체를 말한다. 유통경로에 참여하여 유통 기능을 수행하는 개인과 회사를 유통기관이라 한다. 유통업은 유통 기능을 수행하는 유통기관들로 구성되는 산업을 말한다.

(1) 유통업 기능

① 거래 기능

생산자에서 최종소비자까지 단계별로 전달하기 위한 구매 및 판매 기능

② 물적 유통 기능

생산자가 제품을 생산한 시점과 수요 발생 시점까지 차이 기간 동안 상품운송 기능, 보관 기능, 구색 확보 기능

③ 마케팅 기능

정보수집, 상품분류, 금융 기능, 판매촉진 기능

유통업은 경제 전체거래에 따르는 비용을 줄여주고 유통경로 단계별로 여러 가지 효용을 제공하며, 생산자와 소비자를 위해 효용을 창출하는 기능을 수행한다. 유통업은 생산 활동과 더불어 국민경제 효율성을 높여주는 중추적 역할을 수행하고 있다. 특히 경제가 발전해서 소득수준이 높아지면 높아질수록 유통업의 상대적 비중은 커지게 마련이며, 그 결과 유통업 및 유통업 종사자의 사회적 지위도 높아지게 된다.

2) 소매업 역할

소매업은 상품 흐름 과정에서 생산자와 소비자를 원활히 연결해주는 다양한 기능을 수행한다. 즉 소매업은 생산자와 소비자에게 장소, 시간, 소유 그리고 때로는 형태 효용을 제공하며, 이러한 효용창출은 거래 기능, 물적 유통 기능 및 촉진 기능을 적극적으로 수행함으로써 이루어진다. 여기서는 소비자에 대한 역할과 생산 및 공급업자에 대한 역할을 구분하여 설명하기로 한다.

(1) 소비자에 대한 역할

① 양질 적가 상품을 제공한다.

소매점 역할 중 가장 본질적 역할로 상품을 소비자에게 제공하는 기능을 수행한다. 소매업은 생산 및 공급부문으로부터 제공되는 많은 상품 중에서 품질이 좋고 가격이 적당한 상품을 소비자를 대신해서 엄선하여 소비자가 안심하고 선택할 수 있도록 준비하는 일이다. 물론 생산 및 공급부문에서 사회로 공급되는 여러 상품들이 모두 불량한 상품이라는 것은 아니며, 대부분 생산단계나 도매단계에서 일단 엄선된 것이다. 그러나 소매단계에서 행하는 검토는 단순히 기능이나 재질면에서만 결점을 찾아내는 데 그치는 것이 아니라 종합적으로 상품 가치를 평가하고 살펴보는 것이다. 어떠한 경우라도 소매단계는 소비자와 직결되며 소매단계 이후에는 상품에 대한 검사기관이 소비자 자신 이외에는 존재하지 않기 때문에 소매업의 상품에 대한 검토는 중요한 것이다.

② 상품 구색을 갖춘다.

소매점은 소비자 요구에 부응하는 다양한 상품 구색을 갖추도록 하여야 한다. 소비자는 소매점에 상품 구색이 없다면 그 점포에 상품을 사러 가지 않을 것이다. 오늘날 소비자는 가능하면 좀 더 많은 상품 중에서 자신의 구매목적과 구매동기, 소득, 자신의 기호와 생활양식에 알맞은 상품을 구매하려고 한다. 같은 종류 상품 중에서도 상품 유형, 재질, 가격 등에서 소비자가 요구하며 필요로 하는 충분한 구색을 갖추는 것이 소매업의 중요한 역할이 된다.

③ 필요한 재고를 보유한다.

소매점은 개개 소비자에게 신속하게 대응할 수 있는 재고 확보와 유지가 필요하다. 소매업 중에는 예비재고를 거의 보유하고 있지 않아서 고객이 구입해 가고나면 바로 품절이 되거나, 고객이 대량구매를 요구할 때에도 이에 응하지 못하는 경우가 있다. 물론 과도한 재고를 유지하는 것은 경영 효율을 저하하고 불필요한 재고 비용을 부담해야 하므로 사회적으로 바람직한 일이 못 되지만 안전재고를 전혀 갖지 않아서 소비자의 상식적 구매 욕구조차도 충족시킬 수 없다면 소매업 본래 역할을 수행하는 것으로 볼 수 없다. 그러므로 적정한 재고를 보유하고 유지하는 것이 필요하다.

④ 상품정보를 제공한다.

상품 종류나 소매업 형태 그리고 영업 방법에 따라 다르기는 하지만 소매업이 상품만을 제공하는 것은 아니다. 소매업은 상품 판매기관일 뿐만 아니라 상품정보, 유행정보, 생활정보와 같은 무형 가치까지도 함께 제공해준다. 실제로 이러한 정보는 상품진열, 광고, 인적판매, 각종 행사 활동을 통해서 소비자에게 전달된다. 그중에서도 중요한 의미를 지니는 것은 상품진열과 대인 판매이다. 진열을 단지 판매를 위한 점포 내외 분위기 조성이나 재고보유 수단만으로 생각해서는 안 된다. 진열된 상품 특성과 용도 및 기능 그리고 구색 상황과 가격 조건 등 정보를 소비자에게 전달하는 수단이 되는 것이다.

매장에 판매원을 배치하는 소매업 경우 판매원은 직접 소비자에게 상품에 관련된 여러 가지 정보를 제공한다. 즉 판매원 판매 활동은 진열, 포장, 판매 기능으로 끝나서는 안 된다. 판매원은 신뢰도 있는 각종 정보 전달자로서 그리고 전문적 구매상담자로서 소비자에게 마케팅 커뮤니케이션 역할을 해야 한다. 소매업의 소비자에 대한 지식과 정보전달 역할은 상품 종류가 다양해지고 상품정보 및 변화가 급변하는 환경에서 더욱 중요해지고 있다.

⑤ 쇼핑 장소를 제공한다.

소매업 종류에는 인터넷쇼핑, 홈쇼핑과 같은 무점포 판매도 있지만 아직은 소매판매 대부분은 특정 위치에 점포를 개점하고 소비자를 맞이하는 점포 판매방식에 의존하고 있다. 특정 위치에 점포를 개점하는 것은 그 지역 소비자에게 근처에 적당한 쇼핑 장소를 제공한다는 뜻이 된다. 최근 인터넷, 홈쇼핑 등 무점포판매가 늘고는 있지만 아직은 점포판매 방식이 주류를 이루고 있으므로 소매점이 쇼핑 장소를 제공하는 역할을 하는 것이다.

⑥ 쇼핑 즐거움을 제공한다.

소비자는 폭넓은 상품 구색과 신뢰할 수 있는 정보 제공을 바라고, 접근하기 쉬운 점포 위치와 함께 점포 내외 즐거운 분위기와 청결한 구매환경을 기대한다. 그러므로 판매원은 소비자에게 정보 전달자 역할과 함께 소비자의 즐거운 쇼핑을 돕는 환경 조성자 역할을 수행해야 한다.

⑦ 쇼핑 편의성을 제공한다.

소비자를 위한 점포 내외에서의 쇼핑환경조건은 점포 규모와 구조, 점포 실내장식, 진열기구 및 진열상품, 주차 및 접근 용이성 등 물적 요소뿐만 아니라 판매원 접객서비스인 인적 요소에 의해서도 형성된다. 따라서 판매원은 풍부한 상품지식과 전문성을 겸비한 전문가로서 고객 쇼핑을 도와줌과 동시에 항상 서비스 마인드로 고객을 접객하는 쇼핑 편의성을 제공한다.

⑧ 부가 서비스를 제공한다.

소매업은 상품을 판매하는 역할 이외에도 상품 배송서비스, 사후서비스, 품질보증과 같은 부가적 서비스를 해준다는 것은 누구나 생각할 수 있다. 이처럼 소매업은 형태, 입지조건, 경영방침에 따라 소비자에게 배송서비스 등 부가적 서비스를 제공할 수 있다.

(2) 생산 및 공급업자에 대한 역할

① 판매 활동을 대신해 준다.

판매 활동은 유통기관이 가지는 가장 기본적 활동이다. 소매업은 소비자에 대한 판매를 전문화하여 생산업자나 도매업자가 각자 본연 업무에 전념할 수 있도록 해준다. 그렇게 함으로써 각자 분업과 전문화 장점이 있을 수 있게 하여 준다.

② 정보를 전달한다.

소매업이 상품을 구입하는 도매업자나 제조업에 대한 역할로 상품에 대한 소비자의 여러 가지 요구(가격, 품질, 성능, 디자인 등)에 관한 최신 정보를 생산자나 도매업자에 전달해 준다는 것이다. 유통경로에서 소매업은 소비자에 가장 가깝게 있으며 소비자와의 접촉이 생산자나 다른 유통기관보다 월등히 많다. 따라서 소매업은 소비자에게 상품을 판매하는 과정에서 소비자들의 충족되지 않는 욕구를 누구보다 잘 파악할 수 있으며 이런 최신 정보를 생산 및 공급자에게 전해 주는 것이다.

③ 물적 유통 기능을 수행한다.

소매업은 상품구매 시점부터 판매 시점까지 상품을 보관하여야 하며 이에 따르는 각종 위험과 비용을 부담해야 한다. 때에 따라서는 소매업이 운송과 설치기능을 수행하기도 한다. 소매업이 이러한 물적 유통 기능을 수행하는 만큼 도매업자나 생산자는 부담을 덜게 되는 것이다. 특히 부패하기 쉬운 상품이나 특별히 주의해야 하는 상품일 경우, 이런 기능은 더욱 큰 의의가 있다.

④ 금융 기능을 수행한다.

유통과정에서 상품 흐름과는 반대 방향으로 상품 대금지불이 이루어지고 이 과정에서 소매업은 금융 기능을 수행하게 된다. 만약 생산자가 소비자에게 외상판매를 한다면 생산자는 외상 매출금을 회수할 때까지 자금 압박을 받게 될 것이다. 그러나 이런 부담을 소매업이 대신해 주는 금융 기능으로 생산자는 미리 받은 판매대금을 활용하여 자금순환을 쉽게 할 수 있다.

⑤ 촉진 기능을 수행한다.

소매업은 판매실적을 올리기 위해 소매업자가 자체적으로 소비자들에게 광고, 홍보, 판매촉진 활동을 하게 된다. 그런데 이 활동은 간접적으로 생산 및 도매업자들의 판매촉진 활동을 도와주게 되어 그들의 노력을 덜어 주는 효과가 있다.

제2절 유통환경 변화

1 초 가격파괴시대

1) '가격파괴' 진행

유통역사 속에 비친 변혁 중에서 유통혁명 최대 목표는 언제나 '가격을 끌어내린다'라는 것이었다. 실제로 여기에 앞장서서 도전해온 것은 유통업, 그중에서도 슈퍼마켓 창업자였고 할인점 창업자였다. 가격파괴란 말을 지금은 흔하게 듣고 볼 수 있게 되었지만, 지난 40년 체인점 역사를 뒤돌아볼 때 이 말은 기성질서를 파괴하는 이단자로 취급되던 시대도 있었다. 1971년 닉슨 쇼크에서 발단된 물가폭등과 그 뒤를 이은 1973년 제4차 중동전쟁 때문에 생긴 오일 쇼크에 따른 가격폭등에 대해 일본 다이에는 생활 필수품 가격을 1년간 동결하는 등 '물가폭등 저지운동'을 전개했었다.

대부분 공공요금이 인상되고 원자재 값 인상을 이유로 많은 제조업이 가격인상을 단행하는 와중에서 전개된 물가폭등 저지 노력은 지극히 이질적인 것이었고 일개 기업 인기전술 정도로 치부되는 측면도 있었다고 여겨진다. 또한 가격파괴는 그것을 추진하려는 '소매업'과 그것을 저지하려는 '제조업, 도매업' 간 대립 역사이기도 했다. 그것은 제조업이 개발한 상품에 막대한 광고 선전비를 투입해서 마케팅 비용을 높인 다음, 소매업자가 제조업이 정한 희망소매가격대로 영업을 강요하는 기존 유통구조에 대한 말단 소매업자의 도전이었을 뿐만 아니라, '사농공상(士農工商)', '생산제일주의', '철은 국가다'라는 말처럼 오랫동안 유통보다는 생산을 중요시해 온 경제발전 역사와 구조에 대한 아래로부터의 도전이었다고도 할 수 있다.

2) 초 가격파괴

그러나 시대는 크게 변했다. '초 가격파괴의 시대'에 접어든 것이다. 이제 가격파괴는 유통업에만 국한된 것이 아니라는 사실이다. 가격파괴는 슈퍼마켓이나 할인점뿐만 아니라 외식 체인점과 패스트푸드, 레스토랑 등 저가격 업태, 또 여행 패키지 요금, 호텔 숙박 요금, 사설 학원 수강료, 저가격 승용차 개발 등 예를 들면 끝이 없다. 가격재조정 문제는 앞으로도 계속 여러 업종과 업태, 즉 소매업은 물론 철강, 화학 등과 같은 소재 산업에도 퍼져 가격파괴 영역을 넓힐 전망이다. 다시 말해서 산업을 초월하는 가격파괴와 더 나아가서 소비자도 함께 하는 '전 산업 총 프라이스 포인트의 재조정'이 실현된 것이다.

또한, 제조업, 도매업, 소매업 등 유통 각 단계를 초월한 가격파괴 시대가 이미 시작되었다는 사실이다. 가격결정권을 놓고 소매업과 제조업이 서로 '대립하던 시대'는 끝났으며, '협조 시대'가 도래한 것이다. 다시 말하면 제조업이나 도매업, 소매업이 기업 단독으로 비용을 절감하는 일에는 한계가 있다는 것이다. 따라서 제조업, 도매업, 소매업이 한데 뭉쳐서 마치 한 기업체(= 버철 컴퍼니)인 양 서로 협력해서 각 기업이 각자 기업 단위별로 행해오던 중복작업과 같은 낭비를 피하려는 움직임이 일어났다. 생산에서 판매까지 총비용을 어떻게 해서든 끌어내려 저가격 상품을 제공하고자 하는 연구는 벌써부터 시작되었다. 소매업이나 제조업이 단독으로 시도하는 합리화에는 한계가 있기 때문이다. 따라서 '제조·배송·판매 동맹'을 통해 합리적 새 머천다이징 기법을 도출하고 이것을 토대로 저가격 상품과 소비자 욕구를 충족시킬 신상품을 개발하지 않으면 안 된다.

이렇게 함으로써 길고 긴 불황을 극복하고 초 가격파괴 새 시대에서 기업이 살아남을 수 있는 길이 모색될 것이다([표 1-6] 참조).

[표 1-6] 초 가격파괴 시대

'가격파괴 시대' — 가격결정권(슈퍼마켓 등 창업자)		
▼		
'초 가격파괴 시대' — 내외 가격차 시정과 규제 완화		
국가를 초월해서 	산업을 초월해서 	유통단계를 초월해서 
저가격 조달의 국제 네트워크화	전 산업 총 프라이스 포인트 재조정	'제조·배송·판매 동맹'을 통해서

2 가격파괴 본질

1) 가격파괴 = 사회적 사명, 철학, 이념

가격파괴란 단순히 상품이나 서비스를 3할, 4할 싼 가격으로 파는 것을 말하지 않는다. 그것은 지금까지 소비자에게는 지극히 불합리하고 낭비가 많다고 여겨진 생산성이 낮은 상품 공급구조를 가진 유통방식을 부정하고 재검토하는 것이다. 동시에 소비자에게는 보다 합리적이고도 낭비가 없이 생산성 높은 생산, 가공, 유통, 판매방식으로 재창조하는 일인 것이다. 그 결과 상품과 서비스 가격을 낮춰가려고 하는 시도이다. 그것이 바로 가격파괴 본질이다.

가격파괴를 지향하는 기업은 그 실현을 위해 사내외에 뿌리내리고 있는 기존 개념과 기존 방식, 기존 체제부터 부정해야 한다. 이를 위해서는 새로운 방식 탐구에 도전해야 하는데 구질서에 대한 회의와 현존하는 구질서 잔재에 대한 부정, 그리고 그로 인해서 발생하고 있는 낭비 요소를 제거해야 한다. 따라서 가격파괴를 지향하는 기업으로서는 이 도전이 일시적 붐이나 패션이 될 수 없으며, 그것은 기업 사운을 건 '영속적 도전 목표'일 수밖에 없다.

2) 가격파괴 = 기존 방식 변혁

과거 가격파괴 역사에 있어서 그 지도자는 일본 경우 다이에와 같은 체인점 내지 할인점 창업자였다고 할 수 있다. 그들은 1955년 전반기에 미국 셀프서비스 슈퍼마켓의 합리적 영업 방법을 채택하였다. 그 후 그들은 체인점 시스템을 살려 상품구입을 본부가 일괄 구매함으로써 구입비용 인하를 도모하였다. 또 영업은 각 산하지점이 책임지도록 매입과 판매 분권화를 기하고 조직 간소화를 도모함과 동시에 표준화된 점포운영을 통해 체인 운영비용 인하도 실천하였다.

이와 같은 합리성은 상품 저렴화와 대중의 지지를 유도할 수 있었는데 그것이 이들을 크게 성장시켜 주었다. 물론 그 배경에는 고도성장이라는 순풍도 있었지만, 대중의 일상생활 향상에 필요한 상품에 적정 가격을 매기는 방식이 주효해서 대량판매가 가능했다. 점포수가 늘어남에 따라 유력 제조업과 도매상에 대한 발언권도 서서히 증대되었고 PB상품도 개발할 수 있게 되었다.

그리고 더욱더 염가상품을 확보할 목적으로 홍콩, 필리핀, 한국, 대만 등에 구매처를 설치하여 개발수입에도 손을 댔다. 개발수입 상품의 대표적인 것은 이를테면 뱀장어였다. 당시 뱀장어는 여름철 '토용지절'(土用之節 : 7월 20일경)에 먹는 고급식품이었다. 이 시기가 되면 뱀장어 값은 폭등한다. 뱀장어 수요가 토용지절에 집중되기 때문이다. 그렇다면 구태여 토용지절에만 뱀장어를 먹을 것이 아니라 연중 어느 때고 뱀장어를 맛있게 먹을 수는 없을까 하는 연구가 시작되었다. 뱀장어는 원래 수온이 섭씨 18도 이하가 되면 먹이도 먹지 않고 뻘 속으로 기어 들어가 동면하는 버릇이 있다. 그렇다면 수온이 연중 18도 이상인 곳이 어디일까 하고 찾아보았더니 대만, 필리핀, 태국 등이 손꼽혔다. 하지만 일본인이 좋아하는 같은 종류의 뱀장어는 대만에서만 살고 있어 생산이 시작되었다. 또 날 것으로 냉동한 것은 껍질이 딱딱해져 먹을 수 없으니 현지에서 일단 찐 다음 살짝 구운 것을 냉동시켜 수입한 다음 최종적으로 일본에서 일본인 취향대로 다시 굽는 방법을 택했다. 그렇게 하여 대만 뱀장어는 매우 대중적이 되어서 누구든 먹고 싶으면 싼값으로 구입할 수 있게 되었다.

그러나 이렇게 되기까지는 많은 노력이 필요하였다. 수요 평준화에서부터 구매와 개발지를 세계로 넓힌 것과 생산에서 최종 판매까지 저렴한 가격이 되도록 함으로써 '값비싼 뱀장어'는 '대중적 가격의 뱀장어'가 되었다. '대중적 가격'이란 소비자가 구매할 때 대금지출을 고통스럽게 여기지 않고 부담 없이 구매할 수 있는 가격을 말한다. 가격파괴란 이처럼 기존 방식을 변혁하지 않고는 얻을 수 없다.

3 유통 구조적 변화와 유통혁명

불황 때문에 생겨난 소비자 저가격 지향은 붐을 이루다시피 급증한 '초염가 판매점'을 비롯해서 할인점의 매출증가와 슈퍼마켓, PB상품 매출증가 현상을 초래하였다. 또 NB상품 할인판매가 일상화됨에 따라 제조업이 설정해서 제시하는 '제조업 희망소매가격'이란 것이 송두리째 의미를 잃어갔다.

즉 제조업 희망가격을 말단 소매점이 전혀 지키지 않음으로써 제조업 희망가격과 실제 판매가격이 크게 달라지고 있다. 제조업 측 "제조업이 결정한 희망가격을 그대로 유지해 나가겠다."라고 하는 생각과 소매업 측 "판매가격은 소비자와 가장 근거리에 있는 소매점이 결정해야 한다."고 하는 생각과의 대립은 일본에서 1967년 다이에가 마쓰시타 전기(松不電器) 가전 상품을 싸게 판매한 것 때문에 마쓰시타 전기가 다이에 앞으로 상품 출하를 중지했던 일에서부터 시작되었다.

그 후부터 다이에와 마쓰시타 전기 사이에는 25년간에 걸쳐 정식거래가 중단되고 있었다. 그러나 가전업계가 겪고 있는 장기간 불황 때문에 마쓰시타 전기 측은 판로확대에 나서지 않을 수 없게 되었고 다이에 또한 가전 상품 구색 맞추기와 수지개선을 위해 마쓰시타 전기 상품이 필요하게 되었는데 때마침 마쓰시타 거래선이었던 쥬지쓰야가 다이에와

합병하게 됨으로써 오랜 양사 간 단절이 풀어졌다. 제조업에 의한 매매기준 가격제는 오랫동안 한국의 상 관행으로써 상거래 표준기능 역할을 해왔다고 할 수 있다. 이를테면 제조업 희망소매가격을 100으로 했을 경우, 제조업이 도매점에 주는 판매가격은 60이고, 도매점이 소매점에 주는 판매가격은 70이라는 식으로 '매매기준 가격'이 설정됐던 것이다.

이와 같은 '매매기준 가격'은 거래량과는 상관없이 동일한 경우가 많으므로 도매상과 소매상의 영업의욕을 돋우기 위해서도 일정 기간 안에 거래량이 기준을 초과하게 되면 장려금을 주는 리베이트 제도와 표리(表裏) 일체의 관계로서 유연하게 운용되어 왔다. 그러나 불황에 따라 소비자의 저가격 지향이 높아지자 대형 체인점이나 할인점을 중심으로 제조업의 희망소매가격을 대폭 인하한 가격으로 상품을 영업하는 사례가 급증하게 되었다. 통상적인 납입가격보다 낮은 가격으로 거래가 성행하게 된 것이다.

따라서 제조업으로서는 그러한 납입가격의 차액을 조정하는 기능을 해 주던 리베이트 제도가 차츰 큰 부담거리가 되기에 이르렀다. 오랜 상관행이 깨지고 있다. 그뿐만 아니라 희망소매가격이 존재함으로써 그것을 기준으로 가격을 인하하는 영업 경쟁이 치열하게 전개되고, 그렇게 인하한 가격만큼의 손실분을 제조업이 떠맡아야 하는 경우가 많아지게 되어, 결과적으로 수익이 악화하는 제조업도 생겨났다. 특히 경영 규모가 큰 도매업이나 소매업은 자연히 구매력이 향상될 수밖에 없는데, 이럴수록 '매매기준 가격제'는 한낱 형식으로만 존재할 뿐 전혀 본래 기능을 다 해내지 못하고 있으며, 또 리베이트도 받는 쪽으로선 기득권화되어 있다는 지적도 있다. 이상과 같은 흐름은 지금까지 제조업에 의해 희망소매가격이 설정되던 이른바 '제조업 매매기준 가격제'에서 '오픈 가격제'로 이행하지 않을 수 없는 상황을 만들어내고 있는 것이다([표 1-7] 참조).

[표 1-7] 제조업 매매기준 가격제와 오픈 가격제 기본적 흐름

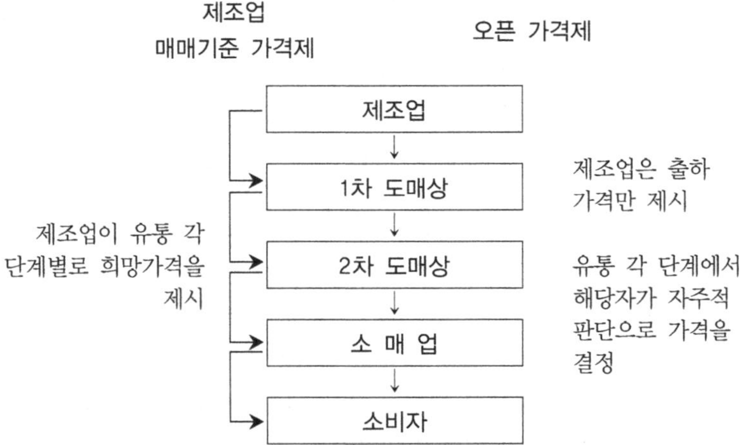

오픈 가격제로의 이행은 제조업이 오랜 세월 동안 휘둘러오던 '제조업에 의한 최종 말단 소매점의 판매가격 결정'이라고 하는 제조업 매매기준 가격제 붕괴는 제조업이 복잡한 리베이트 관리에서 벗어나게 해 주었으며, 따라서 제조업은 오로지 양질 신상품 개발에만 전념할 수 있는 새로운 마케팅전략을 재구축하는 절호의 기회를 맞았다고 할 수 있다. 리베이트제 간소화, 리베이트제 폐지 그리고 오픈 가격제 도입은 거래구조 단순화를 지향하는 개혁바람으로 시대적 요구에서 생긴 것이다. 따라서 이 흐름은 새로운 진전을 촉구하면서 계속 이어질 전망이다.

4 유통 정보혁명 시대

1) 글로벌 경쟁 환경 핵심 특성

(1) 무경계성

21세기에는 국가/산업/시장간에 경계가 없어지고 국내 1위, 업계 1위는 의미가 없어졌으며 누가 경쟁자인지 알 수 없는 시대가 되었다. 예를 들면 롯데제과의 경쟁자는 닌텐도이고 스타벅스 경쟁자는 맥도날드이다. 모든 경계는 잊어버리고 새로운 시장에 진출하는 기업만이 살아남는 환경이다.

(2) 급변 / 격변성

환경변화 속도가 빨라 특정 사업 분야에서의 경쟁우위가 장기간 지속하기 어렵다. 신중한 의사결정보다는 신속한 의사결정(타이밍과 속도)이 중요한 핵심역량이다.

(3) 불확실성

급변하는 환경에서 장기계획/계획경영/시스템경영의 기반인 전략적 계획만으로는 환경변화에 대응할 수 없다. 일본 미쓰비시와 같이 장기계획을 수립하고 실천하는 기업도 몰락하게 된다. 따라서 기존 경쟁 우위/방어 확장보다는 새로운 경쟁 우위를 계속 창조하고 핵심사업의 선택과 집중이 아닌 핵심역량 기반 및 신속한 행동으로 새로운 사업을 창출하고 개방형 창조혁신에 매진하여 경쟁자보다 먼저 신속하게 만드는 First Mover가 되어야 하며, 상시 창조적 혁신경쟁(혁신, 속도, 창조경쟁)으로 게임의 규칙을 변화시켜야 한다.

2) 21세기 4가지 혁명

혁명이란? 삶에 변화가 생겼을 때를 말한다. 21세기에는 소위 글로벌 혁명, 디지털 혁명, 모바일 혁명, 가치 혁명이라 하는 4가지 혁명시대에 진입하고 있다([표 1-8] 참조). 그리하여 소비자중심의 다품종 소량생산체제로 변모하게 되어 장기적 포지셔닝 전략수립 중요성이 대두되고 있다.

[표 1-8] 21세기 4가지 혁명

글로벌 혁명	무한경쟁의 시대	국내기반경제 → 글로벌기반 경제 지구촌시장의 단일화(국경 없는 경쟁)
디지털 혁명	스피드의 시대	산업사회 → 지식정보화 사회 인터넷혁명, IT혁명 시간과 공간의 한계초월 → 스피드한 생활 예) 인터넷으로 주민등록 증명서 발급
모바일 혁명	소통의 시대	언제 어디서나 Ubiquitous Realtime communication 실시간 소통 투명경영이 요구된다.
가치 혁명	자율과 창의, 개성의 시대	권위적 가치 → 민주적 가치 BRAVO세대 출현(일과 가정의 균형을 원함)

3) 디지털 경제

(1) 디지털 상품

디지털로 생산되고 유통, 소비되며 디지털 상태로 저장될 수 있는 상품을 의미한다. 디지털 상품은 만져볼 수 없고 컴퓨터를 통하여 내용을 보거나 즐길 수 있다.

(2) 디지털 시대 경영변화

① 양적 성장에서 수익성 중시
② 지역 경쟁체계에서 세계 경쟁체계
③ 오프라인 중심에서 온·오프라인 복합구조 중심
④ 원가경쟁에서 고객중심으로 변화
⑤ 매스마케팅에서 개개마케팅으로 변화

(3) 디지털 시장과 전통시장 비교

[표 1-9] 디지털 시장과 전통시장

기 준	디지털 시장	전통적 시장
정보 불균형	낮음	높음
조사 비용	낮음	높음
거래 비용	낮음(거의 없음)	높음(시간, 이동)
가격 차별화	낮은 비용, 즉시	높은 비용, 지연
네트워크 효과	강함	더 약함
중개 소멸	더욱 가능 / 가망 있음	덜 가능함 / 가망 없음

4) 유통혁명 정의

(1) 유통혁명 정의

상품이 유통되고 거래되는 방식이 완전하게 변화하는 상태를 말한다. 일반적인 유통과정은 생산자에서 도매상으로 도매상에서 소매점에 소비자에게 유통되는 형태인데 도매상이 사라지고 유통경로가 변경되는 현상을 말한다. 이런 유통혁명은 상품 대량생산과 대량소비, 그리고 교통 통신 발달로 가능해졌다. 유통혁명은 슈퍼마켓, 창고형 할인매장에서 볼 수 있다. 이들은 본부를 중심으로 일괄구매로 도매상을 거치지 않고 생산자와 소비자를 직접 연결하고 있다. 유통혁명은 운송, 포장, 보관 등에서도 이루어지고 있다. 유통혁명은 컨테이너 도입 배송과 저온 신선 배송 등 기술 발달에서 확인할 수 있다.

(2) 유통혁명시대 특징

정보가 빠르게 진전되고 소비자 욕구 증가로 제조업 위주 시장에서 유통 소비자 위주 시장으로 전환되고 있다. 새로운 유통업체들은 고객 요구에 능동적 대응으로 막강한 구매력을 확보하고 이를 통하여 가격과 포장 단위 등과 같은 중요한 시장지배 요인을 결정하는 주도권을 확보하게 되었다. 유통업계가 상품유통 개념에서 정보유통 개념으로 변화되고 있다. 유통업계가 비용중심적인 사고에서 시간중심적인 사고로 변화되고 있으며 불특정 다수 고객 대상 마케팅에서 개개 고객 대상 마케팅으로 변화되고 있다([표 1-10] 참조).

[표 1-10] 유통혁명 시대 특징

구 분	유통혁명 이전	유통혁명 시대
관리 핵심	개별기업관리	공급체인관리
경쟁우위 요소	비용, 품질	정보, 시간
기술우위 요소	신제품 개발	정보, 네트워크
고객·시장	불특정 다수	특화 고객
조직 체계	독립적 폐쇄적 조직	유연 개방적 팀 조직
이익 원천	수익 제고	가치 창출

제3절 유통시장 미래

1 가격파괴 대응 유통 신조류

1) 물류합리화

생산부문에서 비용절감이 한계에 도달함에 따라 물류비용절감이 경영의 중요한 과제로 대두되어 컴퓨터 네트워크로 상품이동 시스템을 구축하는 것을 기본 개념으로 한 전략적 물류시스템(로지스틱)이 필요하게 되었다. 이는 물류센터 통합화, 정보기술 도입, 다른 기업과 물류업무제휴 등 다양한 방법으로 응용되며 물류비 절감에 적용되고 있다.

2) PB상품

소매업자가 제조회사와 직거래를 통해 조달한 상품에 자신 상표를 부착해 판매하는 상품으로 미국 월마트가 급성장할 수 있는 배경이 되었다. 생산 설비없이 하청을 주는 형태이므로 중간 이윤이나 연구개발비, 광고선전비, 물류비 등을 대폭 절감할 수 있어 판매가격도 크게 낮출 수 있다. PB상품 확산은 제조회사 고유상표(NB : National Brand) 위축을 의미하지만 제조업체 2~3순위 기업에게는 위험부담 없이 매출을 오히려 확대할 수 있는 좋은 기회가 된다.

3) 오픈 가격

글로벌 마케팅 시대 도래에 따라 가격결정권이 생산자에서 유통업자나 소비자 손으로 넘겨지고 이러한 변화를 잘 반영한 것이 오픈 가격 등장과 확산이다.

오픈 가격은 제조회사가 출하 가격만을 표시하고 그 이후 가격은 비용이나 이윤 폭을 고려하여 유통업자가 결정하는 것을 말한다. 유통단계별 이익을 미리 배정하여 책정한 희망소비자 가격에 반해 오픈 가격하에서는 제조업자나 유통업자가 자구노력을 통해 이익을 확보해야 하므로 유통업계 재편성이 일어난다. 즉 경쟁업체에 비해 저렴한 가격을 제공하면서도 이익을 확보하는 로 코스트(Low Cost) 경영방식을 갖춘 유통업자만이 생존경쟁에서 승리할 수 있다.

4) 가상현실 상점가

미래에는 메타버스, 가상현실에서도 쇼핑할 수 있게 되며 디지털 안경을 쓰고 가상현실 속에 들어가면 실제 물건을 보는 것과 똑같은 효과를 느낄 수 있으며 더욱 발전하면 물건 감촉을 느끼고 꽃향기나 음식 맛도 가상현실 속에서 체험할 수 있게 된다. 가상현실 상점가는 점포설비가 필요 없고 판촉경비도 절약할 수 있어 상품가격인하 효과를 볼 수 있다.

5) CALS : 통합 물류·생산시스템

미국 국방부가 1980년대 중반 컴퓨터를 이용해 물자의 구매 및 병참지원을 목적으로 "컴퓨터 이용 무기획득 및 군수지원(Computer aided acquisition and logistic support)"이라는 개념으로 만든 것이 CALS 기원이다. CALS는 컴퓨터 네트워크를 통하여 상품 개발에서부터 부품조달, 기타 결제에 이르기까지 모든 기업 활동을 전자 데이터를 주고받으려는 구상으로서 이 방식을 이용하면 설계, 부품조달에서부터 물류, 상품유지보수에 이르기까지 가장 적합한 협력자를 전 세계 어디서나 찾아내는 것이 가능해진다.

2 4차 산업혁명 시대 도래

4차 산업혁명은 인공지능, 로봇기술, 생명과학이 주도하는 차세대 산업혁명을 말한다. 로봇이나 인공지능을 통해 실제와 가상이 통합되어 사물을 자동적, 지능적으로 제어할 수 있는 가상시스템 구축이 기대되는 산업상 변화를 말한다. 우리는 빠른 기술변화 속에서 살아가고 있다.

[표 1-11] 4차 산업혁명 기술 유통 분야 도입사례

기술 분야	적용 내용
인공지능	• 음성쇼핑 : 음성인식 AI를 통한 쇼핑 • 큐레이션 커머스 : 빅데이터와 AI를 접목해 적합 상품 추천, 구매전환율 제고
머신러닝	• 스마트로봇 : 점포 내에서 다양한 기능 수행 • 첫봇 : 고객과 대화를 통해 데이터를 축적하고 분석, 성향에 맞는 상품 제안
안면인식	• 안면 인식 결제 : 스마트폰 태그 없이 얼굴을 통해 결제 구현 • 보안 기술 : 무인 점포 내 보안 확립
로보틱스	• 물류센터 자동화 : 피킹 및 분류 로봇 시스템 • 점포 내 서빙 로봇, 포터 로봇
증강현실	• 가상 이미지를 덧입혀 매장에 가지 않고도 상품 배치 등 활용 가능
빅데이터	• 소비자 구매패턴과 선호도 파악을 통한 서비스 고도화
드론	• 드론을 통한 Last-mile 무인 배송 • RFID 리더 드론을 통한 재고관리 시스템

자율주행차는 금방이라도 도로에서 움직일 것처럼 빠른 속도로 기술개발이 진행되고 있다. 이외에도 드론을 통한 물류배송이 시작되었고, AI(인공지능)라는 단어는 인터넷, 가전제품 등 안 쓰이는 곳이 없을 정도이다. 새로운 세상 변화 앞에 4차 산업기술은 더 이상 선택이 아닌 필수로 자리 잡았다. 기술 변화는 새로운 트랜드를 만들고 각각 산업이 새롭게 변화되고 있다. 대표적 기술로는 증강현실, 사물인터넷(IOT), 인공지능(AI), 머신러닝(Machine Learning) 등이 있다. 이러한 기술 변화는 유통업에도 예외가 아니다. 이러한 기술 발전으로 유통업이 새롭게 변화되고 있다.

1) 사물인터넷(IOT) 기술 도입

유통업에서 IOT 기술 도입사례는 IOT 센서가 붙은 선반, 전자 가격표시기, IT 카트 개발 및 휴대폰을 이용한 길안내 서비스가 대표적이다. IOT 센서가 붙은 선반으로

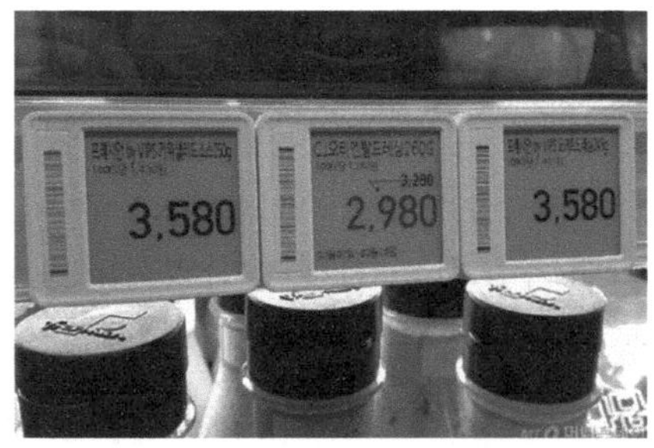

[그림 1-1] 전자가격표시기

[그림 1-2] IT 카트

실시간 재고 판매 여부를 파악할 수 있고, 부족한 재고를 주문할 수 있다. 전자 가격표시기로 실시간 가격표시가 가능하며 상황별로 가격대응이 가능하게 되었다. IT 카트 개발 및 휴대폰을 이용한 길안내 서비스로 매장 찾기가 쉬워졌다([그림 1-1], [그림 1-2] 참조).

2) 인공지능(AI) 적용

인공지능 적용으로 아마존 고의 경우([그림 1-7] 참조)처럼 무인점포인 스마트 매장이 가능해졌으며, 사람이 없어도 상품을 구매할 수 있는 서비스나 물류관리를 인공지능 로봇에 위임하게 되었다. 드론 배달 서비스, 장애인을 위한 인공지능 음성인식 서비스가 제공되고 있다([그림 1-3], [그림 1-4] 참조).

[그림 1-3] 드론 배송

[그림 1-4] 장애인을 위한 음성인식서비스

3) 공급사슬관리(SCM) 측면

IT기술 발달은 SCM 측면에서도 많은 변화를 가져오기 시작했다. 스마트 선반을 이용하여 자동으로 가격을 조정하고, 자동 재고 추적 장치로 공급망 전반에 걸친 실시

[그림 1-5] 스마트 선반

[그림 1-6] 물류창고 자동화

간 재고 파악이 가능하고, 생산 및 공급 효율화를 기할 수 있게 되었다. 매장관리 로봇을 도입하여 인력을 효율화하고, 물류 자동화로 불필요한 리드타임을 감소시킬 수 있게 되었다. 빅데이터를 인공지능이 분석하여 적정 재고량을 산출하고, 자동발주 시스템으로 적절한 양 이하로 재고가 하락 시 자동 발주하게 된다([그림 1-5], [그림 1-6] 참조).

명칭	시기	기능
킨들파이어	2011	태블릿 컴퓨터
파이어TV	2014	스마트TV 스트리밍 미디어 기기
파이어폰	2014	스마트폰
대시버튼	2015	원클릭, 자동 주문기기
에코	2015	스마트 스피커와 음성비서
에코 닷	2016	에코의 소형 버전
아마존 탭	2016	에코의 휴대용 버전
에코룩	2017	에코기능+핸즈프리 카메라
에코쇼	2017	에코기능+비디오 컨퍼런스 시스템
대시 완드	2017	음성비서 탑재한 생활용품 스캐너
클라우드 캠	2017	주택용 보안 카메라
블링크	2017	스마트 주택용 보안카메라/초인종
에코 플러스	2017	에코기능+홈네트워크 기기허브
에코 스폿	2017	에코기능+디지털 알람시계
에코 커넥트	2017	에코기기 전화 연결장치
에코 버튼	2017	에코기기 게이밍 콘트롤 확장
아마존 파이어 큐브	2018	음성비서가 탑재된 고화질 TV스트리밍 셋톱박스
아마존 헤일로(Halo)	2020	사용자 신체정보를 추적하는 헤일로 밴드와 헤일로 앱 출시

[그림 1-7] 아마존 4차 산업혁명 기술도입 사례

3 유통업태 변화

1) 새로운 유통업태 등장

(1) IT기술 발달

정보·통신 기술 발전에 따른 기업들의 정보 중심적 전략이 가능해지고, 인터넷 확산으로 고객 소비패턴이 변화함에 따라 새로운 유통업태들이 등장했다.

(2) 새로운 유통업태 등장

1996년 우리나라 유통시장이 완전 개방된 이후 슈퍼마켓 등 소규모 점포 비중은 감소한 반면, 대형마트, 편의점, 복합쇼핑몰, 무점포판매 등 새로운 유통업태 성장이 두드러졌다. 시장개방은 소비자 구매패턴에도 영향을 미쳐 저가격으로 원스톱 쇼핑이 가능한 대형할인점 비중이 크게 높아졌다. 온라인 유통업이 차지하는 비중도 크게 증가하여 그 매출액이 대형할인점과 백화점을 앞지르게 되었다. 2010년 이후 온라인 유통업은 오프라인과 온라인이 혼합된 형태를 띠고 있는 점이 특징이다. 즉, 오프라인 유통업이 온라인 유통업화(O2O)하는 형태로 변화되고 있다.

2) 유통기술 발전

(1) RFID 보급 확대와 IT 기술 발전

2005년부터 세계최대 유통업체인 월마트는 자사 100대 공급업체에게 RFID 부착을 의무화함에 따라 유통시장에서 RFID 시대가 시작되었다. RFID 확산은 물류 효율성 증대뿐만 아니라 매장환경 변화를 초래하였다. 의류매장에서는 스마트 피팅 시스템(Smart fitting system) 도입으로 소비자가 옷이나 화장품을 직접 사용해보지 않고도 자신에게 맞는 제품을 골라서 살 수 있게 되었다. 판매되는 모든 상품의 상세한 정보를 선반에 설치되어 있는 LCD 디스플레이어를 통해 소비자에게 제공하고 있다. 카트(Cart)에 설치되어 있는 네비게이션 시스템을 이용하여 원하는 상품이 진열된 위치를 알려주고 또한 소비자 동선에 대한 정보를 수집할 수 있게 되었다.

(2) 생산물 이력제 도입

생산물 이력제는 생산, 유통, 소비에 이르기까지 상품 이력을 실시간으로 추적할 수 있도록 해주는 것으로, 상품 품질을 보증하여 소비자를 보호하기 위해 지리적 표시제와 함께 도입된 제도이다. 주로 농산물과 축산물 등을 대상으로 생산지와 생산자의 실명을 표시하고 파종에서부터 비료와 농약을 준 시기, 수확한 시기, 유통경로 등을 소비자가 알 수 있도록 한 제도이다. 소비자 보호, 상표보호, 상품 위·변조 방지 등을 목적으로 도입하였다.

4 쇼핑 채널 통합화(Omni Channel)

온라인, 오프라인, 모바일 등 소비자를 둘러싸고 있는 모든 쇼핑채널들이 유기적으로 연결돼 고객이 마치 하나의 매장을 이용하는 것처럼 느끼도록 매장 쇼핑환경과 사용자 경험을 융합하려는 경향이 증가 되고 있다. 2008년 글로벌 금융위기 이후 아마존, 이베이 등 온라인 유통업체가 소비자의 위축된 소비성향과 가격 민감성을 공략하면서 급성장하게 되자 오프라인 유통업계도 다각화된 유통채널을 개발하게 되었다.

온라인쇼핑이 활성화되기 이전 소비자들은 전통적 유통채널인 오프라인 매장에서 상품을 구매해왔다. 이후 인터넷 활성화 등으로 온라인 유통 출현으로 소비자들은 보다 다양한 쇼핑채널에서 상품을 소비할 수 있게 되었다. 오프라인 점포는 물론 컴퓨터를 통한 온라인 매장 등 다양한 채널을 통해 상품을 소비하는 형태를 멀티채널이라고 한다. 하지만 이후 스마트폰 등장으로 모바일 앱을 통한 소비자들의 모바일 구매가 활성화되자 온라인을 포함하여 보다 다양한 형태의 유통채널관리가 필요하게 되었고, 주도권도 제조업에서 유통업으로, 다시 유통업에서 소비자의 손안으로 이동하게 되었다. 따라서 유통업체들은 소비자, 즉 구매자 중심 채널로 모든 것을 통합하는 새로운 형태의 방식인 옴니채널 시장개척에 앞다투어 나서고 있다.

멀티채널에서 한 단계 더 진화한 형태가 옴니채널이다. 이러한 옴니채널 발달이 고객의 소비문화에 미치는 영향은 매우 크고 그 파급력도 상당할 것으로 예상한다. 우선 옴니 채널을 통해 개인 소비자들은 불합리한 구매와 충동성 구매를 줄이면서 합리적 소비를 하게 될 것이고, 이를 통해 남은 금액을 다른 곳에 투자하는 기회가 생길 수 있다. 또한 시장에서 과도한 가격경쟁을 중단하고 기업들은 상품가격 합리화를 통해 기업 수익도 높일 수 있다. 이처럼 옴니채널 형태 유통에 의해 소비자 중심 가치가 더욱 커질 것이고, 기업도 공정한 경쟁과 합리적 가격을 통해 사회 공익을 실현시킬 수 있다. 모바일과 온라인 거래가 늘어남에 따라 롯데쇼핑은 모바일 앱이나 PC로 상품을 주문하고 찾아갈 날짜를 선택하면 온라인 픽업 데스크에서 찾아갈 수 있는 서비스를 개시했는데 이러한 옴니채널 서비스는 고객들에게 쇼핑시간을 줄이고 온라인 쇼핑의 불편한 점을 보완하는 새로운 온오프라인 통합 채널 사례라 할 수 있다([그림 1-8] 참조).

자료 : 한국경제(2016)

[그림 1-8] 롯데쇼핑 옴니채널 마케팅

(1) **옴니채널**(Omni-channel)

소비자가 오프라인, 모바일, 온라인 등을 통해 상품을 검색하고 구입할 수 있도록 하는 서비스를 말한다. 백화점 언택트 몰에서 구매한 상품이 백화점 오프라인 매장에서 구입한 상품과 같은 매장을 이용한 것처럼 느낄 수 있도록 쇼핑환경을 찾는 '스마트 픽'이 옴니채널 방식이다. 소셜커머스, 모바일, 인터넷 쇼핑몰, 백화점, 할인점 등 다양한 유통채널 속에서 그 어떤 채널을 통해 접근하여도 동일한 서비스를 제공하는 것이 옴니채널 전략이다.

(2) O2O(Online to Offline) **플랫폼**

온라인과 오프라인이 결합하는 현상을 의미하는 말이며, 기업이 주도적으로 온라인이나 오프라인 채널을 확장하는 데 초점을 맞추고 있다. 사업적인 측면에서는 새로운 영역으로 신규 사업이나 새로운 비즈니스 모델을 구축하는 전략이다.

사례) 배달음식 주문 앱, 카카오택시 앱, 스타벅스 사이렌 오더

◎ 연습문제 ◎

01 유통업 업종과 업태에 대하여 설명하시오.

- 업종이란 소매업에서 "비즈니스 타입" 내지는 "소매업 종류"라는 의미로 '무엇을 판매하고 있는가(what to sell)'를 의미한다. 즉 컴퓨터판매점, 가전판매점, 채소가게, 생선가게, 정육점, 의류점, 가구점, 완구점 등 상품 종류에 의한 분류 방법이다. 따라서 업종은 생산과 밀접한 관련이 있다.
- 업태는 "소매업 형태"라는 의미로 '어떠한 방법으로 판매하나(How to sell)'를 의미한다. 즉 백화점, 편의점, 전문점, 슈퍼마켓, 드럭스토어 등 상품 종류보다 소비자 구매행동과 관련된 판매시스템과 밀접한 관련이 있다.

02 대형마트에 대한 정의를 설명하시오.

- 대형마트는 할인점(Discount Store) 일종으로 소비자가 일상생활에서 사용하는 상품을 박리다매 원칙에 따라 항상 저렴한 가격으로 판매하는 대규모 점포를 지칭하며 유통산업발전법이 개정됨에 따라 2006년부터 공식적인 명칭이 대형마트로 바뀌게 되었다.
- 대형마트는 매장면적 합계가 3,000㎡ 이상인 점포 집단으로서 식품·가전 및 생활용품을 중심으로 점원의 도움 없이 소비자에게 소매하는 점포 집단으로 정의한다. 따라서 대형마트는 유통구조 합리화를 통해 소매점에서 거래되는 통상적 시중가격보다 현저하게 저렴한 가격으로 상품을 판매하는 3,000㎡ 이상인 점포라고 할 수 있다.

03 소매업 소비자에 대한 역할을 설명하시오.

① 양질 적가 상품을 제공한다.
② 상품 구색을 갖춘다.
③ 필요한 재고를 보유한다.
④ 상품 정보를 제공한다.
⑤ 쇼핑 장소를 제공한다.
⑥ 쇼핑 즐거움을 제공한다.
⑦ 쇼핑 편의성을 제공한다.
⑧ 부가 서비스를 제공한다.

04 용어설명

- PB상품
- 직매입
- 특약매입
- 옴니채널

제2장 유통정보

제1절 유통정보

1 정보 이해

1) 유통정보

(1) 유통정보 정의

정보란 어떤 행동을 취하기 위한 의사결정을 목적으로 하여 수집된 각종 자료를 처리하여 획득한 지식이다. 어떤 사물, 상태 등 관련된 모든 것들에 대해 수신자에게 의미 있는 형태로 전달되어 불확실성을 감소시켜 주는 것과 같이 수신자가 의식적 행위를 취하기 위한 의사결정, 선택 목적에 유용하게 사용될 수 있는 데이터 집합을 의미한다. 미래 불확실성을 감축시키는 모든 것을 의미하며, 이를 위해 방대한 자료들을 객관적·체계적으로 수집·분리·보관·전달·보고하기 위한 시스템을 전제로 하는 것이다. 각각 사실들이 지닌 본래 가치를 초월하여 새로운 부가가치를 지니는 방식으로 조직화된 사실들의 집합체이다. 인간이 판단하고, 의사결정을 내리고, 행동을 수행할 때 그 방향을 정하도록 도와주는 역할을 하는 것이다. 따라서 정보는 미래 불확실성을 감소시켜주는 역할을 한다.

(2) 자료, 정보, 지식 특징

① 자료(Data), 정보(Information)

자료는 인간이 이해할 수 있고 유용한 형태로 처리되기 전 있는 그대로의 사실이거나 기록이다. 어떤 현상이 일어난 사건이나 사실 그대로 기록한 것으로 숫자, 기호, 문자, 음성, 그림, 비디오 등으로 표현된다. 그 자체로는 의미가 없으며 이용자 의도에 맞게 유용한 형태로 전환되고 가치를 지니고 있어야 의미를 가지게 된다. 이렇게 자료가 의미 있는 형태로 처리되었을 경우 비로소 정보라고 부른다. 따라서 자료가 정보가 되려면 반드시 이용자 목적에 부합 또는 적합 되어야 한다. 즉, 데이터에 목적 적합성(relevance)이 부가될 때 비로소 정보가 되는 것이다.

② 지식(Knowledge)

지식이란 동종의 정보가 집적되어 일반화된 형태로 정리된 것으로, '어떤 특정 목적 달성에 유용한 추상화되고 일반화된 정보라고 할 수 있다. 광의로는 사물에 관한 개개의 단편적 실제적(實際的)·경험적 인식을 뜻하고, 엄밀한 뜻으로는 원리적·통일적으로 조직되어 객관적 타당성을 요구할 수 있는 판단 체계를 말한다. 다양한 종류의 정보가 축적되어 특정 목적에 부합하도록 일반화된다([표 2-1], [표 2-2] 참조).

[표 2-1] 자료, 정보, 지식 비교

구 분	자료	정보	지식
구체성 수준	낮은 구체성 개체적 구체성	통합된 구체성	고도의 추상성 구체성이 제거됨
상황적 의미	상황적 의미가 거의 없음	특정 상황 의존적	광범위한 상황에 적용 가능
범위 특성	매우 협소	특정 상황에 제한	정보 범위 이상 확대
시간 제약	해당 안 됨	정보 가치 감소	시간 제약 거의 없음

[표 2-2] 자료, 지식, 정보 간 관계도

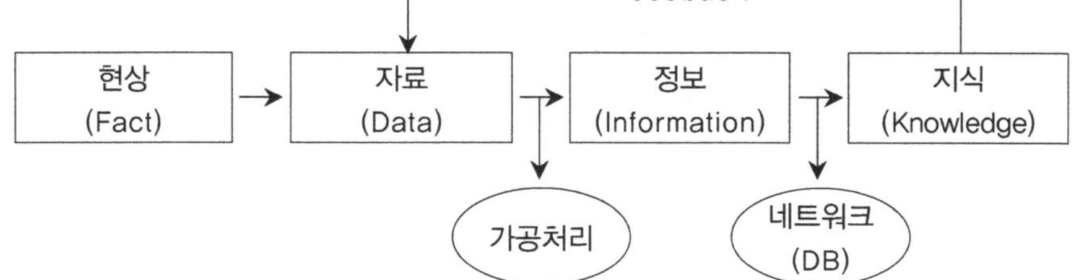

(3) 바람직한 정보 특성

① 정확성(Accuracy)

정확성을 갖춘 정보는 실수나 오류가 개입되지 않은 정보이다. 정보는 데이터의 의미를 명확히 하고 정확하게 편견 개입이나 왜곡 없이 전달해야 한다.

② 완전성(Completion)

중요한 정보가 충분히 내포되어 있을 때 비로소 완전한 정보라 할 수 있다.

③ 경제성(Economical)

필요한 정보를 산출하기 위해서는 경제성이 있어야 한다.

④ 신뢰성(Reliability)

신뢰할 수 있는 정보는 그 원천자료와 수집방법과 관련이 있다. 예를 들어, 증시에 돌아다니는 루머만 믿고 투자할 수는 없는데, 그 이유는 루머를 뒷받침할 수 있는 원천을 알 수 없어 신뢰성이 없기 때문이다.

⑤ 관련성(Relevancy)

양질 정보를 취사선택하는 최적 기준은 관련성이다. 관련성 있는 정보는 의사결정자에게 매우 중요하다. 즉, 컴퓨터제조업자에게 목재 가격이 하락할 것이라는 정보는 관련성이 없으므로 필요 없는 정보가 된다.

⑥ 단순성(Simplicity)

정보는 단순해야 하고 지나치게 복잡해서는 안 된다. 너무 정교하거나 상세한 정보는 때에 따라 의사결정자에게 불필요할 수도 있다.

⑦ 적시성(Timeliness)

양질 정보라도 필요한 시간대에 이용자에게 전달되지 않으면 가치를 상실한다.

⑧ 입증 가능성(Verifiability)

정보는 입증 가능해야 한다. 입증 가능성은 같은 정보에 대해 다른 여러 정보원을 체크해 봄으로써 살펴볼 수 있다.

⑨ 통합성(Combination)

개별 정보는 관련 정보들과 통합될 때 상승효과(synergy effect)를 갖는다. 수직적 통합은 두 가지 이상 서로 다른 유형의 경로구성원들 간에 정보의 유기적 결합을 의미하고, 수평적 통합은 개별적으로 분산된 같은 유형의 경로구성원에 관한 정보의 중앙 집중화를 의미한다.

⑩ 적절성(Felicity)

정보는 적절하게 사용되어야 유용한 정보로서의 가치를 가진다.

⑪ 형태성(Presentability)

의사결정자 요구에 정보가 얼마나 부합되는 형태로 제공되는지에 대한 정도를 말한다.

⑫ 누적 가치성

정보는 생산, 축적될수록 가치가 커진다.

⑬ 매체 의존성

정보가 전달되기 위해서는 어떤 전달 매체(신문, 방송, 컴퓨터)가 필요하다.

⑭ 결과지향성

정보는 결과를 지향한다.

(4) 정보 가치

① 정보 유용성

정보 유용성은 정보가 인간 행동에 얼마나 동기를 부여할 수 있고 의사결정에 기여할 수 있는가에 의해서 결정된다. 앤드러스(Roman R. Andrus)는 정보 가치는 정보 정확성과 함께 정보 효용으로 평가되어야 한다고 주장한다. 즉 정보는 필요할 때, 필요한 장소에서, 필요한 형태로 제공되어야 가치를 갖는다는 것이다.

② 정보 계량적 가치

정보 계량적 가치는 정보 가치를 화폐 가치와 같은 계량적 기준으로 측정한 것을 말한다. 의사결정자가 의사결정 문제에 대한 사전지식을 어느 정도 가지고 있다는 전제 아래 측정한 것은 정보의 규범적 가치이다. 정보가 의사결정을 지원하고 의사결정 행위는 성과를 유발한다는 가정에 따라 정보 가치를 측정한 것은 정보의 현실적 가치이다. 정보 계량적 가치는 경제성으로 표현될 수 있다. 반면 정보의 정성적 가치는 정보 관련성, 정확성, 적시성, 완전성 등으로 표현된다.

(5) 정보 과부하(information overload)

인간이 입력 신호를 받아들여 그에 따른 반응을 나타낼 수 있는 능력에는 한계가 있다. 모든 정보를 처리하는 데 있어 정보량이 개인 능력을 초과할 때, 정보과부하(information over-load)라 말한다. 인간은 정보과부하를 막기 위해 급하지 않은 정보를 미리 제외하는 여과과정(filtering)을 통해 입력정보 양을 자신이 다룰 수 있는 범위내로 조절하게 된다. 이때 인간은 보통 자신의 사전 지식 및 경험에 의해 미리 불필요한 정보를 제거하거나 체계적 의사결정 절차를 활용함으로써 필요한 정보만을 받아들이는 등 방법을 통해 여과과정을 수행한다. 정보시스템 구축에 있어서 경영자들에게 '필요한 정보를 제공하는 것' 못지않게 '필요 없는 정보를 제공하지 않는 것'이 중요하다. 정보과부하 현상 예방 방법은 불필요한 정보를 제외하고 경험적 준거체계를 이용하며 체계적 의사결정과정을 활용하여야 한다.

2 정보화 사회

1) 정보화 사회

(1) 정보화 사회 개념

정보화 사회란 정보가 경쟁력의 원천이 되는 사회로서 컴퓨터 기술과 전자 기술 및 정보·통신 기술 등을 통해 가치 있는 정보가 창출·활용되고, 이러한 모든 생활영역에서 핵심이 되며, 사회구성원 욕구를 충족시키는 데 정보가 중추적 역할을 수행하는 사회를 의미한다. 정보화 사회(情報化社會)는 정보를 가공, 처리, 유통하는 활동이 활발하여 사회 및 경제의 중심이 되는 사회이다.

(2) 정보화 사회 배경

산업사회 성립 계기가 된 일련의 사건들을 산업혁명이라 하는 것과 같이, 정보화 사회로 진행되는 과정을 정보혁명이라고 부르기도 한다. 사회 전체적으로 기술사회·지식사회·고학력사회를 형성한다. 산업사회 이후 정보화 사회를 규명하기 위해서 많은 신조어들이 만들어졌다. 정보화 사회는 이용자들의 정보욕구 변화와 이를 충족시켜주기 위한 정보·통신 기술 진전에 의해 탄생되었다.

정보이용자들의 욕구 다양성과 고도화는 신속한 정보처리능력과 대량 정보보관능력을 요구하였으며, 정보화 사회를 앞당기는 요인이 되었다. 대중정보, 통신기술 발전을 통해 소비자들은 전 세계 상품에 대한 정보를 얻을 수 있으며 최상 조건을 지닌 상품을 구매할 수 있게 되었다. 컴퓨터 및 통신 네트워크 기술 발전으로 정보관리능력 향상은 경영활동 소요시간 단축, 오류 감소 및 비용절감 효과를 가져오고 기업의 의사결정 능력을 강화시켰다.

2) 정보혁명

(1) 정보기술과 정보혁명

① 정보기술

정보 수집, 저장, 처리, 검색, 전송 등과 같이 정보 처리와 유통과정에서 사용되는 모든 기술 수단을 포괄한다. 따라서 정보기술은 반도체를 비롯한 컴퓨터 하드웨어, 하드웨어 운영을 지시하는 컴퓨터 소프트웨어, 통신네트워크와 전자통신기기 같은 정보통신기기와 해당 소프트웨어 등을 포함한다.

② 정보혁명

정보기술 혁신으로 인해 종래 산업화하는 다른 정보의 처리, 유통에 있어서 대량화, 고도화가 이루어지게 된 것을 말한다. 이러한 정보혁명은 컴퓨터 시스템 출현으로부터 절대적 영향을 받기에 현대 정보혁명시대를 컴퓨터 혁명시대라고도 한다.

(2) 정보혁명 특징

① 정보기술 등장으로 발생

산업혁명을 주도한 것이 산업기술이었다면 정보혁명을 초래한 것은 정보기술이다. 정보기술은 정보혁명 원인이면서 동시에 결과이기도 하다.

② 급진적 성격

산업혁명은 약 150년이라는 장기간에 걸쳐서 일어났지만 정보혁명은 앨빈 토플러가 「제3의 물결」에서 정보화 시대를 예견한 이후 비교적 짧은 기간에 사회 전 영역에 걸쳐서 일어났다. 정보혁명 급진적 성격은 수용과 적응이라는 관점에서 여러 가지 문제점을 낳고 있다. 급속한 정보혁명에 일반 국민이 적응하지 못하여 생기는 비능률, 불편, 낭비 등 "문화 지체 현상"이 대표적이다.

③ 정보 폭증

정보혁명 하에서는 정보 폭증 현상이 수반되는데, 이러한 현상은 정보기술 발달로 더욱더 가속화될 것으로 기대된다. 정보 폭증은 생산 면에서 양적 팽창과 유통 및 소비면에서 대량화를 가져오고 사회 구성원인 개개인에게는 양면적인 효과가 있다.

Ⓐ 긍정적 효과

정보량과 종류가 풍부해져서 개인 잠재적 선택 가능성이 확대되어 자율적 선택 여지가 증대된다.

Ⓑ 부정적 효과

정보량과 종류가 지나치게 많아질 경우, 개인정보 선택에 대한 혼란과 부담이 가중되고 정보 질적 저하가 일어날 수 있다.

(3) 정보혁명 단계

① 1단계 정보혁명

1970년대에 기업들이 컴퓨터시스템을 도입하면서 등장한 산업 정보화이다.

② 2단계 정보혁명

1980년대 이후 기업 중심에서 탈피하여 사회와 가정을 중심으로 한 정보 사회화이다. 즉, 정보화 사회 도래 단계이다. 산업 정보화가 이윤추구라는 경제적 활동에 대한 정보행위를 그 대상으로 하고 있다면, 정보 사회화는 사회전반에 걸친 정보행위를 포함한다. 정보 사회화는 기업뿐 아니라 사회, 정치, 문화, 개인생활 등에 대한 정보환경의 질적·양적 변화를 의미한다. 산업 정보화는 새로운 정보기술을 경영관리와 생산과정에 도입하여 비교적 짧은 기간 내에 정착될 수 있었다. 그러나 정보 사회화는 대상이 광범위하고 일반인의 정보에 대한 인식이 개선. 고취되어야 함으로 단시간 내에 성공적으로 이루어지기는 어렵다.

3) 정보화 사회 특징과 문제점

(1) 정보화 사회 특징

① 소프트웨어 중심 구조 전환 → 분석정보에 의존한 의사결정이 잦아짐
② 다품종 소량, 탈 대량화
③ 애드호크라시(Adhocracy), 임시조직, 지방분권체제, 작은 정부, 권한이양
④ 직능급 중심 전환(전문직, 기술직 우위)
⑤ 개별기업관리 관점 → 공급망 관리 관점
⑥ 폐쇄적 운영조직 → 개방적 운영조직(유연성과 반응성이 높아짐)
⑦ 제품중심(신제품개발) → 가치창출중심(정보, 네트워크)
⑧ 다품종 소량 → 다품종 다량(Mass Customization, 대량고객화)

(2) 정보화 사회 문제점

① 사생활 침해

개인적 정보가 타인에게 공개되는 문제를 들 수 있다. 행정전산망 또는 생활정보망이 구축되면서 사적 정보가 컴퓨터통신망에 저장되는데, 자신에 관한 정보가 개인 동의 없이 타인에게 누출되어 악용될 수도 있다.

② 정보격차

정보격차는 정보에 대한 접근과 이용이 개개인에 있어서 차이가 나는 정보 불평등 현상이다. 즉, 산업사회에서의 경제적 불평등과 유사한 정보 불평등이 정보화 사회에서 나타날 수 있다. 정보격차는 정보획득 수단인 뉴미디어의 소유 여부, 개인 교육수준, 경제적 능력 등에 의해서 발생할 수 있다.

③ 문화적 종속 현상

발전된 정보기술을 보유한 국가는 그렇지 못한 국가에 비해 자국 문화형태를 전파하는 데에 우월한 위치에 있게 된다. 따라서 정보기술이 열악한 국가에는 의사에 상관없이 상대적으로 우위에 있는 국가 문화양식이나 가치관 등이 침투해 오게 되는데, 이를 문화적 종속이라 한다.

④ 문화지체 현상

문화지체 현상은 정보기술 같은 첨단과학기술 발전 속도에 비해 인간 수용능력이 뒤따르지 못함으로써 초래되는 비효율, 비능률이다.

⑤ 정보과잉 현상

정보화 사회에서는 지나치게 많은 정보들이 한꺼번에 제공될 수 있다. 이러한 경우 개개인 다양한 욕구들을 충족시켜주기보다 개인 정보선택에 혼란을 가중시키거나 선택능력을 마비시킬 수도 있다. 또한 엄청나게 많은 정보 하에서 수동적으로 정보를 받음으로써 사고능력이 저하되고 피동적인 인간을 만들어낼 수도 있다.

4) 개인정보 보호

특히 유통업에서 고객 정보보호는 개인정보 보호라는 측면에서 중요시되고 있어 정보보호에 관한 실무적 사항과 법률적 이해를 바탕으로 준수가 필요하다.

(1) 개인정보

생존하고 있는 개인에 관한 정보로서 "특정한 개인을 알아볼 수 있는 정보" 또는 "다른 정보와 쉽게 결합하여 식별 가능한 정보"라고 정보망 법에 정의되어 있다. 고객제공 정보(온라인, 오프라인 포함)뿐만 아니라 서비스 이용 또는 사업자 처리과정에서 생성되는 정보 또한 개인을 식별할 수 있는 경우도 개인정보에 해당된다.

- 고객정보 : 예) 성명, 주민등록 번호, 주소, 전화번호
- 중간생성정보 : 예) 서비스 이용기록, 결제기록 등

(2) 정보보안 목적

고객, 협력업체 정보와 데이터를 보호하여 불법적 이용을 방지하는 것이다.

(3) 대상

① 시스템으로 관리되는 점포 전산정보

② 점포조직 및 업무자료

③ 고객서비스를 목적으로 수집된 고객 정보 동의 및 이용정보

(4) 정보관리 방법

① 개인별 비밀번호 설정하여 전산시스템관리 /주기적 비밀번호 변경

② 시스템 접근 비밀번호 설정 및 승인 시스템 구축(본인 인증)

③ 신규 입사자 대상 보안교육 및 주기적 교육

④ 점포자료 데이터 외부 반출 금지

⑤ 고객정보 특별관리(등록 및 조회 시스템 접속 규정 신설)(표 [2-3] 참조)

[표 2-3] 고객 정보 시스템 사용자 준수사항

구 분	규제내용
고객정보 조회	- 고객개인정보 조회 화면 캡처 및 인쇄 금지 - 고객관련 시스템 사용 자리 이석 시 시스템 로그아웃 - 조회 완료 후 시스템 초기 화면으로 이동
고객 응대	- 고객개인정보를 타인이 청취 불가하도록 작은 목소리 응대 - 고객관련정보 모니터를 고객방향으로 향하지 말 것 - 다른 고객 정보 기재된 문서 방치 금지 - 유선통화로 획득한 고객정보 응대완료 후 즉시 파기

(5) 정보보호 유형별 규제 내용

[표 2-4] 정보보호 유형별 규제

구 분	규제 내용	처벌 내용	비 고
제3자에게 제공	- 개인정보를 제3자에게 제공하거나 제공받은 목적 외 용도 이용금지	5년 이하 징역 5천만 원 과태료	- 제3자 유출방지
파 기	- 동의 얻은 개인정보 보유 및 이용기간종료	1천만 원 과태료	- 기간 종료 시 파기
마케팅동의 철회	- 이용자는 개인정보수집, 이용, 제공 등 동의를 철회 및 정정요구	1천만 원 과태료	- 본인 확인되면 철회 가능 안내
SMS 전송금지대상	- 명시적 거부의사에 반하는 광고 전송금지	3천만 원 과태료	- 수신거부 고객 제외
SMS광고전송 허용시간	- 오후 9시-아침 8시까지 별도 동의 없는 광고 전송금지	3천만 원 과태료	- 시간준수
SMS광고전송시 표시사항	- 전송자 명칭 표시 - 수신거부 의사표시를 쉽게 할 수 있는 조치 및 방법 표시	3천만 원 과태료	- 발송자 및 수신거부 전화표시
SMS수신거부비용 부담금지	- 수신 거부 시 금전적 비용 수신자 부담 금지	3천만 원 과태료	- 080수신거부 전화 개설

(6) 경품응모권을 통한 개인정보 수집 준수사항

[표 2-5] 경품응모권 개인정보 수집 준수사항

구분	규제 내용	처벌 내용	비고
의무 기재사항	– 개인정보 수집 시 명시 * 개인정보 수집 이용 목적 * 수집하는 개인정보 항목 * 개인정보 보유 및 이용 기간	1천만원 이하 과태료	– 최소항목 조사
파 기	– 개인정보 수집 이용 목적 달성 시 파기 – 개인정보 보유 이용 기간 종료 시 파기	1천만원 이하 과태료	– 재이용되지 않도록 파기

3 정보 시스템

1) 시스템

(1) 시스템 개념

시스템은 분석대상을 체계적으로 이해하고 설명하는 체제이다. 시스템은 공동목적을 위해 상호작용하는 요소들 집합체로 시스템 일반적 모형은 입력 처리 출력과정을 거친다. 시스템은 하나의 정체를 구성하는 서로 관련이 있는 요소들 집합체로서 구성요소들이 독립적으로 활동하는 것이 아니라 추구하는 공동 목표가 있으며 그러한 목표를 달성하기 위한 방향으로 상호작용을 하게 된다. 구성요소들은 공동 목표 때문에 시스템에 속하게 되고 목표달성을 위한 구체적 활동을 보여주어야 한다.

(2) 시스템 모형

① 환경(Environment)

시스템 운용에 영향을 미치지만, 경계 외부에 존재하기 때문에 통제할 수 없는 변수들을 의미한다.

② 경계(Boundary)

시스템 외부와 내부를 구분하는 영역이다. 물리적 경계선이 존재하는 것이 아니라 투입물과 산출물이 통과하는 개념적 영역을 말한다.

③ 투입(Input)

시스템 운영을 위한 시스템 내부로 들어오는 요소를 말한다.

④ 출력(Output)

시스템 내부에서 처리되어 외부로 보내지는 결과물을 말한다.

⑤ 통제(Control)

입력에서 출력에 이르는 모든 처리 활동을 통제하는 요소로 각 단계에서 생성되는 여러 조건들을 판단하여 돌발 사태를 파악하고 해결하는 시스템 안정화 기능까지 포함한다.

⑥ 피드백(Feedback)

처리된 결과를 바탕으로 결과 오차, 부정확한 사항을 다음단계에 다시 입력하여 처리하는 절차를 말한다([그림 2-1] 참조).

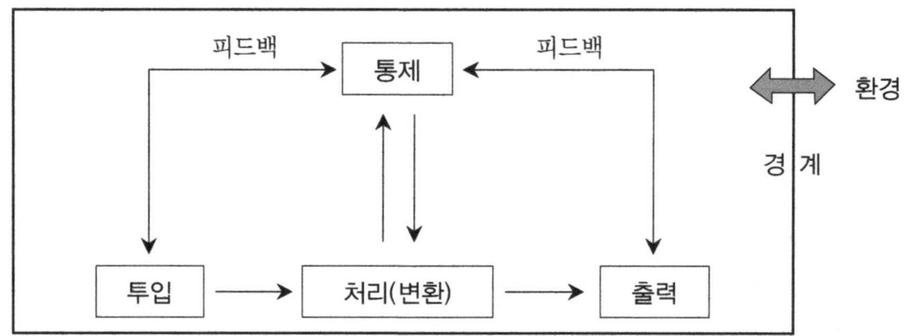

[그림 2-1] 시스템 모형

2) 시스템 특성

첫째, 시스템은 입력, 처리, 출력 흐름을 중요시한다. 전통적 조직이 구성하는 요소 집합과 기능을 중점으로 하는 정적 개념이라면 시스템은 구성하는 요소들 상호작용 흐름 관점에서 연결하여 파악하는 동적 개념이다.

둘째, 시스템은 환경과 상호작용하는 개방적 시스템이다. 즉 시스템 구성요소는 다양한 형태를 가질 수 있다. 전통적 조직은 인적 요소 결합만을 의미하는데 시스템은 인적 요소 이외에 여러 가지 물리적 요소가 포함될 수 있다.

셋째, 시스템 전체는 부분 합 이상의 것이라는 개념으로 시스템의 유기적 결합은 단순하게 합의 개념이 아니고 그 이상 시너지 효과를 갖는다.

넷째, 시스템은 입력과 출력이 드나드는 환경과의 관계를 중시한다. 시스템과 외부 환경과의 상호작용뿐만 아니라 시스템 여러 구성 요소간 상호작용과 상호의존성에 관한 것도 포함된다.

3) 유통정보 시스템 유형

(1) **경영보고시스템**(MRS : management reporting system)

경영보고시스템은 경영자 필요성에 따라 일일근태현황, 예산대비 월간 지출현황 등 경영자에게 보고서를 제공하거나 과거 기록과 현재 상태에 대한 온라인 정보를 제공하는 시스템이다. 경영정보시스템은 중간관리자 계층의 계획 및 통제를 지원하기 위한 시스템으로 경영통제 및 의사결정 지원 시스템이다. 주로 조직 외부 정보 보다는 내부 정보를 보고하는 것이다.

(2) **의사결정지원시스템**(DSS : Decision support system)

의사결정지원시스템은 인적 자원과 지식기반 소프트웨어와 하드웨어 등으로 구성된 일단의 문제해결기법으로 경영자가 최적 선택을 할 수 있는 의사결정을 지원하는 시스템이다. 사용자가 쉽게 접근하여 사용할 수 있도록 대화식 환경을 제공한다. 의사결정지원시스템 논리적 구성요소는 사용자와 정보시스템과의 관계를 조정하는 대화시스템, 의사결정지원시스템 정보원인 데이터베이스시스템, 비교적 간단하고 융통성 있는 모델을 많이 구축하여 두었다가 사용자로 하여금 자연스럽게 사용할 수 있도록 해주는 모델베이스시스템, 그리고 다른 의사결정지원시스템의 하위시스템을 조정하는 소프트웨어시스템 등 네 가지 하위시스템으로 구성되어 있다.

의사결정지원시스템은 정보를 도식화하여 나타내줄 수 있으며 경우에 따라 전문가 시스템이나 인공지능 등이 포함될 수도 있으며, 이를 통해 기업 최고경영자나 다른 의사결정그룹들에게 도움을 줄 수 있다. 의사결정지원시스템에서 자주 사용하는 분석유형으로 민감도 분석, 인과분석, 목표탐색분석이 있다. 민감도 분석은 판매가격 100원 인상의 경우 매출과 이익이 어떻게 변하는지 분석하는 것과 같은 것이고 인과분석은 현재 상황을 변경하는 변화가 있으면 어떻게 되는가를 파악하는 분석이라 할 수 있다. 목표탐색분석은 거꾸로 특정한 목표를 달성하려면 어떠한 조건이 필요한지를 분석하는 것이라 할 수 있다.

(3) **전문가시스템**(ES : Expert system)

전문가시스템은 전문가의 추론과정을 모방하여 관련 문제를 해결하도록 만들어진 지식 중심 대화식 시스템이다. 인간이 특정 분야에 대하여 가지고 있는 전문적 지식을 정리하고 표현하여 컴퓨터에 기억시킴으로써 일반인도 이 전문지식을 이용할 수 있도록 하는 시스템이다. 전문가 시스템은 지식기반 시스템으로 전문가 지식을 입력 정보로 하여 전문가 의사결정과정을 모방하는 시스템이다. 이 시스템은 각종 추세분석, 예측모형 개발, 매출계획, 매출예측 평가 및 교육에 활용될 수 있다. 의사결정지원시스템은 비일상적이고 비정형적인 문제를 대상으로 하는 반면 전문가 시스템은 고도로 정형적 문제를 대상으로 한다([표 2-6] 참조).

[표 2-6] 전문가시스템과 의사결정지원시스템 비교

구 분	전문가시스템	의사결정지원시스템
문제유형	정형적인 문제	비정형적
문제영역	반복적인 문제	광범위하고 복잡한 문제
사용자	업무담당자 위주	관리자 위주
지원정도	최종결정 지원	의사결정 정보지원
최종결정자	시스템	사람
대화주도	시스템	사람
추론능력	제한적으로 있음	없음

(4) 마케팅정보시스템(MKIS : marketing information system)

마케팅 의사결정에 도움을 주는 정보를 원활하게 유통시키기 위해 설치된 사람, 기계, 절차의 복합체이다. 마케팅정보시스템 목적은 여러 원천으로부터 관련 정보를 수집하여 의사결정자가 쉽게 사용할 수 있도록 하는 것이다.

① 설계

시스템을 사용할 사람들 의견이 반영되어 유연성 있게 설계되어 추후 시스템 확장과 업그레이드에 문제가 없어야 한다.

② 마케팅정보시스템 분류

Ⓐ 마케팅 정찰시스템

- 경쟁사 정보 수집을 위하여 외부자료를 활용하는 시스템이다.
- 기업 마케팅 환경에서 발생하는 일상적 정보를 수집하기 위하여 사용하는 절차와 정보원으로 생산, 관리, 판매원 관련 보고서를 만드는 시스템이다.

Ⓑ 마케팅 조사시스템

- 기업 마케팅 문제해결을 위한 직접적 관련 자료 시스템이다.
- 많은 자료는 고객으로부터 수집하여 문제해결에 사용된다.

Ⓒ 마케팅 내부정보시스템

- 기업내부정보를 통합적으로 관리하는 시스템이다.

- 기업내부 상품, 매출, 재고, 인사, 회계 자료 등이 여기에 속한다.

Ⓓ 마케팅 고객정보시스템

- 기업 고객정보를 체계적으로 관리하는 시스템이다.
- 고객 구매빈도, 구입상품, 포인트 등을 관리하는 시스템이다.

4 소매점 점포영업 시스템 사례

1) 코드 관리

분류, 구분, 상태 등 시스템 전반적으로 사용되는 코드를 관리하는 것이다.

(1) 상품 관리

점포에서 판매되는 상품을 관리한다.

① 상품 등록

점포에서 판매되는 상품을 등록한다. 단가, 바코드, 상품납품 협력업체, 입수, 과세 등 구분한다.

② 상품이력 관리

신상품, 취급종료 등 이력 조회가 가능하다.

③ 단품별 단가 등록 및 조회

취급 상품별 판매가격을 등록하여 관리한다.

④ 신상품 등록

새로운 상품취급 시 등록한다.

(2) 협력업체 관리

① 협력업체정보 관리

상품납품 거래처를 등록하여 관리한다. 신규, 삭제 거래처별 취급품목을 정한다.

② 사업자 관리

세금계산서 등록 및 발행을 위한 등록을 실시한다. 세금계산서 발행, 조회, 출력이 가능하도록 한다.

③ 협력업체 정보변경 관리

(3) 분류 관리

① 상품분류 등록
분류는 대분류, 중분류, 소분류 코드로 구분하여 관리한다.

② 신규 및 삭제
신상품 등록 및 취급 종료를 구분하여 관리한다.

(4) 진열 관리

① 상품진열위치를 등록하여 관리한다.

② 진열위치 조정
시즌별, 신규상품, 행사진행시 진열위치를 등록하여 관리한다.

(5) 목표 관리

① 점포 매출목표를 일별, 월별, 기간별 등록하여 관리한다.
② 점포 매출목표를 조회할 수 있도록 한다.

(6) 행사 관리

① 행사 등록
행사상품을 별도로 등록하여 관리한다.

② 행사매출 등록 및 조회가 가능하도록 한다.

(7) 원매가 관리

① 취급상품 원가, 판매를 등록한다.
② 상품원가변동 이력이 조회되도록 한다.

(8) 기타

① 사원정보를 시스템에 등록하여 관리한다.
입사, 퇴사, 비밀번호 부여
② 신규사원 등록 및 조회관리
③ 직원 권한 부여

[표 2-7] 코드관리 항목

주요 항목	내 용
상품관리	상품(신상품) 등록 및 상품코드 관리, 상품이력 관리
협력업체 관리	협력업체 등록, 사업자 관리, 업체별 상품관리
분류관리	상품분류 등록 및 삭제 관리
진열관리	상품진열위치 및 삭제 관리
목표관리	점포, 분류별, 일자별 매출 목표 관리
행사관리	행사등록 및 시즌상품 관리
원매가 관리	가격변경, 판매가격 등록 및 변경
기 타	사원정보 등

2) 발주 및 상품매입 관리

매입 및 발주현황을 등록하고 관리한다.

(1) 발주 관리

① 발주등록

발주정보를 등록한다.

② 발주현황 조회

발주정보를 조회한다. 발주처, 발주유형 구분 조회

(2) 매입장표 관리

① 매입현황

협력업체별, 기간별, 상품별 매입내역을 조회한다.

② 클레임 등록

매입상품에 관한 클레임을 등록한다.

③ 매입내역 등록

매입내역을 점포시스템에 등록하여 관리 한다. 매입의 등록으로 상품의 재고 및 협력업체에 지급할 대금을 정확하게 관리 할 수 있다. 협력업체 선택과 상품품목 및 수량 등록으로 주로 기존에 등록된 원가를 반영하여 처리한다.

(3) 반품 관리

① 반품상품 조회한다.

② 불량상품 폐기 등록 조회한다.

③ 매입전표의 수정과 삭제를 관리한다.

(4) 미납 관리

① 미 입고 상품을 조회하고 관리한다.

(5) 가격표

① 판매가격표 발행한다.(POP 포함)

② 신상품 입력과 동시에 가격표 발행이 가능하도록 설계된다.

[표 2-8] 발주 및 상품매입 관리

주요 항목	내 용
발주관리	발주등록, 발주현황 등록 및 조회
매입장표관리	협력업체 매입현황, 상품매입 현황, 상품 클레임 등록
반품관리	반품상품 등록 및 확정
미납관리	발주 상품 미착 관리
가격표	판매가격표 발행 등

3) 매출 관리

(1) 매출정산 관리

실시간 매출실적 조회한다. 매출을 실시간 조회될 수 있도록 설계한다. 매출조회는 전월 전주 전달과 비교하여 현재매출을 조회하고 시간대, 분류별, 협력사별 조회가 가능하도록 설계한다.

① 일별 매출조회

일별매출은 품목 및 협력업체별 이외에 과세면세의 구분, 현금 신용카드 등 지불 수단별 매출실적이 조회된다.

② 매출정산

매출실적을 집계한다.

③ 마감

일, 월, 년 마감 등록

(2) 매출분석

① 일별, 기간별 매출실적을 등록하고 관리한다.
② 매출집계현황을 조회한다.
③ 상품별 매출현황을 조회한다.
④ 다른 매장과 매출이 비교되도록 관리한다.

[표 2-9] 매출관리

항 목	내 용
매출관리	매출 정산관리
매출분석	매출일보, 상품별, 기간별 매출관리
에누리 등	가격할인 및 에누리 판매관리

4) 행사 관리

(1) 세일행사

① 행사상품 등록 및 조회
어떤 상품을 일정 기간 저렴한 가격으로 판매되도록 관리한다.

② 행사그룹 설정과 조회
시즌, 오픈행사 기간 행사상품 등록과 조회를 관리한다.

③ 행사상품 매출 검색
행사상품 판매실적과 추가 등록 삭제를 관리한다.

④ 행사상품 POP 발행과 관리
행사품목 행사 고지를 위하여 관리한다.

⑤ 가격변경과 예약을 할 수 있도록 관리한다.

5) 고객 관리

(1) 고객서비스

① 신규 회원 등록 및 조회를 한다.
② 배달요청 등록을 한다.
③ 차량정보 및 운행실적을 관리한다.

④ 거래내용 조회 및 정보를 수정한다.

(2) 세금계산서

① 세금계산서 등록 및 조회를 한다.
② 계산서를 발행한다.
③ 세금신고자료 출력 및 조회를 한다.

(3) 운영 관리

① 고객 등급별로 관리를 한다.
② 포인트 등록 및 조회를 한다.
③ 포인트 적립 및 추가적립 조회를 한다.
④ 포인트 사용내역을 조회를 한다.
⑤ 문자 및 SNS 발송 등록 및 조회를 한다.
⑥ 사은품 조회 등록 및 지급을 한다.

[표 2-10] 고객관리

항 목	내 용
고객서비스	배달요청 등록 및 조회
세금계산서	세금계산서 등록 및 발행
운영관리	고객정보 분석(매출 및 사은품 지급)
정보관리	고객별 등급관리 및 포인트 관리 등

6) 재고관리

(1) 재고 조사

① 재고현황 조회
분류별, 단품별 재고가 조회되도록 한다.

② 실사재고 등록
실사재고 수량을 입력하여 관리한다.

(2) 재고 분석

① 일별, 업체별 재고를 분석한다.

② 체화재고를 조회한다.

[표 2-11] 재고관리

항 목	내 용
재고조사	장부재고 및 실사관리
재고분석	일별, 협력업체별, 상품별 재고분석
CAO 재고관리	CAO 재고조정 및 조회

7) 마감 및 상품대금 관리

(1) 손익 관리

① 월별 손익 관리 / 손익실적 등록 및 조회를 한다.

(2) 대금 지불 및 정산

① 대금 지불 내역 등록을 조회한다.
② 미지불 현황을 조회한다.

(3) 임대매장 관리

① 임대매장 정산 등록 및 조회를 한다.

[표 2-12] 마감 및 상품대금 관리

항 목	내 용
코드관리	상품대금관련 코드 관리
손익관리	손익조회 및 명세서 관리
상품대금관리	상품대금 마감 및 지불금액 등록 및 조회
상품대금 지불관리	상품대금 지급내역 관리
임대관리	임대매장 정산

제2절 바코드

1 바코드와 유통 정보화

1) 바코드 이해

(1) 바코드 역사

오늘날 산업계에 널리 이용되고 있는 바코드는 슈퍼마켓 관리효율을 높이기 위해 고안되었으며 계산대 앞에서 기다리는 시간을 줄이고 판매와 동시에 재고 기록 갱신을 자동으로 이루고자 하는 목적이었다. 소매 부문 응용에서 큰 성과를 이루자 타 산업부문에서도 점차 바코드를 채택하기 시작하였다. 미국 매사추세츠(Massachusetts)주 식료품 도매상 아들인 월리스 플린트(Wallace Flint)는 1923년 하버드 대학에서 '슈퍼마켓 계산 자동화'에 대한 논문을 썼는데 그가 제안한 시스템은 흘러가는 랙(Rack)과 펀치 카드(Punched Card)를 이용해서 고객에게 상품을 자동적으로 분배하는 것이었으나 경제적 타당성이 없어 실현되지 못하였다.

그러나 이것은 계산자동화 이점을 완전하게 문서화한 최초 시도였다. 1970년대 중반에 식료품 업계 표준코드와 심벌을 채택하고자 미국 슈퍼마켓특별위원회(U.S. Supermarket AD Hoc Committee)가 결성되었으며 이 위원회에서 표준 심벌 지침을 세우고 이에 합당한 제안을 받은 결과 7개의 컴퓨터와 POS장비 제조업체에서 고안한 심벌과 함께 응찰하였다. 심벌에 대한 인쇄성, 인쇄 오차도, 상점에서의 운영 등 많은 시험을 거쳐 3년 후인 1973년 4월 3일 UPC심벌을 식료품업계 표준으로 결정하였다.

그 후 1974년 UPC 심벌을 판독할 수 있는 최초 스캐너가 오하이오(Ohio)주 트로이(Troi)의 마쉬(marsh) 슈퍼마켓에 설치되었다. 미국과 캐나다 슈퍼마켓에서 성공적으로 이용되자 유럽에서도 이에 자극받아 1976년 12월 EAN(European Article Numbering) 코드와 심벌을 채택하게 된다.

1974년에 인터멕(Intermaec)사 데이빗 C. 알레스(david C. Allais)에 의해 영문과 숫자(alphanumeric)로 표현할 수 있는 첫 번째 심벌로지(Symbology)인 코드 39가 개발되었다. 1970년대에 UPC를 채용한 소매시스템이 기술적으로나 경제적으로 타당성이 입증되자 1980년대 들어 타 산업부문에서도 바코드 심벌로지와 사양 표준화 작업이 시도되었다. 1982년에 국방 표준(Millitary Standard 1189)이 채택되고 1983년에 ANSI표준(MH 10.8M), 1984년에 UPC 선적 컨테이너 심벌(Interleaved 2 of 5)과 자동화부문표준(ALAG

B1 ~ B8), 의료부문(HIBCC 표준)이 채택되었다. 여러 종류의 심벌로지와 장비들이 등장함에 따라 관련 제조업체와 사용자들은 더 나은 정확성과 기술적 세련도, 통일성을 요구하게 되었다. 이에 AIM(Automatic Identification Manufacturer)에서는 기술표준위원회(Technical Symbology Committee)를 구성하여 표준 심벌로지 사양(Uniform Symbology Specification)을 정하기에 이르렀다.

(2) 바코드 정의와 구분

바코드(Bar Code)는 두께가 서로 다른 검은 막대와 흰 막대(Space) 조합을 통해 숫자 또는 특수기호를 광학적으로 쉽게 판독하기 위해 부호화한 것이다. 바코드는 정보 표현과 정보 수집·해독을 가능하게 한다. 문자나 숫자를 나타내는 검은 막대와 흰 공간 연속을 바와 스페이스를 특정하게 배열해 이진수 0과 1 비트로 바꾸고 이들을 조합해 정보로 이용하게 되는데 이들은 심벌로지라고 하는 바코드 언어에 의해 만들어진다.

크기가 서로 다른 정방향 BAR(검은 막대)와 SPACE(흰 막대)의 평행한 배열 조합에 의해 인식 가능한 문자, 숫자, 기호 등 CHARACTER(문자)를 형성하고 그 위에 CHECK-DIGIT를 포함한 필요로 하는 문자 좌우에 START, STOP CHARACTER와 선두와 말미에 각기 QUIET ZONE를 조합시켜 CODE화한 전자광학 기술에 의해 개발된 BARCODE READER(BARCODE SCANNER)를 이용하여 판독하는 자동기술을 의미한다.

바코드는 데이터 배열 방법에 따라 바이너리 코드와 멀티 레벨 코드로 구분한다. 바이너리 코드는 2진법을 표현하는 바코드 체계로 판독이 쉽고 라벨 발행이 용이하며 ITF, Code 39 등에 쓰인다. 멀티 레벨 코드는 고밀도 정보 표현이 가능하여 KAN, Code 128 등에 쓰인다.

(3) 바코드 구조

① Quiet Zone

바코드 시작 문자 앞과 멈춤 문자 뒤에 있는 공백 부분을 가리키며 바코드 시작 및 끝을 명확하게 구현하기 위한 필수적 요소이다. 심벌 좌측 여백을 전방 여백, 우측 여백을 후방 여백이라 한다.

② Start/Stop Character

Ⓐ 시작 문자는 심벌 맨 앞부분에 기록된 문자로 데이터 입력방향과 바코드 종류를 바코드 스캐너에 알려주는 역할을 한다.

Ⓑ 멈춤 문자는 바코드 심벌이 끝났다는 것을 알려 주어 바코드 스캐너가 양쪽 어느 방향에서든지 데이터를 읽을 수 있도록 해준다.

③ Check Digit

검사 문자는 메시지가 정확하게 읽혔는지 검사하는 것으로 정보 정확성이 요구되는 분야에 이용되고 있다.

④ Interpretation Line

사람 육안으로 식별 가능한 정보(숫자, 문자, 기호)가 있는 바코드 윗 부분 또는 아랫 부분을 말한다.

⑤ Bar/Space

바코드는 간단하게 넓은 바, 좁은 바와 스페이스로 구성되어 있으며 이들 중 가장 좁은 바와 스페이스를 'X'디멘전이라 부른다.

⑥ Inter-Character Gaps

문자들 간 스페이스(X 디멘전 크기)를 말한다.

⑦ 바코드 심벌로지(Symbology)

나라마다 고유 언어가 있듯이 바코드에도 여러 언어가 있다. 데이터를 바코드로 표시하는 방법을 의미하고 같은 데이터라도 심벌 체계에 따라 다르게 표현하며 심벌 구조는 코드 종류에 따라 상이하다.

(4) 바코드 인식

바코드 리더(BARCODE READER)가 바코드 심벌을 해석해서 변환시키는 과정은 몇 단계로 나뉜다. 처음 사용자가 스캐너 광원을 주사하면 주사된 빛이 바코드 심벌 위를 지나가게 된다. 바코드 심벌 검은색 바와 스페이스(흰색)바는 빛 반사율이 다른데 스캐너 수광부는 빛 양을 감지하여 그 크기에 따라 전기 신호를 발생하게 된다. 수광부에서 검사되는 빛 양이 매우 적으므로 발생되는 전류도 적은데 이를 증폭시켜 아날로그 신호를 생성시킨다.

아날로그 신호는 디지타이징(Digitizing) 과정을 거쳐 디지털 신호를 바꾼다. 즉, 상한과 하한 값을 정하여 한계치에 도달하면 하이(High)와 로우(Low) 상태로 변하게 하여 생성된 디지털 신호는 디코더내의 디지털 신호 처리 과정을 거쳐 그 비트 패널에 해당하는 데이터 값을 생성하여 상위 레벨 장비로 자료를 전송하게 된다([그림 2-2] 참조).

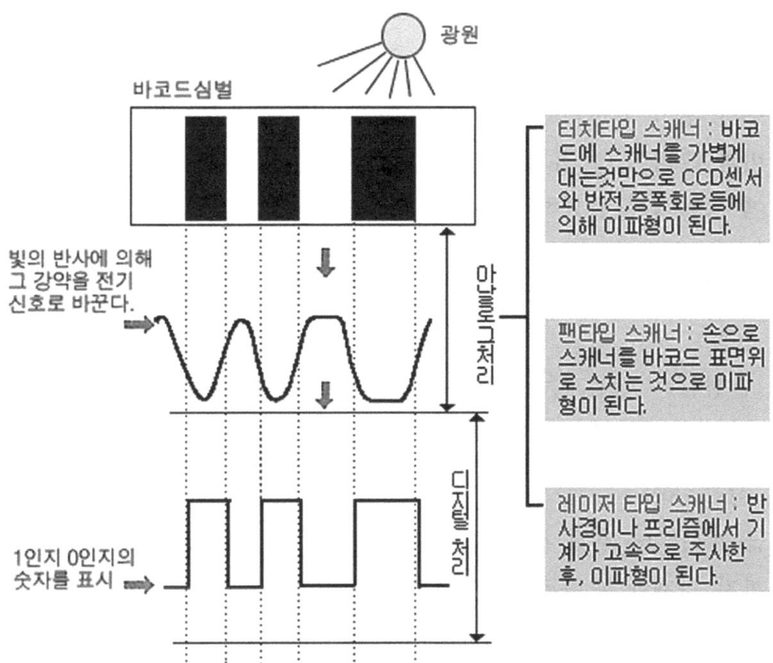

자료 : http://www.keid.co.kr/support/support_2.html

[그림 2-2] 바코드 판독원리

(5) 바코드 장점

바코드에 수록된 데이터는 비접촉 판독이 가능하고 한 번 주사로 판독 가능하며 오독률이 낮아 높은 신뢰성을 확보할 수 있다. 컨베이어 상에서 직접 판독이 가능하여 신속한 데이터 수집이 가능하다. 바코드에 의한 정보입력방식은 기타 입력방식 System보다 경제적이며 효율적이므로 작업 생산성과 효율성을 높일 수 있다. 코드를 읽어 들이는 것은 수작업에 의한 컴퓨터 입력방법(Key-In)보다 훨씬 빠르다.

바코드화된 정보는 손쉽게 주 컴퓨터로 실시간처리(On-Line Real Time)가 가능하기 때문에 필요한 시점에서 상황을 즉시 알아낼 수 있으므로 적정재고 유지와 효과적 입·출하관리, 판매관리가 가능해진다. 도입비용이 저렴하고 응용범위를 다양하게 활용할 수 있다.

(6) 바코드 사용 효과

① 정보처리가 정확하다.

② DATA 입력이 신속하다.

③ 작업장 제한을 받지 않는다.
④ 기존 시스템 변형이 필요 없다.
⑤ 기구부가 없어 고장이 적다.
⑥ 인건비와 관리비 등 유지비를 절감시킨다.
⑦ 운영에 숙련이 불필요하다.

(7) 바코드 적용 분야

① 유통 관리

거래 시 발생하는 판매, 주문, 수금 등 업무를 즉각적으로 컴퓨터에 입력함으로써 모든 판매 정보를 한눈에 알 수 있다.

② 자재, 창고 관리

자재 수급 계획부터 자재 청구, 입고, 창고 재고 및 재고품 재고 파악, 완제품 입고에 이르기까지 자재에 관련된 경로를 추적, 관리한다.

③ 근태 관리

정확한 출퇴근 시간 및 이와 관련된 급여 자료 산출, 출입에 관한 엄격한 통제가 가능하다.

④ 출하 선적 관리

상품을 출하, 창고 입출고시에 그 정보를 읽음으로써 상품 수량 파악, 목적지 실별을 신속하게 할 수 있다.

⑤ 매장 관리

판매, 주문, 입고, 재고 현황 등 각 매장 정보를 신속하게 본사 호스트 컴퓨터로 전송하며 또한 POS 터미널 자체 매장 관리도 할 수 있다.

(8) 마킹(Marking) 유형

① 소스 마킹(Source marking)

소스 마킹(source marking)은 제조업체 및 수출업자가 상품 생산 및 포장단계에서 바코드를 포장지나 용기에 일괄적으로 인쇄하는 것을 말한다. 소스 마킹은 주로 가공식품·잡화 등을 대상으로 실시하며, 인 스토어 마킹과는 달리 전 세계적으로 사용되기 때문에 인쇄되는 바코드 체계 및 형태도 국제적 규격에 근거한 13자리 숫자(KAN)로 구성된 바코드로 인쇄해야 한다. 국내 제조업체가 자사 상품에 소스 마킹을 해야 하는 이유는 다음과 같은 두 가지 요인이 있다.

첫째 대외적 요인으로서 해외 바이어 요구 및 국내 유통업체 요구 등을 들 수 있고, 둘째 대내적 요인으로서 물류시스템 활용, 스캔 데이터(scan data) 활용, EDI(electronic data interchange : 전자식 데이터 교환)시스템 활용, 마킹비용 절감 및 마킹작업 생력화 등을 위해서이다.

② 인 스토어 마킹(In-store marking)

인 스토어 마킹(in-store marking)은 각 소매 점포에서 청과·생선·야채·정육 등을 포장하면서 일정한 기준에 의해 라벨러를 이용하거나 컴퓨터를 이용하여 바코드 라벨을 출력, 이 라벨을 일일이 사람이 직접 상품에 붙이는 것을 말한다. 소스 마킹된 상품은 하나의 상품에 고유 식별번호가 붙어 전 세계 어디서나 동일 상품은 동일 번호로 식별되지만, 소스 마킹이 안 된 상품 즉, 인 스토어 마킹이 된 상품은 동일 품목이라도 소매업체에 따라 각각 번호가 달라질 수 있다.

③ 소스 마킹에 따른 이점

[표 2-13] 업체별 소스 마킹 이점

제조업체	- 판매정보를 기초로 정확한 생산계획 수립 - 경쟁품 가격동향을 파악하여 자사 상품 가격을 시의 적절하게 조정 - 광고나 판매촉진 효과 측정 - 소비자 요구에 맞춰 신제품 개발하거나 기존제품 개량 - 팔리지 않는 상품 생산중단 및 폐기 - 시장규모 파악하여 각 업체별 시장점유율 파악 - 출고·배송 합리화 - 재고관리 정착도 향상
유통업체	- 매출등록 계산 간편화 및 신속화 - 마킹비용 절감(바코드 라벨 부착작업 경감) - 단품정보 수집 - 재고관리 정확도 향상

④ 소스 마킹 6하 원칙

[표 2-14] 소스 마킹 육하원칙

원 칙	내 용
누가(WHO)	상품 제조업체 또는 판매원이
왜(WHY)	판매신장과 재고관리 등 내부관리를 위해
언제(WHEN)	상품 포장이나 용기를 인쇄할 때
무엇을(WHAT)	해당상품번호를 나타내는 바코드 심벌을
어디에(WHERE)	포장이나 용기에
어떻게(HOW)	포장이나 용기를 인쇄할 때 동시에 바코드를 인쇄

2 상품 바코드 종류

1) 1차원 바코드 종류

(1) CODE 39 코드

알파벳 문자를 코드화 할 수 있는 대표적 3 of 9 코드는 CODE 39로도 알려져 있다. 이 코드는 1974년 미국 Interface Mechanism(현재 Intermec사) 데이비드 알리아스와 레이스티븐에 의해 개발되었다. 43개 문자(0 ~ 9, A ~ Z, 7개 특수문자)와 하나의 시작, 끝 문자로 구성되어 있으며, 각 문자는 9개 요소로 이루어지고 그 중 세 개는 논리 값 "1"을 의미하며 문자와 문자 사이 갭은 코드 값을 포함하지 않는다. 현재 공업용을 비롯하여 가장 널리 사용되고 있으며 보통 바 5개가 한 문자에 해당하며 시작과 끝 문자는 반드시 "*"이어야 한다.

(2) CODE 128 바코드

CODE 128은 전체 ASCII 128 문자를 모두 표현할 수 있는 연속형 심벌로지이며 수치 데이터는 심벌 문자 당 두 자리로 표현한다. 시작과 끝 문자, 변동 가능한 길이의 데이터, 바와 스페이스 두 개 모두에 대한 캐릭터 패리티 체크 문자, 함수 문자 등으로 구성되어 있으며 인쇄가 보다 용이하며 현재 사용되고 있는 각종 컴퓨터, 프린터에 적당하다.

(3) CODE 93 바코드

Intermec사에 의해 개발된 CODE 39는 구조적 단순성으로 인해 산업용 바코드로 광범위하게 사용되며 이상적이고 자체 검사 기능이 가능한 이유로 다양하게 사용되었으나 바코드의 크기로 인해 많은 제약을 받았다. 이에 매우 작은 크기 바코드를 사용해야 할 경우를 위해 개발된 코드가 바로 CODE 93이다. 작은 심벌이 요구되는 곳에서 CODE 39와 호환이 가능하도록 고안된 것이다. CODE 93은 43개 데이터 캐릭터와 4개 제어 캐릭터, 한 개 시작과 끝 캐릭터를 갖는 영문과 숫자 코드로 128개 ASCII 캐릭터와 제어 캐릭터, 기본적 데이터 캐릭터 조합으로 이루어진다.

(4) Interleaved 2 OF 5 코드

이 코드는 1972년 미국 Intermec사가 2 of 5 코드의 효율을 증대시키기 위해 개발했으며 산업용 바코드 중에서 많이 이용되고 있다. 이 코드는 한 개의 숫자가 5개 바와 5개 스페이스를 교대로 조합시켜 이루어져 있으며 문자 사이 갭을 없앴다. 이 코드는 문자 수가 짝수여야 하므로 홀 수 개의 문자가 들어 왔을 경우 "0"이 맨 앞에 붙여지나 바코드 중 가장 짧은 것이 특징이다. 이 코드는 숫자 데이터 표현 시 많은 데이터를 짧게 코드화 할 수 있고 자체 검사 기능도 뛰어나므로 산업용 및 소매용으로 많이 사용된다.

이 독특한 구성은 기록 밀도가 높고 적은 스페이스로 많은 정보를 판별할 수 있어 정확도가 높고 인쇄가 용이하다. 1981년 미국 코드 관리 기관에서는 배송, 포장용 표준 심벌로 채택하였고, 우리나라에서도 1989년 한국 공업 규격(KS)으로 공표하여 이용하고 있다. 한 개의 숫자가 5개 바와 5개 스페이스를 교대로 조합시켜 이루어져 있으며, 문자 사이 갭을 없애 Industrial 코드에 비해 약 40%, Matrix 코드에 비해 약 10% 이상으로 길이를 줄일 수 있다.

2) 바코드 심벌로지

(1) 2차원 바코드 심벌로지 특징

2차원 심벌로지는 양 축(X방향, Y방향)으로 데이터를 배열시켜 평면화시킨 것으로 기존 1차원 바코드 심벌로지의 문제점인 데이터 표현 제한성을 보완하기 위하여 등장하였다. 4각형 검은색 바와 하얀색 바의 조합을 통해 문자와 숫자를 표시하는 매트릭스형 2차원 바코드를 말한다. 데이터를 구성하는 방법에 따라 크게 다층형 바코드(Stacked Bar Code)와 매트릭스형 코드(Matrix Code)로 나뉜다. 2차원 바코드 심벌로지 특징은 아래와 같다.

① 하나의 심벌에 대용량 데이터를 포함시킬 수 있다.
② 좁은 영역에 많은 데이터를 고밀도로 표현할 수 있다.
③ 공간 이용률이 매우 높다.
④ 심벌이 오염되거나 훼손되어 데이터가 손상되더라도 오류를 검출하여 복원하는 능력이 탁월하다.
⑤ 흑백 엘리트먼트가 변에 구속되어 있지 않아 심벌 인쇄 및 판독이 쉽고 심벌 판독을 360° 다방향으로 할 수 있다.
⑥ 한국어를 비롯한 모든 외국어 그리고 그래픽 정보까지도 표현할 수 있다.

(2) 2차원 바코드 심벌로지 종류

① 다층형(Stacked) 바코드

1차원 바코드와 같이 개별적으로 인식될 수 있는 몇 개의 문자가 모여 수평 방향으로 열(Row)을 구성하며 열안에는 1개 이상의 데이터 문자를 포함하고 하나의 심벌 안에는 최소 2개 이상 열을 포함한다. 각 열은 독특한 심벌 시작(Start)패턴과 종료(Stop) 패턴을 가지고 있으므로 바코드 판독기는 열의 순서와 관계없이 어떤 열이 읽혔는지 분간할 수 있다.

심벌 안에는 몇 개의 열(Row)과 줄(Column)이 있는지에 대한 정보와 심벌 종료 패턴이 있으므로 심벌 내 모든 데이터가 정상적으로 판독되었는지 확인할 수 있다. 다층형 바코드는 1차원 심볼로지 연장선상에 있으므로 특수한 별도 장비가 아닌 상용화된 범용 스캐너로 판독이 용이한 장점이 있다. 다층형 바코드(Stacked Bar Code)로는 Code 16K, PDF-417, Code 49 등이 대표적이다.

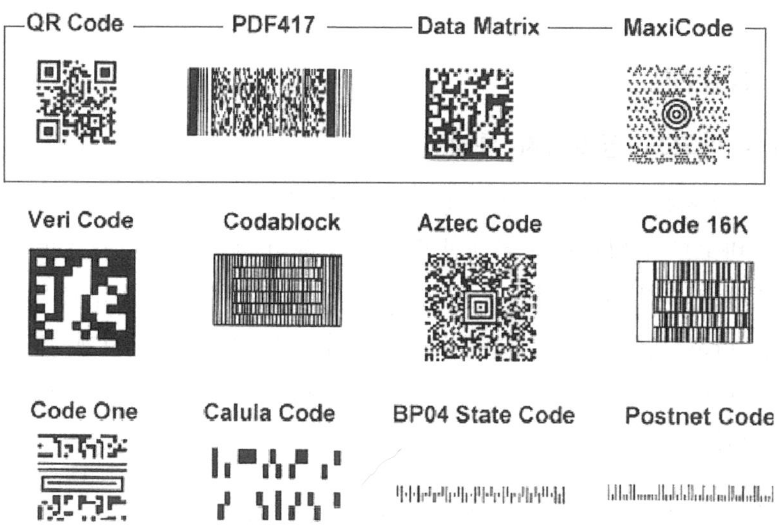

자료 : http://www.keid.co.kr/support/support_2dbarcode.html

[그림 2-3] 2차원 바코드 종류

② 매트릭스(Matrix) 바코드

정방형 동일한 폭의 흑백 요소를 모자이크식으로 배열하여 데이터를 구성하기 때문에 심벌은 체크 무늬 형태를 띤다. 이 심벌을 판독하는 스캐너는 각 정방형의 요소가 검은지 흰지를 식별해 내고 이 흑백 요소를 데이터의 비트(Bit)로 삼아서 문자를 구성한다. 이런 단순 구조로 인해 다층형 심벌로지나 선형 심벌로지보다 더 쉽게 인쇄나 판독이 가능하다. 그 이유는 바코드에 있어서 서로 다른 폭의 엘리먼트를 배치하거나 판독하는 일이 가장 어려운 일중 하나이기 때문이다([그림 2-3] 참조).

매트릭스형 코드에서는 흑백 엘리먼트 존재 여부만 확인하면 되므로 데이터가 엘리먼트 변에 구속되지 않아서 다층형 또는 선형(1D) 심벌로지에 비해서 데이터 오차 허용도(Tolerance)가 작아도 된다. 매트릭스형 코드는 흑백 요소를 데이터 비트로 삼아 수평 및 수직 방향으로 배열하므로 2D Array 코드라고도 불린다. 매트릭스형 코드(Matrix Code)로는 Data Matrix, QR, Maxi, Codeone 등이 대표적이다.

3 바코드와 국제표준

1) 바코드 국제표준

(1) GS1(Global Standard No.1)

GS1은 상품 식별과 상품정보 교류를 위한 국제표준 상품코드를 관리하고 보급을 전담하는 기관으로써 세계 100개국이 넘는 국가가 가입한 국제기구이다. GS1 Korea(대한상공회의소 유통물류진흥원)는 한국을 대표하여 1988년 GS1에 가입하였으며 국제표준 바코드 시스템 보급 및 유통정보화를 전담하고 있는 글로벌 기관이다.

GS1코드는 백화점, 슈퍼마켓, 편의점 등 유통업체에서 최종소비자에게 판매되는 상품에 사용되는 코드로서 상품 제조 단계에서 제조업체가 상품 포장에 직접 인쇄하게 된다. GS1코드는 상품에 대한 어떠한 정보도 담고 있지 않으며 GS1코드를 구성하고 있는 개별 숫자들도 각각 번호 자체에 어떠한 의미도 담고 있지 않다. 즉, GS1 코드는 상품 분류(Product Classification)의 수단이 아니라 상품 식별 수단으로 사용된다.

(2) GS1 바코드 적용 절차

① 제1단계 : 업체 코드 신청

GS1 국제표준 바코드를 사용하기 위해서는 대한상공회의소 유통물류진흥원(GS1 Korea)으로부터 업체 코드를 발급받아야 한다.

② 제2단계 : 상품 품목 코드 설정

대한상공회의소 유통물류진흥원(GS1 Korea)로부터 제조업체 코드를 발급받은 후 바코드를 사용하고자 하는 업체에서는 유통업체에 납품할 상품 개별 단위로 상품코드를 설정해야 한다.

③ 제3단계 : 바코드 인쇄 방법 선택

바코드 인쇄 방법은 바코드 사용 목적과 인쇄 양(quantity)에 따라 달라진다.

④ 제4단계 : 바코드 인쇄 방법 선택

출력하고자 하는 바코드 종류, 크기, 위치, 선명도(품질) 등 해당 바코드가 어느 환경에서 판독되는지에 따라 다르다. 바코드가 일반 유통매장에서 판독될 때는 GS1 13 바코드를 사용하여야 한다.

⑤ 제5단계 : 바코드 종류 결정

Ⓐ 바코드가 슈퍼마켓이나 대형할인마트 등 일반 유통매장에서 판독될 때는 GS1 13 바코드를 사용한다.

Ⓑ 바코드에 추가정보(일련번호, 유통기한, 단위 등)를 나타내어야 하면 GS1-128 (GS1 128) 또는 GS1 DataBar, DataMatrix 바코드를 사용한다.

Ⓒ 물류단위(박스)에 바코드를 적용하고자 한다면 ITF-14(물류 바코드 ; GS1 14) 사용을 고려해 보아야 한다.

⑥ 제6단계 : 바코드 크기 결정

Ⓐ GS1 13 바코드

㉠ 표준 크기로부터 최대 200% 확대하여 출력할 수 있으며 최소 80%까지 축소할 수 있다.

㉡ GS1 13 바코드를 축소할 때는 특히 바코드 높이에 주의해야 한다. 전체 배율을 무시하고 인위적으로 높이만 줄여 출력할 경우, 바코드는 판독되지 않는다.

Ⓑ ITF 14(GS1 14) & GS1 128

㉠ 물류 바코드인 ITF 14와 바코드에 추가정보를 입력할 수 있는 GS1 128 바코드 역시 표준사이즈가 고정되어 있다.

㉡ ITF 14는 표준사이즈(159mm×41mm)를 기준으로 50%~200% 까지 축소, 확대하여 사용할 수 있다.

⑦ 제7단계 : 바코드 번호 부여

바코드 아랫부분에 표현된 번호(바코드 넘버)는 바코드가 판독되지 않을 경우를 대비하여 적혀있는 중요한 정보이다.

⑧ 제8단계 : 바코드 색상 선택

바코드를 출력하기 위한 최적 색상 조합은 흰색 바탕에 검은색 바를 사용하는 것이다.

Ⓐ 바코드 바 부분은 반드시 검은색이나 짙은 남색 등 어두운 계열 색상이어야 한다.

Ⓑ 바 색상은 반드시 하나로 통일되어야 한다.

Ⓒ 대부분 바코드 배경에는 색상을 부여하지 않는다. 만약 배경에 색상을 입힐 경우는 흰색과 같이 엷은 색상을 사용하며 바 색상과 확연히 구별되게 하여야 한다.

⑨ 제9단계 : 바코드 인쇄 위치 결정

Ⓐ 바코드 인쇄 위치를 결정할 때에는 해당 상품 포장 디자인을 담당하는 직원과 협력해야 한다.

Ⓑ 바코드 부분이 눈에 잘 띄지 않는 곳에 인쇄되어 있거나 포장지 접지 면과 같이 바코드가 왜곡되어 표현될 수 있는 경우에는 다른 위치를 고려해야 한다.

⑩ 제10단계 : 바코드 인쇄 품질 검사

GS1 바코드는 종류에 따라 스캐너에 의해 판독이 가능한 최소한 인쇄 품질을 획득해야 한다.

(3) GTIN(Global Trade Item Number, 국제거래단품식별코드)

소매상품에 사용되는 상품식별코드(바코드 번호)이다. 13자리로 이루어져 있어 GTIN-13(지틴십삼)이라고 불린다. GTIN 종류에는 GS1-8(8자리), GS1-13(13자리), GS1-14(14자리)가 있으며, 이를 전산으로 처리할 경우에는 모두 14자리로 입력해야 하므로 각 코드의 앞에 '0'을 채워 14자리로 만든 후 데이터베이스에 입력한다. 단축형 상품식별코드(GTIN-8)도 있으나 최근에는 많이 사용되고 있지 않다(담배, 껌 등에 사용, 추가 비용 발생).

(4) GS1-13 코드(표준형)

① GS1-13 코드

13자리 숫자로 구성된 코드로 현재 전 세계에서 사용되고 있는 국제표준이다.

② 국가식별 코드(3자리)

국가를 식별하기 위한 숫자로 3자리로 구성된다.

③ 제조업체 코드(6자리)

상품 제조업체를 나타내는 코드로 대한상공회의소 유통물류진흥원에서 상품을 제조하거나 판매하는 업체에 부여한다.

④ 상품품목 코드(3자리)

제조업체 코드를 부여받은 업체가 자사에서 취급하는 상품에 임의적으로 부여하는 코드로서, 000~999까지 총 1,000 품목에 부여할 수 있다.

⑤ 체크 디지트(1자리)

스캐너에 의한 판독 오류를 방지하기 위해 만들어진 코드로서 바코드가 정확하게 구성되어 있는가를 보장해주는 컴퓨터 체크 디지트를 말한다.

(5) GS1-14 코드

① 업체 간 거래 단위인 물류 단위(Logistics Unit)

주로 골판지 박스에 사용되는 국제표준 물류 바코드로서 생산 공장, 물류센터, 유통센터 등 입·출하 시점에 판독되는 표준 바코드이다.

② GS1-14 물류식별 코드

I	880	123456789	C/D
(1자리)	(3자리)	(9자리)	(1자리)
물류 식별코드	국가 식별코드	제조업체 + 상품품목 코드 코드	체크 디지트

[그림 2-4] GS1-14 물류식별 코드

③ 표준물류 바코드 활용 이점

Ⓐ 물류센터 내 검품, 거래처별·상품별 소팅이 원활하다.

Ⓑ 현지 촬영 관리를 자동화할 수 있다.

Ⓒ 물류센터 내 실시간 재고파악을 통한 재고관리 효율화를 도모할 수 있다.

Ⓓ 생산에서 배송까지 상품이동을 신속·정확하게 할 수 있다.

Ⓔ 수주에서 납품까지 리드타임 단축 등 물류단위 중심 EDI 거래를 촉진할 수 있다.

④ GS1-13과 GS1-14 비교

[표 2-15] GS1-13과 GS1-14 비교

구 분	GS1-13	GS1-14
코드 자리 수	표준 13자리, 단축 8자리	14자리
사용처	소비자 구매 단위(낱개 포장)	기업간 거래 단위(집합 포장)
응용분야	POS 시스템	재고관리, 입·출고관리 등

(6) GS1-128 코드

① GS1-128 등장 배경

GS1-8, GS1-13, GS1-14는 단품 또는 박스 단위에 인쇄되는 무의미성·범용성 식별 코드이다. 물류단위에 다양한 정보를 표준화하고자 한다. 물류단위(박스, 팔레트, 컨테이너 등)에 다양한 정보를 표시하고자 하였으며 기업간, 산업간에 상호호환이 가능한 표준정보를 담을 수 있는 코드에 대한 욕구가 발생한다.

② 표준물류 바코드 활용 이점

Ⓐ 개방화된 표준

코드를 인쇄한 기업과 관계없이 어느 국가, 어느 장소, 어떤 기업에서도 사용 가능한 개방화된 표준이다.

Ⓑ 안정적 표준

기업들이 필요로 하는 새로운 정보가 발생할 경우, 응용 식별자(AI ; Application Identifier)를 새로 정의하여 사용할 수 있다. 이때 기존 시스템에 대한 변경이 전혀 불필요하다.

③ 응용 식별자(AI ; Application Identifier)

Ⓐ 정의 : 데이터 형식과 의미를 지정하는 프리픽스이다.

Ⓑ 응용 식별자로 표현 가능한 정보는 다음과 같다.

㉠ 식별 번호(Identification Number)

㉡ 추적 번호(Traceability Number)와 일자(Dates)

㉢ 측정 단위(Measurements)

㉣ 트렌젝션 조회 및 로케이션 번호 등

Ⓒ AI 자릿수 : 최소 2자리, 최대 4자리이다.

④ 심벌 구성요소는 다음과 같다.

Ⓐ 좌우 여백

Ⓑ 이중 스타트 캐릭터

Ⓒ 데이터(AI와 데이터 필드)

Ⓓ 심벌 체크 캐릭터

Ⓔ 스톱 캐릭터

(7) GLN(Global Location Number, GS1 로케이션 코드)

GLN은 전자문서 혹은 GS1-128 체계를 이용하여 한 기업의 물리적(예 : 한국물산 부산창고), 기능적(예 : 한국물산 총무부), 법적(예 : (주)한국물산) 실체를 식별할 때 사용되는 13자리 코드이다. 거래업체간 거래시 거래업체 식별 및 기업내 부서 등을 식별하는 번호로 사용된다. GS1-128 체계에서 GLN을 사용하고자 한다면 AI(Application Identifier, 응용 식별자)와 함께 사용한다. AI(410) - 배송장소, AI(411) - 송장을 보낼 곳, AI(412) - 구매처를 의미한다. GS1 Korea에서 부여받은 GLN 구조는 880으로 시작하며 업체코드(6자리), 업체식별코드(3자리), 체크디지트로 이루어져 있다. GS1 로케이션 코드 식별기능은 다음과 같다.

① 법률적 실체

기업이나 자회사 또는 관련 기관

② 기능적 실체

법률적 실체 특정 기능부서

③ 물리적 실체

건물 또는 특정 건물, 특정 위치

(8) EPC(Electronic Product Code)

EPC 코드는 GS1 표준바코드와 마찬가지로 상품을 식별하는 코드이다. 차이점은 바코드가 품목 단위 식별에 한정된 반면, EPC 코드는 동일 품목의 개별상품까지 원거리에서 식별할 수 있다는 것이다. 이를 통해 위조품 방지, 유효기간 관리, 재고 관리 및 상품 추적 등 공급체인에서 다양한 효과를 누릴 수 있다.

① EPC 코드 체계

헤더(Header) + 업체코드(EPC Manager) + 상품코드(Object Class) + 일련번호(Serial Number)

Ⓐ 헤더(Header) : H1 H2

㉠ 헤더는 EPC코드 전체 길이, 식별코드 형식 및 필터 값을 정의한다. 헤더는 가변 길이 값을 가지는데 현재 2비트와 8비트 값 헤더가 정의되어 있다.

㉡ 2비트 헤더는 3개 값을 가지며(01,10,11) 8비트 헤더는 63개 값을 가지며 헤더는 판독기로 하여금 태그 길이를 쉽게 판단할 수 있도록 돕는 기능을 한다.

Ⓑ 업체 코드(EPC Manager) : M1 M2 M3 M4 M5 M6 M7

㉠ EAN 바코드 업체코드에 해당하며 각국 EAN 회원기관이 할당한다.

㉡ 28비트 용량으로 7개 숫자(0 ~ 9) 및 문자(A ~ F)를 조합하여 약 2억 6천만 개 업체 코드를 할당할 수 있다.

Ⓒ 상품 코드(Object Class) : O1 O2 O3 O4 O5 O6

㉠ 바코드 상품 품목 코드에 해당하며 사용 업체가 할당한다.

㉡ 24비트 용량으로 6개 숫자와 문자를 조합하여 약 1천 6백만 개 상품에 코드를 부여할 수 있다.

Ⓓ 일련번호(Serial Number) : S1 S2 S3 S4 S5 S6 S7 S8 S9

㉠ 동일 상품에 부여되는 고유한 식별번호로서 사용 업체가 할당한다.

㉡ 36비트로 8개 숫자와 문자를 조합하여 680억 개의 상품에 코드를 부여할 수 있다.

② 특징

EAN, UCC 코드와 마찬가지로 상품을 식별하는 코드로 차이점은 바코드가 품목 단위 식별에 한정된 반면, EPC 코드는 동일 품목 개별상품까지 원거리에서 식별할 수 있다. 동일한 상품이라도 모든 개체를 개별적으로 식별할 수 있는 일련번호가 추가되어 상품 추적과 상품 이동 상태를 매우 정확히 포착할 수 있고 동시에 데이터 취합과 처리 효율을 높일 수 있다. 위조품 방지, 유효기간 관리, 재고 관리 및 상품 추적 등 공급체인에서 다양한 효과를 기대할 수 있다.

(9) SSCC 및 RSS

① SSCC(Serial Shipping Container Code : 수송용기 일련번호)

최초 배송인과 최종 수령인 사이에 거래되는 물류단위 중에서 주로 팔레트와 컨테이너 같은 대형 물류단위를 식별하기 위해 개발한 18자리 식별코드이다. GS1 코드의 경우에는 코드관리기관으로부터 부여받은 국가코드와 업체코드는 그대로 사용하고 포장 용기 일련번호를 부여한다. 그리고 확장자와 체크 디지트를 덧붙여 18자리를 만든다. 응용식별자 00은 괄호로 묶어 표시한다.

② RSS(Reduced Space Symbology : 축소형 바코드)

정상 크기 바코드를 인쇄할 만한 공간이 없는 전자, 통신, 의료(의약품) 등 소형 상품에 부착할 목적으로 개발한 축소형 바코드이다. RSS는 GS1-14 코드 입력을 기본으로 하며 종류에 따라 부가 정보 추가 입력이 가능하다. EAN/UCC에 의해 개발된 RSS는 모두 네 가지이며 업무 성격에 따라 선택하여 사용할 수 있다. 공통점으로 네 가지 심벌 모두가 기존 EAN 코드와 마찬가지로 1차원 선형 바코드로 구성되어 있다. EAN/UCC에 의해 개발된 RSS는 RSS-14, RSS-14 Stacked, RSS-14 Limited, RSS-14 Expanded 등 4종류가 있다.

제3절 POS 시스템

1 POS 도입과 유통 네트워크화

1) 정의

(1) 정보유통 시스템화

생산과 소비 사이에서 상품 흐름을 원활하게 하여 고객에 대한 서비스를 향상하고 비용을 줄이기 위해서는 유통의 모든 활동을 통합하여 관리해야 한다. 이를 위해서는 각 유통 활동에 대한 정보를 생산자나 소비자가 모두 상호 공유하고 관리하는 것이 필요하다. 정보유통 시스템은 유통 관리 활동을 직접, 간접적으로 지원하고 조정하는 정보 시스템이다. 정보유통 시스템을 운영하고 관리하는 것은 고객을 만족하게 하고 기업 원가를 줄여 국제 경쟁력을 높이는 데 목적이 있다.

(2) POS 시스템 정의와 도입 목적

① POS(Point Of Sales) 시스템

판매시점 정보관리 시스템을 말하는데, 판매장의 판매시점에서 발생하는 판매정보를 컴퓨터로 자동 처리하는 시스템이다. POS 시스템에서는 상품별 판매정보가 컴퓨터에 보관되고 그 정보는 발주, 매입, 재고 등 정보와 결합하여 필요한 부문에 활용된다. 소매점에서 POS 시스템 운영에 필요한 기본 코드에는 상품 코드, 협력업체 코드, 종업원 코드 등이 있다.

② POS 시스템 적용 분야

Ⓐ 판매장 : 편의점, 슈퍼마켓, 백화점, 창고형 매장인 양판점, 할인점, 하이퍼마켓, 쇼핑센터 등이 있다.

Ⓑ 음식점 : 소형 음식점, 고급 음식점, 대형 음식점이 있다.

Ⓒ 전문점 : 서적, CD 판매점, 의류 전문점, 문방구, 팬시 전문점, 화장품 가게 등이 있다.

③ POS 시스템 목적

고객이 원하는 상품을 원하는 시기에 원하는 양만큼 구매할 수 있도록 하여 고객의 상품 구매 만족도를 높이는 것이다. 기업은 팔릴 수 있는 상품을 그 양만큼 공급할 수 있도록 하여 매출과 이익을 극대화하는 데에 목적이 있다.

2) 기능 및 구성

(1) POS 시스템 기능

① 단품관리

상품을 제조회사별, 상표별, 규격별로 구분해서 상품마다 정보를 수집·가공·처리하는 과정에서 단품관리가 가능하다. 이를 위해서는 바코드(Bar Code)가 상품에 인쇄되어 있어야 한다. 여기에서 단품관리란 상품 품목별 관리를 말한다. 인기상품과 비인기상품 파악이 쉽고 종업원 적정 배치나 적정 재고 유지가 가능하다.

② 판매시점에서 정보입력

상품에 인쇄된 바코드를 신속하고 정확하게 자동 판독함으로써 판매시점에서 정보를 곧바로 입력할 수 있다. 금전등록기에서 일일이 자료를 입력하는 것에 비하면 시간과 노력을 절약할 수 있다.

③ 정보 집중관리

단품별 정보, 고객정보, 매출정보, 그 밖의 판매와 관련된 정보를 수집하여 집중적으로 관리할 수 있다. 이러한 정보는 필요에 따라 처리 또는 가공되어 필요한 부문에 활용되는 것은 물론 경영상 의사결정을 하는 데에도 활용된다.

(2) POS 시스템 구성

① POS 단말기

POS 단말기는 판매장에 설치된 POS 터미널(Terminal)을 말하며 금전등록기 기능 및 통신 기능이 있다. 단말기는 본체, 키보드, 고객용 표시장치, 조작원용 표시장치, 영수증 발행용 프린터, 컬러 모니터, 금전관리용 서랍, 매출표시 장치 등으로 구성되어 있다.

② 바코드 스캐너(Bar Cord Scanner)

상품에 인쇄된 바코드를 자동으로 판독하는 장치로 고정 스캐너(Fixed Scanner)와 핸디 스캐너(Handy Scanner)가 있다. 판매량이 많은 곳에서는 고정 스캐너를, 판매량이 적은 곳에서는 핸디 스캐너를 사용하는 것이 경제적이다.

③ 스토어 컨트롤러(Store Ccontroller : 메인서버)

판매장 판매정보가 POS 터미널로부터 전송되어 보관되는 대용량 컴퓨터 또는 미니컴퓨터로 호스트 컴퓨터(Host Computer)이다. 스토어 컨트롤러 안에는 마스터 파일(Master Files)이 있어서 상품명, 가격, 구입처, 구입가격, 구입일자 등에 관련된 모든 정보가 저장되어 있다. 판매장에서 판매가 이루어지면 자동적으로 판매파일, 재고파일, 구매파일 등을 갱신하고 기록한다. 점포가 체인본부나 제조업체와 연결된 경우에는 스토어 컨트롤러에 기록된 각종 정보를 온라인으로 본부에 전송한다.

(3) POS 시스템 운용과정

소비자가 판매장에서 상품을 구입하고 정산할 때 계산대에 있는 직원은 스캐너를 이용하여 상품 또는 상품 포장이나 포장 용기에 인쇄된 바코드를 판독한다. 판매 관련 정보는 스캐너에서 POS 터미널로 전송되고 다시 스토어 컨트롤러에 전송된다. 스토어 컨트롤러에는 상품명, 가격, 재고 등 각종 파일이 있어서 송신된 자료를 처리·가공한다. POS 터미널로부터 스토어 컨트롤러에 수집된 판매정보는 단품별 정보, 고객정보, 가격정보, 매출정보 등이 있는데 이를 다시 POS 터미널로 보낸다.

POS 터미널에서는 고객에게 영수증을 발급해주고 판매상황을 감사테이프에 기록한다. 고객용 표시장치에는 상품 구입가격이 표시된다. 하루 영업이 끝나면 스토어 컨트롤러는 그 날 상품별 목록, 발주상품별 목록 등 각종 표를 작성한다. 영업시간 동안에도 영업개시부터 현재 시각까지 판매상황을 확인할 수 있다. 판매장이 여러 곳에 있는 경우에는 본부 호스트 컴퓨터와 연결해서 각종 판매정보를 교환한다([그림 2-5] 참조).

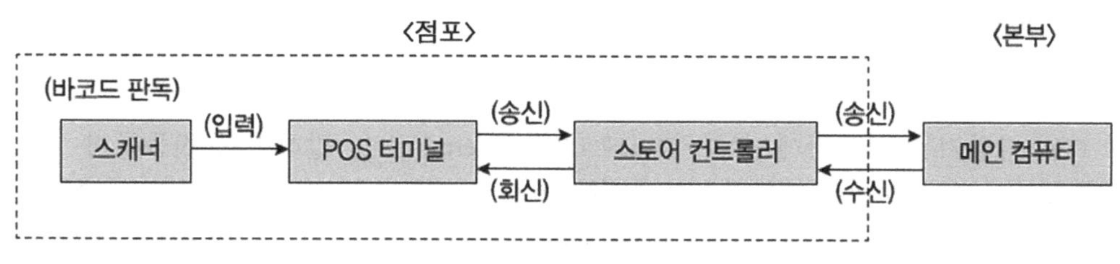

[그림 2-5] POS 운용구조

3) POS 시스템 도입 실무

(1) POS 시스템 역할

POS 시스템은 상품매출 동향을 파악하여 유통기업은 물론 제조업체 재고부담을 경감시키며 계획생산, 계획배송 등을 통하여 물류업무를 효율화하여 연관 업무를 감소시킨다.

(2) 유통기업 물류효율화 방안

① VMI(Vender Managed Inventory)

VMI는 점포의 POS 시스템 데이터를 협력업체와 직접 연결하고 협력업체가 직접 각 점포에 맞는 CAO를 이용하여 재발주량을 결정하는 일종의 자동발주 기법이다. 유통기업은 각 점포 발주업무를 생략할 수 있고 제조업체 또는 협력업체는 최종소비자 반응을 신속하게 파악하여 효율적 생산, 물류계획을 시행할 수 있다. VMI를 통하여 공급체인상 전후방 연관 업체간 원활한 정보유통이 가능하여 상호신뢰 관계를 구축할 수 있고 표준화와 공동화에 기여할 수 있다.

② CSR(Computerized Reservation System, 항공예약시스템)

CSR은 컴퓨터 단말기를 통해 항공편 예약, 발권 업무는 물론 항공운임 및 기타 여행에 관한 종합적 서비스를 제공하는 시스템이다. 주요 기능으로는 예약 기능, 수입극대화, 업무지원, 다양한 정보제공이 있다.

(3) POS 시스템 연계 운용

① 전자상거래 연계형 POS

전자적 방식의 상거래에서 상품거래내역, 지불인증을 가능하게 하고 홈페이지와 연계해서 인터넷 비즈니스를 가능하게 한다.

② Web POS

인터넷을 통해 다양한 Web POS 정보를 분석하여 효율적 마케팅 및 서비스를 가능하게 하고 중간 단계 POS 서버가 필요하지 않기 때문에 시스템 구축 비용 및 유지 비용을 절감할 수 있다.

③ 본부·점포형 POS

점포 업무정보를 본사에 실시간 통합, 집계할 수 있는 환경을 제공한다.

2 POS 시스템 효과

1) POS 시스템 효과

(1) POS 시스템 효과

① 계산원 관리 및 생산성 향상

계산원은 금전등록기에서 상품 혼동, 가격변동, 잘못된 기억, 오타 등으로 가격입력이 틀릴 수 있으나 POS 시스템은 스캐너로 판독하기 때문에 이러한 일을 방지할 수 있다. 스캐너에 의한 판독으로 계산하는 경우 가격을 입력해서 계산하는 경우보다 시간이 많이 절약된다. 고객이 신용카드를 사용하는 경우 별도 기기가 필요 없고, 일과 후 정산작업도 자동으로 하므로 정산표를 따로 작성할 필요가 없다.

② 점포 사무작업 단순화

POS 시스템을 도입하면 정산업무, 매출보고서 등 서류를 일일이 작성할 필요가 없어서 사무작업이 줄어든다. 점포에서 사무작업이 줄어들면 본부에서도 역시 사무작업이 줄어든다. 절약되는 시간에 고객에게 부가적 서비스를 할 수 있다.

③ 가격표 부착 작업 절감

POS 시스템에서는 바코드를 판독하면 되므로 상품에 가격표를 일일이 부착할 필요가 없다. 각종 품목에 가격표를 붙이는 작업은 많은 인력이 필요하지만, POS 시스템에서는 고객이 고객용 가격표시장치 가격과 영수증에 찍히는 가격을 확인만 하면 된다.

④ 고객 부정 방지

어떤 고객이 값싼 상품에 부착된 바코드를 비싼 상품에 붙여서 계산대를 통과하는 경우 바코드에 점선을 넣으면 바코드를 떼어 낼 때 바코드가 조각나서 결국 부정행위를 방지할 수 있다. 상자를 바꿔치기해서 값싼 상품의 상자에 비싼 상품을 넣는 경우 각 상품 중량을 제어기기에 입력해서 계산이 끝난 상품 총중량과 제어기기에서 합계한 중량을 비교하는 방법을 사용하면 이런 행위를 방지할 수 있다.

⑤ 품절 방지 및 신속한 상품회전

POS 정보를 보면 인기상품과 비인기상품을 쉽게 파악할 수 있다. 잘 팔리는 상품에

[표 2-16] POS 시스템 효과

점포관리 효과	운영관리 효과
– 효율적 인원 배치 및 작업 가능 – 판매목표 달성률 측정 용이 – 상품 매출정보 파악 가능 – 적정한 상품진열 위치 선정 가능 – 할인판매 상품 단품관리 가능 – 신속한 가격표 부착 및 교체 가능 – 추가발주 자동화 용이 – 전표 발행 최소화로 운영관리 효율화	– 인기상품 품절 방지 용이 – 매출실적에 의한 매입관리 가능 – 고객 정보 파악에 의한 고객관리 – 고객 구매행동 파악 가능 – 상품별 이익관리 가능

대해서는 신속하게 발주하거나 진열량을 늘려 품절을 최대한 방지할 수 있다. 인기상품은 품절되지 않도록 신속히 주문하고 비인기상품은 일정 기간이 지난 뒤에 바겐세일 등 판매촉진 행사를 통해 신속히 처분하면 상품 회전이 빠르고 재고비용이 절감된다([표 2-16] 참조).

(2) POS 시스템이 유통업체에 미치는 영향

① 매장관리

입력 착오나 고객 대기시간을 단축할 수 있다.

② 상품관리

단품관리, 자동발주 가격표 부착작업을 절감할 수 있다.

③ 고객관리

고객 데이터베이스 구축으로 고객서비스를 향상할 수 있다.

④ 종업원관리

근무상황, 영업성적 파악, 급여계산, 교육시간 단축, 등록 실수를 방지할 수 있다.

⑤ 정보 집중관리

수집된 정보를 데이터베이스화로 전략적 정보시스템을 구축할 수 있다(경쟁기업과의 우위성 확립).

(3) POS 시스템이 제조업체에 미치는 이점

① 판매정보를 기초로 정확한 생산계획을 수립할 수 있다.

② 경쟁상품과의 가격동향 파악, 판매가격 조정을 할 수 있다.

③ 광고나 판매촉진 효과를 측정할 수 있다.

④ 소비자 욕구에 맞춰 신상품 개발 및 기존 상품을 개량할 수 있다.

⑤ 팔리지 않는 상품 생산 중단 및 폐기를 결정할 수 있다.

⑥ 시장규모를 파악하여 사별 시장점유율을 파악할 수 있다.

⑦ 출고, 배송을 합리화할 수 있다.

⑧ 재고관리 정확도를 향상할 수 있다.

3 POS 데이터

1) POS 데이터

(1) POS 시스템을 통해 얻는 정보

① 상품정보

Ⓐ 금액정보

관심을 가지는 기간 또는 대상에 대해 금액으로 환산하여 얼마를 판매했는가 하는 정보이다.

Ⓑ 단품정보

구체적으로 어떤 상품이 얼마나 팔렸는가를 나타내주는 정보이다.

② 고객정보

Ⓐ 고객층 정보(점포 데이터)

유통기업을 이용하는 고객이 어떤 사람들인지를 나타내주는 정보이다.

Ⓑ 개인정보(패널 데이터)

고객 개인 구매실적, 구매성향 등에 관한 사항을 나타내주는 정보이다.

(2) POS 데이터 특성

정보가 매우 상세하고 정확하며 실시간 처리로 데이터를 작성할 수 있으므로 신속히 정보를 활용할 수 있다. 시간 흐름에 따라 계속 발생하는 정보를 지속해서 수집·활용할 수 있어 정보량이 매우 크다. 소매점에서 POS 시스템 운영에 필요한 기본 코드는 상품 코드, 거래처 코드, 종업원 코드 등이 있다.

(3) POS 데이터 유형

① 점별 데이터(store data)

점별 자료는 점포별로 수집된 판매 상품 품목명, 수량, 가격, 판촉 등에 관한 자료로서 특정 점포에서 판매된 품목, 수량, 가격 그리고 판매시점 판촉여부 등에 관한 자료를 통해 점포운영과 관련된 데이터를 획득할 수 있다.

전국에서 표본이 되는 점포를 선정하여 그 점포에서 판매된 품목이나 수량, 가격, 판매시점 판촉여부 등을 월 1회 또는 2회 정도 수집하며 이렇게 수집된 데이터는 지역별, 품목별로 구분되어 유통업체나 일용품 제조업체에게 판매된다. 수집된 점포데이터를 통해 어떤 지역에서 어떤 품목이 어느 정도 판매되는지를 파악할 수 있으며 자사 시장점유율, 타사 가격정책 및 타사 판촉활동여부 등에 관한 정보를 통해 마케팅 담당자 의사결정에 도움을 줄 수 있다.

② 고객별 데이터(panel data)

고객별 자료는 구매 가정별로 구매한 상품과 관련된 자료이다. 패널 데이터를 가장 많이 활용하는 집단은 체인점들이며 이들은 "ABC 분석"이라고 불리는 기법을 가장 많이 사용한다. 고객별 자료는 표본 가정을 추출하여 표본 가정 고객이 소비자 ID카드를 가지고 구매를 하게 되면 그때마다 고객 ID번호와 바코드 상품 고유번호가 동시에 입력되게 된다. 결과적으로 어떤 고객이 어떤 상품을 구매하는지를 분석하게 되어 점포 경영전략을 활용할 수 있게 해준다.

구매 내용 분석은 한번 구매로 어떤 형태 상품이 구입되는가를 알 수 있다. 연관 상품 분석으로 어떤 상품을 구매할 때 다른 상품도 연관해서 구매하는가를 파악하고 연관 상품이 같은 회사 상품인가를 알 수 있고, 패널 조사로서 POS 시스템을 이용한 개인별 ID카드에 의한 스캔 패널을 이용하거나 패널 회원이 각 가정에서 구입한 상품 바코드를 팬 스캐너로 스캐닝하는 홈 스캔 패널 등이 있다. 유통 체인점들과 마찬가지로 대부분 일용품 제조업자들도 자사와 경쟁사 판매실적이나 가격, 판촉 및 광고 현황을 알아보기 위해 패널 데이터를 이용하여 다음과 같은 분석을 하고 있다.

Ⓐ 구매형태에 의한 시장세분화
Ⓑ 변경 매트릭스를 이용한 경쟁분석
Ⓒ 시장가격 분포
Ⓓ 광고노출이 구매에 미치는 영향(광고효과 분석)
Ⓔ 판촉활동이 구매에 미치는 영향(판촉효과 분석)
Ⓕ 새로운 상표 시장진입 형태 결정
Ⓖ 광고노출이 신상품 시험구매에 미치는 영향
Ⓗ 시장점유율 예측

(4) POS 데이터 분석

① 매출 분석

부문별, 단품별, 시간대별, 계산원별 등을 분석한다.

② 고객정보 분석

고객수, 고객단가, 부문별 고객수, 부문별 고객단가 등을 분석한다.

③ 시계열 분석

전년 동기 대비, 전월 대비, 목표 대비 등을 분석한다.

④ 상관관계 분석

상품요인 분석, 관리요인 분석, 영업요인 분석 등을 분석한다.

(5) POS 데이터 활용 단계

① 제1단계(단순 상품관리 단계)

기본적 보고서만을 활용하는 단계이다. 부문별·시간대별 보고서, 매출액 속보, 품목별·단품별 판매량 조회 등이 이에 속한다.

② 제2단계(상품기획 및 판매장의 효율성 향상 단계)

이 단계에서는 날씨, 기온, 시간대, 촉진활동, 선반진열 효율성, 손실, 재고회전율 등 정보와 연계하여 판매량 분석을 통해서 상품을 관리한다.

③ 제3단계(재고관리 단계)

내부 재고관리를 하며, 수·발주시스템과 연계해서 판매정보를 분석하고 재고관리를 하며 발주량을 자동적으로 산출한다.

④ 제4단계(마케팅 단계)

상품정보와 고객정보를 결합해서 판매증진을 위한 마케팅하는 단계이다.

⑤ 제5단계(전략적 경쟁 단계)

POS정보를 경영정보와 결합해서 전략적 경쟁수단으로 활용하는 단계이다.

4 POS 정보 활용

1) POS 정보 활용

(1) 상품정보관리

POS 시스템을 통해 얻은 데이터를 토대로 가공된 정보는 기존 유통전략을 수정하는 데에 활용된다. 데이터에 담긴 소비자 욕구에 맞게 점포 이미지를 설정하고, 그 이미지에 적합한 상품구색, ISM, 판촉계획 등이 만들어진다. 상품정보관리는 상품계획을 위한 정보를 통해서 철수 상품과 신규취급 또는 취급확대 상품을 결정하는 데에서 기업 효율성을 높인다.

① ABC 분석

Ⓐ ABC 분석은 재고자산 품목이 다양할 경우 이를 효율적으로 관리하기 위하여 재고 가치나 중요도에 따라 재고자산 품목을 분류하고 차별적으로 관리하는 방법, 즉 각각 상품이 현재 유통 경영성과에 이바지하는 정도를 평가하는 가장 일반적 방법으로 분류기준은 파레토 분석에 의한다.

Ⓑ ABC 분석과 상품관리 : 각각 상품이 매출에 이바지하는 정보를 A·B·C군으로 분류하여 A상품군을 집중 육성하고 Z상품군 취급은 중단하여 매장 생산성을 증대하고자 하는 것이다.

㉠ A 상품군 : 매출 80%를 차지하는 상품들
㉡ B 상품군 : 매출 15%를 차지하는 상품들
㉢ C 상품군 : 매출 5%를 차지하는 상품들
㉣ Z 상품군 : 매출에 전혀 이바지하지 못하는 상품들([표 2-17] 참조)

[표 2-17] ABC 분석과 상품관리

구분		이익기여		
		A	B	C
매출 기여	A	인기/고수익 상품	인기/고매출 상품	인기/저수익 상품
	B	이익 상품	준 인기 상품	취급/철수 검토 상품
	C	기본/고수익 상품	지속취급 상품	사양 상품
	Z		사양 상품	

② 결합 ABC 분석과 진열관리

매출에 기여하는 인기상품인 동시에 이익에도 기여하는 상품을 통해 기업 이익을 추구하는 동시에 품절방지에 노력하고, 매출은 높으나 이익은 낮다면 미끼상품(Loss Leader)으로 활용하는 등 전략적 활용이 필요하다.

(2) 재고관리와 자동발주

① 재고관리

POS 시스템으로부터 얻어지는 데이터 활용을 통해 단품관리가 가능해지고 단품관리를 통해 재고관리가 가능해진다. POS로부터 얻은 단품별 판매수량에 근거하여 매입하고 단품별 단전재고, 진열단위 등을 고려하여 재고를 증가시키지 않으면서 품절을 방지하는 적정 발주가 가능해지는 것이다. POS 데이터를 통신회선을 이용하여 본부나 배송센터 컴퓨터에 전송하여 중앙집중식으로 집계·관리함으로써 자동발주시스템을 구축할 수 있다([표 2-18] 참조).

[표 2-18] POS 정보 활용 분야

분 야		목 적	필요한 가공분석
상품 정보 관리	매출관리	- 부문별 매출관리 - 매출 총 이익관리 - 시간대별 매출관리	- 시간대별 매출관리
	상품구매 계획관리	- 상품관리 - 인기, 비인기 상품관리 - 신상품 도입 및 평가	- 상품 판매동향 분석
	진열관리	- 판매장 배치계획	- 장바구니 분석
	판촉계획	- 적절한 판촉계획 - 적절한 판매가격 결정	- 판촉효과 분석
	발주·재고관리	- 발주 권고 - 자동 보충 발주 - 판매량 예측	- 적정 발주량 산출 - 판매요인 분석
종업원관리		- 계산원 관리 - 자금계획 자동화	- 계산원별 생산성 분석
고객관리		- 지역마케팅	- 지역별 판매 분석 - 연령별 판매 분석

(3) 인력관리와 고객관리

POS 데이터는 시간과 장소, 부문과 상품에 관한 종합적 데이터를 제공한다. 따라서 POS 데이터를 통해 작업량을 도출하여 업무할당 및 관리에 이용하면 효율적인 인력관리가 가능해진다. 현재 인력의 생산성·성과관리 등도 가능해진다. POS 데이터를 통해 얻는 고객속성정보(성별, 연령, 주소, 직업 등 고객 신상에 관한 정보), 상품이력정보(구입상품, 수량, 금액, 거래횟수 등에 관한 정보)는 고객별 관리 및 판촉활동을 위한 고객정보 확보에도 활용될 수 있다.

(4) POS 정보와 전략정보시스템

전략정보시스템을 구성하는 자료의 원천은 POS 시스템이다. POS 시스템은 전략정보시스템에서 생산되는 다양한 정보 재료가 되는 데이터를 제공하는 원천이 된다. POS 데이터를 통해 가공되는 정보가 제공하는 이익은 다음과 같다.

① 단순 이익(Hard Merit)

생산성 향상에 기여, 유통기업의 비용절감, 정보처리의 효율화, 서비스 향상에 기여한다.

② 활용 이익(Soft Merit)

상품력 강화와 단품관리 추구, 유통기업 품질 향상, 가격 적정화, 소비자 욕구를 충족시키는 상품구색 확보, 부가가치 제공 등에 기여한다.

③ 활용 이익 전제조건

정보 활용 수준 명확화, 타 정보와의 결합 활용, 데이터 정밀도를 유지한다.

연습문제

01 정보화 사회 특성에 관하여 설명하시오.

① 소프트웨어 중심 구조로 전환 → 분석정보에 의존한 의사결정이 잦아짐
② 다품종 소량, 탈 대량화
③ 애드호크라시(Adhocracy), 임시조직, 지방분권체제, 작은 정부, 권한이양
④ 직능급 중심으로 전환(전문직, 기술직 우위)
⑤ 개별기업관리 관점 → 공급망 관리 관점
⑥ 폐쇄적 운영조직 → 개방적 운영조직(유연성과 반응성이 높아짐)
⑦ 상품중심(신상품개발) → 가치창출중심(정보, 네트워크)
⑧ 다품종 소량 → 다품종 다량(Mass Customization, 대량 고객화)

02 바코드 적용 분야에 관하여 설명하시오.

① 유통 관리
거래 시 발생하는 판매, 주문, 수금 등 업무를 즉각적으로 컴퓨터에 입력함으로써 모든 판매 정보를 한눈에 알 수 있다.
② 자재, 창고 관리
자재 수급 계획부터 자재 청구, 입고, 창고 재고 및 재고품 재고 파악, 완제품 입고에 이르기까지 자재에 관련된 경로를 추적, 관리한다.
③ 근태 관리
④ 출하 선적 관리
⑤ 매장 관리 : 판매, 주문, 입고, 재고 현황 등 각 매장 정보를 신속하게 본사 호스트 컴퓨터로 전송하며 또한 POS 터미널 자체 매장 관리도 할 수 있다.

03 POS 정보 활용 분야에 관하여 설명하시오.

분 야		목 적	필요한 가공분석
상품정보관리	매출관리	- 부문별 매출관리 - 매출 총 이익관리 - 시간대별 매출관리	- 시간대별 매출관리
	상품구매 계획관리	- 상품관리 - 인기, 비인기 상품관리 - 신상품 도입 및 평가	- 상품 판매동향 분석

분 야		목 적	필요한 가공분석
	진열관리	– 판매장 배치계획	– 장바구니 분석
	판촉계획	– 적절한 판촉계획 – 적절한 판매가격 결정	– 판촉효과 분석
	발주·재고관리	– 발주 권고 – 자동 보충 발주 – 판매량 예측	– 적정 발주량 산출 – 판매요인 분석
종업원 관리		– 계산원 관리 – 자금계획 자동화	– 계산원별 생산성 분석
고객 관리		– 지역마케팅	– 지역별 판매 분석 – 연령별 판매 분석

04 용어 설명

- 마케팅 정보 시스템
- 바코드
- POS
- ABC 분석

제 3 장 유통정보시스템

제1절 유통정보시스템

1 유통정보시스템

1) 유통정보시스템

유통정보시스템은 마케팅환경 변화에 의한 소비자 욕구 다양화와 다품종 소량생산 환경에 의한 유통판매 활동의 복잡화와 다양성에 따라 발전해 왔으며 정보화에 따라 컴퓨터 및 정보통신수단의 발달에 때문에 변화하였다. 유통정보란 상품진열, 무류, 판매 등 각 유통과정에서 발생하는 정보를 의미하며 이런 정보는 개별적으로 유통기능을 발휘하지 못함으로 이러한 정보를 효율적으로 연결할 수 있는 유통정보시스템이 필요하게 되었다.

유통정보시스템이란 상품매입에서 시작해서 소비자에 이르는 모든 유통의 모든 과정을 시스템적으로 파악하는 것을 의미하며 다양화, 개성화된 소비자 욕구에 부합하는 상품제공을 수행하기 위해서 정보 수집, 소비자 특성, 구매경로 수집, 상품판매정보 수집 등에 이르는 제반 과정을 시스템화하는 것을 말한다. 이러한 유통정보시스템은 유통활동기능 고도화와 생산성 향상을 위하여 상품 특성, 조직 실태와 목적을 고려한 유통과정 전반에 걸친 의사결정을 지원하는 마케팅정보시스템 하부 구조라 할 수 있다.

또한 유통정보시스템은 경로구성원 간에 정보연결이 종횡으로 이루어져 정보 수집과 분석에 있어서 핵심이 되는 정보처리 기구를 공유하고 정보 수집처리 제공을 저가격으로 신속하게 그리고 광역적으로 하는 기능을 가진 시스템이다. 결론적으로 유통정보시스템(Distribution information system)은 유통업체 경영활동에 필요한 정보 흐름을 통합하는 기능을 통해 전사적 유통기능을 가능하게 하는 동시에 유통계획, 관리, 협력업체 등에 필요한 데이터를 처리하여 의사결정에 필요한 정보를 적시에 제공하는 시스템이다. 또한 제조업체 원료구입과 생산에서 소비자 구매에 이르기까지 상품의 유기적 결합으로 모든 유통과정을 파악할 수 있도록 표준화된 정보공유시스템을 만드는 과정이라 할 수 있다.

2) 유통정보시스템 필요성

(1) 시장 확대

우리나라 유통산업은 대형화, 다점포화 등 양적 팽창이 이루어지고 있다. 확대된 시장을 효율적으로 관리하기 위하여 유통정보시스템이 더욱 필요하게 되었다. 양적 팽창은 선진 유통기업들과의 경쟁을 가능하게 하여 해외시장으로 진출할 터전을 마련할 수 있다.

(2) 수익성 향상

대량 생산과 대량 매매에 따른 비용과 인건비 상승 그리고 교통체증 증가와 복잡한 상품유통제도 때문에 유통비용이 증가하게 되었다. 이러한 여건에서는 유통정보시스템을 통해 운송수단, 판매장, 물류시설 등 활용도를 높여 기업 수익성을 향상해야 한다.

(3) 유통환경 변화 능동적 적응

유통환경변화란 다양해지고 있는 소비자 수요, 대량 판매정보를 신속하고 정확하게 처리해야 하는 환경을 말한다. 유통업체는 각종 정보를 신속·정확하게 수집해 환경변화에 능동적으로 적응해야 한다. 능동적 적응이란 소비성향을 신속하게 수집·분석해서 소비자 변화에 신속히 대응하는 것을 말한다.

3) 유통정보시스템 설계 과정

유통정보시스템을 설계하는 과정은 5단계로 설명할 수 있다. 1단계는 주요의사결정 영역 확인 2단계는 의사결정 담당자 결정 3단계는 의사결정에 필요한 정보 파악 4단계는 유통정보 수집자, 사용자 및 정보제공방식 결정 5단계는 잡음요소 규명 및 이의 제거방안 결정이다([그림 3-1] 참조).

1단계 : 경로시스템에서의 주요의사결정 영역 확인(예 : 최소주문량, 상품구색, 상품 가격 및 가격할인)

⬇

2단계 : 의사결정영역을 수행해야 할 경로 구성원 규명(제조업자, 도매상, 소매상)

⬇

3단계 : 각 경로 의사결정에 필요한 구체적 마케팅 정보 파악

⬇

4단계 : 유통정보제공자, 정보사용자, 제공방법 결정

⬇

5단계 : 잡음요소 규명 및 이의 제거방안 결정

[그림 3-1] 유통정보시스템 설계 과정

4) 유통정보시스템 역할

유통정보시스템 역할은 유통정보시스템을 이용하는 사람들의 여러 가지 활동 결과인 성과를 개선하고 유통 업무에 관한 모든 의사결정자의 의사결정을 지원함과 동시에 그것을 개선하고, 또한 그 전략적 활용에 따른 경쟁상 우위성을 획득하며 유통에 관한 여러 가지 업무를 신속하고 효율적으로 처리하는 것이라 할 수 있다.

첫째, 제조, 도매상, 소매상이 서로 재고량과 위치를 공유하여 재고관리를 효율적으로 수행할 수 있다. 유통정보시스템은 제조업자 생산계획과 도소매상 판매계획 수립에 도움을 줌으로써 고객 대기시간을 단축하고 재고량 감소로 비용절감을 기할 수 있다.

둘째, 유통정보시스템은 주문, 재고조사, 재고유지 및 관리 등 작업에 들이는 시간을 감소시켜 준다.

셋째, 소매상에게 소비자 구매성향과 습관 파악으로 소비자에게 편리하게 구매할 수 있는 최적 구색 갖춤을 할 수 있게 해준다.

넷째, 판매활동정보의 객관적 자료로 영업활동을 평가할 수 있다. 마지막으로 유통정보시스템 도입은 기업간 서류 및 비용절감을 가져올 수 있으며 업무 효율화로 기업 경쟁력을 강화한다.

2 데이터 웨어하우스(Data Warehouse)

1) 데이터 웨어하우스 개념

(1) 데이터 웨어하우스 개념

데이터 웨어하우스(Data Warehouse)란 기간 시스템의 데이터베이스에 축적된 데이터를 공통 형식으로 변환하여 일원적으로 관리하는 데이터베이스로 기업 각 부분에 산재해 있는 개별 시스템 데이터들을 활용 목적별로 통합하여 유연한 분석이 가능하도록 만들어 놓은, 방대한 양의 데이터를 저장할 수 있는 대형 전자창고(Electronic Warehouse)이다. 다양한 온라인 거래처리 프로그램들이나 다른 출처로부터 모인 데이터들은 분석적 용도나 사용자 질의에 사용되기 위하여, 선택적으로 추출되고 조직화하여 데이터 웨어하우스 데이터베이스에 저장된다.

데이터 웨어하우스는 유용한 분석이나 접근을 위해 다양한 출처로부터 데이터를 획득할 것을 강조하지만 일반적으로 특화되고 때로는 지엽적 내용의 데이터베이스가 필요할 최종 사용자나 지식 노동자의 시각으로부터 출발하지는 않는다. 후자의 경우에 있는 사람들에게 필요한 것은 흔히 데이터 마트(Data Mart)라고 알려진 바로 그것이다. 데이터 마이닝이나 의사결정지원시스템(DSS)은 데이터 웨어하우스 활용이 필요한 응용프로그램들이다.

(2) 데이터 웨어하우스 특징

웨어하우스 데이터는 비즈니스 사용자들의 의사결정 지원에 전적으로 이용된다. 기업 운영시스템과 분리되며 운영시스템으로부터 많은 데이터가 공급된다. 데이터 웨어하우스는 여러 개의 개별적 운영시스템으로부터 데이터가 집중된다. 기본적 자료 구조는 운영시스템과 완전히 다르므로 데이터들이 데이터 웨어하우스로 이동되면서 재구조화되어야 한다.

운영시스템과 데이터 웨어하우스는 근본적으로 다르며 두 개의 매우 상이한 시스템을 요구한다. 데이터 웨어하우스는 신뢰할 수 있는 하나의 버전(one version of truth)을 사용자에게 제공한다. 기존 운영시스템 대부분은 항상 많은 부분이 중복됨으로써 하나의 사실에 대해 다수 버전이 존재하게 된다. 그렇지만 데이터 웨어하우스에서 이러한 데이터는 전사적 관점에서 통합된다. 시간성 혹은 역사성을 가진다. 즉 일, 월, 년 회계기간 등과 같은 정의된 기간과 관련되어 저장된다.

운영시스템 데이터는 사용자가 사용하는 매 순간 정확한 값을 가진다. 즉 바로 지금

데이터를 정확하게 가지고 있을 것이 요구된다. 반면 웨어하우스 데이터는 특정 시점을 기준으로 정확하다. 주제 중심적이다. 운영시스템은 재고관리, 영업관리 등과 같은 기업운영에 필요한 특화된 기능을 지원하는 데 반해 데이터 웨어하우스는 고객, 상품 등과 같은 중요한 주제를 중심으로 그 주제와 관련된 데이터들로 조직된다. 컴퓨터 시스템 혹은 자료 구조에 대한 지식이 없는 사용자들이 쉽게 접근할 수 있어야 한다.

조직 관리자들과 분석가들은 그들 PC로부터 데이터 웨어하우스에 연결될 수 있어야 한다. 이런 연결은 요구에 즉각적이어야 하고, 또한 신속성을 보여야 한다. 데이터 웨어하우스는 읽기 전용 데이터베이스로서 갱신이 이루어지지 않는다. 웨어하우스 환경에서는 프로덕션 데이터 로드(Production Data Load)와 활용만이 존재하며, 운영시스템에서와 같은 의미의 데이터 갱신은 발생하지 않는다. 따라서 갱신이나 삭제할 수 없는 비휘발성(Non-Volatile)이다. 데이터 웨어하우스는 일정한 시간 동안의 데이터를 대변하는 것으로 Snap Shot과 같다고 할 수 있다. 따라서 데이터 구조상에 시간이 아주 중요한 요소로 작용한다.

(3) 데이터 웨어하우스 구성 요소

① 원시 데이터 계층

기존 메인 프레임 애플리케이션, 클라이언트 애플리케이션, 외부 데이터 소스를 포함한 수많은 소스로 구성되며 데이터는 이들 소스로부터 추출되어 변환 및 표준화 과정을 거쳐 데이터 웨어하우스로 적재된다.

② 데이터 웨어하우스 계층

데이터 웨어하우스 계층은 의사결정을 지원하기 위해 주제 중심적, 통합적, 시계열적 데이터의 집합으로서 사용자 요구에 따라 대량 데이터가 축적된 인프라를 만들어 놓고 실제 활용은 최종 사용자에게 맡기는 계층이다.

③ 클라이언트 계층

사용자들이 정보를 액세스하고 분석할 수 있는 수단으로 데이터 웨어하우스에 대한 별도 지식이 없이도 통합된 데이터 결과 값을 볼 수 있도록 한 계층이다.

④ 데이터 웨어하우스 내부 주요 활동

Ⓐ 데이터 추출 및 적재

운영 DB, 파일 형태 데이터, 외부 자료 등으로부터 데이터를 추출하여 운영데이터 저장소로 적재하는 작업으로 메타 데이터 정보를 참조하는 작업이 포함된다.

Ⓑ 데이터 웨어하우스 모델링

데이터 모델링은 분석과 설계 두 단계를 거친다. 분석 단계에서는 업무규칙 및 요구사항을 도출하여 적용하고 설계 단계에서는 실제 구현작업을 한다. 두 단계를 거치며 생성되는 산출물은 개념적·논리적·물리적 모델이다.

Ⓒ 데이터 웨어하우스 조회

데이터 웨어하우스는 중앙집중화된 데이터 저장고(Repository)이다. 이곳에는 임시 저장소(ODS ; Operational Data Store)와 여러 측면의 분석을 필요로 하는 데이터가 다차원적 모델링으로 구성된 사실 테이블(Fact Table), 차원 테이블(Dimension Table), 요약 테이블(Summary Table), 메타 데이터(Meta Data)가 들어 있다. 이러한 자료를 여러 차원 분석을 전문적으로 해줄 수 있는 OLAP 도구를 사용하거나 일반 4GL로 작성한 프로그램 또는 SQL 문장으로 액세스한다.

(4) 데이터 웨어하우스 구축 시 고려할 사항

데이터 웨어하우스는 조직 데이터베이스로부터 의사결정에 필요한 자료를 통합하여 구축하고 사용자가 요구하는 정보를 필요 시점에 제공하기 위한 작업 과정으로서 기존 정보처리방식이 아닌 새로운 접근을 모색해야 한다. 조직 내 방대한 자료를 업무영역별, 사용자 관점에 의하여 분류하여 구축하여야 하고 이러한 정보들은 개별적 내용이 아니라 각각 연계되는 자료들을 통합한 형태가 되어야 한다. 또한, 조직 의사결정을 지원하기 위해서 일정 시점이 아닌 일정 기간의 변동에 따라 데이터 추세를 분석한 자료가 제공될 수 있어야 한다.

① 데이터 웨어하우스 구축 요건

Ⓐ 업무 영역별 사용자 관점 데이터

고객, 영업, 상품 등 업무영역별 사용자 관심 요건에 따라 분류되어 구축됨으로써 업무 목적에 따라 적절한 정보를 제공할 수 있어야 한다.

Ⓑ 업무별 관련 사항을 통합한 데이터

데이터 웨어하우스는 조직 내 각종 업무처리 단위별로 구축된 데이터를 전사적 차원에서 서로 연계되는 부분을 통합한 내용으로 구성하여 하나의 독립된 데이터로 표현되어야 한다.

Ⓒ 경영활동 기간별 데이터

조직 의사결정지원을 위해서는 특정한 시점만의 자료가 아닌 관심 대상 기간 데이터 변동, 즉 경영활동에 대한 추이 분석을 할 수 있는 정보 형태로 제공될 수 있도록 구축하여야 한다.

② 데이터 웨어하우스 정보제공 요건

데이터 웨어하우스는 구축 시점을 제외하고는 갱신이 일어나지 않는 검색 전용 데이터베이스로서 사용자에게 적절한 정보 제공을 위한 검색 효율성에 관점을 두어 설계되어야 한다.

(5) 데이터 웨어하우스 구축 이점

운영시스템을 보호하고 사용자 질의에 신속한 응답 기능을 제공할 수 있다. 여러 시스템에 흩어져 있는 데이터들이 데이터 웨어하우스로 통합되므로 사용자는 자신들이 필요로 하는 데이터가 어디에 있는지 신경 쓰지 않고 필요한 데이터를 쉽게 가져다 쓸 수 있다. 데이터는 데이터 웨어하우스로 옮겨오기 전에 정제 및 검증 과정을 거치게 되며 따라서 사용자는 양질 데이터를 사용할 수 있다. 저장되는 데이터들은 필요한 특정 주제 단위로 통합된 데이터로서 다양한 분석 및 빠른 액세스를 제공하기 위한 효과적 방법으로 저장된다.

(6) 데이터 웨어하우징(Data Warehousing)

데이터 웨어하우징은 경영의사결정을 지원하고 경영자정보시스템(EIS)이나 의사결정지원시스템(DDS) 구축을 위하여 기존 데이터베이스에서 요약·분석된 정보를 추출하여 데이터베이스, 즉 데이터 웨어하우스를 구축하거나 이를 활용하는 절차나 과정을 말한다. 데이터 웨어하우징은 기존 온라인 트랜잭션 처리(OLTP) 지향으로부터 온라인 분석 처리(On-Line Analytical Processing : OLAP) 지향으로 데이터 관리 전략을 전환하여 데이터 효용성을 극대화하기 위한 일련의 기법을 의미한다.

온라인 트랜잭션 처리는 업무별로 필요한 데이터를 저장, 관리하여 업무상 발생하는 자료 삽입, 갱신, 수정, 검색 등을 신속하고 안정성 있게 처리해주기 위한 기법이다. 은행 여수신업무, 항공사 좌석예약업무 등이 전형적 온라인 트랜잭션 처리에 해당한다. 데이터 웨어하우징은 데이터웨어하우스를 이용하는 사용자 요구사항에 부응하는 전반적 시스템 구축 과정이라 할 수 있다. 데이터 웨어하우스를 구축·유지·운영하는 일련의 과정 및 절차를 의미한다.

데이터 웨어하우징은 단순한 데이터 저장창고가 아니라 관계형 데이터베이스를 근간으로 많은 데이터를 다차원적으로 신속하게 분석하여 의사결정에 도움을 주기 위한 시스템이다. 이를 통해 최종사용자는 중간 매개체나 매개자를 거치지 않고 온라인상에서 직접 데이터에 접근할 수 있다.

(7) OLAP(Online Analytical Processing)

① 개념과 목적

온라인 분석 처리(OLAP)는 의사결정지원시스템 가운데 대표적인 예로 사용자가 같은 데이터를 여러 기준을 이용하는 다양한 방식으로 바라보면서 다차원 데이터 분석을 할 수 있도록 도와준다. 1993년 Codd가 처음으로 주창한 것으로, Codd는 OLAP을 사용자가 다차원 정보에 직접 접근하여 대화 형태로 정보를 분석하고 의사결정에 활용하는 과정이라고 정의하였다.

이 기술은 기업들에게 단순한 거래 처리를 넘어선 정보 활용 가능성을 보여주었고 이를 계기로 적극적 데이터 활용을 통한 의사결정 중요성이 강조되었다. 최종 사용자가 다차원 정보에 직접 접근하여 대화식으로 정보를 분석하고 의사결정에 활용하는 과정에서 등장하였다. 사용자는 온라인상에서 직접 데이터에 접근하며 대화식으로 정보를 분석하므로 사용자가 기업 전반적 상황을 이해할 수 있게 하고 의사결정을 지원하는 데 그 목적이 있다.

② 특성

다차원 정보에 직접 대화 형태로 분석하는 것이 OLAP 특징이다. 보통 데이터베이스는 2차원인데 현업에서 요구하는 것은 다차원이다. 그래서 다차원 데이터베이스를 만들고 전문화된 데이터베이스 엔진으로 정보를 추출하는 것이 OLAP이다. 중간 매개자가 없이 사용자가 온라인으로 접근한다.

홈뱅킹, VOD, TV쇼핑 등에 사용할 수 있다. 대화 형태로 정보가 분석된다. 대화로 진행되기 때문에 사용자는 명령하고 오래 기다리지 않는다. 따라서 신속성이 중요하다. 사용자가 질의했을 때 신속하게 처리해야 한다. 질의, 목표탐색, 원인-결과 분석 등 의사결정 지원 역할을 한다.

3 데이터 마이닝(Data Mining)

1) 데이터 마이닝

(1) 데이터 마이닝 개념

데이터 마이닝(Data Mining)은 거대 규모 데이터로부터 가치 있는 정보를 찾아내는 탐색 과정 및 방법을 의미한다. 즉, 데이터베이스로부터 과거에는 알지 못했지만, 데이터 속에서 유도된 새로운 데이터 모델을 발견하여 미래에 실행 가능한 정보를 추출하고 의사결정에 이용하는 과정을 말한다. 이 용어는 광산에서 광물을 캐내는 것에 비유한 것으로 금광석에 극히 미량으로 포함된 금을 여러 단계를 걸쳐 추출하듯이 수많은 데이터로부터 유용한 정보를 찾아내는 것으로 해석된다.

지난 수십 년간 여러 조직(국가, 기업 등)에 의한 정보시스템에 대한 투자, 컴퓨터 발전 및 보급, 데이터베이스 기술 발전 등으로 다양한 분야에서 다양한 형태 데이터, 예를 들어 판매시점관리 데이터, 주식거래 데이터, 병원환자 데이터, 전화 통화기록 데이터, 카탈로그 주문 데이터, 은행거래 데이터, 원격입력 이미지 데이터, 항공예약 데이터, 신용카드결제 데이터, 제조업체 품질관리 데이터, 세금환급 데이터 등이 기하급수적으로 축적됐다.

(2) 데이터 마이닝 프로세스

① 샘플링 추출(Sampling / Selection)

데이터 마이닝은 대체로 수십 메가에서 수십 기가에 이르는 대용량 데이터를 기반으로 하지만 많은 양 데이터를 살피는 것은 시간 측면에서만 보아도 많은 인내를 필요로 하게 되는 작업이 될 수 있다. 이때 고려하여야 하는 과정이 바로 샘플링이다. 샘플링이란 방대한 양 데이터(모집단)에서부터 모집단을 닮은 작은 양 데이터(샘플 : 표본)를 추출하는 것이다.

② 데이터 정제 및 전처리(Data Cleaning / Preprocessing)

데이터 베이스에는 일관성이 없고 불완전하며 오류가 있는 데이터가 존재할 수 있다. 따라서 데이터 정제과정을 통해 데이터 무결성과 질을 보장해주어야 한다.

③ 탐색 및 변형(Exploration / Transformation)

Ⓐ 탐색

데이터 탐색과정에서 이미 알고 있는 사실들을 확인하여 수치화하는 작업을 시작으로 하여 보유하고 있는 수많은 변수 관계를 살펴보는 단계이다. 예를 들어, "백화점 A 상품구매 고객들은 주로 특정 요일에 집중되어 있다"라거나, "B상품 구매고객은 주로 여자다" 등 모르고 있던 정보 또는 기존에 현업 관계자 느낌으로만 알고 있던 사실들을 확인할 수 있게 되는 경우도 있고 또 가끔은 현업에 있는 사람들이 확신하고 있던 사실들이 틀렸다는 것도 확인할 수 있다.

Ⓑ 변형

예를 들어 한 신용카드회사 거래정보가 있다고 하자. 그 거래정보에는 각 고객 지난달 카드사용내역을 가지고 있을 것이다. 그러나 분석자 요구 또는 현업 담당자 요구에 의해 꼭 필요한 정보 각 고객 지난달 1회 평균 카드사용금액은 보유하고 있지 않을 수 있다. 또한, 각 고객 연령정보는 있지만 너무 다양하여 10대, 20대, 30대 등으로 크게 나누어야 할 수도 있다. 이와 같은 정보는 기존 변수를 이용하여 새로이 생성해야 할 변수가 된다. 이러한 작업을 고려하는 단계가 바로 변형 및 조정 단계이다. 이 단계에서 생성 또는 수정된 변수는 차후 모형화 단계에서 아주 중요한 정보로써 활용될 수 있을 것이다.

④ 모형화(Modeling)

데이터 마이닝 과정에서 가장 중요한 단계로서 앞서 선행되었던 단계에서 선정된 주요한 변수를 사용하여 다양한 모형인 Neural Networks, CHAID, CART, 일반화 선형모형 등의 전통적 통계적 모형 등을 적합해 보는 단계이다. '신용카드 도용방지모형은 Neural Network가 가장 적합하다' 등 알려져 있는 모형이 있기도 하나 그렇지 않은 경우에는 다양한 모형에 적합한 후 예측력이 가장 뛰어난 모형을 선택하는 것이 일반적이다.

⑤ 보고 및 가시화(Reporting / Visualization)

데이터 마이닝 수행결과는 사용자들에게 보기 편하고 이해하기 쉬운 형태로 제공돼야 한다. 마이닝 결과를 그래프나 각종 차트 형태로 보여주는 것이 가시화이다. 가시화 장점은 사전 지식이 없이 동적 관찰이 가능하고 인식 한계에 대한 부담을 경감시킨다는 점이다.

(3) 데이터 마이닝 기법

① 의사결정 나무(Decision Tree)

과거에 수집된 데이터 레코드들을 분석하여 이들 사이에 존재하는 패턴, 즉 결과 값별 특성을 고객속성 조합으로 나타내는 분류 모형을 나무 형태로 만드는 것이다. 이렇게 만들어진 분류 모형은 새로운 레코드를 분류하고 해당 결과 값을 예측하는 데 사용된다.

② 신경망 분석(Neural Networks)

인간 두뇌의 복잡한 현상을 모방하여 마디(Node)와 고리(Link)로 구성된 망구조로 모형화하고 과거에 수집된 데이터로부터 반복적 학습과정을 거쳐 데이터에 내재되어 있는 패턴을 찾아내는 기법이다. 보통 신경망 분석은 패턴 인식이나 연관관계 분석에 기초하여 주로 분류화와 예측 목적으로 신용평가, 카드도용패턴 분석, 수요 및 판매예측, 고객세분화 등 여러 산업에서 활용되고 있다.

③ 연관 규칙(Association Rule)

어떤 특정 문제에 대한 예측(Prediction)이나 고객들을 특정 목적에 따라 분류(Segmentation)하는 문제가 아니라 상품 혹은 서비스 거래기록(Historical)데이터로부터 상품간 연관성 정도를 측정하여 연관성이 많은 상품을 그룹화하는 clustering의 일종으로서 동시에 구매될 가능성이 큰 상품들을 찾아냄으로써 시장바구니분석(Market Basket Analysis)에서 다루는 문제들에 적용될 수 있다. 예를 들면, 미국 슈퍼마켓에서 목요일 기저귀를 사는 고객은 맥주도 동시에 구매한다는 연관성을 알아냈다고 한다. 이때 조건은 '목요일, 기저귀'이며 결과는 '맥주'라 할 수 있다.

이와 같은 연관 규칙의 탐사가 가능하게 된 것은 컴퓨터 기술 발전을 들 수 있겠다. 한 고객이 슈퍼마켓 계산대에서 계산할 때 쇼핑카트에 담긴 물품들이 바코드를 통하여 컴퓨터에 데이터베이스 형태로 입력되고 이로부터 고객 구매행태를 분석할 수 있게 되었다.

④ 클러스터링(Clustering)

어떤 목적 변수(target)를 예측하기보다는 고객 수입, 고객 연령과 같은 속성이 비슷한 고객들을 묶어서 몇 개 의미 있는 군집으로 나누는 것을 목적으로 한다. 숲이 너무 복잡해서 전체를 파악할 수 없을 때 나무들부터 살펴보아야 하듯이 대용량 데이터가 너무 복잡할 때는 이를 구성하고 있는 몇 개의 군집을 우선 살펴봄으로써 전체에 대한 윤곽을 잡을 수 있을 것이다. 클러스터링은 이런 상황에 유용하게 쓰일 수 있다.

예를 들어 회사에서 관리하는 고객들에 대하여 구매 행태를 반영하는 속성들에 대한 데이터가 수집된다고 할 때 유사한 구매 행태를 보이는 고객들을 서로 그룹핑하는 것을 군집 분석이라 할 수 있겠다. 따라서 이 예의 경우 군집 분석 목적 중 하나는 서로 다른 그룹 고객들에게 서로 다른 마케팅 전략을 수립하는 것이 될 것이다.

⑤ 사례기반추론(Case-Based Reasoning : CBR)

주어진 새로운 문제를 과거 유사한 사례를 바탕으로 주어진 문제 상황에 맞게 응용하여 해결해 가는 기법이다.

(4) 데이터 마이닝 활용 분야

① 데이터베이스 마케팅(Data Base Marketing)

② 신용평점시스템(Credit Scoring System)의 신용평가모형 개발, 사기탐지시스템(Fraud Detection System), 장바구니 분석(Market Basket Analysis), 최적 포트폴리오 구축

③ 품질 개선(Quality Improving)

④ 이미지 분석(Image Analysis)

(5) 데이터 마트(Data Mart)

데이터 마트란 한 부분으로서 특정 사용자가 관심을 갖는 데이터들을 담은 비교적 작은 규모 데이터 웨어하우스(DW)를 말한다. 즉, 한 두 개 특별한 영역에 중점을 둔 데이터 웨어하우스이다. 데이터 웨어하우스로부터 특정한 분야와 관련된 데이터만 특별한 사용자가 이용 가능하게 분리해 놓은 것이다. 개별 부서에서 그 부서 특징에 맞게 데이터를 검색, 가공, 분석할 수 있도록 해놓은 작은 규모 전자저장 공간이다. 필요에 따라 자주 접근하는 데이터 웨어하우스 부분 또는 그 처리시간에 따라 데이터 마트 종류는 다음과 같다.

① 관계형 데이터 마트는 2차원 구조이고, 데이터의 입력과 출력이 용이하고 속도가 빠른 편이다.

② 다차원 데이터 마트는 데이터 구조가 매트릭스 형태로 구성되어 있으며 동일한 data를 다른 여러 View를 통해 분석한다([그림 3-2] 참조).

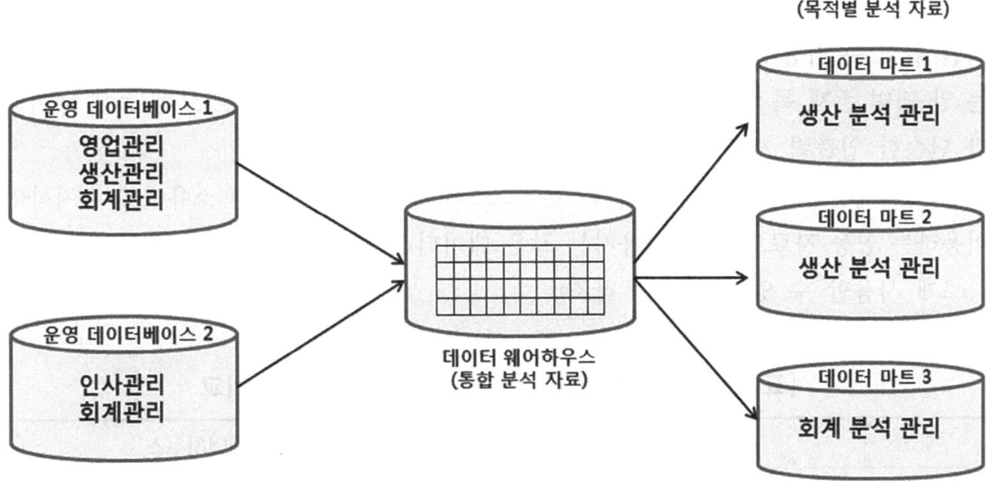

[그림 3-2] 데이터 웨어하우스와 데이터 마트

4 데이터 베이스(Data Base)

1) 데이터 베이스 개념 및 특징

(1) 데이터 베이스 개념

데이터 베이스는 여러 사람에 의해 공유되어 사용될 목적으로 통합·관리되는 정보 집합이라고 정의할 수 있다. 정리된 데이터들을 조합·가공함으로써 정보를 생산할 수 있도록 조직화된 데이터 집합을 말한다.

데이터 베이스 마케팅(Database Marketing)은 고객만족경영 한 형태로서 각종 1차 자료와 정보를 수집·분석하고 개인에 대해 차별적 정보를 제공하여 고객 만족을 극대화하는 마케팅 수단을 말한다.

어느 고객이 무엇을 얼마나 자주 구매했으며 어떤 매장에서 어느 유형을 구매했는지 언제 재 구매 하려는지 또는 대체 구매할 것인지 등과 같은 정보를 가지고 고객 성향을 분석하여 효율적 판매 전략을 수립하는 것이다.

(2) 데이터 베이스 특징

똑같은 자료를 중복하여 저장하지 않는 통합된 자료이다. 컴퓨터가 액세스하여 처리할 수 있는 저장 장치에 수록된 자료이다. 어떤 조직의 기능을 수행하는 데 없어서는 안 되며 존재 목적이 뚜렷하고 유용성 있는 운영 자료로 임시로 모아 놓은 데이터나 단순한 입출력 자료가 아니다.

한 조직에서 가지는 데이터 베이스는 그 조직 내 모든 사람들이 소유하고 유지하며 이용하는 공동 자료로서 각 사용자는 같은 데이터라 할지라도 각자 응용 목적에 따라 다르게 사용할 수 있다([표 3-1] 참조).

[표 3-1] 데이터 베이스와 데이터 웨어하우스 비교

	기존 데이터 베이스	데이터 웨어하우스
목적	정확, 효율성을 통한 업무/거래 처리	분석을 통한 전략수립/의사결정지원
데이터	휘발성, 지속적으로 갱신, 레코드 단위	시계열적, 읽기 전용, 가공/요약된 데이터
형태	업무단위(예; 대부, 저축, 신용)로 분리	주제별(예; 고객, 상품)로 통합
요구사항	데이터 신속한 입력, 갱신, 추적 데이터 무결성	다량 데이터를 다차원 분석, 응답시간 최소화
사례	예금입출, 대체	상품수익률 분석, 우량고객 분류

(3) 데이터 베이스 구축

유통정보시스템 구축과정에서 사용자를 위한 사용지침서 개발은 적용 단계에서 이루어진다. DB는 정보 Data상 중복을 최소화하고 조직 목적달성, 무결성, 보안성 등을 고려하며 동시에 많은 사용자가 동일 데이터에 접근하더라도 이를 보장할 수 있는 디지털 정보 활용에 가장 중요한 인프라이다. 기업의 정리된 데이터들을 조합·가공함으로써 정보를 생산할 수 있도록 조직화된 자료 집합을 말한다.

기업 업무수행과 관련 있는 모든 자료들을 기업 목적 수행에 다양하게 이용하기 위하여 발생되는 데이터들을 통합적으로 보관·저장하는 시스템이다. 데이터 베이스는 물리적 디바이스에 자료를 저장하고 그 저장된 자료를 질의하고 인증된 사용자가 이를 공유하여 정상적 활용이 가능하도록 하는 기능을 말한다.

① 데이터 베이스 구성 요소

Ⓐ 데이터 베이스 시스템

여러 응용 프로그램을 공유하기 위해 최소 중복으로 통합, 저장된 운영 데이터 집합을 말한다.

Ⓑ 데이터 베이스 관리 시스템(DBMS)

응용 프로그램이 종속이나 중복 없이 데이터 베이스를 공유할 수 있게 관리해 주는 소프트웨어 시스템을 말한다.

Ⓒ 사용자

최종 사용자는 응용 프로그래머, 데이터 베이스 관리자 등을 포함한 개념이다.

Ⓓ 데이터 베이스 언어

사용자와 데이터 베이스 관리 시스템 인터페이스를 제공하는 도구를 지칭한다.

Ⓔ 데이터 베이스 기계

데이터 베이스 관리 기능을 효율적으로 수행하는 것을 지원할 목적으로 설계된 하드웨어와 소프트웨어를 말한다.

Ⓕ 스키마(Schema)

데이터 베이스 내 데이터들의 논리적 구조 및 관계를 기술한 것으로서 데이터 베이스 내 개체, 속성, 관계와 이들 간 제약조건이 표현된다.

② 데이터 베이스 언어(DBL : Data Baes Language)

Ⓐ 데이터 정의어(Data Definition)

Ⓑ 데이터 조작어(Data Manipulation Language)

Ⓒ 데이터 제어어(Data Control Language)

(4) 데이터 베이스 관리 시스템(DBMS)

데이터 베이스 관리 시스템(Database Management System, DBMS)은 다수 사용자들이 데이터베이스 내 데이터를 접근할 수 있도록 해주는 소프트웨어 도구 집합이다. DBMS은 사용자 또는 다른 프로그램 요구를 처리하고 적절히 응답하여 데이터를 사용할 수 있도록 해준다.

DBMS는 데이터 입력, 저장, 추출, 삭제, 수정 등 데이터 베이스 관리를 위한 일반적 기능을 수행하는 소프트웨어로 데이터 베이스를 작동시키는 데 있어 엔진 역할을 한다는 의미에서 '데이터 베이스 엔진'이라고도 불리며 데이터 베이스 운용을 지원한다는 의미에서 데이터 베이스 서버(Server)라고도 불린다. DBMS 기능은 다음과 같다.

① 축적된 자료 구조 정의
② 자료 구조에 따른 자료 축적
③ 데이터 베이스 언어에 의한 자료 검색 및 갱신
④ 복수 사용자로부터 자료 처리 동시 실행 제어
⑤ 갱신 중에 이상이 발생했을 때 갱신 이전 상태로 복귀
⑥ 정보 기밀보호(Security)

제2절 공급체인관리

1 공급체인관리(SCM ; Supply Chain Management)

1) 공급체인관리

(1) SCM 개념

SCM은 기업 내부 자원뿐만 아니라 자사와 연결된 공급업체, 제조업체, 유통업체, 물류업체 등을 하나의 연결된 체인으로 간주하여 이들 간 협력과 정보교환에 기초한 확장·통합 물류와 최적 의사결정을 통한 비용절감 및 효율성 증대로 상호이익을 추구하는 관리체계를 의미한다. SCM은 제조, 물류, 유통업체 등 유통 공급망에 참여하는 전 기업들이 협력을 바탕으로 양질 상품 및 서비스를 소비자에게 전달하고 소비자는 거기에서 극대 만족과 효용을 얻는 것이 목적이다.

[표 3-2] 공급사슬관리와 전통적 접근 방법 비교

	공급사슬관리	전통적 접근 방법
공동계획 주기	지속적임	거래에 기반을 둠
위험과 보상 방식	공동 책임	개별 책임
정보, 재고흐름	유통센터 지향적	창고 지향적
시간 영역	중장기적	단기적
총비용 접근 방식	광범위한 경로비용 효율성	개별 기업 비용 최소화
경로 리더십	중요하게 요구	불필요

SCM 명칭은 다음과 같다.

① 의류 부문 : QR(Quick Response)

② 신선식품 부문 : EFR(Efficient Foodservice Response)

③ 의약품 부문 : EHCR(Efficient Healthcare Consumer Response)

④ 식품 부문 : ECR(Efficient Consumer Response)

(2) 공급사슬 구성 요소

공급사슬은 원자재업자로부터 공장, 창고를 거쳐 소비자에게 최종 상품을 전달하는 것까지 모든 활동을 말한다.

① 상위흐름 공급사슬(Upstream Supply Chain)

조직 첫째 상단에 있는 1차 공급업자와 그들에게 공급해 주는 공급업자를 말한다.

② 내부 공급사슬(Internal Supply Chain)

입고분을 출고분으로 전환하는 과정에서 조직이 수행하는 과정을 말한다.

③ 하위흐름 공급사슬(Downstream Supply Chain)

상품을 최종 고객에게 전달하는데 관련된 전 과정을 말한다.

(3) 수요-공급 특성에 적합한 전략

① 효율적 공급사슬(efficient supply chain)

상품 수요와 공급 불확실성이 모두 낮을 때, 경쟁 기본은 효율가치 없는 활동들을 공급사슬 내에서 제거하고 규모 경제를 추구하며 효과적 물류시스템이 중요하다.

② 반응적 공급사슬(responsive supply chain)

Ⓐ 불확실한 수요에 대응하기 위해 완충 생산능력을 보유하도록 구축된다.

Ⓑ 혁신적 상품에 적합한 공급사슬 형태이다.

Ⓒ 스피드와 유연성을 가진 공급자를 통해서 원자재를 조달하는 것이 바람직하다.

Ⓓ 원자재로부터 소비자까지 각 과정상 자재, 정보, 지불, 서비스 등 흐름을 포함한다.

Ⓔ 수요 변동에 대비하여 충분한 양 재고를 유지하여 높은 고객 서비스 수준을 제공한다.

③ 린(lean) 공급사슬

린 공급사슬 전략은 대량이면서 종류가 다양하지 않고 수요 예측이 가능한 상황에 잘 어울린다.

④ 민첩(Agile) 공급사슬

민첩형 공급사슬 전략은 주문이 다양하면서도 그 수요를 예측하기가 힘든 상황에 잘 맞는다([표 3-3] 참조).

[표 3-3] 수요-공급 특성에 적합한 전략

	프로세스	수요 불확실성	
		낮음(기능적 상품)	높음(혁신적 상품)
공급 불확실성	낮음(안정적)	효율형(Lean)	반응형(Responsive)
	높음(진화적)	위험분산형(Risk-Hedging)	민첩형(Agile)

(4) SCM 도입 효과

① 거래·투자비용이 최소화된다.

② 기업 예측도 제고 및 자동보충을 통한 재고 감축이 가능하다.

③ 더욱 개별화된 고객서비스 제공이 가능하다.

④ 순환주기가 감축된다.

⑤ 관련 인프라 및 다른 산업 분야로의 수평적 확장 용이성이 증대된다.

⑥ 기업간 프로세스 유기적 통합이 가능하다.

(5) 채찍효과 발생 원인과 제거 방안

① 채찍효과(Bullwhip Effect) 개념

공급자, 생산자, 도매상, 소매상, 고객으로 구성된 공급사슬을 공급자로 갈수록 상류(Up- stream) 고객 쪽으로 갈수록 하류(Down- stream)라 하면 채찍효과는 하류의 고객주문정보가 상류로 전달되면서 정보가 왜곡되고 확대되는 현상으로서 증폭 현상이라고도 한다.

② Bullwhip(증폭) 효과 주요 발생 원인

Ⓐ 각각 주체가 독립적으로 수요예측을 하기 때문이다.

Ⓑ 각각 단계에서 Order가 Batch 처리되기 때문이다.

Ⓒ Promotion 등 가격정책 영향이 있기 때문이다.

Ⓓ 부족한 팔린 상품에서 일어나는 Fantom 수요(하류기업은 재고가 부족하다고 느끼면 가능한 한 재고를 많이 확보하기 위해 실제로 필요한 양보다 많은 수량을 발주하는 경향이 있다. 그것 때문에 발생하는 외관상 수요)가 발생한다.

③ 채찍효과 제거 방안

Ⓐ 공급체인 전반에 걸쳐 수요에 대한 정보를 집중화하고 공유한다.

Ⓑ 최종소비자 수요 변동 폭을 감소시킬 수 있는 영업 전략을 선택한다.

Ⓒ 상품의 공급 리드타임을 감축시킬 방안을 연구한다.

Ⓓ 공급자 재고관리(VMI : Vendor Managed Inventory) 등 공급체인 구성원 간에 전략적 관계를 강화한다.

(6) SCM 성공 요인

① 기업과 조직 기초 환경

Ⓐ 기업조직 최고경영층의 지속적 관심과 지원이 필요하다.

Ⓑ 기업 내, 기업 간 유기적 체제 수립과 실행을 위한 정보기술 도입과 활용이 필요하다.

Ⓒ 활동성 원가회계시스템을 도입해야 한다.

Ⓓ 기업 내, 기업 간 파트너십 강화가 되어야 한다.

② SCM 시스템 성공 요건

Ⓐ SCM 비전과 목표를 분명히 하여 이를 기업 내부는 물론, 공급체인 전체 구성원들과 공유하는 것이다.

Ⓑ SCM은 단순히 소프트웨어 패키지를 도입하고 시스템을 설치하는 데서 그치는 것이 아니고 일하는 방식을 바꾸는 것이다.

Ⓒ SCM 시스템은 현업 중심으로 구축해야 한다.

Ⓓ SCM 시스템은 열린 시스템이어야 한다. 즉, 변화하는 기업환경에 따라서 지속적 개선이 이루어질 수 있도록 신축적, 개방적 시스템이어야 한다.

(7) SCM 성과측정 도구

① 균형성과표(Balanced Scorecard)

BSC(Balanced Scorecard)는 성과평가 시스템으로 데이비드 노턴(David. P Norton) 박사와 로버트 캐플런(Robert S. Kaplan) 교수가 공동으로 개발한 균형성과표를 의미한다. 균형성과표는 재무측정 지표와 운영측정 지표 모두를 균형 있게 고려한 새로운 성과측정시스템으로 과거 성과에 대한 재무적 측정 지표를 통해서 미래 성과를 창출하는 측정 지표이다. 즉 균형성과표에는 실행 결과를 나타내는 재무측정 지표와 이를 보완하면서 미래 재무성과에 영향을 주는 운영 활동인 고객만족, 내부 프로세스, 조직의 학습 및 성장능력과 관련된 3가지 운영측정 지표가 포함되어 있다.

조직 비전과 전략에서 도출된 평가지표들 조합이다. 각 지표는 재무와 비재무, 장기와 단기, 선행과 후행, 내부와 외부, 조직과 개인에 관련된 것들이 균형을 이룸으로써 조직 내에 전략과 비전이 공유되고 단기간 성과가 아닌 미래 이익에 선행하는 비재무적 성과도 관리한다.

지속적 성과 피드백을 통해 전략 실행을 위한 조직적 학습이 가능하여 조직은 전략이 중심이 되어 모든 활동을 전개하는 '전략 중심 조직으로 바뀌어 가고 임직원들이 기존 사고와 틀에서 벗어날 수 있도록 변화를 끌어낸다.

② SCOR(Supply Chain Operation Reference-model)

SCC(Supply Chain Council)의 SCOR(Supply Chain Operations Reference) 모형은 회사 내부 기능과 회사 간 Supply Chain 파트너 사이 의사소통을 위한 언어로써 공통 Supply Chain 경영 프로세스를 정의하고 최상 실행, 수행 데이터 비교, 최적 소프트웨어를 적용하기 위한 과정 표준이다.

SCOR 모델은 일종의 프로세스 레퍼런스 모형으로서 비즈니스 프로세스 리엔지니어링(BPR), 벤치마킹, 프로세스 측정(Process Measurement)을 기능 간 프레임 워크(cross-functional framework)로 통합시킨 모델로 비즈니스 프로세스에 대한 설명과 프로세스 사이의 관계 프레임 워크, 수행도 측정을 위한 매트릭스, Best-in-Class 수행도를 달성하기 위한 표준을 담고 있다.

추진 성과를 내부적·외부적 관점에서 측정한다. 내부적 관점(기업 측면)에서는 비용과 자산 측면에서 외부적 관점(고객 측면)에서는 유연성, 반응성, 신뢰성을 통해 성과측정이 이루어지고 있다. 공급망 측정, 평가를 위한 모델이다.

Ⓐ 특징

㉠ 데이터 흐름이 아닌 업무 흐름을 표시한다.

㉡ 프로세스 중심 지향적, 횡적 경영 비즈니스 모델이다.

Ⓑ 장점

㉠ 공급망 구축에 있어 모델을 얻기 쉽다.

㉡ 용어, 프로세스 표준화로 커뮤니케이션이 쉽다.

㉢ 프로세스 과부족이나 과잉 특수처리 등을 표면화할 수 있다.

2 SCM 응용 기술

1) 응용 기술

(1) 자동발주시스템(CAO ; Computer Assisted Ordering)

CAO는 유통소매점포 기반시스템으로서 상품 판매대 재고가 소매 점포에서 설정한 기준치 이하로 떨어지면 자동으로 보충주문이 발생되는 것이다. 소매점포 컴퓨터시스템은 판매대에 진열된 모든 품목에 대하여 입고량과 판매량을 대조하여 봄으로써 각 상품에 대한 재고를 추적·관리한다.

CAO를 성공적으로 이끌기 위해서는 정확한 POS 데이터, 상품에 대한 판매 예측치 그리고 점포수준의 정확한 재고파악이 필수적이다. 점포·상품별 판매 예측치는 적절한 재고 목표치를 설정하는 데 사용되며 시계열적 판매데이터, 계획된 판촉행사, 계절 조정 등을 기초로 하여 작성된다.

(2) 지속적 상품보충(CRP ; Continuous Replenishment Programs)

CRP는 유통공급망 내에 있는 업체들 간에 상호협력적 관행으로써 기존 전통적인 관행인 경제적 주문량에 근거하여 유통업체에서 공급업체로 주문하던 방식(Push 방식)과 달리 실제 판매된 판매 데이터와 예측된 수요를 근거로 하여 상품을 보충시키는 방식(Pull 방식)이다. 적기에 필요로 하는 유통 소매점 재고를 보충하기 때문에 운영비용과 재고수준을 줄인다. CRP에서는 POS 데이터와 이를 근거로 한 판매예측 데이터를 기초로 하여 물류센터 재고보충 주문과 선적을 향상한다.

가장 보편적 형태로 운영되는 공급자 재고관리(VMI ; Vendor Managed Inventory)는 물류업체에서 재고 데이터와 점포별 주문 데이터를 매일 공급업체에 전송하면 공급업체는 물류업체가 소매점포 상품수요를 충족시킬 수 있도록 주문 업무를 책임져야 한다. CRP는 전반적 유통공급과정에서 상품주문기능을 향상시키고 CRP는 또한 유통공급과정에서 상품 흐름을 향상시킬 수 있다. 유통업체가 원가를 절감하고 고객위주 서비스를 제공하기 위해서 무엇보다도 재고관리가 중요하다. 이러한 재고관리와 관련하여 효율적 유통시스템 정책으로 나타난 것이 CRP이다.

(3) 협업설계예측 및 보충(CPFR ; Collaborative Planning Forecasting and Replenishment)

CPFR은 협업설계예측 및 보충이라고 하며 유통과 제조업체가 정보교환 협업을 통하여 One－number 수요예측과 효율적 공급계획을 달성하기 위한 기업 간 Work flow이다. 인터넷상에서 실시간 공유되는 판매 관련 정보와 소비자 및 시장 관련 정보는 제조업체 생산관리 스케줄에 신속히 반영되어 Supply Chain 상에서 변화에 대한 적응력이 상당히 높아진다. CPFR은 소매업자 및 도매업자와 제조업자가 고객 서비스를 향상하고 업자들 간에 유통총공급망(SCM)에서 정보 흐름을 가속하여 재고를 감소시키는 경영전략이자 기술이다.

협업적 계획수립을 위해서는 모든 거래 파트너들이 주문정보에 대한 실시간 접근이 가능해야 한다. 모든 참여자는 공통된 하나의 스케줄에 따라서 운영활동을 수행하고 그들이 원할 때 적정한 원자재 및 완제품을 가질 수 있도록 계획수립 및 수요예측을 하고자 하는 기법이다.

(4) 크로스 도킹(Cross Docking)

크로스 도킹은 창고나 물류센터로 입고되는 상품을 보관하지 않고 곧바로 소매 점포에 배송하는 물류시스템이다. 보관 및 피킹(Picking, 필요한 상품을 꺼내는 것)작업 등을 생략하여 물류비용을 절감할 수 있다. 크로스 도킹이 실현되기 위해서는 정확한 주문정보 사전 입수, 출고될 수량과 상태로 출고시간 전 입고 여부, 입고 후 출고 차량별 분류 및 재포장 가능성이 이루어져야 한다.

① 크로스 도킹 유형

Ⓐ 파렛트 크로스 도킹(Pallet Cross Docking)

한 종류 상품이 적재된 파렛트별로 입고되고 소매 점포로 직접 배송되는 형태로 가장 단순한 형태의 크로스 도킹이며, 양이 아주 많은 상품에 적합하다.

Ⓑ 케이스 크로스 도킹(Case Cross Docking)

한 종류 상품이 적재된 파렛트 단위로 소매업체의 물류센터로 입고되고 입고된 상품은 각각 소매 점포별로 주문 수량에 따라 피킹되고, 파렛트에 남은 상품은 다음 납품을 위해 잠시 보관하게 된다.

Ⓒ 사전 분류된 파렛트 크로스 도킹
사전에 제조업체가 상품을 피킹 및 분류하여 납품할 각각 점포별로 파렛트에 적재해 배송하는 형태이다. 제조업체가 각각 점포별 주문사항에 대한 정보를 사전에 알고 있어야 하므로 제조업체에 추가적 비용을 발생시킨다.

② 크로스 도킹 효과
Ⓐ 물류센터 물리적 공간이 감소한다.
Ⓑ 물류센터가 상품 유통을 위한 경유지로 사용된다.
Ⓒ 공급사슬 전체 내 저장 공간이 감소한다.
Ⓓ 물류센터 회전율이 증가한다.
Ⓔ 상품공급 용이성이 증대된다.
Ⓕ 재고수준이 감소한다.

(5) 카테고리 관리(Category Management)

카테고리 관리는 유통업체와 공급업체 간 협조를 통하여 소비자 구매형태를 근거로 하여 소비자 구매패턴, 상품 및 시장동향 등을 파악하여 카테고리를 관리함으로써 업무를 개선하고자 하는 것이다.

카테고리 관리를 수행하고자 하는 기업은 카테고리 관리자에게 상품구색, 재고, 상품 진열 공간할당, 판촉, 구매 등에 대한 권한을 부여하게 된다. 카테고리 관리는 개별 상품이나 브랜드가 아닌 전체 상품군에 대한 이익과 판매를 강조함으로써 유통업체와 공급업체가 장기적 관점에서 마케팅 활동 및 상품기획 활동을 공동으로 수행할 수 있게 한다. 카테고리 관리 활용 영역은 다음과 같다.

① 정보수집
주로 POS 스캐닝 데이터와 활동원가회계시스템(Activity Based Costing System)으로부터 얻을 수 있는 데이터를 수집할 수 있다.

② 의사결정지원
가격결정, 판촉, 물류 등과 같은 카테고리 관리를 위해 수집된 소비자, 시장, 프로세스 정보에 대한 분석이 가능하다.

③ 전자문서처리시스템 통합
상품조달, 주문이행, 물류기능을 수행하는 전자문서처리시스템 통합이 가능하다.

(6) 활동원가회계(ABC ; Activity Based Costing)

활동원가회계(Activity-Based Costing : ABC)는 기존 전통적 원가계산방식 문제점을 개선하기 위해 도입된 새로운 원가계산방법이다.

ABC는 제조 간접비를 소비하는 활동(Activity)이라는 개념을 설정하고 이러한 여러 활동에 따라 제조 간접비를 배부하고 제품별로 활동소비량에 따라 제조 간접비를 배부함으로써 기존 전통적 원가계산방식에 비해 좀 더 합리적 원가배부를 목적으로 하는 원가계산방식이다. ABC는 SCM 응용기술들이 실제 적용될 경우 그 실행 정도를 측정하는 중요한 수단 중 하나이다. 활동원가회계분석은 SCM 응용기술을 적용하는 기업에 대하여 어느 부문에서 어떻게 이익을 발생시키고 있는지에 대한 명확한 분석을 할 수 있도록 해준다.

고객에게 주어지는 상품과 서비스에 대한 활동을 통해 조직 자원 비용을 부과하는 방식으로, 보통 상품과 고객 비용과 이익을 이해하는 도구로 쓰인다. 가격을 매기고 하청하고 인증하고 처리 개선을 측정하는 등 전략적 결정을 지원하는 데 사용된다.

제3절 e-SCM 및 e-Retailing

1 e-SCM 구축 일반

1) e-SCM 구축

(1) e-SCM 개념

e-SCM이란 웹을 활용하여 공급자, 유통채널 소매업자, 고객과 관련된 물자, 정보, 자금 등 흐름을 신속하고 효율적으로 관리하는 전략적 기법이다. 기존 공급사슬관리(SCM) 관련 기술들이 웹상에서도 기능을 수행할 수 있도록 하는 것이 바로 e-SCM의 개념이다.

공급자로부터 고객까지 공급사슬상의 물자, 정보, 자금 등을 인터넷을 포함한 각종 디지털 기술을 활용하여 총체적 관점에서 통합 관리함으로써 e-비즈니스 수행과 관련된 공급자, 고객, 기업 내부의 다양한 욕구를 만족하게 하고 업무 효율성을 극대화 시킨다([표 3-4] 참조).

[표 3-4] 전통적 SCM과 e-SCM 비교

	전통적 SCM	e-SCM
공급사슬 프로세스	예측가능	유동성
	채널 견고성	채널 붕괴
경제력	고정자산	스피드와 지식
	낮은 비용	고객서비스
변화주기	년/월	주/일
공급사슬 직거래	1대1 직접거래	N대N 전자상거래
	1대2 고정가격	동태적 가격결정
계획	관리자와 분석가	모든 참여자
	계획후 실행	계획과 실행 동시성
업무환경	지시와 통제	권한 분산

e-Business 범위에 있어서 e-SCM은 원자재 조달, 생산, 수·배송, 판매 및 고객관리 프로세스에서 일어나는 물류흐름과 이와 관련된 모든 활동을 통합적으로 관리하는 기법을 말하는데 이때 이러한 관리를 인터넷에 기반을 두어 real-time으로 신속하고 효율적으로 처리하는 것을 말한다. 전자상거래의 모형 중 B2B모형에 해당한다.

(2) e-Business 관점에서의 e-SCM

e-Business 플랫폼에서 e-SCM을 구현하게 되면 최적 의사결정이 가능해지고 SCM에서의 핵심적 응용 기술인 공급사슬계획의 최적화를 성취할 수 있다. Web 환경과 더불어 기업 간 상거래에 근거한 Collaboration이 e-SCM 분야에서 새로이 주목받고 있다. e-SCM 추세는 전체 SCM 비즈니스 프로세스 최적화를 지향한다.

SCP(공급사슬계획) 시스템은 공급사슬 관점에서 수요와 공급 균형을 맞추기 위한 계획을 수립하는 역할을 하며 APS(Advanced Planning and Scheduling)로 불리는 경영전략, 연간예산, 자재조달, 수요예측, 재고계획, 생산계획 등 스케줄링(Scheduling)을 지원하는 다양한 소프트웨어들로 구성되어 있다.

(3) SCE(공급사슬실행) 시스템

SCE(공급사슬실행) 시스템은 ERP와 연동하여 공급사슬에 대한 관리를 수행(운송관리 시스템, 창고관리 시스템, 주문관리 시스템)한다.

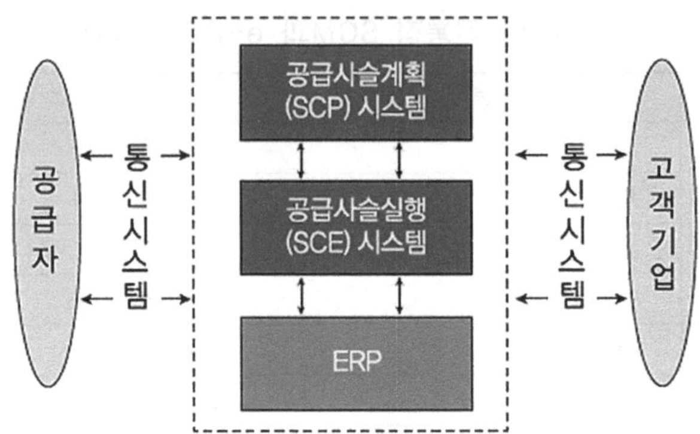

[그림 3-3] e-SCM 구축을 위한 정보 시스템

(4) e-SCM 목표

디지털 환경으로 등장한 새로운 패러다임에 부합할 수 있도록 원재료·상품·정보 흐름을 리엔지니어링 하는 것이다. 디지털 기술을 활용하여 판매, 원재료, 구매, 제조, 물류 등을 동기화(Synchronization)하는 것이다. 이를 통해 고객에 대한 대응 능력을 높이고 새로운 서비스를 제공하여 고객만족도를 높이는 것이다.

(5) e-SCM 적용

① e-구매 실현

보다 저렴하고 질 높은 품질 원자재와 소모품 구매

Ⓐ e-구매란 인터넷을 활용해 구매 프로세스를 재설계하고 실행하는 것을 말한다.

Ⓑ 대부분 기업은 생산과 직접 관계없는 물품들 구매에 주의를 집중하고 있다. 평균적으로 기업들은 전체 구매 비용의 약 30% 정도를 생산과 직접 관련이 없는 '유지 보수 운영(MRO, Maintenance, Repair and Operation)'에 지출하는 것으로 알려져 있는데 '공급사슬관리'를 도입하면 회사 전체적으로 발생하는 유지 보수 운영비용을 보다 저렴하고 효과적으로 처리할 수 있게 된다.

② e-SCM 도입 목적

Ⓐ 기업을 디지털 환경에 적응할 수 있도록 원재료·상품·정보흐름을 재조직한다. 이로써 수직 가치사슬 해체와 네트워크 형성, 중간상을 배제한 직거래, 보유자산 최소화 등을 목적으로 한다.

Ⓑ 디지털 기술을 이용하여 판매·원재료·구매·제조·물류활동을 실시간으로 처리하기 위해서 도입한다.

Ⓒ 고객에 대한 대응 능력을 높이고 새로운 서비스를 제공하여 고객만족도를 높이는 것이다.

(6) e-SCM 실행 전략

① 기업주도형

Ⓐ 기업이 주도적으로 데이터 구축 및 관리를 할 수 있다.

Ⓑ 유연성이 높고, 공급업체 통제가 용이하다.

Ⓒ 고도 기술 요구품의 전문적 서비스 제공이 가능하다.

Ⓓ 상품구매 유연성이 떨어진다.(사전 등록업체만 거래)

Ⓔ 자체 관리비용 부담이 있다.(사이트 및 카탈로그 관리비)

② 시장포털형

Ⓐ 업종 공통의 온라인 전자시장 활용이 가능하다.

Ⓑ 포털업체 또는 중개업체가 데이터 구축 및 관리를 한다.

Ⓒ 구매안내, 지급보증 등 부가 서비스 제공이 가능하다.

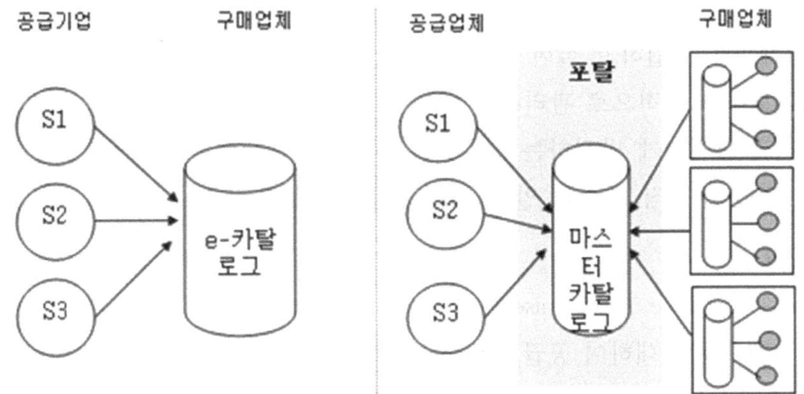

[그림 3-4] 기업주도형과 시장포탈형

(7) e-SCM 도입 효과

① 수직적 가치사슬 해체

Ⓐ 인터넷에 의한 저렴한 가격에 정보를 공유할 수 있다.

Ⓑ 거래업체 변경이 매우 용이해진다.

② 직거래 활성화

Ⓐ 새로운 비즈니스 모델 출현이 가능하다.

Ⓑ 인터넷 직거래 시장 활성화가 이루어진다(MRO 시장, 음반판매 등).

③ 아웃소싱 활성화

마케팅 기능만 가진 회사 출현이 가능하다(가상회사).

④ 연관 산업으로 진출

수평적 확장이 용이하다.

⑤ 정교한 연계 및 협업 체제 구축

재고자산 최소화를 실현할 수 있다.

(8) e-SCM 구축 관련 기술

① APS(Advanced Planning and Scheduling)

APS란 새로운 관리 이론과 접근 방식 개발과 함께 컴퓨터 기술과 논리적 수학모형과 알고리즘이 발전함에 따라 기업이 새로운 경영전략을 달성하기 위해 글로벌 생산계획을 효율적으로 수립하는 방안이 마련되었는데 이것이 바로 APS이다.

APS는 MRP나 ERP와 같이 생산관리 관련 프로그램으로 생산계획을 수행하는 프로그램을 통칭한다. APS 등장 요인은 제조업계에서는 고객의 주문에 보다 잘 대처하기 위해서 생산계획을 수립하고 실현 가능한 출하 일자를 계산하고 급격하게 변화하는 제조 환경을 보다 효과적으로 관리하기 위한 보다 합리적인 기법에 대한 필요성이 높아졌다. 그리고 급격하게 발전하는 컴퓨터와 인터넷 기술에 힘입어 글로벌 생산계획을 수립하기 위한 수학적 계산과 알고리즘 구현이 가능해졌다.

② ATP와 ASN

Ⓐ ATP(Available To Promise)

고객주문에 대하여 공급망에 있는 모든 가용 가능한 자재와 용량을 실시간으로 분석하여 주문접수 납기를 고객에게 확정해 주는 기능을 한다. 고객 주문을 받았을 때 주문 상황에 맞게 납기 가능한 시간을 제시하는 것이 목적이며 세부적 주문 상황과 기존 주문 데이터 등을 판단하고 이것을 현재 물류상황과 생산계획 등에 맞추어 실제로 가능한 납기를 제시하는 기능이다.

Ⓑ ASN(Advanced Shipping Notice)

제조업체와 도매업체가 상품을 실제로 창고에서 출하한 시점에서 그 상품에 관한 자세한 정보를 전송하는 것을 말한다. 소매업체 유통센터와 점포는 이 정보를 사용하여 검품 작업을 줄여 검품 신속화를 꾀할 수 있다. 또한 ASN 정보를 사용해서 해당 상품에 관한 정보가 바르게 상품 마스터에 등록되어 있는지 여부, 점포 POS 가격 검색 파일에 올바르게 등록되어 있는지 여부를 체크해 줄 수 있다. 더욱이 ASN 정보가 소매업 측에 사전에 전송됨으로써 작업 사전 스케줄을 잡을 수 있게 된다.

(9) 전자구매(e-Procurement)

구매요청, 승인, 입찰, 계약에 이르는 일련의 프로세스를 인터넷을 기반으로 전자적으로 수행하는 시스템을 말한다. e-Procurement는 구매 프로세스를 기업 간 유기적으로 연계하고 공급업체와 최적화된 협력 체제를 구축함으로써 구매 효율성 및 효과성을 제고하는 것을 목적으로 한다. 주문에서 인도에 이르는 전체 구매 프로세스를 인터넷 환경하에서 유기적으로 연계하고 동시에 구매사와 공급사간 공조를 이루어 구매업무 최적화를 도모하려는 전략적 기법이다. 폭넓은 공급업체 선택, 더 나은 품질, 향상된 배송, 조달비용 절감 등을 구매자에 제공하며 공급자에게는 입찰기회 증대, 입찰비용 절감, 공동입찰 가능 등 이점을 제공한다.

(10) 전자카탈로그 관련 표준

① 상품분류체계 표준

Ⓐ HS(Harmonized Commodity Description and Coding System : 통일 상품 분류체계)
수출입 과정에서 이동하는 상품들을 정확히 추적·확인하기 위해 개발된 분류체계로 관세행정 편리를 도모하기 위하여 1931년 UN 관세협력이사회에 의해 추진되어 왔다. 10단위 HS 부호와 상품명, 상표명으로 표시하며 동일한 품목군에 분류된 물품들은 원료로부터 완제품의 순으로 배열한다. 01부터 99까지 대분류가 있으며, 종류명·품명 등 정의가 잘 되어 있다.

Ⓑ SITC(Standard International Trade Classification : 국제 표준무역 분류)
UN 경제사회이사회에서 추진해 온 분류로서 경제분석과 무역통계의 국제간 비교가 용이하도록 무역상품을 분류한 것이다. 상품 종류별, 산업 구조별로 분류함을 원칙으로 하고 있으며 0부터 9까지의 10개 대분류가 있다.

Ⓒ UNCCS(UN Common Coding System : UN 일용분류 시스템)
UNCSD(UN Common Supply Database : UN 일용품 공급 데이터베이스)에서 사용되는 6자리 상품 및 서비스 분류코드체계이다. 네 가지 상품 대분류와 다섯 가지 서비스 대분류로 시작되는데 여러 가지 카테고리가 하나의 대분류로 묶여 있다는 단점이 있다.

Ⓓ ISO(International Standard Organization)

비영리기관인 ISO는 상품 및 서비스 품질 표준화, 단순화와 상호 호환성 증대를 통하여 국제 상거래를 원활히 하려는 목적으로 상품과 서비스 규격을 정하는데 이를 필드화하기 위해 대(97)-중-소의 6 digit로 범주화한다.

② 상품 카탈로그 게시 표준

상품분류체계 구축, 분류체계에 따른 상품속성정보를 정의하는 것으로 단일화된 표준은 없다. 다만 EAN International의 전자 카탈로그 시스템 구성에 관한 권고(안)가 1998년 6월에 발표된 것을 비롯하여 각국에서 통신판매 관련 소비자의 피해를 막기 위해 부당표시·광고 가이드 라인, 상품표시에 대한 규격 가이드 라인을 제시하고 있으나, 기준은 없다.

③ 카탈로그 전송·포맷·표현 표준

카탈로그 포맷 및 표현 표준으로서 XML과 XSL이 유력하며, 전송에 관해서는 스마트 카탈로그 교환 언어를 구성하여 전송 규약을 명시하고 있다. XMH은 웹상에서 구조화된 문서 전송이 가능하도록 설계된 마크업 언어이다.

④ 디렉토리 서비스 표준

상품, 가격 등에 대한 카탈로그 및 목록 등에 사용되는 디렉토리 관련 표준으로는 ISO와 ITU-T(전기통신 표준화 센터)에 의해 개발된 국제표준으로 다른 사용자의 주소 및 관련 정보에 대한 데이터 베이스를 유지하며 검색하는 기능으로 많은 공급사들이 지원하는 표준 프로토콜인 X.500 계열 디렉토리 서비스가 대표적이고 IETF에서는 인터넷을 기반으로 X.500을 경량화 하여 인터넷에서 활용하기 위해 LDAP(Light- weight Directory Access Protocol)을 표준으로 제정하였다.

(11) 코리안 넷(Korean net)

① 개념

표준 바코드가 부착된 상품 상세 정보를 표준화시켜 데이터 베이스에 등록하고 이를 제조, 물류, 유통업체가 인터넷 및 EDI를 통해 실시간으로 활용할 수 있는 전자카탈로그 서비스이다. 코리안 넷은 동일한 상품임에도 제조업체가 유통업체에 따라 이중으로 입력 작업을 해야 했던 국내 유통 관행상 문제를 해결하는 핵심 역할을 담당하고 있다. 코리안 넷을 통하여 제조업체와 유통업체 모두 정확하고 표준화된 상품정보 검색 및 교환 서비스를 받을 수 있다.

② 주요 기능

Ⓐ 상품정보 및 등록관리

글로벌 상품분류표준(UNSPSC) 및 상품속성표준(GDD) 기반의 상품정보관리가 가능하다.

Ⓑ 유통업체 상품정보 전송

코리안 넷과 연계된 제휴 유통업체 쪽으로 신규 상품 정보를 전송할 수 있다.

Ⓒ 국내 유통 상품조회

업체별, 상품군별 상품정보 검색이 가능하다.(상품 이미지 포함)

Ⓓ 자사 상품 홍보

상공회의소 코참비즈 홈페이지 및 다양한 제휴사업을 통한 코리안 넷 등록 상품을 홍보할 수 있다.

2 e-마켓플레이스(e-Marketplace)

1) e-마켓플레이스

(1) e-마켓플레이스 개념

일반 e-commerce나 e-business가 기업과 소비자 사이의 비즈니스를 인터넷 등으로 전환해 놓은 것이라면 e-marketplace는 공급자와 소비자 사이를 연결해주는 중계자 역할을 인터넷 등 뉴미디어를 통해서 하는 것이다. e-marketplace는 공급자 기업에 속하지 않고 공급자와 소비자를 연결해주는 것이 가장 큰 핵심이다. 주로 B2B(기업 간 거래)에 많이 이용된다. 수익은 거래 성사에 대한 커미션이 가장 중요한 부분이고 일부 e-marketplace는 등록비 등 수익모델을 가지고 있는 경우도 있다.

인터넷 등 네트워크상에서 다수 공급자와 다수 구매자간에 거래를 할 수 있도록 구축된 온라인 시장으로 기존 1：1 혹은 1：N 거래관계를 N：N 복잡한 거래관계로 바꾸어 놓았다. 뿐만 아니라 기존 시장(혹은 장터)처럼 판매자와 구매자가 같은 시간에 동일 장소에 모여 거래하는 개념에서 시간과 공간 제약을 넘어선 새로운 형태의 시장으로서 그 범위를 확대하고 있다.

기업은 e-marketplace 신뢰성을 통해 한 번도 본적도 들은 적도 없는 기업과의 거래에 대한 위험을 줄일 수 있으며 또한 e-marketplace와 기업 간 e-procurement(조달)시스템을 통해 보다 쉽게 상품 구매가 가능해 많은 비용절감 효과가 있을 수 있다. 인터넷상 가상시장이기 때문에 상품, 서비스, 정보 등 기업의 구매 및 판매와 관련된 모든 서비스를 제공하는 공급자와 구매자 B2B 전자상거래 커뮤니티로 e-비즈니스 결정판이라 할 수 있다.

(2) e-마켓플레이스 특징 및 기대 효과

전자상거래의 가장 뚜렷한 특징 중 하나인 '시·공간 제약 극복'에 따라 다양한 업종에 걸쳐 다양한 품목의 국제적 거래에 적합하다. 단순히 기존 거래형태를 변화시키는 것이 아니라 비즈니스 프로세스를 근본적으로 변화시키는 것이다. 즉, 오프라인상에서 이루어지던 불필요하고 복잡한 거래과정들을 합리적이고 효율적으로 변화시켜 거래 소요시간 및 거래비용을 획기적으로 절감시킬 수 있다. 단순히 오프라인 상의 시장기능을 온라인상으로 옮겨놓은 것이 아니라 전자상거래의 발전된 개념이고 그 범위를 확장시킨 개념이기 때문에 전자상거래 특징을 포함하게 된다.

기존 상거래 기능만 존재하던 B2B 쇼핑몰 사이트와는 완전히 다른 개념으로 인터넷을 수단으로 구매기업과 공급기업 사이를 완전히 연결·통합하는 혁신적인 패러다임이다. 여기서는 경매·역경매, 거래소, 입찰(Bidding)시스템, 공동구매 등 다양한 상거래 기능과 공급망 관리(SCM), 공동 생산계획과 같은 지능적 기능, 다양한 공급자 및 구매자 정보, 광범위한 상품 카탈로그 등 강력한 콘텐츠와 커뮤니티 서비스를 제공할 수 있다. 구매자 측면에서는 구매비용 감소, 높은 구매 협상력을 통한 구입단가 하락, 구매 프로세스 효과성과 향상, 시간단축이라는 장점이 있다.

공급자 측면에서는 고객 확보와 판매비용을 절감할 수 있으며 시장정보를 확보하고 온라인 협력을 통하여 공급업자와 구매자 간의 관계를 향상할 수 있다. 오프라인상에서 이루어지던 불필요하고 복잡한 거래과정들을 합리적이고 효율적으로 변화시키고 혁신적 프로세스와 투명한 거래를 통해 거래 소요시간 및 거래비용을 획기적으로 절감시킨다.

(3) e-마켓플레이스 분류

① 운영주체에 따른 분류

Ⓐ 판매자 중심 e-마켓플레이스

하나의 판매 기업이 e-마켓플레이스를 구축하고 이 기업에서 물품을 구매하는 다수 구매자가 참여하는 형태이다.

Ⓑ 구매자 중심 e-마켓플레이스

구매력이 강한 하나의 구매기업이 e-마켓플레이스를 구축하고 이 회사에 납품하고자 하는 다수 공급자가 참여하는 형태이다.

Ⓒ 중개자 중심 e-마켓플레이스

구매자나 판매자가 아닌 기업(주로 솔루션 공급업체들)이 e-마켓플레이스를 구축하고 다수 공급자와 다수 구매자가 참여하는 형태이다.

② 사업영역에 따른 분류

Ⓐ 보털(Vortal ; Vertical Portal)

특정 품목이나 산업을 중심으로 원자재부터 완성품에 이르기까지 수직적 관계를 갖는 전 품목을 취급하는 e-마켓플레이스를 말한다. 특정 분야에 대해 전문적 콘텐츠뿐만 아니라 전문 기업 간 상거래 서비스, 커뮤니티 등도 제공하기 때문에 전문성과 내용 깊이가 있는 콘텐츠 및 서비스를 제공할 수 있다.

Ⓑ 호털(Hortal ; Horizontal Portal)

다양한 산업에 걸쳐 동일한 기능이나 비즈니스 프로세스를 제공하는 형태의 가상시장으로서 여러 산업에 걸친 서비스 제공을 통한 다양한 수익 창출기회 확보와 집중화에 따른 위험 회피라는 긍정적인 면과 다양한 고객 요구를 모두 만족하게 할 수 있는 전문성 결여라는 부정적인 면을 함께 지니고 있다.

Ⓒ 메가마켓(Mega-market)

보털 및 호털 등을 결합시켜 놓은 e-마켓플레이스를 지칭한다.

③ 시장창출방식에 따른 분류

Ⓐ 경매형(Auction)

경매형은 경매라는 매커니즘을 이용한 최적 매칭을 통해 상거래를 이루는 유형이다. 이것은 기업이 판매하고자 하는 물품을 공고하면 다수 구매자가 가격을 입찰하고, 최적 가격을 제시한 구매자에게 이를 판매하는 방식이다. 이러한 유형은 기업이 보유하고 있는 잉여재고 처리, 중고품, 희소품, 부패하거나 없어지기 쉬운 상품, 그리고 서비스를 다룰 때 적합하다.

Ⓑ 온라인 역경매형(Reverse Auction)

역경매형은 경매형의 상반된 개념으로 구매자가 자신이 사고자 하는 물품에 대한 사양과 거래조건 등을 제시한 후, 다수 공급자 중 최적 가격과 거래조건을 제시한 공급자로부터 이를 구매하는 방식이다. 이 유형은 강력한 구매력을 가진 소수 구매자와 복수 공급자가 존재하는 시장에서 구매자가 저렴한 가격에 대량으로 구매할 때 적합하다.

Ⓒ 익스체인지형(Exchange)

익스체인지형은 전통적 주식시장 거래방식과 같은 양방향 옥션 방식이다. 이

유형은 제3자의 중개자에 의해 매우 중립적인 시장 형태로 이루어진다. 이 경우는 상품 수급 관계와 가격이 매우 유동적인 시장에서 상품 스펙이 정해진 원부자재나 범용성이 높고 표준화된 상품 거래에 적합하다. 구매자 입장에서는 필요한 부품, 상품 등을 신속히 조달할 수 있고 판매자는 최적 시장가격으로 상품을 판매할 수 있다는 이점이 있다.

Ⓓ 카탈로그형(Catalogue)

카탈로그형은 판매자가 그들 상품 가격, 특징 등 정보를 웹상에 올려놓고 이를 본 구매자가 웹상에서 바로 구매하는 방식이다. 이 유형은 가격이 사전에 협상되어 있기 때문에 매우 고정적인 성격을 지닌다. 일반적으로 상품 종류가 매우 다양하고 판매자와 구매자가 많아서 상품에 대한 검색 자체가 힘든 경우 또는 상품가격이 비교적 안정적이면 적합한 유형이라고 할 수 있다.

(4) e-마켓플레이스 성공 요인

e-마켓플레이스가 활성화되기 위해서는 경영자들의 의식 전환이 가장 필요하다. 지금까지 거래관행에서는 중소 하청업체들이 대기업에 종속되어 불리한 관계에서 거래가 이루어졌지만 e-마켓플레이스에서는 시간과 거리 제약 없이 대등한 관계에서 투명한 거래를 해야 하기 때문에 공정성과 투명성이 중요시 된다.

경쟁업체간 협력관계가 e-마켓플레이스 성공 및 활성화에 중요한 변수가 될 수 있다. 미국 자동차 3사 연합이나 다국적 유통업체인 시어즈와 까르푸 연합 등에서 볼 수 있는 것처럼 외국에서는 동일 업종 내 경쟁업체 간 제휴·협력이 활발히 진행되고 있는 반면 국내에서는 오프라인 경쟁업체들이 e-마켓플레이스 또한 경쟁적으로 구축하고 있다는 점은 향후 e-마켓플레이스 활성화에 걸림돌이 될 가능성이 높다. e-마켓플레이스는 특성상 다수 기업이 참여해야만 수익모델을 갖출 수 있고, 국제적 경쟁력을 확보할 수 있다.

e-마켓플레이스를 효율적으로 활용하기 위해서는 기업 내부 업무프로세스뿐만 아니라 기업 간 업무 프로세스에 대한 합리화가 선행되어야 한다. 즉, 기업들은 전자상거래 환경에 적합하도록 업무 프로세스를 재구축하는 것이 반드시 필요하다. e-마켓플레이스가 활성화되기 위해서는 기업들의 인프라와 솔루션 보급이 확대되고 인증·지불보안·관세·조세·디지털 상품 지적 재산권 등과 관련된 문제들이 시급히 해결되어야 할 것이다. 국제 표준에 적합한 전자 카탈로그 국가 표준을 마련하지 않으면 같은 상품에 대해 업체나 단체별로 표준안이 달라 전자 카탈로그를 중복 구축하거나 호환이 되지 않는 문제가 발생할 수 있다.

즉, 전자 카탈로그 표준화 작업이 지연됨에 따라 같은 규격과 속성을 가진 품목을 업체마다 혹은 업종마다 다르게 표시함으로써 같은 품목을 서로 다르게 인식하여 기업 간 전자상거래 확산의 장애 요인이 되고 있다.

(5) e-마켓플레이스 발전 방향

① e-마켓플레이스가 제공하는 기능 측면

Ⓐ 처음 e-마켓플레이스는 기본적 공급자 정보를 제공하고 접속한 구매자들이 이를 검색하여 거래를 하는 단순한 몇 가지 거래기능만을 제공했다.

Ⓑ e-마켓플레이스가 발전하면서 경매 및 역경매·거래소·입찰·공동구매 등 다양한 상거래 기능과 공급망 계획, 공동 생산계획과 같은 인텔리전트기능, 다양한 구매자 정보, 전자 카탈로그, 분석가 의견, 토론실 등 다양한 콘텐츠와 커뮤니티 서비스 등 기능들이 추가되면서 산업군 전반 정보와 프로세스를 담아놓은 포털과 시장이 인터넷상에서 완전히 결합된 형태로 발전하고 있다.

Ⓒ 이 과정에서 오프라인 리더기업들과 소프트웨어(솔루션) 및 하드웨어 업체, 컨설팅업체, 보안 및 지불 관련 업체 등 다양한 업종 기업들이 e-마켓플레이스에 참여하면서 여러 가지 형태로 발전해 가고 있다.

② e-마켓플레이스가 포괄하는 범위 측면

e-마켓플레이스는 후방통합에서 전방통합으로, 동일 업종의 수직적 통합에서 다양한 업종을 포괄하는 수평적 통합으로 그 범위를 넓혀가고 있다.

(6) e-마켓플레이스 진화 과정

① 1단계

e-마켓플레이스 초기 형태는 파워가 강한 구매자나 판매자를 중심으로 형성되는 e-마켓플레이스이다.

② 2단계

구매자나 판매자 중심으로 e-마켓플레이스가 발전하면서 중개자가 등장하고 중개자를 중심으로 다수 구매자와 판매자가 참여하는 e-마켓플레이스가 등장한다.

③ 3단계

1·2단계에서는 완성품 제조업체와 부품 공급업체 간에 e-마켓플레이스가 형성되고 3단계로 발전하면서 그 범위가 공급체인상 후방(원자재)으로 확대된다. 따라서 각 공급단계별로 e-마켓플레이스가 구축된다.

④ 4단계

이 단계에서는 공급체인상의 모든 업체들이 참여하는 B2B e-마켓플레이스와 소비자를 대상으로 완성품을 판매하는 B2C 쇼핑몰이 존재한다.

⑤ 5단계

공급체인상 모든 기업과 소비자가 참여하는 B2B2C 형태의 e-마켓플레이스가 구축되어 하나의 온라인 시장에서 모든 거래가 이루어지게 된다.

○ 연습문제 ○

01 유통정보시스템 역할에 대하여 설명하시오.

유통정보시스템 역할은 유통정보시스템을 이용하는 사람들의 여러 가지 활동결과인 성과를 개선하고 유통 업무에 관한 모든 의사결정자의 의사결정을 지원함과 동시에 그것을 개선하고 또한 그 전략적 활용에 따른 경쟁상 우위성을 획득하며 유통에 관한 여러 가지 업무를 신속하고 효율적으로 처리하는 것이라 할 수 있다.

02 SCM 개념에 대하여 설명하시오.

① SCM은 기업 내부 자원뿐만 아니라 자사와 연결된 공급업체, 제조업체, 유통업체, 물류업체 등을 하나의 연결된 체인으로 간주하여 이들 간의 협력과 정보교환에 기초한 확장·통합 물류와 최적 의사결정을 통한 비용절감 및 효율성 증대로 상호이익을 추구하는 관리체계를 의미한다.

② SCM은 제조, 물류, 유통업체 등 유통공급망에 참여하는 전 기업들이 협력을 바탕으로 양질의 상품 및 서비스를 소비자에게 전달하고 소비자는 거기에서 극대의 만족과 효용을 얻는 것이 목적이다.

③ SCM의 명칭

Ⓐ 의류부문 : QR(Quick Response)

Ⓑ 신선식품부문 : EFR(Efficient Foodservice Response)

Ⓒ 의약품부문 : EHCR(Efficient Healthcare Consumer Response)

Ⓓ 식품부문 : ECR(Efficient Consumer Response)

03 e-SCM 도입 효과에 대하여 설명하시오.

① 수직적 가치사슬 해체

Ⓐ 인터넷에 의한 저렴한 가격에 정보를 공유할 수 있다.

Ⓑ 거래업체 변경이 매우 쉬워진다.

② 직거래 활성화

Ⓐ 새로운 비즈니스 모델 출현이 가능하다.

Ⓑ 인터넷 직거래 시장 활성화가 이루어진다(MRO 시장, 음반판매 등).

③ 아웃소싱 활성화 : 마케팅 기능만 가진 회사 출현이 가능하다(가상회사)

④ 연관 산업으로 진출 : 수평적 확장이 쉽다.

⑤ 정교한 연계 및 협업 체제 구축 : 재고자산 최소화를 실현할 수 있다.

04 용어설명

- OLAP
- 데이터 마이닝
- 공급체인관리(SCM)
- e-마켓플레이스

제 2 부 유통정보 기술

제 4 장 정보기술

제1절 무선주파수 식별법

1 무선주파수 식별법(RFID : Radio Frequency Identification)

1) 무선주파수 식별법

(1) 개념

RFID(Radio Frequency Identification)란 자동인식(Automatic Identification)기술의 하나로서 스마트 카드 또는 바코드와 같은 데이터 입력장치 일종으로 개발된 무선(RF: Radio Frequency)에 의한 인식 기술이다. 초소형 반도체에 식별정보를 입력하고 무선주파수를 이용해 이 칩을 지닌 물체나 동물, 사람 등을 판독, 추적, 관리할 수 있는 기술로서 유비쿼터스 컴퓨팅 기반 기술의 하나로 중요성이 커지고 있다.

원거리에서도 인식할 수 있고 여러 개 정보를 동시에 판독하거나 수정할 수 있는 장점 때문에 바코드를 대체하거나 보완할 수 있는 기술로서 현재 유통분야뿐 아니라 물류, 교통, 보안, 가전 분야 등 적용이 나날이 확대되고 있다.

바코드보다는 비용이 많이 들고 스마트 카드보다는 메모리 용량이 낮지만, 바코드나 스마트카드가 갖지 않은 장점 때문에 다양한 적용 분야와 기술개발에 따라 차세대 핵심기술로 부상하였으며 다양한 표준화 작업이 이루어지고 있다.

(2) 구성 요소

[표 4-1] RFID 구성요소 및 흐름도

구성요소	원 리
태그 (Tag)	– 상품에 부착되며 데이터가 입력되는 IC 칩과 안테나로 구성됨 – 리더와 교신하여 데이터를 무선으로 리더에 전송함 – 배터리 내장 유무에 따라 능동형과 수동형으로 구분됨
안테나 (Antenna)	– 무선주파수를 발사하며 태그로부터 전송된 데이터를 수신하여 리더로 전달함 – 다양한 형태와 크기로 제작 가능하며 태그 크기를 결정하는 중요한 요소임
리더 (Reader)	– 주파수 발신을 제어하고 태그로부터 수신된 데이터를 해독함 – 용도에 따라 고정형, 이동형, 휴대용으로 구분함 – 안테나, RF회로, 변/복조기, 실시간 신호처리 모듈, 프로토콜 프로세서 등 구성됨
호스트 (Host)	– 한개 또는 다수 태그로부터 읽어 들인 데이터를 처리함 – 분산되어 있는 다수 리더 시스템을 관리함 – 리더부터 발생하는 대량 태그 데이터를 처리하기 위해 에이전트 기반의 분산 계층 구조로 되어 있음

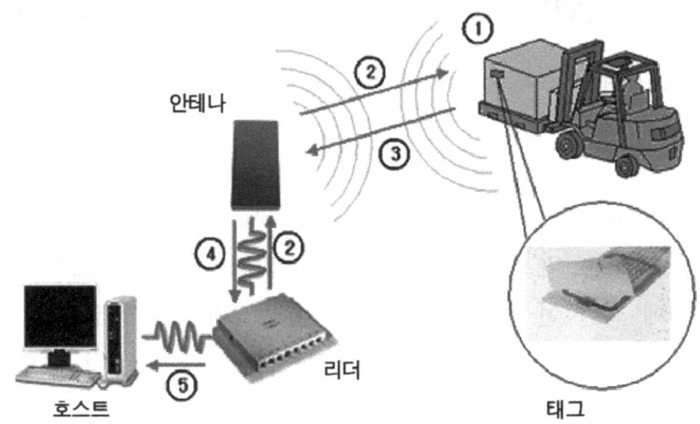

(3) 주파수에 의한 RFID 구분

RFID시스템 주파수는 ISM(Industrial, Scientific, and Medical) 주파수 대역에서 135KHz, 13.56MHz, 433MHz, UHF(860 ~ 960MHz), 2.45GHz대역 주파수를 사용한다.

① 135KHz 이하

동물관리, 보안시스템, 단순인식카드 분야, FA 등

② 13.56MHz

교통카드, 신분증, 보안 분야, 물류관리시스템 등

③ UHF(860～960MHz)
물류관리, 공급망관리(SCM) 등

④ 2.45GHz
위조방지, 공급망관리(SCM), 국제유통시스템 등

(4) 능동형(Active Type)과 수동형(Passive Type)

태그에 신호 발신기 존재 여부에 따라 분류하는 것으로 전원이 없는 수동형 RFID는 전지가 없어서 자신의 전파 송신이 불가능하며, 전원이 있는 능동형 RFID는 자체적으로 전지 및 전력공급을 받아 전파를 송신하는 것에 따라 구분하는 방식이다.

능동형은 3m 이상 장거리 전송이 가능하고 센서와 결합할 수 있으며 배터리에 의한 가격 상승과 동작시간 상대적 제한이 단점으로 인식된다. 수동형은 판독기 전파 신호로부터 영구적으로 사용가능하고 구조가 간단하다.

[표 4-2] 능동형과 수동형 태그 비교

구 분	크기	주파수	인식거리	자체전원	환경민감도	인식속도
능동형	큰편	낮은 대역	긴 편 (30～1㎞)	있음	둔감	느림
수동형	작은편	높은 대역	짧은 편 (1.8m이하)	없음	민감	빠름

(5) 장점 및 단점

① 장점

Ⓐ 직접 접촉을 하지 않아도 자료를 인식할 수 있다.
Ⓑ 인식 방향과 관계없이 ID 및 정보 인식이 가능하다.
Ⓒ Tag에 붙은 Data를 받아 드리는데 인식되는 시간이 짧다.
Ⓓ 유지보수가 간편하며 Barcode system처럼 유지비가 들지 않는다.
Ⓔ Tag는 원하는 System이나 환경에 맞게 설계 및 제작을 할 수 있다.
Ⓕ Tag는 먼지, 습기, 온도 등에 제한을 받지 않고 data 전송이 가능하다.
Ⓖ Tag는 많은 양 data를 보내고 받을 수 있다.
Ⓗ Tag는 data를 저장하거나 읽어 낼 수 있다.
Ⓘ Tag는 재사용이 가능하다.

② 단점

Ⓐ 가격이 비싸다.(경제적 문제)

Ⓑ 정보 노출 위험성이 있다.(보안)

Ⓒ 금속, 액체 등 전파 장애 가능성이 있다.

Ⓓ 아직 인식 한계가 있다.(기술적 문제)

Ⓔ 전파가 인체에 미치는 영향이 있어 안정성에 문제가 발생할 수 있다.

Ⓕ RFID 확산 법적 대응책이 필요하다.

Ⓖ 국가별 주파수 대역과 국제적 표준화가 이루어지지 않았다.

(6) 도입 효과

① 유통 시스템 RFID 도입 효과

Ⓐ 효과적인 재고관리

생산에서 보관, 유통에 이르기까지 모든 상품의 유통과정이 인터넷을 통해 실시간으로 관리되기 때문에 판매량에 따른 최소 수준 재고를 유지하면서 효율적 관리를 할 수 있다. 그로 인해 과재고로 인해 발생하는 상품 손실이나 변질 등도 미리 방지한다.

Ⓑ 입출고 리드타임 및 검수 정확도 향상

바코드처럼 각 상품 개수와 검수를 위해 일일이 바코드 리더기를 가져다 댈 필요 없이 자동으로 대량 판독이 가능하므로 불필요한 리드 타임을 줄일 수 있다. 또 모든 과정이 수기 대신 네트워크를 통해 자동으로 이루어지는 덕에 원격지에서도 정확한 정보를 실시간으로 확인한다.

Ⓒ 도난 등 상품 손실 절감

상품 수량과 위치를 실시간으로 파악할 수 있기 때문에 도난으로 인한 상품 손실을 막을 수 있다.

Ⓓ 반품 및 불량품 추적/조회

반품 신청을 해 두고 고객이 마냥 기다리는 것은 여간 불편한 일이 아니다. RFID를 이용하면 반품이나 불량품으로 처리된 상품 수량과 처리 현황 등 실시간 조회 서비스를 고객에게 제공할 수 있어 고객만족도를 높일 수 있다.

② 물류 시스템 RFID 도입 효과

Ⓐ 운영 효율성 제고

화물 이동 경로와 현재 위치를 실시간으로 확인할 수 있어 보다 합리적 배송 계획을 세울 수 있으며 만약 배송 지연이 발생하면 빠른 대책을 수립하여 대처할 수 있는 등 효과적 배송 운영이 가능하다.

Ⓑ 화물 입출고 및 환적 시간 단축

포장을 일일이 해체하여 안에 있는 물건을 확인할 필요가 없고 박스와 팔레트 등에 부착된 RFID 태그를 통해 입출고 파악이 자동으로 처리되는 덕에 선적(또는 환적) 시간이 단축된다.

Ⓒ 보안성 강화

RFID 기술을 활용한 전자 봉인(Electronic Sealing)을 이용하여 화물 도난이나 손실을 방지할 수 있다.

Ⓓ 대 고객서비스 향상

고객이 주문한 상품 현재 위치를 직접 실시간으로 확인할 수 있으므로 더욱 높은 만족도를 얻을 수 있다.

제2절 EDI 구축 및 효과

1 EDI 의의와 이용 효과

1) EDI 의의 및 이용 효과

(1) **전자문서교환(EDI ; Electronic Data Interchange) 개념**

EDI(Electronic Data Interchange)란 전자문서교환이라고 하며 기업 사이에 컴퓨터를 통해서 표준화된 양식 문서를 전자적으로 교환하는 정보전달 방식이다. 기업 간 거래에 관한 data와 documents를 표준화하여 컴퓨터 통신망으로 거래 당사자가 직접 전송·수신하는 정보전달 체계이다.

주문서·납품서·청구서 등 각종 무역 관련 서류를 표준화된 상거래 서식 또는 공공서식을 서로 합의된 전자신호(electronic signal)로 변경, 컴퓨터 통신망을 통해 거래처에 전송한다. 이는 국내 기업 간 거래는 물론 국제무역에서 각종 서류 작성과 발송, 서류정리 절차 등 번거로운 사무처리가 없어져 처리시간 단축, 비용 절감 등으로 상품 주문·생산·납품·유통 모든 단계에서 생산성을 획기적으로 향상한다.

EDI 목적은 단순히 종이서류를 추방하는 데 있는 것이 아니라 상품 수·발주 착오를 줄이고 처리시간을 단축하며 데이터의 이중 입력이나 문서작성 등 번거로움을 줄여 물류업무 효율화를 기하는 데 그 목적이 있다.

2) EDI 목적 및 필요성

(1) 목적

① 기업 경영 요인

주문내용에 대한 지연과 오차감소, 비용절감, 대고객 서비스 향상을 위함이다.

② 관리적 요인

발주주기 단축으로 무재고관리(JIT : just in time) 구매에 따른 재고관리 효율화와 인원 감축에 따른 인적 효율 극대화에 있다.

(2) 필요성

종이서류에 의한 수작업에는 업무 한계가 있다. EDI를 통해 서류정리 작업에 필요한 관리자 수와 인건비 등을 절감할 수 있다. EDI는 조직 내부나 조직 간에 일어나는 활동을 관리하기 용이하고 불필요한 활동을 제거함으로써 업무 효율성을 구축할 수 있다.

적절한 시기에 빠른 정보를 받음으로써 고객에게 서비스 제공시간을 단축할 수 있고 판매자와 고객 사이의 반품이라든가 주문시간을 줄일 수 있다는 장점이 있다. 각각의 구성원들이 지속해서 정보를 교환함으로써 장기적이고 전략적인 동반자 관계구축을 실현하여 품질 향상, 부가가치 증가라는 측면에서 중요하다.

3) EDI 구성 요소 및 도입 효과

(1) 구성 요소

① EDI표준

기존 "VAN방식" 폐쇄성과 "web EDI방식" 일방성을 개선한 차세대 문서전달방식인 "XML/EDI 문서"가 유통·제조업체간 상호협업적 정보교환에 이용된다.

② EDI서비스 제공업자

부가가치통신망(VAN)사업자이다.

③ EDI서비스 이용자

EDI서비스 최종소비자이다.

④ EDI사용자 시스템

하드웨어, 소프트웨어, 응용소프트웨어 등이 있다.

[표 4-3] EDI 표준

구 분	종 류		내 용
용도별	전자문서표준		전자적으로 전송되는 문서 종류, 각 문서에 포함되는 정보 종류, 정보 전송순서, 정보 형태, 각 정보 의미 등에 관한 지침으로 구성
	통신표준		전자문서 전송 시 이용되는 봉투(envelope) 형태, 전송속도, 통신프로토콜, 가능한 통신수단 등
사용 범위별	전용표준		특정기관이 상호정보를 전송하기 위하여 임의로 제정하여 사용하는 표준
	공통 표준	산업표준	UN/EDIFACT에서 제정하지 못하였거나 제정과정에 있어 UN/EDIFACT 규칙(Syntax Rules)에 따라 산업 내에서 필요한 메시지를 만들어 사용하는 표준
		국가표준	특정 국가 내에서 모든 업계가 공통으로 사용할 수 있도록 국가 차원에서 제정한 표준
		국제표준	UN / EDIFACT에서 최종적으로 제정한 표준

(2) EDI 표준 개발 동향

① 거래기본 규약(제1단계)

EDI거래에 있어서 거래 출발시점과 통신요금 부담 방법 등을 정하는 기본적 규약이다.

② 거래운용 규약(제2단계)

컴퓨터 운전시간대와 데이터전송 시간 등을 당사자 간에 결정하는 운용상 규약이다.

③ 정보표현 규약(제3단계)

비즈니스 프로토콜(Business Protocol)이라 부르는 것이다. 현재 우리가 매일 취급하고 있는 전표와 전화 내용 등을 어떻게 데이터 통신으로서 표현할 것인지를 결정하는 규약이다.

④ 정보전달 규약(제4단계)

통신 프로토콜이라고도 부르며 통신신호 방법과 데이터 전송 속도 등과 같은 컴퓨터 접속방법에 관한 규약으로서 이 부분도 가능한 한 광범위하게 표준화하는 것이 중요하다.

(3) EDI 도입효과

① 서류작업 및 보관서류를 감소시킬 수 있다.

② 수작업 감소에 의한 업무 정확도가 증대된다.

③ 주문과 여러 데이터 관리를 신속화할 수 있다.

④ 데이터 입력·보관·발송 등 단순관리 작업을 위한 인력 및 비용을 감소시킬 수 있다.
⑤ 구매시간 감축으로 인한 기여도가 높다.
⑥ 구매업무 감축에 따른 비용절감 효과가 높다.
⑦ 물류정보 신속한 유통에 따른 정보관리 강화가 가능하다.
⑧ 관련 부서 간 정보공유에 따른 업무 감소 및 정확도가 증가한다.
⑨ 업무 정확성 증대 및 주문 사이클 시간 감소에 의한 재고 감소에 도움이 된다.

[표 4-4] EDI 도입 효과

직접적 효과	간접적 효과	전략적 효과
– 거래 시간 단축 – 업무처리 오류감소 – 자료 재입력 등 비용감소	– 인력절감 – 재고감소 – 관리 효율성 증대 – 효율적 인력 및 자금관리	– 거래 상대방과 관계 개선 – 경쟁우위 – 전략적 정보시스템 구성

2 VAN, CALS 및 인터넷

1) 부가가치통신망(VAN : Value Added Network)

(1) 정의

단순한 전송기능 이상의 정보축적·가공·변환처리·교환 등 부가가치를 부여한 음성 또는 데이터를 제공해주는 광범위하고 복합적 서비스 집합으로 시스템을 스스로 만들 수 없는 기업도 자사 설비·운용체계를 정비함으로써 POS를 쉽게 구축할 수 있다는 장점이 있다.

공중전기통신사업자로부터 회선을 빌려 컴퓨터를 이용한 네트워크를 구성, 정보 축적·처리·가공을 하는 통신서비스 또는 그 네트워크를 제공하는 사업이다. 예를 들면 KT와 같은 회선(回線)을 소유하는 사업자로부터 통신회선을 빌려 독자적인 통신망을 구성하고 거기에 어떤 가치를 부가한 통신망 또는 사업을 말한다.

(2) VAN 서비스

① 기본통신 서비스

데이터전용선 서비스, 회선교환 서비스, 패킷교환 서비스가 있다.

② 통신처리 서비스

전자우편(문자, 문서, 팩시밀리, 음성 등), 파일축적교환이 있다.

③ 정보처리 서비스

정보 전달과정에서 정보를 가공 및 연산하여 새로운 정보 기능을 추가나 변경할 수 있다.

④ TV회의 서비스

⑤ 정보제공 서비스

⑥ 국제통신 서비스

(3) VAN 유형

① 직접 연결형

체인점의 연결 데이터 교환 시스템, 도매업이나 제조업이 각각 고정고객선과 연결한 네트워크 시스템이다.

② 공동 이용형 네트워크

지역 유통 네트워크 및 업계 유통 네트워크이다.

③ 업계형

기업 간 수평공동형 VAN이다.

(4) VAN을 통한 정보 흐름

국내에서 유통 VAN은 소매업체 본·지점과 납품업체, 제조업체 본사와 지점이나 영업소 또는 판매업체를 연결하여 각종 유통정보를 교환하는 데 이용되고 있다. 유통 VAN업체들은 백화점, 쇼핑센터, 연쇄점 등과 유통 VAN을 구성해서 물류활동을 원활하게 해준다.

2) EDI와 VAN 비교

(1) EDI와 VAN 비교

EDI가 기업 간에 교환되는 문서로 된 거래 정보를 컴퓨터간 전자적 전송으로 표준화된 포맷과 코드를 이용하여 교환하는 것을 일컫는 개념적 용어임에 반해, VAN은 회선을 직접 보유하거나 통신사업자 회선을 임차 또는 이용하여 단순한 전송기능 이상의 '부가가치를 부여한' 정보를 제공하는 광범위하고 복합적 서비스 집합이라 할 수 있다. EDI 관점에서 VAN은 EDI를 수행하는 효율적 수단이다.

EDI 방식으로 거래하고자 하는 기업은 상대방과 직접 연결하거나 부가가치통신망을 통하여 상대방과 연결될 수 있으며 EDI를 위하여 VAN 사업자는 프로토콜 변환, 이기종 접속, 거래표준 교환, 기타 네트워크 서비스를 제공한다.

[표 4-5] EDI와 VAN 비교

구 분	VAN	EDI
정 의	– 회선을 직접 보유하거나 임차 또는 이용하여 다양한 부가가치를 부여한 음성, 데이터 정보를 제공하는 광범위하고 복합적 서비스 집행	– 서로 다른 기업 간에 상거래를 위한 데이터를 합의한 규격에 의해 컴퓨터로 교환
기 능	– 전송, 교환, 통신, 정보처리 기능	– 합의된 규격에 의해 전자데이터를 교환
물류에의 적용	– 각 물류경로의 강화 – 정보전달 효율화, 고속화, 화물추적 등 대고객 서비스 향상	– 물류기관 컴퓨터에 의한 주문, 배송, 보고 등
관 계	– EDI를 수행하는 가장 효율적 수단 – EDI를 담는 용기	– VAN이 활용될 수 있는 무한시장 – VAN을 이용하는 내용물

3) CALS(Computer Aided Acquisition Logistics Support)

(1) CALS 정의

CALS는 기술적 측면에서 기업의 설계, 생산과정, 보급, 조달 등을 운영하는 운용지원 과정을 연결하고 이들 과정에서 사용되는 문자와 그래픽 정보를 표준을 통해 디지털화하여 종이 없이 컴퓨터에 의한 교류 환경에서 설계, 제조 및 운용지원 자료와 정보를 통합하여 자동화시키는 개념이다. 최근에는 기업 간 상거래까지를 포괄하는 개념, 즉 광속상거래(Commerce At Light Speed) 또는 초고속경영통합정보시스템 개념으로 확대되고 있다.

(2) CALS 변천

① Computer-aided Logistics Support(1980)

이 개념은 무기에 관한 군수지원 체계에 관한 것으로 초기에 미국 국방성이 군 정보화를 위해 프로젝트로 수행하던 개념과 같으며 무기체계 설계 제작 보급 조달을 위해 디지털 정보 통합과 정보 공유를 통한 신속한 자료처리 환경을 구축하는 전략을 말한다.

② Computer-aided Acquisition & Logistics Support(1988)

이는 무기체계 군수지원뿐만 아니라 획득 과정을 포함하는 총체적 군수지원 개념이다. 따라서 정보기술 통합을 통한 자료 신속화는 물론 전자거래(EC : Electronic Commerce)라는 정보통신 서비스를 부가해 무기, 군수품 구매와 수발주 등 기업과 거래에 응용하는 시스템이다.

③ Continuous Acquisition & Life-cycle Support(1993)

이는 상품 발주 수주 구매절차로부터 생산과 유통 그리고 폐기에 이르는 전 수명주기를 관리할 수 있는 체계를 지원해 주는 상품에 대한 총체적 관리를 근간으로 한다. 이를 계기로 민간산업 상품 생산을 목표로 한 제조업 분야 산업정보화 전략으로 등장하게 된 것으로 모든 산업에 적용할 수 있다는 개념으로 변천한 것이다. 특히 동시공학(CE : Concurrent Engineering) 개념의 생산과정을 강조해 품질관리와 상품제작 기간 단축 등을 장점으로 모든 산업에 적용되고 있다.

④ Commerce At the Light Speed(1995)

이 개념은 앞에서 언급한 경우와 접근하는 시각에서 차이가 있다. 이미 설명한 개념은 적용하는 분야를 점차 전 산업으로 넓히면서 동시에 구현체계 범위 역시 다양한 분야 통합 전략으로 보지만 이것은 통신에 의한 정보 전달과정에 주목했다는 것이다. 국가정보통신망 초고속화 계획과 인터넷 사용 확산과 더불어 세계를 연결하는 초고속통신망 기반 환경이 실용화 단계에 도달함으로써 '광속거래 의미'로 이해하는 개념 발전이 이루어졌다. 이러한 개념 발전은 곧 기업 간 또는 기업 내 전자문서교환(EDI : Electronic Data Interchange) 방식이 서로 다른 두 지점 간 문서 송수신을 위한 EMI(Electronic Messaging Interchange) 등을 통해 기술 도면이나 형상을 포함하는 전자상거래(EC)로 개념이 바뀐 것이다.

(3) CALS 기대 효과

① 비용절감 효과가 크다.
② 조직 간 정보공유 및 신속한 정보전달이 가능하다.
③ 상품생산 소요시간이 단축된다.
④ 산업정보화에 의한 국제경쟁력이 강화된다.

(4) EC, EDI, CALS 관계

EC와 CALS 핵심은 상품 설계, 조달, 생산, 판매, 결제, 사후관리 등 비즈니스와 관련한 각종 정보를 표준화·디지털화·통합화하여 컴퓨터로 업무를 처리한다는 데에 있다. EC와 CALS는 그 발전 과정이나 접근 방법이 다르지만 궁극적으로 모든 상거래를 전자적으로 처리하고자 한다는 점에서 같은 개념으로 이해되고 있다. EC는 경영적 측면, CALS는 기술적 측면이다. EC와 CALS 중심 부분에서 바탕을 이루는 핵심 정보기술이 전자문서교환(EDI)이다.

4) 인터넷(Internet)

(1) 인터넷 발전

인터넷은 1960년대에 미 국방성 연구 사업으로 만들어진 기간망을 상업적으로 활용하면서 시작되었다. 1977년 패킷 교환 프로토콜인 TCP(Transmission Control Protocol)와 IP(Internet Protocol)가 개발되었는데 이것이 인터넷 통신기반이 되었다. 1986년 미 국립과학재단(National Science Foundation ; NSF)은 여러 지역에 국립 슈퍼컴퓨터센터를 건립하고 이들을 서로 연결하는 망을 구축하였다.

국립 슈퍼컴퓨터센터에 설치된 망과 각 대학 컴퓨터망을 연결하고 전자메일, 파일전송프로토콜(File Transfer Protocol ; FTP), 뉴스그룹 등 정보공유를 위한 응용기술을 개발하였는데 이것이 인터넷 모태가 되었다. 인터넷을 통한 정보교환 범위 확대는 월드와이드웹(WWW)과 그래픽을 이용한 웹 브라우저 이용 때문에 촉진되었다.

(2) 인트라넷(Intranet)

인트라넷은 방화벽(Firewall)이라는 보안장치에 의해 특정 기업이 독점할 수 있는 인터넷을 말한다. 기관이나 기업이 내부 업무 효율성을 높이고 정보 활용도를 높이기 위해 소속원에 한해 사용할 수 있게 한 인터넷이다. 인트라넷 외부에서는 내부로 들어올 수 없지만, 내부에서는 외부 인터넷망으로 나갈 수 있도록 구축된 인터넷망이 인트라넷이다.

(3) 엑스트라넷(Extranet)

엑스트라넷은 관련 기업들 간에 보안문제를 걱정하지 않고 전용망처럼 활용할 수 있는 인터넷을 말한다. 엑스트라넷은 인트라넷의 발전된 형태로 내부 사용자나 외부 사용자에게 사용 환경 차이만 있을 뿐 데이터 공유는 같이할 수 있게 되어있다. 인터넷 데이터와 인트라넷 데이터를 DB로 공유하면서 업무 효율성을 높일 수 있다.

[표 4-6] 인터넷, 인트라넷, 엑스트라넷 비교

구분	인터넷	인트라넷	엑스트라넷
접속	공개	비공개	반공개
사용자	제한 없음	집단(기업) 소속원	고객, 협력업체 등
응용	– 정보공유, 검색 – 광고, 홍보 – 유즈넷	– 조직 내 정보, 자원공유 – 의견교환 – 교육 훈련	– 발주시스템 – 프로젝트 공동관리 – 상품 카달로그

(4) 무선인터넷

무선인터넷은 이동전화, 개인휴대정보단말기(PDA) 등 무선단말기와 무선 LAN, 블루투스 같은 무선데이터 통신망을 이용해 인터넷에 접속하여 데이터 통신이나 인터넷 서비스를 이용하는 것으로 모바일 인터넷이라고도 한다. 무선인터넷은 고정되어 있지 않고 이동하면서도 언제 어디서나 유선과 동등한 인터넷 서비스를 이용하는 것이 특징이다.

[표 4-7] 무선인터넷 특징

특 징	내 용
이동성	실시간 정보 검색 가능(이동)
위치기반	사용위치 파악 가능
고객차별성	고객별 차별화 서비스 가능
개인성	개인 단말기 사용에 따른 보안성 증대
편리성	간단한 통신기기로 편리성 증가

제3절 QR 시스템

1 QR 시스템 의의

1) QR 의의

(1) QR(Quick Response) 개념

QR은 소비자신속대응이라고 하며 생산·유통 관계 거래 당사자가 협력하여 소비자에게 적절한 상품을 적절한 시기에 적절한 양을 적절한 가격으로 적정한 장소에 제공하는 것이 목표이며 소비자 개성화나 가격지향시대에 적응하기 위해 기업 협력업체와 공동으로 실시하는 리엔지니어링 개념 물류전략이며 섬유·의류산업에서의 SCM 응용 전략이다.

QR이란 제조, 유통업체가 상호 협력하여 소비자에게 적절한 상품을, 적절한 장소에, 적절한 시기에, 적절한 양을, 적절한 가격으로 제공할 목적으로 바코드, EDI, 상품DB 등 정보기술을 활용하여 생산, 유통기간 단축, 재고 감소, 반품으로 인한 손실 삭감 등 생산, 유통 각 단계에서 합리화를 실현하여 그 성과를 제조업체, 유통업체, 소비자에게 골고루 돌아가게 하는 의류산업에서 혁신 전략을 말한다. 최적 상품을 최적 타이밍으로 최적 가격으로 최적 고객에게 제공하는 것을 목표로 하여 상호 거래관계에 있는 기업들이 비즈니스 프로세스 전반에 걸쳐 실시하는 리엔지니어링 기법 일종이다.

(2) QR 목표

QR은 소비자들이 원하는 시간에 맞추어 상품을 공급하고 불필요한 재고를 없애서 비용을 감소시킨다는 원칙에서 출발하였으며 정보기술과 참여기술 활동을 통해 상품에 대한 소비자 반응에 신속히 대처하며 비용을 절감한다는 목표를 두고 있다. QR 구현 목적은 상품개발 짧은 사이클(Cycle)화를 이룩하고 소비자 요구에 신속 대응하여 정품을, 정량에, 적정가격으로, 적정장소로 유통시키는 데 있다. 신기술 접목을 통한 상품기획, 구매, 생산, 유통과정상 재고수준 절감 및 소요기간을 단축시킨다.

(3) QR 특성

① 파트너십 형성

생산 - 유통 관계 거래 당사자들이 협력한다.

② 고객만족도 향상

소비자에 대하여 적절한 상품을, 적절한 장소에, 적시에, 적량을 적정한 가격으로 제공하는 것을 목표로 한다.

③ 테크놀로지 이용

공동상품 코드에 의한 소스마킹(Source Marking), 전자문서 교환(EDI), 이를 지원하는 KAN코드, 정보 DB 등 정보처리기술을 활용한다.

④ 낭비 제거

생산·유통기간 단축, 재고 삭감, 투매·반품·손실(Loss) 감소 등 생산유통 각 단계에서 합리화를 실현한다.

⑤ 공동이익

생산자, 유통관계자, 소비자가 성과를 나누어 가질 수 있다.

(4) QR 발전단계

① 제1단계(기본 QR정보기술 사용)

공동상품코드를 상품에 표시(소스마킹 ; Source Marking)하고, 표준 EDI메시지 등을 이용하여 수·발주를 행하며, 재고·물류관리에 바코드를 이용한다. 소매점 POS 판매데이터를 메이커에 전달하여 시즌 중에 추가 생산이 가능하게 된다.

② 제2단계(자동재고 보충)

출하 카톤 박스에 물류용 바코드(EAN-128)를 붙이고 관련 데이터를 EDI 전자문서인 발송 통지(Despatch Advice)를 이용하여 상대방에게 사전 통지한다. 이로써 상품인수 시 검품 작업을 할 필요가 없으며 물류센터 Cross Docking화와 소매창고 재고 삭감이 실현될 수 있다. 소매점은 POS 판매데이터를 이용하여 일별·주별 예측이 가능하며 이에 따라 고정 사이클로 매장재고를 자동보충하기 위한 자동보충발주 시스템을 실시할 수 있다.

③ 제3단계(파트너십 보충)

POS 판매데이터를 공유함으로써 예측 기능이 강화되어 더 짧은 사이클로 자동보충이 가능해진다. 이 단계에서 메이커가 주도하는 매장 재고 자동보충이 이루어지며 이는 파트너십 보충이라고도 불린다. 이 단계에서는 메이커 QR 대응 능력이 향상되고 양자 모두 장점이 있는 공동상품을 계획하게 된다.

④ 제4단계(공동상품개발)

제3단계까지 성과로 얻은 높은 상품기획 능력, 빠른 추가 생산 능력, POS 정보 즉각적 입수, 예측 가능한 분석 능력 등을 구사하여 신상품 판매결과를 근거로 상품 디자인을 개량하는 것이 가능하게 된다. 이것은 소매점과 메이커 공동상품개발이 된다. 이 단계에서는 회전이 빠른 상품을 개발할 수 있어 가격이 높은 하이패션 상품에서 큰 QR 효과를 볼 수 있다.

⑤ 제5단계(소매지원)

메이커가 가지고 있는 고도 정보를 이용한 상품 디스플레이, 영업 등 소매지원이 행해진다. 이 단계는 QR을 이용하여 유행 변화에 대응하거나 소량생산 상품 대응을 효율적으로 수행할 수 있다. 판매 무대가 점포로부터 가정으로 이동하여 가계 소비동향이나 요구를 여러 가지 방법으로 파악하여 소비자가 필요로 하는 시기에 상품을 가정으로 보낸다.

(5) QR 시스템 도입 효과

[표 4-8] QR 시스템 도입 효과

관 점	효 과	관 점	효 과
소매업자 측면	- 매출과 수익 증대 - 낮은 유지 비용 - 고객 서비스 개선, 상품회전율 증대	소비자 측면	- 품질 개선 - 낮은 가격 - 상품 다양화 - 소비패턴 변화
제조업자 측면	- 주문량에 따라 유연 생산 - 공급자수 감축 - 높은 자산회전율	시스템 측면	- 불합리성과 낭비 제거 - 효율성 증대 - 신속성 증대

(6) QR 시스템과 ECR 비교

① ECR은 회전율이 높은 상품에 QR은 회전율이 낮은 상품에 적합하다.

② ECR은 가격이 저렴한 상품에 QR은 가격이 비싼 상품에 적합하다.

③ ECR은 크로스 도킹 방식 상품납입이 적합하고 QR은 진열된 상태에서 상품납입(FRM)방식이 적합하다. FRM(Floor Ready Merchandising)은 의류업체에서 사용하는 공급 방식으로 옷을 매장에 공급하기 전에 물류센터 등에서 옷걸이에 미리 걸어서 공급하며 점포에서 진열작업이 필요 없이 바로 판매할 수 있도록 하는 것이다.

④ ECR은 자동발주 연속보충 상품에 QR은 타이밍에 맞는 보충이 중요한 상품에 적합하다.

⑤ 수요예측할 수 있고 마진이 낮으며 상품유형이 다양하지 않은 기능적 상품은 ECR이 QR보다 적절하다.

⑥ 상품이 비교적 혁신적이고 다양하며 유행에 민감하여 수요 가변적 상품은 시장에 대한 신속한 대응이 요구되므로 QR이 ECR보다 적합하다.

⑦ ECR이 운송 비용을 최소화하는 관점에서 운송 수단을 선택하는데 비해 QR은 소비자 욕구에 신속히 대응하기 위해 비용이 높은 항공편으로 배송하기도 한다.

[표 4-9] QR과 ECR 비교

	산업	회전률	필요성	주안점	활용기술
ECR	가공식품	높다	부패성	주문 리드타임 단축	Cross Docking
QR	의류/섬유	낮다 (상대적으로)	유행 (불확실성)	정보공유를 통한 수요 예측 정확성 향상, 재고수준 절감	FRM

2 발주 시스템

1) 발주 시스템

(1) 전자주문시스템(EOS ; Electronic Ordering System)

EOS(Electronic Ordering System)는 자동주문시스템 또는 전자주문시스템이라고 한다. EOS는 단품관리시스템으로 발주 단말기를 이용하여 발주 Data를 수주처 컴퓨터에 전화회선을 통해 직접 전송함으로써 수주처에서 납품, 매입전표를 발행하여 납품하는 발주방식이다. 편의점이나 슈퍼마켓 등과 같은 체인점에서 상품을 판매하면 자동적으로 중앙본부에 있는 컴퓨터에 전달된다. 중앙본부에서는 상점별로 상품 재고를 파악하여 상품 재고가 부족하게 되면 중앙본부에 있는 컴퓨터가 거래처에 자동적으로 주문을 하여 항상 신속하고 정확하게 해당 점포에 배달해 주는 시스템을 말한다.

① EOS 등장 배경

Ⓐ 소비자 기호와 요구 다양화·개성화에 대비한다.

Ⓑ 상품 수명주기(Life Cycle)단축 등으로 단품관리 필요성이 증대된다.

Ⓒ 소매업 양적 팽창으로 업종 내 경쟁이 심화한다.

Ⓓ 인기상품 조기파악과 재고부담을 주는 비인기상품 조기발견을 통한 수주업무 개선 필요성이 커졌다.

Ⓔ 수·발주 업무 개선을 통하여 비합리적 발주를 지양하고 품절예방 및 단품관리 효율 극대화를 도모한다.

② EOS 기대효과 분석

Ⓐ 소매점에서 효과가 크다.

Ⓑ 진열량 적정화로 효율적 공간 활용이 가능하다.

Ⓒ 정확한 발주로 오납과 결품 방지에 도움이 된다.

Ⓓ 검품에 따른 인력과 시간감소가 가능하다.
Ⓔ 발주작업 표준화로 누구나 신속 정확한 발주가 가능하다.
Ⓕ 발주데이터 축적, 분석으로 단품관리가 가능하다.
Ⓖ POS 시스템 도입 기반을 확립할 수 있다.

③ 도매점에서 효과

Ⓐ 배달시간 단축, 오납감소, 상품정보 제공에 도움이 된다.
Ⓑ 검품시간 단축으로 배차시간을 줄이고 물류비용을 절감할 수 있다.
Ⓒ 수주인력 및 경비절감과 수주업무 정확도를 향상할 수 있다.
Ⓓ 외상매출관리 용이, 청구업무를 합리화할 수 있다.
Ⓔ 납품데이터를 분석하여 영업정보로 활용할 수 있다.

(2) CAO(Computer Assisted Ordering)

CAO(Computer Assisted Ordering)는 유통 소매점포 기반시스템으로 한 자동발주시스템으로 상품 판매대 재고가 소매 점포에서 설정한 기준치 이하로 떨어지면 자동으로 보충주문이 발생하는 것이다. 소매점포 컴퓨터시스템은 판매대에 진열된 모든 품목에 대하여 입고량과 판매량을 대조하여 봄으로써 각 상품에 대한 재고를 추적·관리한다. CAO를 기업에 도입하기 위한 가장 중요한 요소는 소비자 판매데이터를 활용하는 것이다. 유통업체 매장에서 얻어지는 판매데이터는 소비자가 구매하는 상품에 표시된 EAN / UCC GTIN코드(Global Trade Item Number)를 유통업체 매장 판매대에서 POS를 통해 판독함으로서 수집된다. 유통업체 매장에서 얻어진 판매데이터는 다른 재고 관련 정보와 연계·결합되어 유통업체에 주문 제안을 하는 데 활용할 수 있다.

주문제안서에 대해 해당 유통업체가 확인 또는 동의를 하면, EANCOM 주문서를 상품 제조업체(또는 공급업체)로 다시 전송하고 이는 다시 제조업체 주문처리 어플리케이션에 자동적으로 업데이트된다. 이런 시스템이 상품수령시스템과 통합되어 운영되면 과거에 상품을 주문하기 위해 재고량을 일일이 파악하던 노력은 더 할 필요가 없어진다. CAO는 POS를 통해 얻어지는 상품흐름에 대한 정보와 계절적 요인에 의해 소비자 수요에 영향을 미치는 외부요인에 대한 정보를 컴퓨터를 이용하여 통합·분석해서 주문서를 작성하는 시스템을 말한다.

CAO 시스템은 POS 데이터를 근거로 수작업 없이 점포에서 주문할 수 있는데 이러한 주문은 EDI를 통해 물류센터로 전송되고 즉각적 재고보충이 이루어지게 된다. 이러한 업무처리과정을 통하여 물류 동기화 및 수요관리 통합화가 이루어진다. 점포·상품별 판매 예측치는 적절한 재고 목표치를 설정하는 데 사용되며 시계열적 판매데이터, 계획된 판촉행사, 계절조정 등을 기초로 하여 작성된다.

(3) CRP(Continuous Replenishment Programs)

CRP(Continuous Replenishment Programs)는 지속적 상품보충으로서 유통공급망 내에 있는 업체 간에 상호협력적 관행으로써 기존 전통적 관행인 경제적 주문량에 근거하여 유통업체에서 공급업체로 주문하던 방식(Push 방식)과 달리 실제 판매된 판매데이터와 예측된 수요를 근거로 하여 상품을 보충시키는 방식(Pull 방식)이다. CRP는 적기에 필요로 하는 유통 소매점 재고를 보충하기 때문에 운영비용과 재고수준을 줄인다. CRP에서는 POS 데이터와 이를 근거로 한 판매예측 데이터를 기초로 하여 물류센터 재고보충주문과 선적을 향상한다.

가장 보편적 형태로 운영되는 공급자 재고관리(VMI ; Vendor Managed Inventory)는 물류업체에서 재고데이터와 점포별 주문데이터를 매일 공급업체에 전송하면 공급업체는 물류업체가 소매점포 상품수요를 충족시킬 수 있도록 주문업무를 책임져야 한다. CRP는 전반적 유통공급과정에서 상품주문기능을 향상시킨다. 또한 유통공급과정에서 상품 흐름을 향상시킬 수 있다. 유통업체가 원가를 절감하고 고객위주 서비스를 제공하기 위해서는 무엇보다도 재고관리가 중요하다. 이러한 재고관리와 관련하여 효율적 유통시스템 정책으로 나타난 것이 CRP이다.

(4) CPFR(Collaborative Planning Forecasting and Replenishment)

CPFR(Collaborative Planning Forecasting and Replenishment)은 협업설계예측 및 보충이라고 하며 유통과 제조업체가 정보교환 협업을 통하여 One-number 수요예측과 효율적 공급계획을 달성하기 위한 기업 간 Work flow이다. 인터넷상에서 실시간 공유되는 판매 관련 정보와 소비자 및 시장 관련 정보는 제조업체 생산관리 스케줄에 신속히 반영되어 Supply Chain 상에서 변화에 대한 적응력이 상당히 높아진다. 소매업자 및 도매업자와 제조업자가 고객 서비스를 향상하고 업자들 간에 유통공급망(SCM)에서 정보 흐름을 가속화하여 재고를 감소시키는 경영전략이자 기술이다.

협업적 계획수립을 위해서는 모든 거래 파트너들이 주문정보에 대한 실시간 접근이 가능해야 한다. 모든 참여자는 공통된 하나의 스케줄에 따라서 운영활동을 수행하며 모든 참여자들은 그들이 원할 때 적정한 원자재 및 완제품을 가질 수 있도록 계획 수립 및 수요예측을 하고자 하는 기법이다.

(5) VMI와 CMI

① VMI(Vendor Managed Inventory)

VMI는 공급자 주도에 의한 재고관리로 소매업 재고관리를 소매업체를 대신해서 공급자인 제조업과 도매업이 하는 것을 말한다. 제조업체(공급업자)가 상품보충시스템을 관리하는 경우 상품보충시스템이 실행될 때마다 판매·재고정보가 유통업체에서 제조업체로 전송된다. 이러한 정보는 제조업체 상품보충시스템에서 미래 상품수요량 예측을 위한 데이터로 활용되며 또한 제조업체 생산 공정에서는 생산량 조절에도 사용된다.

유통업체가 제조업체에 판매, 재고 정보를 전자문서교환(EDI)으로 제공하면 제조업체는 이를 토대로 과거 데이터를 분석하고 수요예측을 하여 상품 적정 납품량을 결정해주는 시스템이다. 유통업체는 재고관리에 소모되는 인력, 시간 등 비용절감 효과를 기대할 수 있고 제조업체는 적정 생산 및 납품을 통해 경쟁력을 유지할 수 있다.

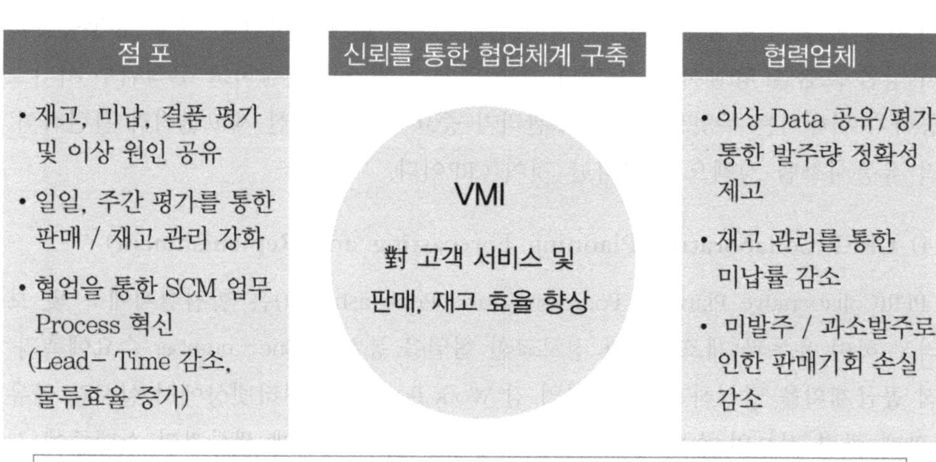

[그림 4-1] VMI Information Sharing System

② CMI(Co-Managed Inventory)

CMI는 공동재고관리로 전반적 업무처리 구조는 VMI(공급자 재고관리)와 같은 Process이나 CMI 경우 제조업체와 유통업체 상호간 상품정보를 공유하고 공동으로 재고관리를 하는 것이다.

VMI는 제조업체(공급자)가 발주 확정 후 바로 유통업체로 상품배송이 이루어지는 것에 비하여 CMI는 제조업체가 발주 확정 전에 발주 권고를 유통업체에게 보내어 상호 합의 후 발주 확정이 이루어지는 처리를 말한다. CMI를 거래선 간에 추진할 때에는 주문 제안서를 제조업체가 작성하고 이를 유통업체가 수정·확정하게 된다. 즉 CMI는 상품보충에 대한 책임이 유통업체에게 있다는 것이다.

③ VMI와 CMI 차이점

VMI는 제조업체가 상품 발주를 확정하면 바로 유통업체로 상품 배송이 이루어진다. CMI는 제조업체가 상품을 발주하기 전에 주문 제안서를 작성하여 유통업체에 보내어 상호협의하여 발주 확정(수량·기간)이 이루어진다.

연습문제

01 유통 시스템 RFID 도입 효과에 대하여 설명하시오.

① 효과적 재고관리 : 생산에서 보관, 유통에 이르기까지 모든 상품 유통과정이 인터넷을 통해 실시간으로 관리되기 때문에 판매량에 따른 최소 수준 재고를 유지하면서 효율적 관리를 할 수 있다. 그로 인해 과재고로 인해 발생하는 상품 손실이나 변질 등도 미연에 방지한다.

② 입출고 리드타임 및 검수 정확도 향상 : 바코드처럼 각 상품 개수와 검수를 위해 일일이 바코드 리더기를 가져다 댈 필요 없이 자동으로 대량 판독이 가능하기 때문에 불필요한 리드 타임을 줄일 수 있다. 또 모든 과정이 수기 대신 네트워크를 통해 자동으로 이루어지는 덕에 원격지에서도 정확한 정보를 실시간으로 확인한다.

③ 도난 등 상품 손실 절감 : 상품 수량과 위치를 실시간으로 파악할 수 있기 때문에 도난으로 인한 상품 손실을 막을 수 있다.

④ 반품 및 불량품 추적/조회 : 반품 신청을 해 두고 고객이 마냥 기다리는 것은 여간 불편한 일이 아니다. RFID를 이용하면 반품이나 불량품으로 처리된 상품 수량과 처리 현황 등 실시간 조회 서비스를 고객에게 제공할 수 있어 고객만족도를 높일 수 있다.

02 EDI 도입 효과에 대하여 설명하시오.

직접적 효과	간접적 효과	전략적 효과
– 거래 시간 단축 – 업무처리 오류감소 – 자료 재입력 등 비용감소	– 인력절감 – 재고감소 – 관리 효율성 증대 – 효율적 인력 및 자금관리	– 거래 상대방과 관계 개선 – 경쟁우위 – 전략적 정보시스템 구성

03 QR 시스템 도입 효과에 대하여 설명하시오.

관 점	효 과	관 점	효 과
소매업자 측면	– 매출과 수익 증대 – 낮은 유지비용 – 고객서비스 개선, 상품회전율 증대	소비자 측면	– 품질 개선 – 낮은 가격 – 상품 다양화 – 소비패턴 변화
제조업자 측면	– 주문량에 따라 유연생산 – 공급자수 감축 – 높은 자산회전율	시스템 측면	– 불합리성과 낭비 제거 – 효율성 증대 – 신속성 증대

04 용어설명

- 무선주파수식별법(RFID)
- 전자문서교환(EDI)
- 부가가치통신망(VAN)
- 전자주문시스템(EOS)

제 5 장 단품관리

제1절 단품관리

1 상품분류

1) 상품분류

고객 구매패턴 및 상품특성에 의한 상품분류는 발주, 판매, 진열 등 유통업체 점포 관리 기본이 된다. 상품분류는 보통 대분류, 중분류, 소분류, 세분류, 개별단품으로 구분된다([표 5-1] 참조).

[표 5-1] 상품분류

대분류	- 상품구매 형태 기본단위 - 경영평가 단위
중분류	- 상품진열 및 카테고리 관리 기본 단위
소분류	- 상품관리 단위 - 사회 통념적으로 소비자가 인식하는 최하 상품군
세분류	- 상품별 속성 및 기능 정의 단위 - 광범위한 일부 소분류에 대한 보완 기능
SKU	- 각각 고유한 판매코드를 갖는 상품 최하 단위

2) 상품분류별 관리 항목

[표 5-2] 상품분류별 관리 항목

상품분류	관리항목	주기			POINT
		일	주	월	
대분류	– 매출, 매출이익관리	0			
	– 손익관리(점포 : 영업이익)			0	– 매출비율(최소매출금액/비율)
	– 재고관리(금액)	0		0	– 매장구성관리
	– 영업생산성 관리(성과관리)			0	– 관리기준(이익관리 단위)
	– 로스관리(금액)				
중분류	– 분류별 매출구성비	0			– 매장구성(진열/집기)
	– 진열SPACE 조정		0		– 카테고리 관리
	– 상품특성별 구성비(정상/행사 판매)			0	
소분류	– 상품동향 분석		0		
	– ABC분석 : 도입, 삭제 결정		0	0	
세분류	– 소분류 분석 세분화		0		– 서브 카테고리 관리
	– 특성관리		0		
SKU	– 발주 권고량 산출	0			
	– 재고량 파악	0			
	– 로스관리(수량)	0			
	– 행사상품관리	0			

3) 슈퍼마켓 상품분류 사례

(1) 신선식품

[표 5-3] 신선식품 상품분류

대분류	중분류	소분류
청과	사과, 배, 포도 등	딸기, 복숭아, 감 등
야채	엽채, 과채, 근채	오이, 호박, 고추
곡물	양곡, 잡곡	일반미, 저가 곡물
수산	선어, 건어	갈치, 고등어
축산	돈육, 우육	한우, 육우
델리카	반찬, 베이커리 등	김치, 젓갈 등

(2) 그로서리

① 일배식품 분류체계

Ⓐ 낙농 / 냉장 / 냉동 : 3개 대분류로 구성되어 있다.

Ⓑ 3개 대분류는 상품 원재료, 가공 방법, 상품 특성에 따라 중분류로 나누어진다.

② 가공식품 분류체계

Ⓐ 일반식품 / 조미료류 / 면과자 / 음주류 : 4개 대분류로 구성되어 있다.

Ⓑ 4개 대분류는 상품 원재료, 가공 방법, 상품 특성에 따라 중분류로 나누어진다.

Ⓒ 하나의 상품군을 일컫는 '카테고리(category)'라 함은 일반적으로 상품 분류상 '소분류'개념으로 볼 수 있다.

※ 가공식품은 원재료(원료)에 따라 농산 가공식품 / 축산 가공식품 / 수산 가공식품으로 나눌 수 있으며 가공 과정 첨가물 여부에 따라 1차 가공식품과 2차 가공식품으로 구분할 수 있다.(예 : 밀가루는 1차 가공식품이며, 이것으로 만든(양산) 빵은 2차 가공식품에 해당한다.)

③ 주방생활 분류체계

Ⓐ 일상용품 / 생활용품 : 2개 대분류로 구성되어 있다.

Ⓑ 2개의 대분류는 상품 용도, 상품 특성에 따라 중분류로 나누어지며 각각 중분류로 나누어진다([표 5-4] 참조).

[표 5-4] 그로서리 상품분류 사례

항목	대분류	중분류	항목	대분류	중분류
가공식품	낙농	우유	생활용품	일상용품	세탁세제
		발효유			화장지
		치즈버터			주방주거세제
		냉장음료			유아용품
	냉장	냉장농산			화장품
		냉장수산			두발용품
		냉장축산			생리용품
		냉장면			구강용품
	냉동	아이스크림			위생용품
		냉동축산		생활잡화	주방용품
		만두			청소욕실용품
		패스트푸드			전기전자
	일반식품	병통조림			의류잡화
		커피류			레저취미
		전매품			문화용품
		분유			가정잡화
		차류			서비스상품

항목	대분류	중분류	항목	대분류	중분류
		즉석식품			
		가공건식품			
	조미료류	장류			
		조미료			
		식용유			
		감미료			
		가공분말류			
		케찹 마요네즈			
	면과자	라면			
		건면			
		쿠키 케이크			
		스넥			
		캔디껌류			
		쵸콜렛			
		전통과자			
		씨리얼			
		빵			
	음주류	주류			
		음료			
		기타 음주류			

2 단품관리

1) 단품관리(Unit Control) 개요

(1) **단품**(price of goods)

하나하나씩 별개로 독립되어 있어 저마다 객체성을 가진 상품 또는 어떤 규격이나 무늬, 소재, 가격 등 분류에 있어 더 세분화가 이루어질 수 없는 단계에까지 이른 상품을 말한다.

(2) **단품관리**(Unit Control)

상품을 품목, 단위별 수량관리를 통해 더 분류할 수 없는 데까지 최소 단위로 분류해서 그 단위 품목을 결정하는 방식이다.

① 상품 하나하나 움직임을 파악하고 고객 욕구(needs)를 분석한다.
② 점포에서 상품을 계속 취급할 것인가 취급하지 않을 것인가 결정한다.
③ 취급한다면 어디에 몇 개를 진열할지 결정한다.
④ 단품 성격에 따라 작업계획을 세울 수 있도록 표준진열량, 발주시점, 리드타임을 정한다.

(3) 단품관리 필요성

고객 니즈 및 불만을 파악해서 점포 매출과 이익을 확대하는 가장 중요한 업무로서 정확한 상품군 구성 개념과 유지관리 및 개선에 대한 이해가 필요하다. 단품관리는 고객니즈 및 불만을 파악해서 점포 매출과 이익을 확대하는 가장 중요한 업무이다. 따라서 정확한 상품군 구성 개념과 유지관리 및 개선에 대한 이해가 필요하다.

(4) 단품관리 기대 효과

① 매장효율성 향상

상품 하나하나가 관리되므로 인기상품이나 재고비용이 발생하는 비인기상품들을 자연스럽게 구분하여 제거해 나갈 수 있다.

② 품절(결품)방지

상품이 팔리는 것에 따라 매대 할당이 이루어지므로 자연적으로 품절로 인한 loss 방지가 가능하다.

③ 적정 매장면적 관리에 따른 생산성 증가

품목별로 진열면적이 어느 정도인지 계산이 가능해짐에 따라 부문별(또는 대분류, DPT, P/C)로 진열면적 할당이 가능해지고 매장면적 관리와 매장활용 생산성이 증가한다.

④ 책임소재 명확성

개별 단품관리가 가능해짐에 따라 단품별 매출액 기여도 증감에 따른 책임소재가 명확해진다.

2) 단품관리 활용과 방법

(1) 단품관리 활용

고객이 만족하는 고객지향 점포운영을 위해서는 사장상품을 제거한 매장공간에 다른 점포 인기상품이나 새롭게 주목받는 인기상품을 전진 배치하고 이익기여도가 낮은 상품 제거하여야 한다. 매출이 저조하거나 회전율이 낮고 이익률이 적은 상품을 제거하여 과잉재고 방지와 적정재고 유지를 통한 매장 효율적 운영이 전제되어야 한다. 단품별 판매수량, 재고, 발주수량을 관리, 단위품목별 계획판매가 가능하다.

(2) 단품 관리 방법

관리하기 쉬운 최소 분류를 정해서 수량과 실적 파악과 품목별 계획을 세워서 실적과 일치시키는 것이 필요하다. 단품별 판매실적을 계산한 후 판매계획을 세우고 판매에 따라 실적을 계산한다. 계획과 실적차를 파악하여 실적과 계획 차이를 조절한다.

상품회전율을 높이고 효율적 매장운영과 매출 및 이익증대를 위해서 많은 양 상품동향을 수작업으로 파악할 수는 없으므로 온라인 리얼타임 시스템(on-line real time system)으로 컴퓨터에 의해 POS 시스템으로 처리하여 상품코드와 거래선 코드(code)가 상호호환되어야 한다.

3) 단품관리 효과

(1) 근본적 효과

① 고객 니즈에 맞는 상품구성과 개선작업이 가능하다.
② 가장 효과적 판매계획 수립과 조정이 가능하다.
③ 변화하는 고객니즈와 불만을 파악하여 대책을 강구할 수 있다.
④ 신상품 개발로 고객만족 경영을 실현할 수 있다.
⑤ 기업 이윤 극대화를 실현할 수 있다.

(2) 부수적인 효과

① 매장 효율을 향상할 수 있다.
② 품절을 감소시킬 수 있다.
③ 적정 규모를 파악할 수 있다.
④ 부실 부문을 삭감할 수 있다.
⑤ 중점 매입을 가능하게 한다.
⑥ 책임 한계를 명확하게 한다.
⑦ 노동 생산성을 향상을 꾀할 수 있다.
⑧ 순이익을 증대시킬 수 있다.
⑨ 경쟁력을 강화할 수 있다.

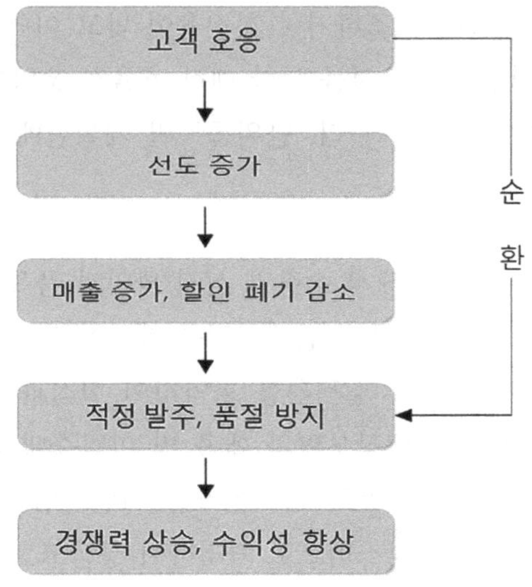

[그림 5-1] 단품관리 이점

3 수명주기별 상품관리 전략

1) 상품수명주기(Product Life Cycle : PLC)

상품이 신상품으로 도입되어 판매가 상승하고 일정하게 성장하여 매출이 정점에 이르고 점차 수요가 감소하여 시장에서 소멸하기까지 일련의 과정을 상품수명주기라 한다(1966년 Vernon에 의해 주창됨). 상품수명주기 형태는 상품에 따라서 매우 다양하게 나타나기 때문에 일반화시키기는 곤란하지만, 전형적인 상품수명주기는 S자 형태를 띤다.

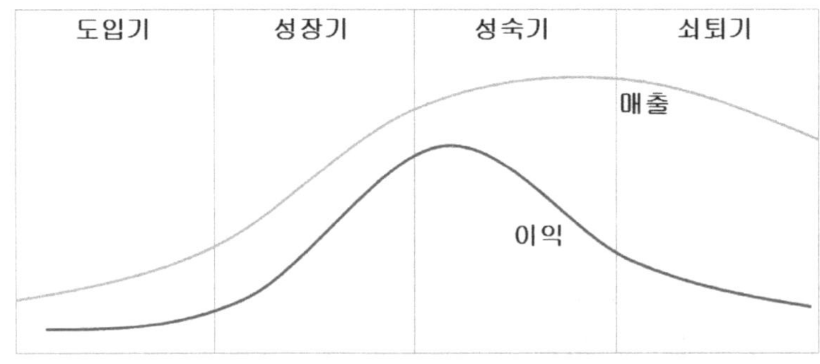

[그림 5-2] 상품수명주기와 이익

2) 도입기

도입기란 상품을 개발하고 도입하여 판매를 시작하는 단계로써 매출이 완만하게 증가하는 시기이다. 이는 낮은 신상품에 대한 인지도와 기존 상품 소비습관 때문이다. 높은 유통개척 비용과 광고 및 판촉비용 지출로 인한 손실이 발생하거나 이익이 매우 낮다. 표적시장은 의견 선도층과 혁신 소비자층이다. 마케팅 믹스 전략은 기본형 상품, 일반적으로 고가격 전략과 원가가산법 사용, 상대적으로 높은 광고비와 판매촉진비가 투입된다.

3) 성장기

어떤 상품이 도입기를 무사히 넘기고 나면 그 상품 매출액은 늘어나게 되고 시장도 커지게 되는 시기이다. 성장기에는 수요량이 증가하고 가격 탄력성도 커지며 초기설비는 완전히 가동되고 증설이 필요해지기도 하며 조업도 상승으로 수익성도 호전한다. 성장기에 가장 조심하여야 할 점은 영업이 잘 되면 그만큼 경쟁자 참여도 늘어나게 된다는 것이다.

혁신 소비자층과 조기 수용자층(early adopters) 등 호의적 구전(word of mouth)이 시장 확대에 매우 중요한 역할을 수행한다. 성장기에서 가격전략은 시장점유율을 높이기 위한 저가격 정책 도입과 기존 가격을 유지하여 높은 이익을 실현해야 한다. 성장기에서 유통경로 전략은 급속한 시장 성장에 맞추어 가능한 한 점포수를 확대해야 하며 판매촉진 비용은 도입기와 동일하거나 약간 높은 수준으로 설정해야 한다.

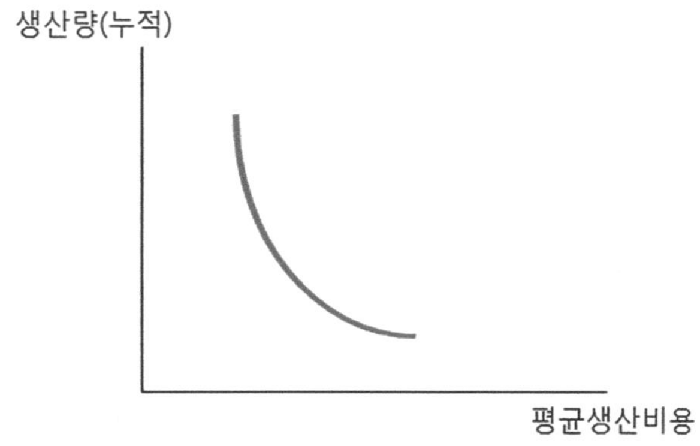

[그림 5-3] 누적 생산량과 생산비용

4) 성숙기

성숙기에는 대량생산과 판매가 본궤도에 오르고 원가가 크게 내림에 따라 상품 단위별 이익은 정상에 달하지만, 경쟁자나 모방 상품이 많이 나타난다. 대다수 잠재적 구매자에 의하여 상품이 수용됨으로써 판매 성장이 둔화하는 기간이다. 이때 이익은 최고 수준에 이르지만, 이후부터는 경쟁에 대응하여 시장 지위를 유지하기 위한 비용이 늘어나 이익은 감소하기 시작한다. 성숙기 상품에 대한 방어 전략은 다음과 같다.

① 시장개발

자사 상품에 대한 매출을 증가시키기 위해 새로운 소비자 유인, 사용빈도 증가 유도, 새로운 용도 개발을 도모해야 한다.

② 상품개선

상품 품질, 특성, 스타일 등 수정하여야 한다.

③ 마케팅 믹스 수정

정체된 매출 증대를 위해 가격할인 정책, 공격적 판촉활동(경품이나 콘테스트), 비교광고 시행, 할인 유통업체와 거래, 다양한 서비스를 제공해야 한다.

5) 쇠퇴기

어떤 상품이 시장에서 쇠퇴하게 되는 이유는 여러 가지가 있는데 기술발달로 인하여 대체품이 나오거나 소비자 기호변화 등으로 그 상품에 대한 소비자 욕구가 사라지는 경우이다. 쇠퇴기에는 수요가 경기변동에 관계없이 감퇴하는 경향을 나타낸다. 광고를 비롯한 여러 판매촉진도 거의 효과가 없으며 시장점유율은 급속히 떨어지고 손해를 보는 일이 많아진다. 시장수요 포화, 신기술 출현, 사회적 가치 변화, 고객욕구 변화로 인해 쇠퇴기가 발생한다. 많은 기업들이 시장에서 철수하며 시장에 남아있는 기업들은 경쟁력이 취약한 상품을 제거하는 등 상품 수를 축소하는 단계이다.

6) 특수한 형태 수명주기

(1) 일시적 유행 상품

소비자 호응을 받다가 급속히 쇠퇴기로 접어드는 경우이다.

(2) 장수 상품

도입기와 성장기를 거쳐 성숙기 수준이 일정하게 지속된다.

(3) 순환적 상품

유행 순환 등으로 성장과 쇠퇴를 반복한다.

(4) 스타일 상품

성장기 후 매출이 낮아졌다가 마케팅 노력 등으로 수요가 증가한다.

(5) 연속 성장형 상품

피라미드 유형 - 일정 시점마다 새로운 용도 추가로 지속해서 수요가 증가한다.

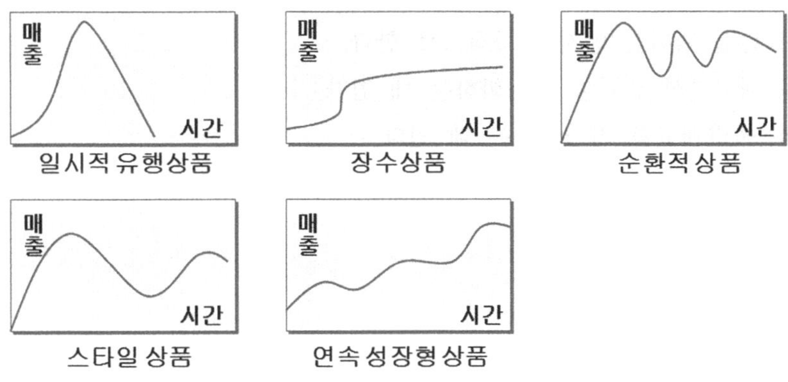

[그림 5-4] 특수한 형태 수명주기

제2절 재고관리

고객 수요에 항상 적절하게 대응할 수 있도록 최적 재고를 유지해야 한다. 소매점에서 재고를 잘 관리하는 것은 매우 중요한 항목이다. 소매상에서 재고는 판매를 예측하고 그 판매 예상에 따라 유통업자 자산으로 소유하고 있는 상품을 말한다. 재고관리는 상품 매입, 판매 의사결정 정보를 제공하고 판매기회 손실, 고객 불만을 최소화하고 위험과 비용을 절감해준다.

1 재고관리 필요성

과다한 재고는 자금 부담과 보관비, 보험료 등 재고보유 비용이 증가한다.

부족한 재고는 고객 수요에 대응할 수 없어 기회 손실이 발생하고 품절이 발생한다. 특히 재고부족은 고객에게 상품구색 관점에서 빈약하다는 인상으로 장기적으로 매출이 감소될 수 있다. 재고관리는 고객 수요와 공급 사이에 발생하는 리드타임을 해결하고 매출 수준을 평준화시키고 매출이 연속적으로 발생될 수 있도록 해준다.

1) 재고관리 목적

(1) 재고 손실 최대한 방지를 목적으로 한다.
(2) 상품 재고자산 증가를 최소화하는 데 있다.
(3) 체화, 불량재고를 최소화하는 데 있다.
(4) 재고유지비, 매장 부실방지 예방에 있다.

2) 재고수준 결정 요소

(1) 예상되는 판매량
(2) 재고관리상 비용
(3) 발주시점과 입고시점 차이인 리드타임
(4) 상품 내구성
(5) 상품공급 계절성 및 공급업자 신뢰성

[표 5-5] 재고 과다 / 부족 문제점

구 분	문 제 점
과다재고	- 상품회전율이 저하된다. - 재고증가에 따른 보관비용과 금리부담이 증가한다. - 재고증가로 구색상품 확보가 곤란하다.
재고부족	- 상품구색이 부족하여 판매로스가 발생한다. - 보유재고 부족으로 부대비용이 증가한다.

2 재고 종류 및 비용

[표 5-6] 재고 종류

구 분	세 부 내 용
안전재고	– 불확실한 수요에 대응하는 데 필요한 재고이다. – 안전재고를 감소시키기 위해서는 불확실성을 감소시켜야 한다. – 품질, 고객 서비스 향상에 도움이 된다.
예상재고	– 계절적 요인, 특수 요인에 의해서 비축하는 재고를 말한다. – 예상재고는 수요와 공급을 일치시킴으로써 감소시킬 수 있다.

1) 재고비용

[표 5-7] 재고비용

구 분	세 부 내 용
재고유지 비용	– 재고를 보관하는데 수반되는 비용 – 재고투자에 따른 자본비용, 보관비 등 – 보험료, 재산세, 감가상각비
재고주문 비용	– 발주비용 – 재고보충을 하거나 주문 시 소요되는 비용 – 입고비용, 검품비용 – 대량구입으로 인한 할인기회 상실비용
생산준비 비용	– 상품을 제조하기 위하여 준비하는데 소요되는 비용 – 준비에 필요한 인건비 및 유휴시간비용
재고부족 비용	– 재고부족으로 발생되는 판매기회 비용 – 고객 불신감

재고수준을 결정하는 요인 중 가장 중요한 요인은 재고관리에 소요되는 비용이다. 재고관리에 소요되는 비용을 고려하여 적정 재고량을 산정하여야 한다. 소매점에서 재고관리에 수반되는 비용은 재고유지비용, 주문비용, 그리고 기회 로스인 재고부족 비용으로 분류될 수 있다.

2) 재고관리 모형

(1) 경제적 발주량(EOQ, economic order quantity)

주문비용, 재고유지비용간 관계를 이용하여 가장 합리적 주문량을 결정하는 방식이다. 전제는 단위기간 중 재고 수요량은 일정하다는 가정하에 설계된 모형이다. 재주문은 재고가 0일 때 가능하며 재고조달에 소요되는 기간은 없다. 단위당 가격은 일정하다는 가정에서 출발한다. 경제적 발주량은 발주비용과 재고유지비용을 합하여 연간 비용이 최소가 되도록 하는 발주량으로 재고 단위 원가가 최소가 되는 1회 발주량이다. 최적 발주량은 각 비용 항목들을 합한 총재고비용이 최소가 되는 양이다. 재고 품절로 인한 기회비용을 고려하지 않을 때 재고관리에 필요한 비용을 최소로 하는 점이다.

$$Q=\sqrt{\frac{2CD}{H}}$$

Q = 1회 주문량, C = 1회 발주비용, D = 연간 재고수요량, H = 1단위당 연간 재고유지비용
예 : 연간 재고수요량 54,000 발주비용1,000 단위당 평균재고비용 100, 경제적 주문량 1,039개가 됨

[그림 5-5] 경제적 발주량

(2) EOQ 가정과 문제점

① 매일 재고 판매량이 일정하다.
② 발주시점과 입고시점 사이 간격인 리드타임이 일정하며 정확하게 알고 있다.
③ 재고유지비용과 발주비용은 시간 변화와 관계없이 일정하다.
④ 발주 상품 주문은 다른 상품과 관계가 없다.

이러한 가정으로 설정된 경제적 발주량은 판매량 변동, 리드타임 변동 등 환경 변화를 감안하여 변형하여 적용할 필요가 있다. 다만 경제적 발주량 기법은 단순하고 소매점에서 적용할 수 있다는 장점이 있어 유용하게 적용되는 방법이다([그림 5-6, 5-7] 참조).

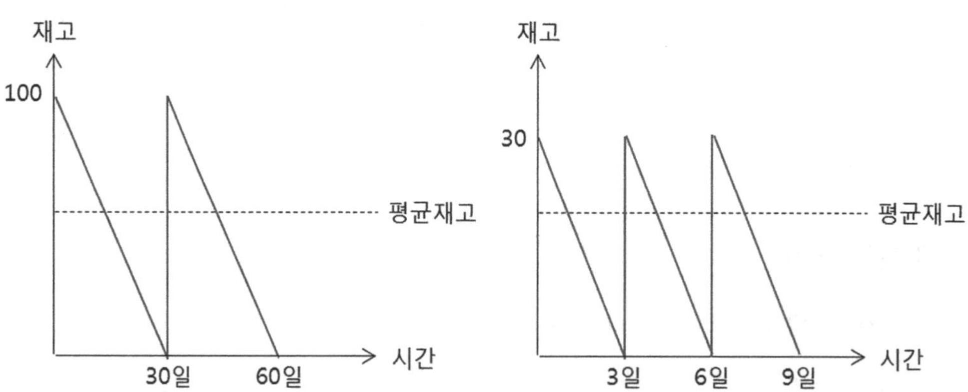

[그림 5-6] 발주량 크기와 평균재고

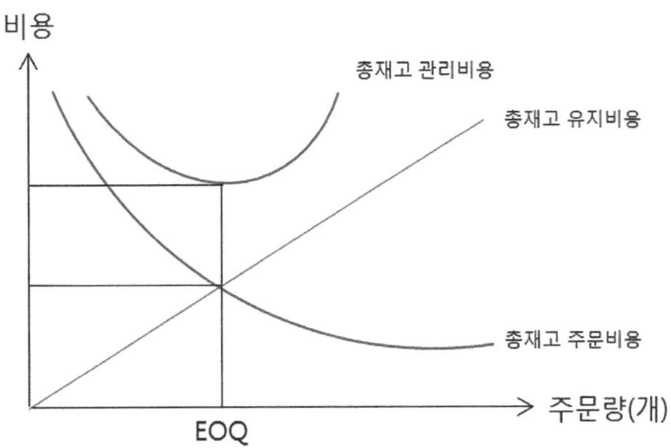

[그림 5-7] 총재고 관리비용

(3) 재발주 시점과 안전재고

① 재발주 시점

발주 후 도달시간, 안전재고, 재고점검 기간을 고려하여 재발주 시점을 관리할 필요가 있다.

- 수요가 일정한 경우 = 발주기간 × 1일 수요량
- 수요 불확실한 경우 = 발주기간 평균 수요량 + 안전재고

② 안전재고

소매업에서는 수요가 예상 매출액을 초과할 경우를 대비하여 안전재고를 유지하는 것이 보통이다. 소매점 안전재고는 판매예측 불확실성, 품절로 인한 기회비용, 리드타임 지연 가능성, 재고유지비용 영향에 의하여 달라진다. 이러한 점을 고려하여 안전재고를 감안, 재고관리 및 발주를 하여야 한다([그림 5-9] 참조).

- 안전재고 = 평균재고량 − [최대재고량 / 2(또는 경제적 주문량)]
- 발주시점 재고량 = 도달일수 × (1일 평균판매량 − 안전재고량)
- 발주량 = 최대재고량 − 안전재고량
- 최대재고량 = (도달일수 × 1일 평균판매량) + 안전재고

[그림 5-8] 안전재고량

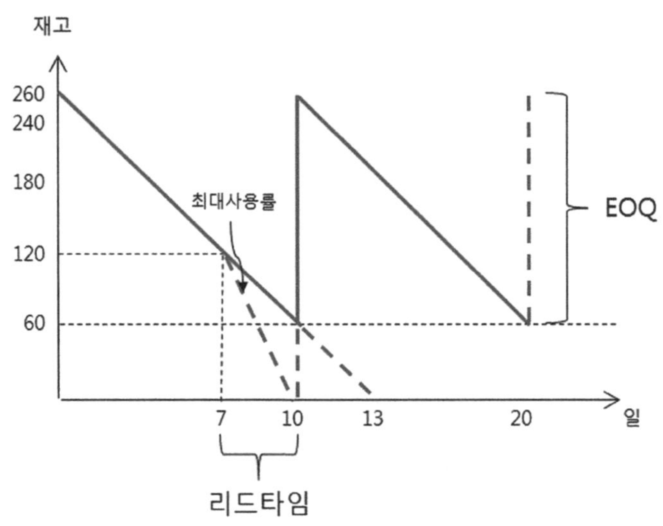

[그림 5-9] 안전재고 고려 발주

(4) ABC 관리법

상품 재고 품목이 많은 경우에 재고를 효율적으로 관리하기 위하여 재고 중요도나 가치에 따라 다르게 관리하는 방법을 말한다.

[표 5-8] ABC 관리법

품목	내용	주문주기	안전재고
A그레이드	가치는 크고 사용량이 적은 상품	짧음	소량
B그레이드	가치와 사용량이 중간 정도인 상품	중간	중간
C그레이드	가치는 적지만 사용량이 많은 상품	길다	대량

ABC분석 단계는 품목별 매출성과에 따라 상품별 순위결정, 전체 상품 품목에서 상품구성비가 매출구성비 비율을 점유하는지 파악, 상품구성비에 따라 ABC그룹으로 구분하여 관리하는 것이다. 상품별로 매출규모가 큰 것부터 ABC분류 후 우선적으로 A그룹을 중점관리하고 B, C순으로 관리하는 것이다([그림 5-10] 참조).

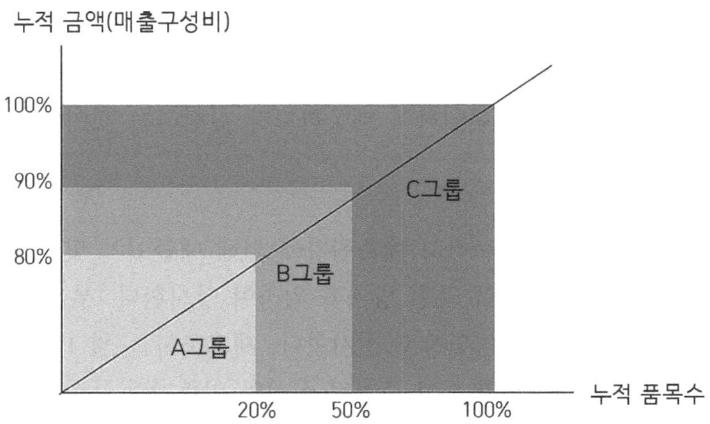

- A그룹상품 : 누적매출 구성비가 80%를 점유하는 품목으로 전체 상품 중 20%의 품목이 이에 해당한다. A그룹 상품은 항상 안전재고를 유지하여야 하고 품절이 발생하지 않도록 관리한다.
- B그룹상품 : 누적매출 구성비가 10%를 차지하는 상품으로 전체 상품 중 30%의 품목에 해당하며 주의 깊은 관리가 필요한 상품군이다.
- C그룹상품 : 누적매출 구성비가 10%를 차지하는 상품군으로 전체 상품 중 50%의 품목이며 구색으로 가져가는 상품군이다.(예 : 빅 사이즈 상품)

[그림 5-10] ABC 관리

(5) JIT(just in time)

적시에 적정량의 필요한 상품을 공급하여 관리하도록 하는 시스템으로 무재고 관리 시스템이다. 도요타 자동차에서 유래하여 도요타 생산방식이라고 부르기도 한다.

3 재고조사 실시

소매점에서 취급하는 상품도 많고 거래도 빈번하게 이루어져 계속 기록하여 상품 원가를 파악하는 것이 어렵다. 이러한 문제를 해결하는 방법으로 소매점에서 판매시점에는 매출만 기록하고 매출원가는 회계연도말 결산시점에 재고를 파악하는 실지재고조사법을 적용하여 재고조사를 실시한다. 실지재고조사법을 적용하면 장부재고만으로는 기말재고와 당기판매금액을 알 수 없다. 그래서 상품재고장부로부터 기초 재고금액과 당기 매입금액 합계액을 계산하고 실지 조사된 기말 재고를 차감하여 당기 판매금액을 계산하는 방법이 사용한다.

기초 재고금액 + 당기 매입금액 - 기말 재고금액 = 당기 판매금액

1) 재고조사 실시 목적

소매점 실제 재고수량, 재고금액, 재고내용을 장부재고와 실사재고 대조로 상품 관리 상태를 파악하고 문제점을 분석하여 대응하고자 실시하는 것이다.

(1) 재고조사 목적

재고파악으로 매출원가를 산출하고 매출원가에 의해 매출이익 및 매출총이익 산출이 가능하다. 과다재고, 인기상품 품절 방지를 위하여 실시한다. 부문별 로스금액, 폐기 상품을 확인하여 관리하는 방안으로 실시한다. 재고조사는 월 1회 정도 실시하는 것이 원칙이나 점포 규모 등 감안하여 주기적 실시와 비주기적 스파트 재고조사를 실시하여 정확한 재고파악과 관리가 필요하다. 소매점 매장 전체 재고조사는 시간과 비용이 수반됨으로 일정 주기로 카테고리별 재고조사를 실시하는 방법도 필요하다.

(2) 재고조사 프로세스

[표 5-9] 재고조사 프로세스

사전준비 →	재고조사 실시 →	결과 확인 →	향후계획
– 조사제외상품 확인 – 미 매입상품 처리 – 매장/창고 정리정돈 – 전표마감 – 조사계획 수립	– 재고조사 진행 (매장/창고) – 장부재고 확인 – 재고조사 당일 상품이동 최소화	– 재고조사 실사 및 장부 확인 – 재고조사 결과	– 폐기/상품정리

2) 재고로스 유형

재고로스는 장부상 재고와 실사 재고 차이를 말한다.

(1) 행정착오 로스

① 반품누락

본사, 물류창고에 반품은 실시하였으나 장부에 미 반영된 로스를 말한다.

② 조사누락

실제 상품을 조사하지 못하였거나 조사자 오류로 발생된 로스를 말한다.

③ 매입오류

매입은 반영되었으나 정상적으로 상품이 입고되지 않은 경우를 말한다.

(2) 매장 로스

① 고객로스

고객에 의하여 발생된 로스를 말한다.

② 직원부정

직원 부정행위나 규정 위반으로 발생되는 로스를 말한다.

③ 관리소홀

부주의, 시설물 사고나 하자에 의하여 발생되는 로스를 말한다.

(3) 로스 방지 대책

[표 5-10] 로스 방지 대책

항 목	대 책
시스템 준수	– 상품별 회전율을 고려한 상품 발주 / 진열 – 선입선출 판매를 통한 선도 및 재고 관리 – 적정 재고유지 – 상품매입 시 검품 철저 시행 – 관리 효율화 / 배달시 주문과 다른 상품배송 – 도난 신용카드 방지 대책
직원 교육	– 주인정신 고양 – 점포 책임자 솔선수범 – 상품보호 가이드 운영 및 교육(도난 예방장비 등) – 직원관리 감독 및 윤리의식
도난 방지	– 과다한 진열, 발주 자제 – 직원 매장근무 철저 – 매장 내 CCTV 설치 및 고객 홍보

(4) 도난방지 태그 부착 관리

① 로스 도난방지를 위하여 태그를 부착한다.

② 정상적 내·외부 고객에 의한 손실방지 목적으로 시행한다.

③ 고가 상품 / 로스율 높은 상품에 부착한다.

④ 계산시 태그를 제거한다.

[표 5-11] 도난방지 상품

상품	금액	비고
양주	7만 원 이상	소매점 상황에 따라 탄력 적용
건강식품	5만 원 이상	
소형 가전제품	3만 원 이상	
기타	고가 상품	

(5) 상품 로스율

소매점에서 상품 로스는 장부상 재고금액과 실사 재고금액 차이를 말한다. 일반적으로 소매점에서 로스 허용범위는 0.1-0.2% 내외이며 0.3%이상은 관리가 요구된다.

참고

- 상품 로스 = (기초 재고금액 + 당기 순 매입금액) − (당기 순 매출금액 + 매출할인 + 기말 재고금액)
- 상품 로스율 = 상품 로스금액 / 순 매출액 × 100

3) 체화재고관리

체화재고는 매출수량 대비 재고 수량이 과다한 재고, 매출이 발생하지 않는 상품, 행사 종료로 잔량재고, 소매점 취급종료 상품 등을 말한다. 체화재고는 일정기간 동안 점포 소분류 재고일수와 단품 재고일수를 비교하여 단품 재고일수가 소분류 재고일수의 2배를 초과하는 경우 체화재고로 구분하여 관리한다([그림 5-11] 참조).

또 부진재고는 일정 기간 매출액과 이익률을 기준으로 구분하여 관리가 필요하다.

- 매출기준 : 매출 상위 80% 이상상품을 A
  매출 상위 80-90% 상품을 B
  매출 상위 90-100% 상품을 C
- 이익률기준 : 이익률 소분류기준 + 5%인 상품 1
  이익률 소분류기준 +5% ~ -5% 이내 2
  이익률 소분류기준 -5%미만인 상품 3

으로 구분하여 매출액 C상품과 이익률 3의 상품 교집합을 부진상품으로 구분하여 관리가 필요하다([그림 5-12] 참조).

체화기준
재고일수
(소분류 재고일수 × 2)
소분류
재고일수
단품
A
B
C
D
E

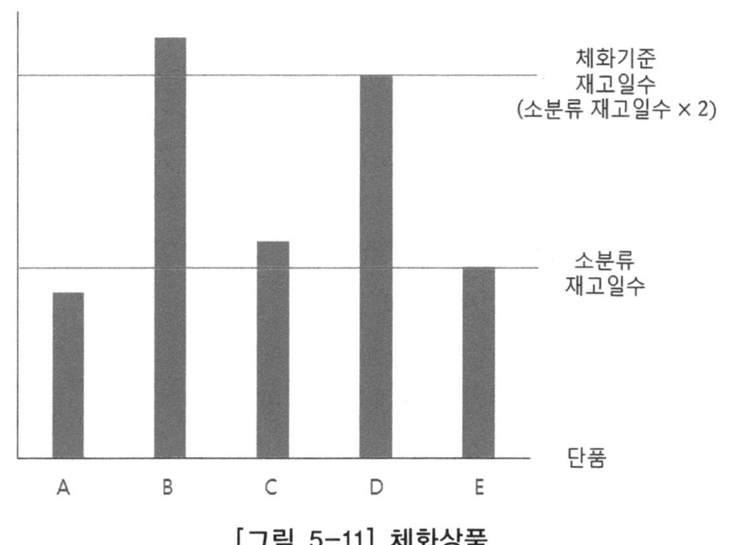

[그림 5-11] 체화상품

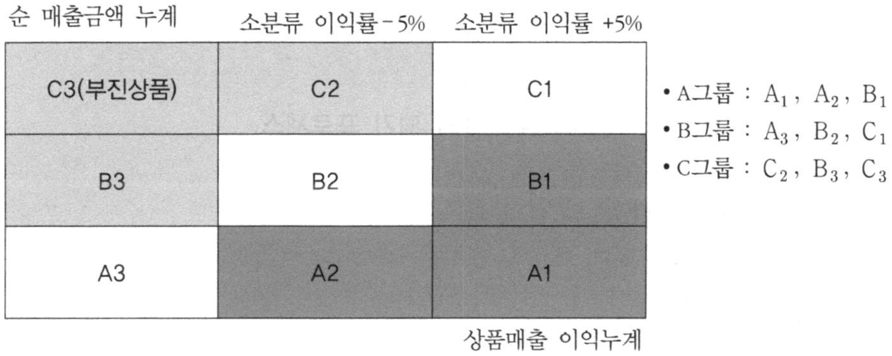

순 매출금액 누계
소분류 이익률 - 5%
소분류 이익률 +5%
C3(부진상품)
C2
C1
B3
B2
B1
A3
A2
A1
상품매출 이익누계
• A그룹 : A_1, A_2, B_1
• B그룹 : A_3, B_2, C_1
• C그룹 : C_2, B_3, C_3

[그림 5-12] 부진상품

[표 5-12] 체화재고 관리 업무 프로세스

체화재고 분석	- 체화재고와 부진상품을 주기를 정하여 파악한다. - 자료를 파악하여 분석한 후 체화재고를 확정한다.
리스트 정리	- 장부상 재고와 실사 재고를 확인한다. - 정리해야 될 체화재고를 자료화한다.
재고처리	- 직원들에게 처리해야 할 상품을 공지한다. - 처리방안을 수립하여 실시한다. - 처리방안 : 가격인하 / 행사실시 / 증정 및 기부 / 폐기
피드백	- 처리 결과를 직원들에게 피드백한다.

4) 부진상품 폐기

폐기상품은 시스템을 이용하여 확정하고 관리하는 시스템이 선행되어야 하고 그 시스템에 의해서 폐기를 할 수 있도록 관리해야 한다. 판매할 수 없는 상품은 관리를 통하여 폐기하는 것이 효율적이다.

(1) 폐기해야 하는 상품

① 고객입장에서 "구매할까?" 생각하여 결정
② 유통기한이 경과한 상품
③ 법적 표시 위반 상품(원산지 미표기 / 중량 미달)
④ 냉동냉장 상품 선도 저하 상품
⑤ 파손 상품(반품 불가 상품)

(2) 폐기 프로세스

[그림 5-13] 폐기 프로세스

월간 단위로 관리한다.

5) 과다재고 상품관리

체화재고 증가 방지 및 개선을 위해서 과다재고 상품 분석하여 해결책을 수립, 관리하여야 한다.

(1) 과다재고 사유 분석

① 원인분석을 통하여 재고를 축소하는 것이다.
② 후방보관 미진열 상품을 찾아내는 것이다.

(2) 관리 프로세스

[그림 5-14] 관리 프로세스

① 과다재고 사유분석 전 상품을 충분하게 진열한다.
② 동일한 상품을 매대 상단과 후방에 분할 보관하지 않는다.
③ 과다재고 상품은 별도로 관리한다.
④ 주기적으로 과다재고 사유분석을 한다(예 : 월 2회).

(3) 고객반품 상품관리

신속한 고객반품 상품 처리로 로스 방지를 통한 효율적 재고관리가 필요하다. 고객반품 상품 수거를 통한 상품 재진열 및 추가적 상품 훼손을 사전에 방지하여야 한다. 별도 계산대에서 반품 처리를 하고 즉시 상품화하는 방안이 효율적이다.

제3절 로스관리

1 LOSS 관리

1) 기본 개념

로스란 영업 기간에 다양한 이유로 인하여 재고조사 결과 장부상 매출액과 실제 매출액과 차이를 말한다. 영업 매장에서 불필요하거나, 손해를 본다는 의미이다. 재고조사 결과 '점내에서 판매되었다고 보이는 수량에 그 매가를 곱한 매출액'과 '실제 매출액'과의 차액을 말한다.

2) 로스 발생 원인

대부분 관계자 부주의와 잘못, 교육 미흡 등에서 기인한다. 품질관리 소홀, 재고 정리 소홀, 마진율 착오, 부적절한 매입량, 발주지연, 발주오류, 검품로스, 도난로스, 상품파손로스, 계산상 착오로 인한 로스 등이다. 로스에 대한 무관심은 매장의 매출저하 초래와 로스비율을 염두에 둔 점주는 판매가를 올려 소비자들에게 피해를 전가하고 결국 판매부진으로 매출 감소를 겪게 된다.

일반적으로 로스는 상품이 팔리지 않고 유통기한 경과 또는 선도가 떨어지거나 유행에 뒤쳐져 팔리지 않을 때 발생하는 폐기로스와 폐점 시간이 임박해서 가격 인하했을 경우 생기는 가격인하로스, 도난으로 생기는 도난로스와 전표기술미스 등의 원인으로 불량해진 것, 도난상품 등을 말한다. 평균적으로 국내 슈퍼마켓 로스가 평균 전체 매출액의 3%에서 5% 정도를 차지한다.

이러한 사실은 일 매출 200만 원, 월간 영업일수 29일이라고 했을 때 생기는 로스로 인한 손해액이 백7십4만 원에서 2백9십만 원이 생기며 이러한 수치상의 결과는 평균 이익률이 16%일 때 매출 이익금의 거의 20%를 차지한다. 이때 로스 범주를 광의 개념으로 가격인하나 특매 시 할인까지도 포함해 생각하면 이러한 수치상 금액은 더욱 커질 것이다.

3) 단품 데이터에 의한 로스관리

상품력 향상과 재고관리 효율화는 단품 데이터 검증을 통해 가능하다.

첫째, 매장은 보관개념이 아니다. 매장 내 진열상품 중 데이터 관리(로케이션 관리)상 부동 상품이 발견되면 상품 보관상 여부, 항상 대기 여부와 상품관리 대장상 오차 여부와 즉흥적 재고실사 실시 등으로 매장 상황을 직접 점검한다.

둘째, 매출액과 로스액을 정확히 파악한다. 즉, POS에 의거 단품 데이터와 매가 인하 금액을 파악하여 지난 1개월간 매출액 순위와 ABC분석표 검토, 분석결과를 토대로 필히 매장현장 확인, 매출 부진한 상품일수록 로스율이 높은지 분석과 ABC분석 및 현장 확인 결과를 바탕으로 대책 수립이 필요하다.

셋째, 로스 원인을 제거한다. 매장에서 실제로 발생하는 로스 원인을 요약하면, 발주작업, 보충작업, 냉장고 정리 등 기본이 잘 안 된다는 것이다.

4) LOSS 관리

(1) LOSS 유형

① 선도저하에 따른 가격 인하 판매

② 상품폐기처분

③ 재고상품 시세 하락 및 행사로 인한 판매가 인하

④ 고객 절도 행위

⑤ 종업원 무단 절취

⑥ 대리점/영업소 직원 속임수

⑦ 계산원 부정 및 실수

⑧ 매가 잘못 기재

(2) LOS 기본 원칙

'LOSS는 빨리 처리하면 할수록 이익이다.'

(3) 가격인하판매(투매)

① 가격인하판매(투매)

투매란 판매 계획상 예정되어 있는 가격인하에 의한 판매촉진 수단으로서 덤핑(dumping)이다. 「처분」은, 결과로서 상품을 없애기 위해 행하는 것이고 투매와는 다르다. 투매는 피크 전에 상품을 예측하여, 원칙으로서 소액 가격인하로 판매한다. 소매경영에서 투매란 가격인하판매를 의미하며 적절한 재고량이 관리되지 못하여 발생하는 손실이다. 재고량이 너무 과다하게 대량으로 매입되어 가격인하하여 판매하다 발생한 손실과 팔고 남은 상품 폐기 처분하기 위하여 발생하는 손실을 투매손실(Mark Down Loss)이라 한다. 투매시 주의사항에는 투매시간은 가급적 짧게 실행하고 가격인하 폭은 최대한으로 하여야 한다. 투매절차는 1) 인하하여 판매할 상품상태에 대한 기준 설정, 2) 인하가격 폭 결정, 3) 인하 판매 실시 준비를 위한 ⓐ 계산대에 고지, ⓑ 변경된 가격표 제작 이후에 투매를 한다.

② 투매 기본 원칙

Ⓐ 투매시간은 가급적 짧게

Ⓑ 인하 폭은 최대한으로

③ 투매 절차

Ⓐ 인하하여 판매할 상품 상태에 대한 기준 설정

Ⓑ 인하 가격 폭 결정

Ⓒ 인하 판매 실시 준비 : 계산대에 고지, 변경된 가격표 부착

Ⓓ 투매 실시

(4) 상품폐기

① 상품폐기(商品廢棄)

상품수요 저하, 수익성 저하, 계절성 경과, 유행성 쇠퇴 등 이유로 구색 갖춤에서 탈락시키는 대상 상품을 폐기상품이라 하고 그 행위를 상품폐기라 한다.

상품폐기의 기본 원칙에는

Ⓐ 상품별 폐기 기준 설정 및 이의 정확한 준수

Ⓑ 아깝다는 생각은 버릴 것

Ⓒ 과감히 버릴 것
Ⓓ 상품 폐기 시에는 담당자가 느끼는 바가 있도록 할 것
Ⓔ 가급적이면 상품을 폐기한다는 모습을 고객이 보도록 유도
Ⓕ 폐기 후에는 필히 폐기상품 리스트를 작성할 것 등이 있다.

(5) 로스 종류

① 폐기 로스
선도가 너무 나쁘다든가 너무 유행에 뒤떨어져 팔리지 않게 되는 경우

② 가격인하 또는 품질저하 로스
품질에 비해 가격이 너무 비싸서 잘 팔리지 않아 가격을 인하하는 경우

③ 절도 로스
물건을 도난 당한 경우 등이 주된 유형이다. 소매기업에서 '로스 1% 절감은 손익분기점 3%를 낮춘다'는 것이 정설이다. 로스율을 낮추면 이익에 크게 기여하게 되는데 당연히 있어야 할 매출총이익률을 확보한다는 점에서 보면 점포 차원의 노동생산성 확보에 공헌하는 점이 크다. 로스는 점포운영 수준을 단적으로 표현하는 지표라고 할 수 있다. 소매 점포들의 로스 발생 사례를 통하여 유추해 볼 때 로스를 줄이는 것이 소비자에게 저렴한 판매가격을 제공할 수 있는 첩경이다.

5) 로스 발생 원인과 유형

로스 발생 원인과 유형은 다양한 양상을 띤다. 품질관리 소홀, 재고정리 소홀, 마진율 착오, 부적절한 매입량, 발주지연, 발주오류, 검품 로스, 상품 파손로스, 계산상 착오로 인한 로스 등이 이에 해당한다.

(1) 본부 관련 로스

재고조사 자체를 잘못했다든지 수불상 문제가 있을 경우이다. 또 상품관리와 매출처리 그리고 설비에 잘못이 있을 경우도 로스가 발생한다.

(2) 벤더 관련 로스

중량부족 상품을 공급했을 때, 품질·선도가 떨어진 상품을 납품했을 때와 보관동기, 시설 따위가 부적합할 경우 로스가 발생한다.

(3) 바이어 관련 로스

검품을 소홀히 했거나 매장 페이싱 할당을 잘못했을 경우 이로 인해 발생하는 로스를 의미한다. 또 수량 및 단가입력을 잘못했거나 시장조사 미흡으로 매가를 너무 높게 혹은 너무 낮게 책정함으로써 발생하는 로스가 이에 해당한다.

(4) 물류 관련 로스

이것은 상품관리, 시설문제와 관계가 많다. 상품성격에 따른 보관과 배송이 요구되는데 이를 지키지 않아 생기는 로스와 관련된 것이다.

(5) 매장 관련 로스

먼저 상품에 대한 지식이 모자라 상품관리에 부주의해서 생기는 로스이다. 과다하게 발주해 당일 소화를 못한 경우 선도 저하와 기회 로스가 발생한다. 또 종업원 무단 반출과 무단 취식, 그리고 제값을 지불하지 않고 사 가는 경우이다. 또한, 취급상 부주의와 잘못, 교육 미흡 등과 밀접한 관계가 있다고 봐야 한다.

6) 로스 방지 대책

로스절감 최선책은 재고파악이다. 대부분 중소 슈퍼마켓 경영주들은 자기 점포 전체 매출액에서 로스로 인한 손실금액이 어느 정도 되는지 조차 정확히 파악하고 있지 못한다. 재고파악 조차 제대로 이뤄지지 않은 상태에서 로스를 생각할 수는 없다. 설사 매출액이 증가한다 해도 재고가 많이 쌓인다면 곤란하다. 재고품이 점차 쌓이게 되면 지불할 현금이 증가하며 이것은 곧 차입금 증가를 낳는다. 결국 재고품에 의한 자금 압박이 생기기 마련이다. 재고에 의한 자금 로스를 줄이기 위해서는 재고 회전일수를 줄여야 한다.

(1) 날짜 관리와 중량감소 로스

날짜 관리가 제대로 안되면 중량감소 로스(실질적으로는 매출부진으로 연결된다)를 방지할 수 없다. 고구마, 은행의 중량감소 로스가 심한 것을 알기 위해서는 매장을 포함한 날짜 관리가 반드시 선행되어야 한다. 주 1회 자주 계량 점검일자를 두고 중량체크를 하는 것이 효과적이다. 특히, 매출이 부진한 점포는 자주 계량 점검일을 마련하여 3개월 정도 계속 체크하면 좋다.

(2) 정위치 관리와 인적 로스

상품, 비품 주소를 결정하는 정위치 관리가 중요하다. 위치가 일정하지 않으면 필요한 때 찾아 쓰기가 어렵다. 인적 로스, 시간적 로스가 많은 점포는 사람을 포함하여 상품, 비품 위치를 정해 두는 정위치 관리를 권한다.

2 소매 점포 로스관리

1) 단품 데이터에 의한 로스관리

상품력 향상과 재고관리 효율화를 통한 단품 데이터 검증을 통해 가능하다.

(1) 매장은 보관개념이 아니다.

매장내 진열상품 중 데이터 관리(로케이션 관리)상 부동 상품이 발견되면

① 상품 보관장 여부
② 항상 대기하지는 않았는지
③ 상품관리대장 오차는 없는지, 셀별 즉흥적 재고실사 실시 등 매장상황을 직접 점검한다.

(2) 매출액과 로스액을 정확히 파악한다.

① POS에 의거 단품 데이터와 매가인하 금액을 파악
② 지난 1개월간 매출액 순위와 ABC분석표 검토
③ 분석결과를 토대로 필히 매장 현장 확인
④ 매출이 부진한 상품일수록 로스율이 높은지 자세히 분석 필요
⑤ ABC분석 및 현장 확인 결과를 바탕으로 대책을 수립한다.

(3) 로스 원인 제거

매장에서 실제로 발생되는 로스 원인을 요약하면

① 발주작업, 보충작업, 냉장고 정리 등 기본이 잘 안된다.
② 판매량과 페이싱이 맞지 않는다.
③ 본부 MD의 획일적 상품구성 계획과 진열 지시서에 의해서만 시행할 뿐, 점포 내외환경을 감안한 독창적 개선 의지가 부족하다.
④ 본부 공급 상품 선도 불량, 과잉공급, 고가매입으로 판매에 상당한 지장을 초래한다.

⑤ 점포 콘셉을 기준으로 상품구성 정책 및 기준이 불분명하고 상품구색의 중복, 등급의 편중으로 고객 욕구에 위배되는 상품 전략을 전개한다.

2) 단품 데이터에 의한 상품구성 개선

상품구성 개선작업은 단순히 POS 데이터에 의한 품명과 숫자에 의한 판단만으로는 안 되며, 기본적 체크리스트를 무기로 현장에서 직접 확인하면서 단품관리를 한다.

(1) 단품 데이터 분석 체크리스트

① 이상치 체크
- Ⓐ 품절, 발주미스에 의한 결품
- Ⓑ 미납, 지연 납품에 의한 결품 또는 보충 지연
- Ⓒ 작업할당이나 지시 또는 작업 메뉴얼 부재에 의한 보충 미스

② 매출 순위와 ABC 분석
- Ⓐ 여건 데이터 체크(날씨, 기온, 특매, 경쟁 등)
- Ⓑ 현재 페이싱과 ABC분석에 의한 기여도 순위를 대조
- Ⓒ 매출부진 원인분석
- Ⓓ 매출 경향과 판매 추이 검토
- Ⓔ A 및 BC 랭킹 상품요인을 체크
- Ⓕ 부동 상품 원인 체크

③ 경쟁점 조사
- Ⓐ 가격라인과 페이싱 비교 체크
- Ⓑ 구색 아이템 비교와 분석
- Ⓒ 구색기준, 경쟁대책, 지역특성 체크
- Ⓓ 경쟁점의 강점, 약점 및 상품정책 분석

④ 상품구성 개선안 검토
- Ⓐ 구색 아이템과 용도 분석 체크
- Ⓑ 구색 넓이와 깊이 체크
- Ⓒ 상품정책, 연도방침, 개발계획 체크
- Ⓓ 중점상품, 필수아이템, 팔고 싶은 상품, 육성상품 체크
- Ⓔ 상권특성, 지역특성, 객층 분석 체크
- Ⓕ 경쟁점 대책, 강점 육성 체크

Ⓖ 새로운 구색 아이템 체크

(2) 상품구성 변경과 ABC분석

① 최초 상품구성 ABC 분석
② 부동상품 제거
③ 상품구성 변경 및 시험판매
④ 단품관리 결과분석 및 개선 반복

(3) 상품구성 기준

① 업태 특성(경영 이념, 점포 콘셉, 업태 구분)
② 방침 및 정책(점포 성격, 상품 성격, 목표 수치 등)
③ 지역상권 특성(객층별 소득수준, 입지 조건, 경쟁 상황 등)
④ 구색조건 특성(상품 선택취향, 전략 상품, 판촉 상품, 거래 조건 등)
⑤ 효율지표 특성(재고회전율, 교차비율, 계절상품 등 영업 성과지표)

3) 단품관리에 의한 목표달성

(1) 계획적 판매(주체성)

① 상품구성 결정
② 판매계획 수립
③ 연출 및 판촉 검토

(2) 판매목표 달성을 위한 조건

① 매일 발주 및 재고 조정
② 진열 연출 및 특매 상품 투입
③ 상비 상품 보충 및 앤드 상품 교체 작업
④ 특매 상품 제안 및 행사 매대 교체 작업
⑤ 고객 니즈와 상품구성 일치
기회로스와 악성재고 부담에서 단품관리와 구색개선으로 목표달성

3 로스율

1) LOSS율 분석

장부상 매출액과 실제 매출액과 차이를 알아내는 것이다. 상품 매가를 결정(마크업)할 때에는 이 로스율을 잊어서는 안 된다. 로스율 분석을 위해서는 LOSS율 금액을 집계한다. 이는 POS 사용 점포와 ECR 사용 점포가 있다.

POS 사용 점포는 POS를 통하여 얻은 장부상 재고 수량 및 재고 금액과 재고 실사를 통하여 얻은 현물 재고 수량과 금액을 대조하여 LOSS금액을 집계한다. ECR 사용 점포는 단품관리를 하고 있지 않은 점포 경우에 실제로 정확한 LOSS 파악이 불가능하다. 따라서 이러한 점포에서는 LOSS(상품 폐기) 대장을 준비하여 일상 업무 중에라도 상품을 폐기한다든지 하는 LOSS 발생 시에는 이 대장에 정확히 기재하여 LOSS금액을 관리하고 있을 필요가 있다.

2) LOSS율 산출 방법

어떠한 원인으로 로스가 발생했을 경우 그 액수가 본래 벌어들일 수 있는 매출에 대한 몇 %를 로스율이라고 한다. 즉, 매장에서 매가로 판매된 장부상 매출액과 실제 매출액(실덕)에 대한 로스 비율을 말한다. 로스율은 상품 로스액에 매출액(실적)을 나눈 값을 백분율 한 것이다. 매가를 결정할 때 로스율이 중요하다. 이 경우 이익률 산출 공식에서 마크업률은 목표 매출총이익률에 로스율을 더하여(1 + 로스율)을 나눈 값이다. LOSS율은 총 LOSS금액에 매출액(실적)을 나눈 값이다.

로스율(100%) = 상품 로스금액 ÷ 매출액(실적)

3) 상품회전율 관리

상품회전율(merchandise turnover ratio)이란 상품관리 방법으로서 일정기간에 상품이 몇 번 회전하였는가? 횟수를 표시하는 비율을 말한다. 일반적으로 매입자금이 다시 매입자금이 될 때까지를 1회전이라고 보고 이것을 연간 재고상품 회전수를 나타내는 것으로써 상품회전율이 크다는 것은 상품이 잘 팔린다는 것을 의미한다. 일반적으로 월 회전율과 년 회전율이 있으며 상품회전율을 높이는 노력은 매우 중요하다. 회전율이 높을수록 상품 연령이 항상 젊고 고객에게 신선한 상품을 제공할 수 있기 때문이다.

상품회전율 계산방식은 기업 연간 상품매출액(또는 매출원가)을 상품 평균재고금액으로 나눈 것 즉, 상품회전율 = (월 매출액×12) ÷ 월평균 재고이다. 또한 평균재고금액(기초재고액+기말재고액÷2)으로서 1년간 매출액을 나눈 수치 또는 평균재고금액을 매월초액 12개월분과 차년도 월초 재고액을 합한 것을 12등분하여 정하고 그것으로서 1년간 매출액을 나눈다. 상품회전율은 년간 매출액÷평균재고액이 상품회전도수, 즉 상품회전율이다.

일반적으로 소매점 경우 매입한 상품을 판매하여 돈(현금)이 들어오면 그 돈으로 다시 상품을 매입하는 순환방식으로써 매입에 사용된 돈이 빠른 속도로 판매되어 다시 매입할 자금으로 회전되어 돌아오는 기간이 빠르게 되면 더 많은 상품 판매와 이익을 확대할 수 있게 된다는 계산이다. 상품회전율은 원가로 계산하는 경우와 판매가로 계산하는 경우가 있다.

(원가법)상품회전율(회) = 어느 기간의 매출원가 ÷ 평균 원가 재고액(기초 재고액 + 기말 재고액의 $\frac{1}{2}$)

(매가법)상품회전율(회) = 어느 기간의 매출매가 ÷ 평균 매가 재고액(기초 재고액 + 기말 재고액의 $\frac{1}{2}$)

품목별 상품회전율을 구할 때는 금액이 아닌 수량으로 계산한다. 즉, (품목별)상품회전율(회) = 어느 기간 판매수량 ÷ 평균진열량(기초 재고액 + 기말 재고액의 $\frac{1}{2}$)

상품회전기간(商品回轉期間)이란 현 재고가 1회전하는데 요하는 일수를 말한다. 즉 현재 재고액과 같은 금액의 매출액을 올리기에는 며칠이 필요한가라는 판단이다. 재고(보유)일수와 동의어이다.

상품회전기간 = 계산기간 일수 ÷ 상품회전율

4) 상품회전율 분석

상품회전율 비율이 높으면 높을수록 상품판매 및 그 보충 속도가 빨라서 좋은 상품으로써 매출과 이익도 많아 사업 기여도가 높게 평가된다. 이는 상품투하자본 활동상황을 나타낼 뿐만 아니라 부문별로 상품회전율을 계산함으로써 '잘 안 팔리는 상품'을 밝혀내 합리적 상품관리를 하기 위한 기초자료로 사용한다.

재고상품에 투하된 자본이 바로 회전할수록 소액자본이 투입되기 때문에 상품회전율 비율이 높으면 수익성이 높다. 기업 외부자로서는 매출원가를 알기가 쉽지 않기 때문에 이론적으로는 매출원가가 바람직하나 매출액을 분자로 하여 이 비율을 구하는 수가 많다. 상품회전율을 산출하는 경우 매출액과 재고액은 금액과 수량으로 표시하며, 다음 3가지 계산식이 있다.

- 상품회전율 = 순매출액(매가) ÷ 평균재고액(매가)
- 상품회전율 = 매출액(원가) ÷ 평균재고액(원가)
- 상품회전율 = 매출수량 ÷ 평균재고수량

1), 2) 방법은 모두 금액을 기준으로 되어있어 경영 전반 상품회전 및 부문별 상품회전을 보는 데 편리하다. 3) 방법은 단위에 의한 재고관리를 실시하는 경우 상품회전율을 파악하는데 편리하다. 상품 종별 사이즈·색별·구입처별 등 상품회전율을 검토함에 따라 판매도 추속을 판단하여 판매관리 합리화를 촉진하는 자료로 한다. 상품회전율과 상품회전일수란 재고액 또는 재고량이 매출액이나 판매량에 비해 적정한지를 파악하기 위한 계수다.

상품회전율은 일정기간(1개월)의 매출액(판매량)을 평균 재고액으로 나누어 월간 상품회전율이 계산된다. 상품회전일수는 일정 기간 일수를 상품회전일수로 나눈 값이다. 현재 갖고 있는 재고량이 며칠 분 재고인지를 나타낸다. 고회전이면 자본효율은 좋지만 작업이 늘어나고 저회전이면 불량품이나 장기 체화상품이 늘어나 손실을 증가시킨다. 상품 회전율 = 매출/평균 재고 판매액 1개월에 몇 번 신구 재고가 교체되고 있는지를 보는 금액에 의한 상품관리 계수이다. 신구 재고의 교체를 얼마 만에 했는지 나타낼 때는 30일을 한 달의 상품회전율로 나누어 재고일수를 구한다.

재고일수 = 30일 / 월간 상품회전율

재고일수 3.5일이란 금액 베스트로 신구 재고가 3.5일 만에 교체되고 있다고 생각할 수 있다. 재고일수가 짧으면 상품이 잘 회전하고 있으며 신구 재고가 빠르게 교체되고 있다는 것을 나타낸다.

5) 기회로스 방지 대책

기회손실을 방지하고 매출이익률 저하를 막기 위해서는 결품과 가격인하 손실을 줄여야 하는 작업은 매장과 바이어에게는 가장 기본적 업무이며 가장 중요한 일이다. 이러한 작업이란 어려운 일이기에 고도의 조직적 체계와 종업원들의 공감대 속에서 올바른 판매방법과 절차가 중요하기 때문에 확실한 목적과 목표 설정, 그리고 구체적 실행방법을 세워야 한다. 목적 설정이 되면 대상 매장의 표준 레벨을 향상하고 매장 운영능력을 강화하는 것이 실행 방침이 된다. 그리고 실행 방침에 따라 구체적 목표를 세워야 한다. 매장 레벨 향상 방법은 선도, 상품구성, 가격 세 가지로 나누어 각각 구체적 목표를 세우면 좋다.

(1) 주력 상품 결품 원인

① 주력 상품 규정이 애매하다.
② 결품 규정이 애매하다.
③ 상품 부족 규정이 애매하다.
④ 판매예측이 되어있지 않다.
⑤ 재고관리가 되있지 않다.
⑥ 발주 책임자가 발주하지 않고 있다.
⑦ 발주 책임자가 아닌 사람이 발주하고 있다.
⑧ 발송이 늦었다(오배송)
⑨ 수·발주 실수가 있다.
⑩ 고객 예측 실패(정보부재)했다.
⑪ 현장에서 주력 상품 인식이 애매하다.
⑫ 현장에서 결품 인식이 애매하다.
⑬ 점장 체크와 결품 지적과 지시가 없다.
⑭ 상품부서(머천다이징) 능력이 미약하다.
⑮ 배송지연(생산자 측) 프로모션과 날짜 관리가 일치하지 않았다.

(2) 해결 방법

① 단품 데이터 완비와 그에 근거한 규정과 운영지도가 있어야 한다.
② 점장과 수퍼바이저 기능을 강화한다.
③ EOS 완전 가동과 온라인화를 한다.
④ 기능 평가 제도를 도입한다.
⑤ 점포 간부 미팅제도를 도입한다.
⑥ 과학적 작업계획을 실시한다.
⑦ 부문장 능력을 개발한다.
⑧ 수주 데이터를 정보화한다.
⑨ 거래처 확충과 거래관계를 개선한다.
⑩ 날짜에 따른 재고관리 등 조직적으로 점검해 나가야 한다.

◎ 연습문제 ◎

01 단품관리 중요성과 기대 효과에 대하여 설명하시오.

(1) 단품관리 필요성

고객니즈 및 불만을 파악해서 점포 매출과 이익을 확대하는 가장 중요한 업무로서 정확한 상품군 구성 개념과 유지관리 및 개선에 대한 이해가 필요하다.

(2) 단품관리 기대 효과

① 매장 효율성 향상 : 상품 하나하나가 관리되므로 인기상품이나 재고비용이 발생하는 비인기상품들을 자연스럽게 구분하여 제거해 나갈 수 있다.

② 품절(결품)방지 : 상품이 팔리는 것에 따라 매대 할당이 이루어지므로 자연적으로 품절로 인한 loss 방지가 가능하다.

③ 적정 매장면적 관리에 따른 생산성 증가 : 품목별로 진열면적이 어느 정도인지 계산이 가능해짐에 따라 부문별(또는 대분류, DPT, P/C)로 진열면적 할당이 가능해지고, 매장면적 관리와 매장활용 생산성이 증가한다.

④ 책임소재 명확성 : 개별 단품관리가 가능해짐에 따라 단품별 매출액 기여도 증감에 따른 책임소재가 명확해진다.

02 경제적 발주량(EOQ, economic order quantity)에 대하여 설명하시오.

주문비용, 재고유지비용간 관계를 이용하여 가장 합리적 주문량을 결정하는 방식이다. 전제는 단위기간 중 재고 수요량은 일정하다는 전제하에 설계된 모형이다. 재주문은 재고가 0일 때 가능하며 재고조달에 소요되는 기간은 없다. 단위당 가격은 일정하다는 가정에서 출발한다. 경제적 발주량은 발주비용과 재고유지비용을 합하여 연간 비용이 최소가 되도록 하는 발주량으로 재고의 단위 원가가 최소가 되는 1회 발주량이다. 최적 발주량은 각 비용 항목들을 합한 총재고비용이 최소가 되는 량이다. 재고품절로 인한 기회비용을 고려하지 않을 때 재고관리에 필요한 비용을 최소로 하는 점이다.

03 LOSS율 산출방법에 대하여 설명하시오.

- 어떠한 원인으로 로스가 발생했을 경우 그 액수가 본래 벌어들일 수 있는 매출에 대한 몇 %를 로스율이라고 한다. 즉, 매장에서 매가로 판매된 장부상 매출액과 실제 매출액(실덕)에 대한 로스 비율을 말한다.

- 로스율은 상품 로스 금액에 매출액(실적)을 나눈 값을 백분율 한 것이다. 매가를 결정할 때 로스율이 중요하다. 이 경우 이익률 산출 공식에서 마크업률은 목표 매출총이익률에 로스율을 더하여 (1 + 로스율)을 나눈 값이다.
- LOSS율은 총 LOSS금액에 매출액(실적)을 나눈 값이다.

로스율(100%) = 상품 로스금액 ÷ 매출액(실적) × 100

04 용어설명

- 단품관리
- 상품수명주기
- 상품회전율
- 경제적 발주량(EOQ)

제 6 장 전자상거래

제1절 전자상거래 모델

1 전자상거래

1) 전자상거래 이해

(1) 전자상거래(EC) 개념 및 의의

전자상거래(Electronic Commerce)라는 용어는 미국 로렌스 리버모어 국립연구소에서 국방성 프로젝트를 수행하면서 사용하였다. 전자상거래 기본 인프라는 네트워크로서 미국 국방성에 의해 전자상거래 기본구조가 만들어졌다. 1993년 웹(World Wide Web) 기술 출현으로 인터넷을 이용한 정보나 지식 검색이 매우 편리해지면서 기업 내에서 또는 기업 간에도 문서를 보다 효과적으로 전달할 수 있게 되었다. 이러한 웹 기술 상용화와 확산화는 전자상거래 개념이 기업과 개인 상거래로 그 적용범위가 확대되는 계기가 되었다.

기업과 기업 간 또는 기업과 개인 간, 정부와 개인 간, 기업과 정부 간, 기업 자체 내, 개인 상호 간에 다양한 전자매체를 이용하여 상품이나 용역을 교환하는 방식을 말한다. 즉, 전자상거래는 조직(국가, 공공기관, 기업)과 개인(소비자)간 또는 조직과 조직 간에 상품 유통 관련 정보 배포, 수집, 협상, 주문, 납품, 대금 지불 및 자금이체 등 상호간 상거래상 절차를 전자화된 정보로 전달하는 온라인(On-line) 상거래를 의미한다.

① 통신 측면

컴퓨터 네트워크나 다른 매체를 이용하여 전자적으로 이루어지는 거래활동이다.

[표 6-1] 관점에 따른 전자상거래 정의

관 점	정 의
통신 측면	전자상거래는 전화선, 컴퓨터 네트워트 혹은 다른 매체를 통해 정보, 상품 및 서비스 혹은 결제 전달
비즈니스 처리 측면	전자상거래란 비즈니스 트랜잭션과 작업흐름의 자동화 기술 응용
서비스 측면	상품 질을 향상시키고 서비스 전달 시간을 감소시키면서도 회사, 소비자, 관리 등에 있어 서비스 비용을 이상적으로 절감해주는 도구
on-line 측면	전자상거래는 인터넷과 다른 온라인 서비스를 통해 상품과 정보를 구입하고 판매할 수 있도록 하는 가능성을 제공해주는 도구

자료: 한국전자거래진흥원, http://www.kiec.or.kr

② 업무처리 측면

업무처리과정을 자동화하여 사람 개입을 최소화하고 정확성과 신속성·효율성을 높이는 기술이다.

③ 서비스 측면

중간 유통마진을 최소화하고 고객에게 보다 저렴한 가격과 높은 품질의 서비스를 제공하는 도구이다.

④ 온라인 측면

인터넷을 통해 상품과 정보를 구입하고 판매하는 기능이다.

(2) 전자상거래 특징

① 개방성

모든 구매자는 원하는 정보에 자유로운 접속이 가능하다. 상품을 구매하고자 하는 소비자는 인터넷사이버쇼핑몰 어느 곳이나 자유로이 방문하여 원하는 상품 정보와 동일 기종의 여러 브랜드상품을 가격, 결제조건, 배달방법, 환불서비스 등 모든 환경을 비교해가며 상품을 유리하게 구매할 수 있다.

② 상호작용성

기업은 고객 행동에 동태적으로 적응하고 편리한 인터페이스는 쉽게 상품선택을 하도록 한다. 기업은 방문자 행동특성을 고려한 다양한 인터페이스를 갖추어 방문자의 개인적 취향 및 관심 분야에 따른 개별적 서비스를 제공할 수 있고 신상품 정보를 전자우편으로 보내는 등 구매를 유도할 수 있는 보다 적극적 마케팅전략을 수립할 수 있다.

③ 편재성(Ubiquity)

지리적 제약 없이 상호 연결 및 판매자와 소비자를 직접 연결할 수 있다. 인터넷을 통하여 넓은 세계를 시장으로 글로벌(Global)마케팅을 시도할 수 있으며 기존 유통망을 활용하여 지역적 편재에서 벗어난 고효율 운영이 가능하다. 아무리 산간오지(山間奧地)라도 인터넷 접속만 가능하다면 시장이 될 수 있다.

④ 저렴한 비용

고속의 저렴한 계산이 가능하며 저 원가로 거래 조정이 촉진되고 구매자와 판매자 간의 거래 비용이 많이 감소한다. 중간 유통과정 축소로 생산자와 구매자 직거래가 가능함으로 상호간 불필요한 지출을 줄여 거래 비용이 많이 감소하고 신속한 전자결제를 통하여 소비자의 대금결제 편의와 기업 자금관리에 유리한 이점(利點)이 있다.

⑤ 시간, 공간 제약 제거

배달에서 지불까지 거래 완결시간이 감소한다. 구매 결제는 24시간 가능하므로 전자결제 즉시 전자상거래 프로그램(EDI, CALS) 내에서 배송(配送) 의뢰서가 배송 부서나 유통회사에 전달되고 상품이 구매자에게 전달된다. 이처럼 구매, 배송이 순간적으로 시행됨에 따라 업무처리 시간이 감소하고 그만큼 배송도 빨라진다.

⑥ 정보교환 지원

실시간 최신 정보를 항상 유지하고 대화형 멀티미디어 거래(Interactive Multimedia Transaction-cost)에 충분하다. 실시간 최신 정보 전달은 인터넷 전자상거래만의 강점이다. 신상품 출시에 따른 최신 상품정보를 기존 인쇄, 전파광고 제작 없이 비교적 단시간에 상품정보 페이지를 제작함으로써 소비자는 원한다면 어떤 매체보다 빠르게 정보를 접할 수 있다. 또한 구입한 상품에 대한 사용정보나, 고장 시 응급조치 방법 등을 제공함으로 상호간 시간 및 금전적 낭비를 줄일 수 있다.

(3) 전자상거래시대 4A

[표 6-2] 전자상거래시대 4A

Any Where	특정한 지역적 한계 벗어나 전 세계 상대로 상품에 대한 판매와 서비스 제공
Any Product	고객에 대한 정보 수집, 신상품 계획, 유용한 정보 수집
Any time	'Time is money' 슬로건으로 속도 고려한 웹 사이트 구축
Any Way	자사 웹 사이트로 찾아오게 만들 것인가? 관리, 유지 전략

(4) 전자상거래 긍정적 특성

① 기업 측면

Ⓐ 전자상거래(EC)는 시간적, 공간적 제약에서 자유롭다.

Ⓑ 가격 경쟁력을 제고시킨다. 소비자를 직접 상대할 수 있으므로 도매점, 소매점 등 여러 중간유통 단계를 줄여 비용(운송비, 매장유지비, 유통마진 등)을 절감함으로써 마진이 늘어나 보다 시장 경쟁력을 높일 수 있다.

Ⓒ 효율적 마케팅 및 Service가 가능하다.

Ⓓ 고정운영비와 간접비용이 줄어든다. 인터넷 전자상거래는 무(無)점포, 무(無)종업원이 큰 특징이다. 상품판매 위해 매장확보를 위한 구입, 임대비용과 종업원 고용비용이 줄어든다.

② 소비자 측면

Ⓐ 충분한 상품정보 파악으로 비교구매가 가능하다.

Ⓑ 시간적 제약이 없다.

Ⓒ 추가정보 입수가 용이하다.

Ⓓ 저렴한 가격으로 상품을 구매한다.

(5) 전자상거래 문제점

① 고객 수준에 따라 인프라 접근과 사용에 대한 교육이 어렵다.

② 사용자와 소비자 간 신뢰가 문제이다.

③ 보안 및 인증기술이 불완전하다.

④ 사생활 및 개인 신상에 관련된 소비자 정보보호가 불완전하다.

⑤ 법적 불확실성이 존재한다.

⑥ 세금 부과 문제가 있다.

⑦ 지적재산권 침해 및 상관습 규범 변경 등이 있다.

2) 전자상거래 유형

(1) 구조화된 전자상거래 개념

구조화된 전자상거래란 표준화된 거래형식과 데이터 교환방식에 따라 조직적이고 체계적으로 이루어지는 전자상거래를 말한다. 불특정 다수 일반소비자들을 대상으로 하는 전자상거래로서 주로 인터넷을 이용한 온라인 쇼핑이 이에 해당한다. 비교적 계속성이 있는 기업 간 거래, 즉 제조업자와 유통업자 등 계속적 거래관계가 있는 기업

간에 거래에 관한 데이터를 교환함으로써 이루어지는 거래로 전자문서교환(EDI) 등 형태로 실현되는 거래이다.

정부조달 전자화로부터 시작되었지만, 민간부문 기업들이 설계도면이나 부품 데이터를 비롯하여 상품 개발, 제조에서 유통 및 보수유지에 이르기까지 필요한 모든 데이터를 공유하는 것을 목표로 하여 도입한 광속상거래(CALS)가 있다. 비구조화된 전자상거래란 거래 당사자간에 특정한 표준 없이 자유로운 내용과 형식으로 이루어지는 전자상거래를 의미하는 것으로 전자우편(E-mail)이나 전자게시판(Bulletin Board System ; BBS) 등을 통하여 주로 개인 간에 1대 1로 이루어진다.

(2) 거래 대상 및 객체에 따른 분류

① 인터넷 쇼핑몰

인터넷 이용 가능성과 많은 사용자, 저렴한 구축비용 등 이유로 가장 활발히 성장하였다. 인터넷 쇼핑몰에는 개인을 상대로 하는 B2C형과 기업을 상대로 하는 B2B 및 e-Marketplace 형태로 이루어진다. 취급 상품에 따라 일반 몰과 전문 몰로 구분된다.

② 인터넷 경매

실질 세계의 입찰 매커니즘이 전자적으로 구현된 형태로서 주로 매개 역할을 담당하는 기업을 중심으로 소비자간 거래 형식이 많다. 인터넷 경매시스템 도입으로 중간 중개인들 역할을 축소함으로써 사회 전체적 비용 측면에서 경제성을 도모할 수 있고 상품흐름과 경매과정이 분리되어 유통혁신을 이룰 수 있다. 대표적 인터넷 경매시장·기업에는 eBay(www.ebaycom), 옥션(www.auction.co.kr)이 있다.

③ 인터넷 금융

인터넷상 가상은행 서비스는 전자상거래 지불수단 기능을 수행하기 위한 주체로서 필요성이 대두되고 전자상거래가 활성화될수록 인터넷 생활화가 필수적이 되며 이것은 다시 가상은행 필요성을 증폭시키는 결과를 창출하였다. 보험 분야에서도 일대일 맞춤형 서비스를 개발하여 다양한 메뉴에서 고객이 선택하고 시공간을 초월하여 활발히 진행되었다. 인터넷을 통한 증권매매가 보편화하였으며, 사이버 증권이 급속히 확산되었다.

④ 상품중개 및 비교검색

현재 전자상거래에서는 일반적 탐색 서비스와 디렉토리 서비스를 통한 상품 정보 제공과 더불어 가격을 중심으로 데이터베이스 비교를 해주는 사이트도 존재하며 고객 수요에 맞게 역으로 제조업자를 연결해주는 서비스도 있다. 정보검색 사이트는 인터넷에서 고객이 찾고자 하는 정보를 주요 단어를 중심으로 연결해줌으로써 제공하는 것이다. 회원제를 바탕으로 단순한 정보검색에서 벗어나 전자상거래 포털 사이트로 발전되었다.

⑤ 인터넷 광고

문자 광고형태에서 정지 화상과 종합적 멀티미디어 광고형태를 지향하는 동화상 광고까지 발전하고 있다. 인터넷 광고는 게재 형태에 따라 배너 광고, 웹 런처, 기업 홈페이지, PCN형 광고 등으로 나누어진다. 기존 광고매체와 시너지 효과를 내는 새로운 마케팅 수단으로서 그 활용가치가 높은 것으로 평가되고 있다.

⑥ 언론

off-line 언론사가 중심이 되어 on-line화를 추진하는 것과 인터넷 고유 언론사들이 활동(인터넷 신문)하는 경우를 포함한다. 인터넷 방송은 전 세계를 상대로 실시간 방송이 가능하고 방송내용을 선택하여 저장 가능하며 폭넓은 보도내용을 제공할 수 있다. 또한 고객 의견이나 동향을 실시간으로 접수하여 반응할 수 있고 다양한 프로그램을 시도함으로써 차별적 고객을 선택하여 방송할 수 있다.

⑦ 인터넷 물류와 기타

전자상거래 환경에 맞는 대 고객 서비스 방향을 설정하고 최소 물류비로 달성할 수 있도록 각 물류활동을 새로운 차원에서 관리해야 한다. 비용효율화 뿐만 아니라 신속한 배송, 안전한 배달 등 고객의 다양한 욕구를 만족하게 해 주는 것으로 물류 목표를 설정·시행해야 한다. 원격 진료를 중심으로 하는 의료 사업 분야, 원격 교육과 평생교육을 중심으로 하는 사이버 캠퍼스나 인터넷 교육 분야, 다양한 정보 제공과 광고를 통한 부가 서비스 창출이 가능한 포털 사이트, 조달 분야를 중심으로 하는 정부 인터넷거래 등이 있다.

(3) 전자상거래와 e-Biz(Electronic Business)

전자상거래는 수주, 발주, 결제 등을 중심으로 크게 다음 3가지 형태로 나누어 볼 수 있다. 특정 기업간 거래, 가상점포를 이용한 기업과 소비자 간 거래, 인터넷을 이용하는 불특정 기업간 거래 등이다. e-비지니스는 전통적 소매점에 비해 상품에 대한 선택 폭을 넓혀 줄 수 있는 장점이 있다.

e-비지니스는 공급사슬을 통하여 고객 요구에 대한 정보가 전달되기 때문에 보다 정확한 예측과 속도를 더욱 빠르게 할 수 있다. 즉 향상된 예측과 보다 정확한 고객요구 관점은 수요와 공급을 더욱 잘 조절할 수 있게 해준다. e-비즈니스를 사용하는 회

사는 물리적 경로를 사용하는 회사 보다 더욱 신속하게 신상품을 출시할 수 있다. e-비즈니스(Electronic Business)는 전자매체를 통해 이루어지는 거래행위 외에 온라인 비즈니스에 참여하는 고객 및 업체와 관계, 정보 흐름 등을 강조하는 개념이다.

인터넷, 인트라넷(Intranet), 엑스트라넷(Extranet)을 통해 이루어지는 전자상거래, 온라인 뱅킹(On- line Banking), 고객지원, 지식경영, 원격진료는 물론 행정, 교육 등 공공분야에 이르기까지 네트워크 환경에서 이루어지는 모든 업무를 포괄한다(전자상거래보다 넓은 개념).

(4) e-비즈니스 지원요소

인적 요소는 e-비즈니스에 참여하는 일반 개인 및 참여 조직을 의미하는데 판매자, 구매자, 중개상(intermediary 또는 broker), IS 전문가, 관리자 등을 포함한다. 이들은 연대 또는 제휴를 통한 협력적 관계 또는 경쟁적 관계를 형성하게 된다. 또한, e-비즈니스는 사회적 활동이므로 공공 규약의 적용을 받는다. 공공정책 요소들과 관련된 이슈들로는 세금 과세 문제와 전자서명 등 가상공간에서의 계약 등 법률행위에 대한 효력 인정 문제, 가상공간에서 소비자 개인정보 활용 등을 포함한 개인 프라이버시 보호 문제, 그리고 기술표준 등이 주요 관심사이다.

기술표준이란 전자상거래 활동 보편화를 위해 전자문서, 보안, 인증, 프로토콜, 지불시스템, 인터페이스 등이 동일한 방식으로 이루어지는 것을 촉진하기 위한 규약이다. 표준의 중요성은 예를 들어, 철도망에 있어 현재 각국마다 철도 폭이 다르고 또 사용 전압이 110V, 200V 또는 220V 등으로 상이하여 철도를 이용한 수송이나 전기/전자제품 사용이 어렵거나 원활치 못하게 되는 것을 생각해 보면 쉽게 이해가 될 것이다. 마케팅과 광고 요소는 온라인상 비즈니스에서도 오프라인에서와 마찬가지로 중요한 역할을 한다. e-비즈니스에 있어 마케팅 및 광고 활동들은 기존 오프라인 비즈니스에 비해 고객에 대한 인간적 접촉과 같은 기회를 가질 수는 없지만 의사소통, 비용, 시간, 공간, 구매활동으로의 연결(유도) 등에 있어서는 매우 유리한 장점들이 많다. 공급사슬 요소는 물류와 비즈니스 파트너들을 포함한다.

e-비즈니스에서는 가상공간에서 거래가 이루어지기 때문에 가상공간상에서 전송이 가능한 디지털 상품이 아닌 경우 고객에게 상품을 전달하기 위해서는 물류기능이 반드시 필요하다. 특히 배송 서비스 품질은 고객의 기업 이미지 및 브랜드 충성도에 많은 영향을 미친다. 또한, 협력업체들을 포함한 공급사슬상 비즈니스 파트너들과 정보시스템을 통한 협력관계 구현은 e-비즈니스의 중요한 실천 요인인 만큼 상호 공감대와 협력 노력이 중요하다.

(5) e-비즈니스 기반 요소

비즈니스 공통 서비스 요소는 거래와 관련된 기술들을 의미한다. 상품선택을 위한 디렉터리 및 카탈로그 기술, 결제를 위한 보안 스마트카드, 인증, 전자지불 기술들은 거래 호환을 위해 통일된 표준을 따르는 것이 특히 중요한데 사이버 머니와 같이 아직은 여러 가지 표준들이 경쟁하고 있는 기술 분야들이 있지만 결국 대세를 이루는 하나의 표준으로 시장이 정리될 것으로 전망되고 있다.

메시지 전달과 정보유통 요소는 텍스트 또는 멀티미디어 형태로 제작된 메시지와 정보가 네트워크를 통하여 상호 간에 전달되고 교환될 수 있도록 하는 EDI, HTTP, e-mail, 채팅방 등을 포함한다. 이 요소는 다양한 네트워크 형태와 멀티미디어 매체 종류 등과 관계없이 정보전달 및 교환 보안성과 신뢰성 확보가 중요하다. 멀티미디어 콘텐츠와 네트워크 출판 요소는 웹상에서 표현되는 콘텐츠 출판(저작 및 표현) 기술들을 의미한다.

e-비즈니스 초창기에는 HTML 중심의 단순한 콘텐츠 표현 기술이 주로 활용되었지만, 최근에는 차세대 정보표현 표준 언어인 XML(eXtensible Markup Language)로 대체되었으며 데이터 3차원 표현이 가능한 VRML(Virtual Reality Modeling Language)도 가구배치 또는 실내장식 등 다양한 분야에서 활용되고 있다. 한편 콘텐츠들을 효과적으로 검색하고 처리하기 위한 기능 구현을 위해 JAVA, ASP(Active Server Page)와 같은 프로그램 언어들이 주로 사용되고 있다.

네트워크 요소는 e-비즈니스 활동을 위한 정보 전달이 실질적으로 이루어지는 물리적 공간 및 이와 관련된 정보기술을 말한다. 우리가 서울에서 부산까지 갈 방법은 비행기, 철도, 고속도로, 국도, 고속버스 등 다양한 방법이 있는 것과 마찬가지로 전자공간에서도 서울과 부산을 잇는 방법은 유일하게 단 한 가지만 있는 것은 아니다. 따라서 네트워크에는 인터넷망, PC통신망, 일반전화망, 케이블TV망, 무선통신망, 사설 LAN, Intranet, Extranet 등이 모두 포함된다.

(6) 주요 e-비즈니스 시스템

① 전사적 자원관리(ERP, Enterprise Resource Planning)

인사, 재무, 생산 등 기업 전 부문에 걸쳐 독립적으로 운영되던 자원관리 시스템을 하나로 통합, 기업 내 인적·물적 자원 활용도를 극대화하고자 하는 경영 혁신기법이다.

② 고객관계관리(CRM, Customer Relationship Management)

기업이 고객과의 관계를 효율적으로 관리하는 데 필요한 방법이나 기구 등을 지칭하며, CRM 핵심은 고객정보 축적을 통해 우량고객을 찾아낸 다음 원하는 상품과 서비스를 다양한 채널로 공급하는데 있다.

③ 공급망 관리(SCM, Supply Chain Management)

공급망을 시장 상황에 맞게 최적화해 경영 효율성을 높이는 활동으로서 불확실성이 큰 시장 환경에 기민하게 대응하기 위해 등장한 기법이다.

④ 지식경영시스템(KMS, Knowledge Management System)

조직 내 인적 자원들이 축적하고 있는 개별적 지식을 체계화하여 공유함으로써 기업 경쟁력을 향상하기 위한 기업정보시스템이다.

⑤ 기업 간 비즈니스 통합(B2BI, Business to Business Integration)

경영 효율성을 제고하기 위해 업체 내 서로 다른 응용프로그램을 통합하는 전사적 애플리케이션 통합시스템을 기업 간 비즈니스 영역(B2B)으로 확장한 것이다.

⑥ 인적자원관리시스템(HRMS, Human Resource Management System)

조직의 장래 인적 자원 수요를 예측, 조직전략 실현에 필요한 인적 자원을 확보하기 위하여 실시하는 일련 활동을 말한다.

(7) 기업입장에서 e-비즈니스 이점

① 비즈니스 시간 확장

인터넷상에서 상품 및 서비스는 24시간 내내, 그리고 연중무휴로 제공이 가능하다. 웹 사이트를 통한 광고도 마찬가지이고 이메일 광고도 시간 예약을 해놓으면 어느 시점에서라도 배포가 가능하다.

② 거래 기회 증대

오프라인상에서는 인근 지역 고객들만을 대상으로 거래를 수행할 수밖에 없었던 기업 또는 자영업자라도 e-비즈니스 환경에서는 전 국민을 대상으로 거래를 수행할 수 있다. 웹 사이트의 영문 버전도 개발하여 세계 인터넷 사용자들 대상으로 비즈니스를 수행할 수도 있다.

③ 비용 절감

물리적 판매 거점이 불필요하게 되어 상품 판매 매장에 대한 임대료, 시설비, 운영비 등 비용 절감이 가능하다. 거래 기업들과 전자적 거래 및 협업을 통해 자재구매비용, 제품개발비용, 물류비용 등을 줄일 수 있으며 결국 원가절감 효과를 얻을 수 있다. 이와 같은 비용 절감 효과는 상품을 저가에 공급할 수 있는 가격 경쟁력으로 이어질 수 있다.

④ 고객 정보 획득 용이

e-비즈니스는 보통 익명성이 보장되는 기존 상거래와는 달리 거래 성립을 위해서 고객이 이름, 물리적 주소, 이메일 주소, 전화번호 등과 같은 연락처를 비롯한 정보를 제공해야 한다. 이러한 고객 정보를 자사 데이터베이스에 별도 가공 없이 직접 저장하여 고객에 대한 마케팅 활동에 활용이 가능하다. 따라서 고객이 직접 자기 정보를 입력하지 않아도 고객이 웹 사이트에서 클릭하는 데이터를 자동으로 수집할 수 있어 고객의 다양한 행위 패턴을 분석할 수 있다. 이를 통해 웹 사이트를 마케팅 관점에서 개선하거나 고객이 관심을 보이는 연관 상품 등을 파악하여 마케팅 활동에 활용할 수 있다.

⑤ 일대일 마케팅 활동에 효율적

고객 거래 정보, 신상 정보, 행위 패턴 등을 기반으로 특정 고객에게 맞춤 화면을 제공하거나 이메일을 통해 일대일 마케팅 활동을 효율적으로 수행할 수 있다.

⑥ 고객 서비스 향상

기업은 웹 사이트를 통해 웹 사이트를 방문하는 고객에게 상세한 상품정보를 제공할 수 있고 고객 문의사항, 불만사항 등에 대해 즉각적 대응을 함으로써 고객 서비스를 향상할 수 있다.

(8) 고객입장에서 e-비즈니스 이점

① 편리성

고객은 상품 구매에 소요되는 시간과 노력을 절감할 수 있다. 자금이체나 공과금 납부를 위해 은행을 방문하지 않아도 되며 행정기관이 발급하는 서류 등을 집이나 사무실에서 바로 발급받을 수도 있다.

② 의사결정력 향상

고객은 직접 시장조사를 하지 않아도 상품 내용 및 가격 정보를 손쉽게 확보할 수 있고 가격 비교 서비스까지 이용할 수 있어 구매 의사결정에 많은 도움을 받을 수 있다.

제2절 전자상거래 시스템

1 전자상거래 시스템 구성요소

1) 시스템 구성요소

(1) 기반구조(Infrastructure)

① 정보화 기반시설(Network Infra)

Ⓐ 전자상거래 활동을 위한 정보전달이 실질적으로 이루어지는 물리적 공간 및 관련 정보기술을 의미한다.

Ⓑ 인터넷망, PC통신망, 일반전화망, 케이블TV망, 무선통신망, 사설LAN, Intranet, Extranet 등이 전부 포함된다.

② 구조적 요소기술

멀티미디어 콘텐츠 제작과 메시지 및 정보전달 기술이다.

Ⓐ 멀티미디어 콘텐츠 제작기술
멀티미디어를 활용한 응용프로그램을 작성하는 도구 및 기술이다.

Ⓑ HTML, SGML, XML, Java, AxtiveX와 이를 지원하기 위한 또는 이를 활용한 각종 멀티미디어 콘텐츠 제작도구 또는 관련 환경 등을 총칭한다.

Ⓒ 메시지 및 정보전달 기술
텍스트 또는 멀티미디어 형태로 제작된 메시지와 정보내용을 네트워크를 통하여 상호간에 전달되고 교환될 수 있도록 하는 H/W 및 S/W기술(EDI, HTTP, e-mail 등)을 말한다.

③ 기능적 요소기술(공통 서비스)

Ⓐ 개인 및 기관 전자상거래 활동을 보다 원활하게 지원하기 위해 공통적으로 필요한 서비스 기술 → 보안 및 인증, 전자지불 시스템, 정보검색을 위한 디렉터리 서비스 등을 말한다.

Ⓑ 구조적 요소기술 + 기능적 요소기술 → 정보기술(Information Technology) → 전자상거래 기반을 이루는 모든 소프트웨어 기술을 총칭한다. 즉, 하드웨어 인프라와 정보기술이 합하여 전자상거래 기반구조를 이룬다.

[표 6-3] 전자상거래 구성요소와 요소기술

분 야	구 분	요소기술
상거래 주체	구매기업	구매관리 관점 구매자
	공급기업	마케팅관리 관점 공급자
	중개기업	제3자 중개서비스 제공자
	배달기업	JIT 관점 배달자
	지불처리기업	지불처리 기업
	실구매자	구매기업 내부 실제 구매자
보안	암호화	전송문서 암호화 – DES, RSA, SEED 등
	보안프로토콜	SSL, SET, PKCS 등 보안 프로토콜
	방화벽	기업의 진입 이전의 방화벽
네트워크	TCP/IP	인터넷 통신 프로토콜
	HTTP	WWW 문서전송을 위한 표현 언어
문서기반기술	HTML/XML/SGML	인터넷 문서전송을 위한 표현 언어
	EDI/WEB-EDI	전자문서 교환 프로토콜
처리정보	전자화폐	지불처리 및 저장
기업 내, 외부 정보시스템	ERP/SCM/BPR	기업 간 전사적 자원관리 시스템 및 업무혁신 프로세스
	PDM	제품 데이터 교환(STEP, IGES, CGI)
	WORKFLOW	기업 업무결재 관리시스템
	IDB/IDE	기업 정보관리 DB통합관리

(2) 지원요소(support)

전자상거래 산업 지원(support)요소는 기반구조와 달리 지원요소가 없이도 전자상거래는 성립할 수 있으나 이들 요소가 부족하면 전자상거래 활성화와 원활한 발전을 기대하기는 어렵다. 지원요소는 전자상거래 활성화를 지원하는 촉진자(facilitator) 및 규제적 기능 역할을 한다.

① 공공정책

세금 과세문제, 전자서명 등 가상공간에서의 계약 등 법률행위에 대한 효력인정 문제, 가상공간에서 소비자 개인정보 활용 등을 포함한 개인 사생활 보호문제 등이 있다.

② 참여자

판매자, 구매자, 중간매개자, IS 전문가 등(전자상거래에 참여하는 개인 및 기업) → 연대 또는 제휴를 통한 협력 및 경쟁적 관계가 형성된다.

Ⓐ 인터넷 전문기업 : 인터넷이 개발되면서 이를 기반으로 새롭게 창업한 기업들

을 의미한다. Amazon, e-bay와 같은 소위 닷컴기업들이 이에 해당하며 이들 기업들은 고객들에게 편리성과 즐거움, 나아가서 낮은 가격이라는 가치를 제공하고 하는데 초점을 맞추고 있다. 최근 이들 닷컴기업의 주류는 주로 정보를 중개함으로써 가치를 창출하는 소위 정보 중개상(info-mediary)들이다.

Ⓑ 온라인화된 기존 오프라인기업 : 기존 제조업체나 소매-서비스 기업들(오프라인기업)이 원가절감과 고객들에 대한 보다 편리한 접근을 위하여 인터넷비즈니스 시스템을 구축한 경우를 말한다.

Ⓒ 인터넷 비즈니스 빌더 : 인터넷 비즈니스가 생겨나면서 인프라 구축 및 전략을 컨설팅하는 기업들을 말한다.

③ 기술표준

전자문서, 보안, 인증, 프로토콜, 지불시스템, 인터페이스 등에 대한 표준화 동향과 표준으로 설정된 기술 및 상품 등을 의미한다. 기술표준은 서로 다른 프로토콜 및 시스템간 상호호환성을 확보하는 규격 개발을 목적으로 한다.

④ 사회·문화적 요소

기업 입장에서 기회와 위협 양면으로 모두 작용될 수 있다. 인터넷 급속 확산은 개인 행동양식, 사회적 구조, 권력관계, 문화형태에 커다란 영향력을 행사하기도 한다. 이런 요소들로 인해 부작용 및 우려와 반발을 초래하기도 한다(음란성, 신조어 범람 및 혼란 등).

(3) 전자상거래 분류코드체계

국제적으로 이용되고 있는 분류코드체계로서는 HS(Harmonized System, 통일상품분류체계), SITC(Standard International Trade Classification, 국제표준무역분류), UNCCS (United Nations' Common Coding System, UN 일용분류시스템), UN/SPSC(UN/Standard Products and Services Classification, UN 표준상품서비스분류), NICE(상품 서비스 국제분류표), SKTC(Standard Korean Trade Classification, 한국표준무역분류) 등이 있으며, 식별코드체계로서는 EAN/UCC(Europian Article Number/Uniform Code Council), UPC(Universal Product Code) 등이 있다.

① HS(Harmonized Commodity Description and Coding System, 통일상품분류체계)

Ⓐ 제정기관 : CCC(관세협력이사회)

Ⓑ 목적 : 수출입 상품을 위한 체계, 관세 분석이 주목적이다.

Ⓒ 용도 : SITC와는 달리 제조 단계나 용도, 원산지에 따라 분류하지 않고 경제

영역에 따라 무역량이 중요한 기준이 된다.

Ⓓ 전자 카탈로그 솔루션 제공업체에서 주요한 분류 기준으로 사용한다. 주로 무역 상품을 대상으로 한다. 이미 많은 업체에서 사용 중인 표준이며 따라서 전자 카탈로그 구축 시 업체가 쉽게 적용할 수 있다.

② SITC(Standard International Trade Classification, 국제표준무역분류)

Ⓐ 제정기관 : UN 경제사회이사회

Ⓑ 목적 : 무역 통계를 위한 체계, 경제 분석과 상품 무역자료 국제비교가 주목적이다.

Ⓒ 용도 : 무역 통계 자료를 위해 많이 사용된다. 무역업의 중요한 분류체계이다.

Ⓓ 무역의 필요에 의해 제정된 전통적 분류체계로서 전자 카탈로그에서도 분류체계로 사용되고 있다.

③ UNCCS(United Nations Common Coding System, UN 일용분류시스템)

UNCCS는 품목과 서비스를 식별하기 위하여 고안된 6자리의 총괄적 코드체계로서 품목과 서비스를 분류체계에 모두 포함하고 있다. UN으로 물품이나 서비스를 공급하는 기업과 정부는 UNCSD(UN Common Supply Database)에서 식별이 가능하도록 UNCCS 코딩 시스템을 반드시 사용해야 한다. UNCCS는 물품은 4가지(1자리 수 코드 0 ~ 4), 서비스는 5가지(1자리 수 코드 5 ~ 9)로 분류하고 있다. 여러 가지 카테고리가 하나의 대분류로 묶여있다는 단점이 있다.

④ UN/SPSC(UN/Standard Products and Services Classification, UN 표준상품서비스분류)

Ⓐ 제정기관 : UNDP(United Nations Development Programme)의 UNCCS와 D&B (Dun & Bradstreet)사의 SPSC를 합쳐서 만들어졌으며 Electronic Commerce Code Management Association(ECCMA)에서 관리한다.

Ⓑ 목적 : 공급자 식별비용 사용 보고, 상품/서비스의 용어 체계 통합이 주목적이다.

Ⓒ 용도 : UDDI에서 사용하는 등, 비교적 범용의 분류체계로 받아들여지고 있다.

Ⓓ 특징 : 새로운 요구에 의해 제정된 비교적 최근 분류체계이다.

Ⓔ 전자 카달로그 분류체계로 범용 적용이 가능하다. 5단계 계층 분류법으로서 세그먼트(Segment), 패밀리(Family), 클래스(Class), 커머디티(Commodity)의 4단계의 계층구조를 이루며, 각 단계가 두 자리 수로 구성되어 총 8자리 수 코드체계이다. 필요에 따라 대여, 도매, 소매, OEM과 같은 공급업체의 비즈니스 기능을 표현할 수 있는 2자리를 더 추가할 수 있다. 비즈니스 역할(Business Function)은 취급 방식에 대해 특성이 있으며 각 상품에 대한 기초 코드에는 영향을 미치지 않는다.

[표 6-4] 5단계 계층 분류법

세그먼트	패밀리	클래스	커머디티	비즈니스역할
N1N2	N3N4	N5N6	N7N8	N9N10

계층 분류	코드번호	한글코드명
세그먼트	25	상용차, 군용차, 승용차
패밀리	2510	자동차
클래스	251015	승용차
커머디티	25101501	미니버스
비지니스역할		

⑤ NICE(상품, 서비스 국제분류표)

Ⓐ 제정기관 : 상품 및 서비스의 국제분류에 관한 니스협정(NICE Agreement)에 의해 제정한다.

Ⓑ 목 적 : 상표 등록시 동종 상품/서비스간 저작권 충돌을 방지한다.

Ⓒ 특 징 : 저작권 보호 중심의 분류 체계이다.

Ⓓ 특허권과 관계된 업무에 쓰이며 국내 전자카탈로그에서는 사용 예를 찾지 못한다.

⑥ SKTC(Standard Korean Trade Classification, 한국표준무역분류)

상품 수·출입에 관한 통계의 체계적 작성, 무역통계 국제 비교성 증진 등을 위하여 무역거래 대상이 되는 상품을 원재료, 중간제품, 완제품에 따라 체계화한 분류로서 UN의 국제표준분류(SITC)를 기초로 국내 실정에 맞게 수용한 것으로 SITC와 기본사항이 일치하지만 6단위 이하는 우리 실정에 맞추어 좀 더 세분화되어 있다는 점이 다르다. 10개 대분류, 67개 중분류 및 261개 소분류로 최종 단위 항목 수는 10,199항목으로 구성되어 있다.

관세청 무역통계를 위한 분류로서 관세행정을 위해 만든 품목분류에 의거하여 작성됨으로써 관세행정 이외의 목적에는 부응하지 못한다.

(4) 전자상거래 사업 구성요소(4C)

① 콘텐츠(Contents)

콘텐츠는 컴퓨터 화면에 표시되는 문장, 그림, 영상, 음성, 아이디어, 오락 등으로 다양한 소프트웨어를 도구로 만들어진다. 인터넷에서는 문자, 오디오, 영상 형태의 무한한 멀티미디어 형태의 정보가 가능하다.

② 커뮤니티(Community)

인터넷을 운용하는 기업들은 공동 관심사를 갖고 있는 모임이나 구성원들에게 유용한 정보제공과 콘텐츠 보급을 통하여 지속적인 사이트 방문을 유도하거나 결국에는 상업적 거래로 이르게 하는 기초적 유대관계를 유도한다.

③ 커머스(Commerce)

기업은 인터넷에서 쉽게 자신의 상품이나 서비스를 구매할 소비자를 찾을 수 있다.

④ 커뮤니케이션(Communication)

인터넷은 단방향 통신이 아니라 쌍방향 통신을 기반으로 문자뿐만 아니라 음성, 화상, 동영상 등 멀티미디어를 주고받는다.

2 전자상거래 시스템 구축

1) 시스템 구축

(1) 전자상거래 시스템 구축 절차

① 제1단계 : 웹 사이트 구축

가장 기본적 단계로서 인터넷 접속과 기업홍보 및 상품광고를 위한 홈페이지를 개설하는 것부터 시작한다.

② 제2단계 : 정보공유

일방적 정보제공 형태에서 발전하여 외부와 단순한 형태이긴 하지만 정보 공유를 실현하는 단계이다.

③ 제3단계 : 인트라넷 정보기술로의 전환

정보시스템을 정보공유를 위해 체계적으로 정비하고 인터넷 표준기술을 활용한 기업 내부의 정보교류에 초점이 맞추어져 있다. 이를 위한 네트워크와 같은 개념의 새로운 인프라가 갖추어지고 외부와의 정보교류를 위한 융통성 있는 정보기술 전환 작업이 이루어진다.

④ 제4단계 : 인터넷을 통한 전자상거래

기업 외부적으로는 사이버 쇼핑공간에서 실제 상품 구매와 대금 지불, 사이버 뱅킹 서비스를 통한 은행업무 처리, 기업 내부적으로는 각 지사와 인터넷을 통한 전자상거래를 적극적으로 처리하는 단계이다. 이를 위해 기업 정보시스템의 체계적 보안 솔루션과 인증 서버 및 권한 서버가 필요하다.

⑤ 제5단계 : 인트라넷을 이용한 비즈니스

인터넷을 통해 비즈니스 관계가 기업 상호간에 직접 정보 공유를 이루는 단계라고 할 수 있으며 고객과의 정보공유 및 생산시스템과 구매시스템의 원격지 정보공유 등 정보 유틸리티를 통한 최종적 정보화를 이루는 단계이다. 기업 내부 네트워크와 다른 기업 네트워크를 서로 연결하는 엑스트라넷(Extranet)을 구현함으로써 이루어진다. 보다 강화된 사용자 인증 및 권한을 필요로 한다.

(2) 전자상거래 구현 단계

① 현행 업무 전자화 단계

종이문서 전자화에 초점이 맞춰져 있는 단계로 기술을 얼마나 잘 수용하는가가 관건이다. 이때 종이문서 처리에 따른 오버헤드 감소, 정확성 증가, 거래 처리건수 및 거래처 수 등이 측정 대상이 된다.

② 업무 절차 변경 단계

조직이 업무 처리를 전자적으로 하는 양이 증가한 단계로 기술을 흡수하여 일부 업무처리 프로세스 변경을 가져오는 단계이다. 이 단계에서 전자상거래 구현 평가는 재고 감소, 사이클 타임 감소, 노동력 감소, 미수금 기간 단축 등과 같은 운영의 효율성에 초점이 맞추어진다.

③ 업무 절차 혁신 단계

비즈니스 모델 변경 단계로서 업무절차 혁신이 필요하다. 이 단계에서는 신속대응(QR), 효율적 고객대응, 적기공급체계(JIT) 등 전략을 추구하게 된다.

④ 외부와의 업무 통합 단계

전자상거래는 새로운 마케팅, 판매, 유통, 고객 서비스 채널 창출을 위한 수단으로 사용된다. 인터넷상에 홈페이지를 개설하여 새로운 고객을 늘리고 수익을 증대시키는 것이 해당된다.

(3) 전자상거래 구축 형태

① 기업과 기업 간 전자상거래(Business to Business ; B to B, B2B)

기업 간 전자상거래는 EDI를 활용하면서부터 도입되기 시작해 기업과 소비자 간 전자상거래에 비해 시장이 크고(10배 이상) 형태가 다양하며 역사가 깊지만, 정보 활용에 대한 사업체 인식 부족, 인프라 구축 부족 등 이유로 선진국에 비하여 매우 낮은 활성화 정도를 보여 왔다. 업계에 인터넷과 웹 보급이 확산됨에 따라 급속도로 B2B

전자상거래가 발전하였고 더욱 활성화되었다. EDI는 이미 일정한 거래관계에 있는 조직 간에 정형화된 자료를 제반 상거래 단계에 교환하는 형태, 즉 거래관계에 있는 기업 간 전자 자료 교환 수단으로 활용되므로 상거래 자체로서 의미보다는 전자상거래 기반으로서 가치를 평가할 수 있다.

② 기업과 개인 간 전자상거래(Business to Consumer ; B to C, B2C)

기업(판매자)은 소비자가 상품에 대한 정보를 검색할 수 있는 전자상품 카탈로그를 인터넷상 쇼핑사이트에 구축하고 소비자는 쇼핑사이트에 접속하여 상품에 대한 정보를 보고 구매를 결정하면 판매자에게 자신의 선택품목·수량, 배달장소, 대금지불방법 등에 관한 정보를 제공한다. 대금지불방법은 신용카드를 사용하는 경우 반드시 지불·결제 대행기관인 신용카드회사나 금융기관 신용확인 및 승인절차를 따르게 된다. 지불 단계가 완료되면 상품 배달을 위해 판매자는 택배회사에 위탁배송하거나 자사 배달수단을 통하여 상품을 전달하게 된다.

③ 소비자와 기업 간의 전자상거래(Customer to Business ; C2B)

기존 B2C 거래는 기업이 거래 주체가 되는 반면 C2B 거래는 소비자가 거래의 주체가 되는 것이 다르다. 소비자 중심 전자상거래를 의미하는 것으로 공동 구매, 역경매 등이 여기에 속한다. 소비자가 기업에게 원하는 상품 가격과 조건을 제시하는 거래 방식으로 최근 들어 많은 각광을 받고 있다. 고객 유치 경쟁이 치열해짐에 따라 대부분 쇼핑몰에서도 C2B 거래를 도입하고 있다.

④ 기업과 정부 간 전자상거래(Business to Government ; B to G, B2G)

기업과 정부 간 전자상거래 분야에 있어서 가장 중요한 분야는 정부 조달업무에 관한 분야이다. 세계 각국 조달업무는 매우 큰 규모이며 이로 인해 비용절감 효과가 있을 수 있어서 정부 조달업무를 전자상거래 체제로 전환하는 것은 전 세계 모든 국가들의 당면 과제로 부각되었다.

[표 6-5] B2B와 B2C 비교

구 분	B2B	B2C
주 체	원자재, 생산업체, 제조업체, 물류센터, 소매업체 등	고객과 소매업체
적용업무	원자재 생산, 상품 기획 및 설계, 생산 및 물류	상품, 서비스 및 정보 광고 중개, 판매, 배달 등 제반 상거래
적용범위	기업, 업종 및 산업군	시장(불특정 다수의 수요자 및 공급자)
핵심기술	정보 공유, 시스템 간 연계 및 통합기술	인터넷 기반 응용기술
구현형태	SCM, e-Marketplace, 전자입찰 등	전자상점, 일대일 마케팅 등

⑤ 개인과 정부 간 전자상거래(Consumer to Government ; C to G, C2G)

개인과 정부(행정기관)와 거래로 정부는 생활보호지원금(Welfare Payment)이나 자진신고 세금환불(Self-assessed Tax Returns) 등을 전자적으로 수행하고 있다. 또한 국내에서는 2000년 7월부터 세금 및 공공요금을 인터넷상에서 납부 가능하게 함으로써 이런 방식의 전자상거래도 크게 활성화되었다.

⑥ 개인과 개인 간 전자상거래(Consumer to Consumer ; C to C, C2C)

C2C는 소비자 간에 1 대 1 거래가 이루어지는 것을 말하며 이 경우 소비자는 상품구매 및 소비 주체인 동시에 공급 주체가 된다. 개인과 개인 간 전자상거래가 활성화되어 있는 분야는 인터넷 경매분야, 생활정보지, 개인 홈페이지 활용 등이 있고 개인간 전자상거래의 가장 큰 특징은 실수요자 간에 편리하고 싸게 구입할 수 있다.

⑦ 기업과 임직원 간 거래(business to employee ; B to E, B2E)

기업·임직원 간 거래를 말한다. 이를 위한 온라인 쇼핑몰이 B2E몰이다. 기업들이 임직원에게 선물하거나 여행 알선 등 복지 혜택을 주기 위해 개설하는 전용 쇼핑몰로 임직원 복지몰, 사이버 복지매장 등으로도 불린다. 기업은 근로자의 날, 창립기념일 등에 임직원에게 이 몰에서 현금처럼 쓸 수 있는 포인트를 지급한다.

⑧ 개인과 개인 간의 전자상거래(Peer-to-Peer ; P2P)

이는 기존의 server to client와 상반되는 개념으로 개인 대 개인이라는 뜻의 네트워크 용어에서 비롯되었다. 즉, 개인 PC와 PC간에 이루어지는 전자상거래를 의미한다. 자료를 중앙 서버에 등록하여 공유하는 것이 아니라 개인 PC에서 바로 교환하는 방식이다.

제3절 전자상거래 운영

1 전자상거래 프로세스

1) 프로세스

(1) 전자상거래 절차

① 상품 광고 및 전시(정보교류)

공급자는 광고와 마케팅 등 효과적 통신수단을 통하여 자사 상품과 서비스를 고객에게 알리고 고객과 관련된 정보를 수집하여야 하며 구매자는 필요로 하는 상품에 대한 정보를 수집하고 필요한 정보를 제조회사에 요청하여 습득함으로써 원하는 상품 구매 여부를 결정한다.

② 상품 선택

구매자들이 원하는 상품 이름을 입력하면 인터넷 쇼핑사이트를 돌아다니면서 판매중인 상품정보를 찾아 가격 및 다양한 상품서비스를 비교·구매할 수 있도록 도우미 역할을 해주는 쇼핑사이트를 이용해 상품을 선택한다.

③ 주문(Ordering)

필요한 상품을 고른 구매자가 거래신청서를 통해 가상 상점 운영자에게 매도할 것을 요청하면 공급자는 인증국(CA ; Certificate Authority)에 거래 요청자가 본인이고 믿을만한 사람인지를 가려줄 것을 요구한다.

④ 인증(Authority)

전자상거래가 이루어지는 과정상에서 법적 효력을 갖게 하는 것으로 공급자 측에서 구매자가 거래대금을 지불할 사람인가 혹은 상품을 사기로 요청한 사실이 있는가를 확인해 주는 행위이다.

⑤ 대금결제(Payment)

인증국(CA ; Certificate Authority)으로부터 구매자에 대한 신용인증이 떨어지면 상점 운영자는 구매자의 거래 요청을 승낙한 뒤 대금을 지불할 것을 요구한다. 국내에서는 SSL(Secure Socket Layer)프로토콜을 이용한 신용카드 결제가 주류를 이루고 있으며 인증 서비스로는 SET(Secure Electronic Transaction)프로토콜이 널리 사용되고 있다.

⑥ 상품 배달(Delivery)

대금 지불이 완료되면 상품이 고객에게 제공되게 된다. 디지털 상품은 네트워크를 통하여 제공하며 물리적 상품은 운송업체를 통하여 물품을 제공한다. 주문한 상품을 고객에게 정확한 날짜에 정확한 장소로 배달해 주는 것은 인터넷 상거래에서 경쟁력 제고에 반드시 필요한 부분으로서 주문된 상품을 고객에게 효과적으로 전달하려면 고객이 주문한 상품에 대한 정보 처리, 재고현황 파악, 고객에게 전달될 상품에 대한 정보제공, 시스템과 통합된 효율적 상품배달체계를 갖추어야 한다.

⑦ 서비스 및 지원(Service and Support)

구매자는 상품이나 서비스에 대한 추가적 회사 지원을 필요로 하게 되며 공급자는 미래 다른 고객에게 제공할 상품 디자인을 위하여 자사 상품을 사용하는 고객 기호를 면밀히 파악해야 한다.

[표 6-6] 전자상거래 절차

단 계	내 용
1단계	소비자는 컴퓨터 통신망이나 인터넷 가상 상점에 들어가 매장을 돌아다니며 그곳에 진열돼 있는 상품 가운데 원하는 것을 고른다.
2단계	필요한 상품을 고른 소비자가 거래 신청서를 통해 가상 상점 운영자에게 팔 것을 요청하면, 운영자는 인증국에 거래 요청자가 본인이고 믿을 만한 사람인지를 가려줄 것을 요구한다.
3단계	인증국은 가상 상점 운영자와 소비자의 정당성과 신용을 법적으로 보증해주는 곳으로, 국가의 관리를 받는다.
4단계	인증국으로부터 소비자에 대한 신용 인증이 떨어진다.
5단계	상점 운영자는 소비자의 거래 요청을 승낙한 뒤 대금을 지불할 것을 요구한다.
6단계	물품 대금 지불은 대부분 신용카드를 통해 이뤄지고 있으며, 가상은행에서 발생하는 전자화폐를 이용하기도 한다.
7단계	소비자가 신용카드 번호를 입력하는 방법으로 대금 지불을 끝내면
8단계	상품이 소비자에게 배달된다.

(2) 전자상거래에서 거래되는 상품

① 물리적 상품(=유형 상품)

현실 세계에 실체가 존재하고 우리가 직접 만질 수 있는 상품, 즉 식료품, 의류, 서적, 포도주 등 일용품에서부터 보석과 같은 희소 상품까지 현실 세계에서 거래되는 거의 모든 물건을 말한다.

Ⓐ 소비자가 직접 상점에 가지 않고 인터넷을 통해 쉽게 구매할 수 있다.

Ⓑ 판매자는 상점 임대료, 유지비 등을 줄여 가격을 낮춤으로써 현실 세계보다 상품을 저렴하게 공급할 수 있다.

Ⓒ 상점에서 직접 구매하는 것이 아니므로 배달될 때까지 시간이 걸린다.

Ⓓ 배달과정에서 상품이 손상되거나 분실될 우려가 있다.

Ⓔ 상품을 직접 보지 않고 구입하므로 기대한 상품과 다른 상품이 배달될 수 있다.

② 디지털 상품(= 무형 상품)

디지털 상품이란 디지털로 생산·유통·소비·저장될 수 있는 모든 상품을 말한다. 디지털 상품 실체는 만져 볼 수 없으며 단지 컴퓨터를 통해 보거나 즐길 수 있다. 인터넷을 통한 주식정보, 인터넷을 통해 구매하는 mp3 파일, 게임 등이 디지털 상품의 대표적 예이다.

③ 전자상거래를 통한 디지털 상품거래 특징

Ⓐ 생산 초기 고정비용이 들지만 한번 생산된 상품을 추가 생산하는 때에는 거의 비용이 들지 않아 재생산이 쉽다.

Ⓑ 배송을 위한 물류에 신경을 쓸 필요가 없다.

Ⓒ 상품 분리(Aggregation)나 합성(Desegregation)이 자유롭다.

Ⓓ 다양하게 변형시켜 판매가 가능하며(전문가용, 일반용 등), 불법복제가 가능하다.

(3) 전자상거래와 물류유통

① 인터넷을 이용한 전자상거래가 확산됨에 따라 생산자와 소비자 간 직거래가 활발해지고 있다. 폭발적 신장세를 보이고 있는 전자상거래가 성공적으로 정착하기 위해서는 결제 시스템뿐만 아니라 물류관리 시스템도 정비되어야 한다.

② 전자상거래 성공요건 : 결제 시스템 + 물류관리 시스템

③ 생산자로부터 소비자에게 물품이 바로 수송되고 대금을 회수하는 일련 과정이 하나로 연결되어 물류 효율성과 비용절감을 추구해야 하고 고객지향적 물류배송 체계를 갖추기 위해 신속하고 정확한 배달, 배달상황 추적, 반품 서비스, 품질 보증 등 전략을 추구해야 할 것이다.

④ 통합물류 핵심은 물류 관련 주체간 파트너십 형성과 정보 공유에 있으며, 업무절차 혁신(BPR), 전사적 자원관리(ERP), 신속대응(QR), 효율적 고객대응(ECR) 등과 같은 기업 경영전략과 밀접한 관련이 있다.

⑤ 전자상거래 발전과 함께 고객 위주의 다양한 부가가치를 제공하는 부가가치 물류

개념이 중시되면서 새롭게 등장하고 있는 용어가 바로 e-로지스틱스(e-Logistics), e-SCM, 사이버물류, 물류 e-마켓플레이스(e-Marketplace), 제4자 물류(Fourth Party Logistics : 4PL)이다.

(4) 전자상거래와 배송정책

① 배송 시스템

판매자의 물류센터에서 영업점까지의 단순 배달에서 벗어나 최종 소비자에게 상품을 직접 인도, 설치, 사용법 교육 등을 수행하는 종합 물류 서비스 일부로서 오더등록, 출고처리, 택배진행관리, 사후관리 등 기능을 수행한다.

② 택배 서비스

소형 소량 화물을 트럭, 오토바이 등을 이용하여 운송인 일괄책임 아래 문전까지 운송해주는 소화물 일괄운송 서비스를 말한다.

③ 택배시장이 급성장하고 있는 원인

전자상거래와 통신판매업체들의 매출성장과 비례해 택배 수요가 크게 늘고, 비용절감을 위해 물류부문을 아웃소싱 하는 기업들이 증가하고 있다.

④ 수·배송 공동화

동일 지역, 동일 업종을 중심으로 수배송 효율을 높이고 비용을 절감하기 위해 2인 이상 공동으로 물류센터와 물류기지 운영, 공동배송 하는 것이다.

⑤ 공동 배송 전제조건

Ⓐ 일정 지역 내에 공동 수배송에 참여하는 복수 하주가 존재한다.
Ⓑ 하주 상호간 원활한 커뮤니케이션이 가능하다.
Ⓒ 거리가 인접해서 화물 수집(집하)이 용이하다.
Ⓓ 배송지역이 일정한 지역 내에 분포한다.
Ⓔ 참여기업 배송 조건이 유사하다.
Ⓕ 대상 화물 공동화 적합성이 있다.(균일한 일용품, 잡화, 문구 등)

2 전자결제(electronic payment system)

1) 전자결제

(1) 전자결제시스템 개요

판매자나 구매자가 안심하고 인터넷상에서 전자상거래를 할 수 있도록 위해서는 대금결제를 온라인상에서 처리하는 편리하고 효과적인 전자지불시스템이 구축되어야 한다.

① 전통적 결제방법 한계

Ⓐ 편리성 부족

일반적으로 소비자가 온라인 환경을 벗어나 전화를 사용하거나 결제를 위해 수표를 송부하는 것은 상당한 불편을 초래한다.

Ⓑ 보안성 미흡

인터넷을 통한 전형적 방법으로 결제하기 위해서는 소비자가 결제에 관련된 상세정보는 물론이고 개인정보도 온라인으로 함께 송부해야 하는데 전화 또는 우편으로 상세한 결제정보를 제공하는 것은 보안문제를 야기한다.

Ⓒ 제한적 적용범위

신용카드는 가입한 상점에서만 사용이 가능하며 일반적으로 개인 대 개인, 기업 대 기업의 결제거래를 지원하지 못한다.

Ⓓ 이용 불편성

잠재적 구매자는 신용카드와 수표계정에 적절한 신용등급을 보유하지 않아 사용에 부적합하다.

Ⓔ 소액단위 거래지원 불가

기존 수표나 신용카드를 이용한 거래에서 일정 금액 이상 상품을 구매할 경우에만 지불이 가능하였으므로 소액단위 거래지원을 요구하는 인터넷 전자상거래를 지원하기에는 부적합하다.

② 전자결제시스템 요구조건

전자 지불수단 내용은 어떠한 환경 하에서도 암호학적 위조변조 등 조작행위가 불가능하여야 한다. 기존 지불수단(화폐 등) 관행과 상호보완 및 공존 관계를 가짐으로써 사생활보호는 물론 돈세탁 방지기능, 거래내역에 대한 세금징수가 이루어질 수 있도록 지원하는 기능이 전제되어야 한다. 기존 화폐의 공간성을 초월하기 때문에 현금

거래보다 신속하고 사용하기 쉬워야 하므로 이를 감안할 사용자 환경이 필수적이다. 기존 화폐의 제작·유통에 소용되는 비용보다 훨씬 경제적이어야 한다.

③ 전자결제시스템 의의

Ⓐ 판매자와 구매자 간 일대일 대면이 필요 없다.

Ⓑ 시간과 장소에 관계없이 거래가 가능하다.

Ⓒ 신용카드, 전자수표, 전자화폐와 같은 디지털 금융수단이 활용된다.

Ⓓ 운용비용 감소로 온라인 상거래를 증가시킨다.

(2) 전자결제시스템 발전 과정

① 1단계

주문은 인터넷을 통해 이루어지고, 지불은 인터넷 외부에서 이루어지는 방식이다. 소비자는 인터넷을 통해 상품을 주문하고 은행에 가서 무통장 입금을 하는 것이다. 이 경우에는 거래가 완성되기까지의 처리 시간이 길어 전자상거래의 효익을 최대화할 수 없으며, 진정한 의미의 전자상거래지불시스템이라고 말할 수 없다.

② 2단계

보안이 유지되지 않는 상태에서 인터넷을 통해 신용카드 번호와 금융 정보를 송수신하여 결제하는 방식이다. 인터넷에서 송수신자가 교환하는 메시지는 평균적으로 여러 네트워크 노드를 경유하게 되므로, 네트워크의 중간 지점에서 해커에게 해킹당할 위험이 있다. 또한 판매자는 신용카드를 사용하는 사람이 그 소유자라는 것을 확인할 수 없기 때문에 인터넷 상거래 안전이 유지되기 어렵다.

③ 3단계

암호방식을 이용한 신용카드 및 전자수표에 의한 지불방법이다. 현재 판매자 중심의 많은 인터넷 쇼핑몰에서는 현재 이러한 지불방식을 채택하고 있다. 넷스케이프 네비게이터에서는 SSL(Secure Sockets Layer)을 지원하고 있으며, 판매자들은 신용카드번호와 같은 비밀정보 기밀성을 유지하는 지불시스템을 구축할 수 있다. 단점으로는 여러 판매 사이트에서 구매를 할 경우 그 때마다 고유번호와 비밀번호를 여러 개 사용해야 하는 불편함이 있고 신용카드로 결제하는 소액결제는 거래비용이 높아 비경제적인 측면이 있다.

④ 4단계

신뢰할 수 있는 제3자인 브로커(Broker)에 의한 지불방식이다. 소비자는 신뢰할 수 있는 제3자를 통해 판매자와 거래하게 되므로 판매자로부터 개인정보를 보호하고 결제에 따른 위험도 보장받을 수 있다. 현재 신용카드를 위한 안전한 대금결제를 위하여 비자카드와 마스터카드가 공동 개발한 SET(Secure Electronic Transaction)가 표준이 되고 있다.

⑤ 5단계

전자화폐에 의한 지불방식이다. 가장 발전된 형태의 지불방식으로 소액결제수단으로 활용하기 위하여 OTP(Open Trade Protocol)프로토콜이 개발되었다.

(3) 전자결제 보안

① 전자상거래 관련 보안 기능

Ⓐ 기밀성(Confidentiality)

전달내용을 제3자가 획득하지 못하도록 하는 것이다.

Ⓑ 인증(Authentication)

정보를 보내오는 사람의 신원을 확인하는 것이다.

Ⓒ 무결성(Integrity)

전달과정에서 정보가 변조되지 않았는지 확인하는 것이다.

Ⓓ 부인방지(Non-repudiation)

메시지 송신이나 수신에 대해 보내거나 받지 않았다고 부인하는 것을 방지하는 보안기술이다.

② 전자상거래 보안대책

Ⓐ 암호화(Encryption)

메시지 의미를 알 수 없도록 메시지를 부호화하는 과정이다. 반대로 복호화(Decryption)는 암호화하여 변형된 메시지를 원래 모습으로 복원시키는 과정이다. 원문 메시지를 평문(Plaintext)이라 부르는데, 이를 암호화하여 암호문(ciphertext)를 만들고 암호문을 복호하여 원문 메시지, 즉 평문으로 복원한다. 이와 같은 암호화, 복호화 시스템을 암호시스템이라 부른다.

Ⓑ 전자서명(Electronic signature)

전자 문서 위조나 변조를 방지하기 위하여 작성자를 확인할 수 있도록 해당 문서에 삽입하는 암호화된 정보 형태의 서명이다.

Ⓒ 은닉서명(Blind blind signature)

기본적으로 임의의 전자 서명을 만들 수 있는 서명자와 서명 받을 메시지를 제공하는 제공자로 구성되어 있는 서명 방식으로, 제공자의 신원과(메시지,

서명) 쌍을 연결시킬 수 없는 특성을 유지할 수 있는 서명이다.

Ⓓ 전자화폐 이중사용 방지

③ SSL과 SET방식

Ⓐ SSL(Secure Socket Layer)

응용계층과 전송계층 사이에서 안전한 데이터 전송 채널을 위해 1994년 넷스케이프사가 개발한 프로토콜이다.

Ⓑ SET(Secure Electronic Transaction)

신용카드 기반의 안전한 전자결제과정을 위해 비자카드, 마스터카드 등이 중심이 되어 1996년 만든 표준안이다. SET는 전자상거래에 있어서 거래정보의 기밀성, 지불정보의 무결성 및 쇼핑몰과 카드소지자에 대한 인증 등 세 가지 요소를 충족하는 것을 기본적인 역할로 하고 있다.

(4) 암호화 알고리즘(encryption Algorithm)

① 대칭형 또는 비밀 키 암호화방식(Symmetric Key cryptosystem)

송수신자가 암호화나 복호화를 할 때 같은 키를 쓰는 알고리즘이다. 알고리즘 내부 구조가 간단한 치환과 순열 조합으로 되어 있어, 운용이 쉽고 데이터 처리량이 높다. 변환 방법에 따라 메시지를 일정한 크기로 나누어 각 나누어진 부분을 똑같이 되풀이하여 암호화하는 블록 암호 방식과 한 번에 한 비트(bit) 또는 한 바이트(byte)를 암호화하는 스트림 암호 방식이 있다. SEED, DES, IDEA, AES, ARIA 따위가 있다. 암호화 키로부터 복호화 키를 계산해 낼 수 있거나, 반대로 복호화 키로부터 암호화 키를 계산해 낼 수 있는 암호화 알고리즘이다.

② 비대칭형 또는 공개키 방식(public key cryptosystem)

데이터의 암호화(encryption)에는 공개키가 사용되고 복호화(decryption)에는 비밀키가 사용되는 암호 시스템이다. 미국 스탠퍼드 대학의 헬만(M.H. Hellman) 등이 개발한 암호 시스템으로 기존 정보 교환 분야에서 써 온 관용 암호 시스템에서는 암호화의 복호화에 동일한 키가 사용되었으나, 공개키 암호 시스템에서는 암호화키와 복호화키를 분리하여 정규적 정보 교환 당사자 간에 암호화 키는 공개하고 복호화키는 비공개로 관리한다.

이 시스템에서는 암호화 조작은 용이하고 복호화에는 방대한 조작이 필요하지만 어떤 복호화 키가 주어지면 용이하게 역변환이 가능하게 되는 일방향성 돌파구(trap door) 함수 개념이 사용되고 있다. 공개키 암호시스템은 다수 정보교환 당사자 간 통신에 적합하고 디지털 서명(digital signature)을 용이하게 실현할 수 있는 특징이 있다. 대표적인 것으로는 RSA 공개키 암호 방식(RSA public key cryptosystem)이 있다.

[표 6-7] 비밀키와 공개키 비교

비밀키	공개키
DES, IDEA	RSA
대칭키, 양방향 함수	비대칭키, 단방향 함수
암호화/복호화 속도 빠름, 용량 크지 않음	보안성 향상
보안성 낮음(비밀키의 안전한 전달이 문제)	암호화/복호화 속도 느림, 용량 늘어남

③ 암호화 기술 용어

Ⓐ 암호(cryptography)

평문을 해독 불가능한 형태로 변형하거나 또는 암호화된 통신문을 해독 가능한 형태로 변환하기 위한 원리, 수단, 방법 등을 취급하는 기술이다.

Ⓑ 평문(plain text)

암호화의 입력이 되는 원문인 의미 있는 메시지이다.

Ⓒ 암호문(cipher text)

평문을 읽을 수 없는 메시지로 암호화(encryption)한 것이다.

Ⓓ 복호화(decryption)

암호화의 반대로, 암호문에서 평문으로 변환된다.

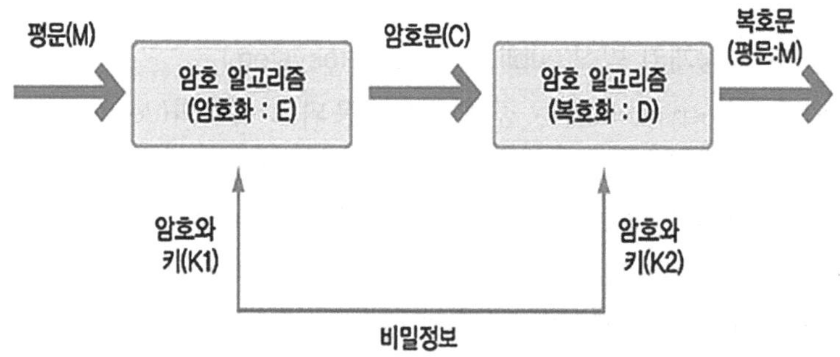

[그림 6-1] 전자상거래 암호화 기술

(5) 메시지 다이제스트와 해쉬함수

① 메시지 다이제스트(Message Digest)

메시지 다이제스트는 암호화 방법이 아니라, 방향 해시 함수를 이용하여 주어진 정보를 일정한 길이 내의 아주 큰 숫자(해시 값)로 변환해 주는 것이다. 이 함수는 One-way이기 때문에 주어진 정보로부터 해시 값을 만들어낼 수는 있어도, 반대로 이 해시 값으로부터 원래 정보를 복구해낼 수는 없다. 대표적 메시지 다이제스트(Message Digest)는 Snefru, CRC-32, CRC-16, MD2, MD4, MD5, SHA, Haval 등이 있다.

② 해시 함수(hash function)

해시 함수 또는 해시 알고리즘(hash algorithm)은 임의의 데이터로부터 일종의 짧은 "전자 지문"을 만들어내는 방법이다. 해시 함수는 데이터를 자르고 치환하거나 위치를 바꾸는 등 방법을 사용해 결과를 만들어내며, 이 결과를 흔히 해시 값(hash value)이라 한다. 해시 함수는 결정론적으로 작동해야 하며, 따라서 두 해시 값이 다르다면 그 해시값에 대한 원래 데이터도 달라야 한다(역은 성립하지 않는다). 해시 함수의 질은 기대되는 입력 영역에서 얼마나 적은 해시 충돌(서로 다른 두 데이터의 해시 값이 같은 경우)을 일으키느냐로 결정되는데, 충돌이 많이 날수록 서로 다른 데이터를 구별하기 어려워지고 데이터를 검색하는 비용을 늘리기 때문이다.

(6) 전자화폐

전자화폐(Electronic Money 또는 Electronic Cash)란 은행 등 발행자가 IC칩이 내장된 카드나 공중정보통신망과 연결된 PC 등에 일정 화폐가치를 전자기호로 저장하고, 이의 지급을 보장함으로써 통신회선으로 자금결제가 이루어지도록 하는 화폐를 말한다.

① 전자화폐 특징

Ⓐ 일반적인 화폐 개념인 지불, 가치저장, 가치척도 기능에 기존 화폐 문제점을 보완하기 위해 원격지 통신 기능, 휴대 및 보관관리 편리성, 위조방지 기능을 추가한 것이다.

Ⓑ 거래 당사자 간에 자금전송이 가능하여 높은 유연성과 보안성·익명성을 제공한다.

Ⓒ 비교적 소액 상품을 구매하는 데 용이하다.

Ⓓ 전자화폐는 신용이 없는 계층 또는 예금계좌가 없는 계층도 사용이 가능하다.

Ⓔ 매체에 저장된 화폐가치 자체가 신뢰성을 담고 있기 때문에 사용할 때마다 신용 유무 등 확인 절차가 필요 없다.

Ⓕ 실물화폐처럼 분실 위험이 있다.

Ⓖ 거래와 결제가 동시에 완료된다.

② 전자화폐 요건

Ⓐ 위조가 불가능한 안전성을 지녀야 한다.

Ⓑ 개인 프라이버시가 보호되어야 한다.

Ⓒ 사용자가 다른 사람에게 자신의 현금을 양도할 수 있어야 한다.

Ⓓ 전자화폐를 복사해 사용하는 이중 사용(Double Spending)이 방지되어야 한다.

③ 전자화폐 유형

Ⓐ 휴대 가능 여부

㉠ 하드웨어형 전자화폐

IC카드형, CD카드형이 있다.

㉡ 네트워크형 전자화폐

전자지갑형, 선불카드형, 모바일형이 있다.

Ⓑ 결제수단 여부

㉠ 가치저장형

IC칩을 내장한 플라스틱 카드에 화폐 가치를 저장한 다음 필요할 때 인출하여 사용한다.

㉡ 지불지시형

사이버캐시사가 개발한 사이버캐시(Cyber Cash)와 퍼스트버추얼 홀딩스사가 개발한 퍼스트버추얼(First Virtual)이 대표적이다.

㉢ 전송형(네트워크형)

화폐가치를 인터넷 등 네트워크를 통해 이전하는 방식으로 네덜란드 디지캐시사가 개발한 e-Cash가 대표적이다.

Ⓒ 양도성 여부

㉠ 개방형(Open Loop) 전자화폐

발급기관을 매개하지 않고 전자화폐 소지자간 화폐가치 이전 가능하다.

㉡ 폐쇄형(Closed Loop) 전자화폐

발급기관을 통해서만 이전 가능하며, 소지자 ↔ 가맹점 ↔ 발급은행으로만 가치가 흐른다.

[표 6-8] 전자화폐 종류

IC 카드형	현금형	개방형	몬덱스(Mondex)
		폐쇄형	VISA-캐시, 프로톤, K-캐시(Cash)
네트워크형	현금형		사이버 코인(Cyber Coin), E-캐시(DigiCash)
	전자수표형		체크 프리(Check Free), 일렉트로닉 체크(Electronic Check)
	신용카드형		퍼스트 버추얼(First Virtual), 사이버 캐시(Cyber Cash)
	전자자금이체		Quicken

(7) 인터넷 신용카드 시스템

신용카드 결제시스템은 SET의 전송표준과 신용카드를 결제 기반으로 하는 전자결제 수단으로 가장 많이 사용되고 있다.

① 장점

Ⓐ 세계적으로 널리 유통되어 많은 가맹점과 사용자가 있다.

Ⓑ 신용카드를 사용하는 데 법적·제도적 제한점이 없다.

Ⓒ 상인은 소비자 신용확인이 어려운 인터넷 전자상거래에서 신용카드회사의 지불보증을 담보로 소비자와 상거래를 아무런 부담 없이 행할 수 있다.

② 단점

Ⓐ 카드 소지자의 신용정보 노출이나 불법 도용이 우려된다.

Ⓑ 높은 트랜잭션(Transaction) 비용으로 소액결제에 적당하지 않다.

Ⓒ 구매자 및 판매자 익명성이 보장되지 않는다.

Ⓓ 시스템 유지비용이 과다하다.

Ⓔ 협력업체와 결제업무가 서버에 집중화되어 서버에 과부하가 일어날 수 있다.

(8) 전자자금 이체

① 전자자금 이체 특징

Ⓐ 기존 홈뱅킹이나 ATM보다 시간과 공간 제약 없이 폭넓은 서비스를 제공한다.

Ⓑ 인터넷을 이용할 경우 은행원이나 별도의 부가적인 장비를 필요로 하지 않기 때문에 처리 비용이 저렴하다.

② 전자자금 이체 종류

Ⓐ CD/ATM에 의한 출금·계좌이체·서비스이체가 있다.

Ⓑ ATM에 의한 입금이 있다.

Ⓒ M/T에 의한 지로이체가 있다.

Ⓓ 계좌 간의 자동이체·납부자 자동계좌이체가 있다.

Ⓔ 직불카드에 의한 계좌이체가 있다.

(9) 전자수표 결제시스템

① 전자수표 결제시스템 특징

Ⓐ 전자적 형태의 수표를 자신의 컴퓨터에서 직접 발행하여 상대방에게 전달함으로써 전자상거래 결제수단으로 사용하는 형태이다.

Ⓑ 현금 가치를 은행에 저장시킨 후 거래 당사자 간에는 은행계좌 간 자금이동을 위한 전자수표만 유통됨으로써 자금보관에 대한 안정성을 확보할 수 있다.

Ⓒ 자금이 당사자 간 은행계좌로 이체되기 때문에 사용자는 은행에 신용계좌를 갖고 있는 사람으로 제한된다.

Ⓓ 발행자와 인수자 신원에 대한 인증을 반드시 거쳐야 하는 문제로 여러 보안기법이 사용되기 때문에 트랜잭션 비용이 많다.

Ⓔ 거래사항이 중앙 데이터베이스에 기록됨으로써 정보 이용성은 증가되나 익명성이 저하된다.

Ⓕ 거액 상거래 또는 기업간 거래시 지불수단으로 적합하다.

② 넷 체크(Net Cheque)

Ⓐ 넷 체크 시스템은 DES(Data Encryption Standard) 암호 알고리즘을 이용한 인증프로토콜인 케르베로스(Kerberos)에 기반을 둔 전자수표에 의한 지불시스템이다.

Ⓑ 넷 체크 시스템 서버에 등록한 사용자들은 인터넷을 통해 다른 사용자 또는 판매자에게 전자수표를 발행하여 상품 또는 서비스 대금을 지불할 수 있다.

Ⓒ 넷 체크(Net Cheque)에 의한 전자수표가 발행되어 사용되는 방법은 인터넷에서 전자적으로 처리된다는 점을 제외하고는 일반수표와 유사하다.

Ⓓ 일반수표에 지불인이 서명을 하는 것과 마찬가지로 계좌 소유자가 수표를 발행했다는 것을 인증하는 방법으로 전자서명이 이용된다. 일반수표와 마찬가지로 수취인은 전자수표에 자신의 전자서명을 통해 이를 배서할 수 있다.

Ⓔ 넷 체크는 인터넷에서의 소액거래를 지원할 수 있도록 설계되어 있다.

③ 넷 빌(Net Bill)

넷 빌은 1996년 12월 미국 카네기 멜론 대학에서 개발한 전자수표 또는 전자직불카드(Electronic Debit Card)방식에 의한 인터넷 결제시스템이다. Net Bill 시스템에서의 서버는 거래정보 교환, 구매자와 판매자 계정을 유지·관리하는 기능을 수행하고 있는데, 이 경우 각 계정은 거래은행계좌와 상호 연결되어 있어 거래대금 이체를 가능하게 하고 있다.

(10) 거래 안전장치

① 후불제

Ⓐ 전자상거래업체가 물품대금을 받지 않고 상품을 소비자에게 보낸다.

Ⓑ 소비자가 상품을 수령하면 대금결제를 해 거래안전을 도모하는 서비스이다.

② 보증보험

Ⓐ 전자보증보험은 거래 건에 대해 판매자나 보증보험사에게 보증보험을 가입하는 형태이다.

Ⓑ 구매자가 정당한 물품배송이나 용역제공을 받지 못하면 건별로 보증보험을 보상받을 수 있다.

③ 에스크로(escrow) 제도

Ⓐ 전자상거래상에서 판매자와 구매자가 거래 합의 후 상품배송 및 결제과정에서 어느 한쪽의 약속 불이행에 대한 거래사고를 예방하기 위하여 거래대금 입출금을 제3 회사가 관리하여 판매자와 구매자 모두 거래안전을 도모하는 서비스이다.

Ⓑ 에스크로는 구매자에 대한 보호뿐만 아니라 판매자도 후불제를 했을 경우 구매자에게 채권추심을 하는 등 각종 위험과 비용을 절감해 안심하고 거래를 진행할 수 있는 장점이 있다. 그렇기 때문에 비대면 거래인 전자상거래에서 구매자와 판매자 양측을 전자상거래상의 피해사고로부터 보호할 수 있다.

Ⓒ 특징

㉠ 구매자와 판매자 중 어느 한쪽은 에스크로 서비스 회원이어야 한다.

㉡ 전자상거래시 제안된 거래조건에 합의가 되면 개시된다.

㉢ 구매자는 상품수령 후 에스크로 사업자에게 구매승인 여부를 통보해야 한다.

3 온라인쇼핑 실무

1) 온라인쇼핑 채널

(1) 채널 분류

[표 6-9] 온라인쇼핑 채널 분류

구 분	브랜드	비 고
종합몰	신세계몰, 롯데몰, GS SHOP	B2C
전문몰	하이마트 쇼핑몰, 한샘몰	B2C
복지몰	교원e-shop, 애경임직원몰	B2E
오픈마켓	인터파크, 옥션	C2C
소셜커머스	쿠팡, 티몬	B2C

(2) 유통채널 비교

온라인 쇼핑몰은 오프라인(백화점, 할인점) 마켓에 비해 수수료가 낮고 입점은 어렵지 않으나, 사전에 준비해야 할 요소(컨텐츠, 물류, 광고)가 많이 있다. 입점상담과 프로모션 참여, 판매활성화를 위해서는 MD와 사전 협의를 통해서만 가능하다.

[표 6-10] 유통채널 비교

	백화점(할인점)	홈쇼핑	오픈마켓	종합몰
한 계	공간	시간대	온라인 공간	온라인 공간
입점절차	매우 까다로움	매우 까다로움	누구나 입점가능	어렵지 않음
주요고객	30-50대	40-60대	10-20대	30-50대
컨택포인트	바이어	엠디	카테고리 매니저	엠디
배 송	지정된 물류창고	지정된 물류창고	지정 택배사	지정 택배사
매입방식	특정매입 (할인점 : 직매입)	판매분 매입 (반품가능)	위탁매입 (일부 직매입)	위탁매입 (직매입 없음)
수수료	20-35%	25-40%	8-15%	15-30%
판매 책임소재	백화점	홈쇼핑	판매자	종합몰

(3) 온라인 채널별 장단점

오픈마켓은 개인, 사업자 누구나 입점 및 등록이 가능하나 등록상품이 많아 검색광고를 진행해야 노출과 판매가 이루어지는 온라인 중개 플랫폼이다. 전문몰과 종합몰은 MD가 입점 승인을 해 주어야 입점이 가능하고, 업체에서 상품등록 시 MD승인이 필요하다.

[표 6-11] 온라인 채널별 장·단점

오픈마켓	소셜커머스
• 저단가 또는 초저가 구매 가능 • 광고비가 소요됨 • 가격이 저렴하고 쿠폰 등 혜택이 많음	• 직매입이 가능하다 • 가격 경쟁에 따른 품질 하락 가능성 • 배송이 빠르다 (당일 배송)
카테고리 전문몰	**종합쇼핑몰**
• 명확한 목표시장 설정 • 안정적 판로확보 가능 • 단일품목 시장 한계	• 판매수수료가 높다 • 고객서비스 브랜드 신뢰도가 높다 • 브랜드 상품, 패션위주 상품으로 판매

(4) 오픈마켓 특징 및 입점 서류

개인 또는 소규모 업체가 온라인상에서 직접 상품을 등록하여 판매할 수 있도록 한 온라인 마켓 플레이스를 오픈마켓이라고 한다. 이러한 오픈마켓 입점 서류는 개인사업자와 법인사업자에 따라 다르지만 대체로 준비서류는 다음 표와 같다.

[표 6-12] 오픈마켓 입점 서류

개인 사업자	법인 사업자
사업자등록증 사본1부	사업자등록증 사본1부
대표자 통장 사본1부	법인명의 통장 사본1부
개인 인감증명서 사본	법인 인감증명서 사본1부
통신판매업 신고증 사본1부	통신판매업 신고증 사본1부

(5) 쇼핑몰 입점 필요서류

① 제조 관련 서류(OEM/OEM 계약서류), 라이센스 서류
② 식품 품질 검사서(한국식품시험검사원협회)
③ 영업허가증(영업신고증)
④ 화장품 제조판매업 등록필증(식품의약안전처)
⑤ 시험검사서(식약처에서 지정한 기관에서 검사 받은 서류)

⑥ PL보험(제조물배상책임보험 혹은 생산물배상책임보험)

⑦ HACCP인증, GMP인증

(6) 온라인판매 금지품목

① 주류, 담배(전자담배), 각종 청소년 유해물품 또는 악용물품

② 의약품(다이어트 약품, 건강기능식품, 의료기기)

③ 이미테이션(짝퉁), 상표권 위반상품

④ 저작권 위반상품(도서, CD 등)

⑤ 총기, 탄약, 폭발물, 군복류, 군용장구 등 군용품

⑥ 화장품 샘플, 향수 샘플

⑦ 도수가 있는 안경 또는 렌즈

⑧ 성인용품, 온누리상품권

⑨ 집에서 만드는 식품(김치, 반찬, 쿠키 등 모든 식품)

(7) 온라인 표시광고 가이드

[표 6-13] 온라인 표시 광고 가이드

구분	내용	주의사항
객관성이 결여된 최상급 표현	최다, 최저, 최강, 국내 유일	근거제시 후 사용
수치표현, 수상, 인증 문구	시험검사 결과 (100% 항균 등)	결과서 제출 후 사용
허위, 과장표현	전문가의 보증, 인증으로 오인하는 표현	사용 및 승인 불가
의학적 효능 및 효과표현	특정제품이 질병치료, 효과가 있는 것처럼 표현하는 경우	사용 및 승인 불가
타사비교, 비방표현	고의적으로 타사에게 불리한 사실만 표시 혹은 표현	사용불가

(8) 온라인쇼핑몰 주요 프로모션

① 무료샘플 증정

② 가격할인

③ 다운로드 쿠폰 제공

④ 사은품 증정

⑤ 경품행사

⑥ 1+1, N+1

⑦ 프리미엄 제공

⑧ 적립금, 포인트 제공

(9) 온라인유통 경쟁 가속화

국내 온라인쇼핑 시장이 다변화되면서, 기업간 포지셔닝 경쟁이 격화되고 있으며, 네이버, 쿠팡의 선두권 경쟁이 치열한 가운데 이베이코리아 등의 M&A 이슈가 등장함

□ 온라인쇼핑은 상품구색 폭과 사업유형 측면에서 다변화되고 있음. 기본적으로 종합적 상품구색을 갖춘 업체들이 주도하고 있으나, 최근 전문몰과 같이 특정 상품군에 치중된 업체들이 성장 중

□ 네이버, 쿠팡이 양강체제를 형성한 가운데, 신세계이마트와 롯데그룹 중에서 이베이코리아를 인수할 경우 선두권 경쟁에 합류할 것으로 예상됨

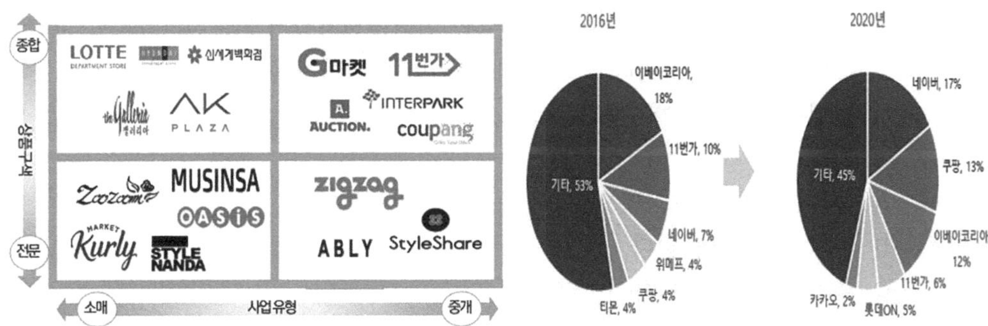

[그림 6-2] 온라인유통 경쟁

◦ 연습문제 ◦

01 전자상거래 긍정적 특성에 대하여 설명하시오.

① 기업 측면

Ⓐ 전자상거래(EC)는 시간적, 공간적 제약에서 자유롭다.

Ⓑ 가격 경쟁력을 제고시킨다. 소비자를 직접 상대할 수 있으므로 도매점, 소매점 등 여러 단계 중간유통단계를 줄여 비용(운송비, 매장유지비, 유통마진 등)을 절감함으로써 마진이 늘어나 보다 시장경쟁력을 높일 수 있다.

Ⓒ 효율적인 마케팅 및 Service가 가능하다.

Ⓓ 고정운영비와 간접비용이 줄어든다. 인터넷전자상거래는 무(無)점포, 무(無)종업원이 큰 특징이다. 상품판매를 위한 매장확보를 위한 구입, 임대비용과 종업원 고용비용이 줄어든다.

② 소비자 측면

Ⓐ 충분한 상품정보파악으로 비교구매가 가능하다.

Ⓑ 시간적 제약이 없다.

Ⓒ 추가정보 입수가 용이하다.

Ⓓ 저렴한 가격으로 상품을 구매한다.

02 전자상거래 시스템 구성요소에 대하여 설명하시오.

① 정보화 기반시설(Network Infra)

Ⓐ 전자상거래 활동을 위한 정보전달이 실질적으로 이루어지는 물리적 공간 및 관련 정보기술을 의미한다.

Ⓑ 인터넷망, PC통신망, 일반전화망, 케이블TV망, 무선통신망, 사설LAN, Intranet, Extranet 등이 전부 포함된다.

② 구조적 요소기술 : 멀티미디어 콘텐츠 제작과 메시지 및 정보전달 기술이다.

Ⓐ 멀티미디어 콘텐츠제작기술 : 멀티미디어를 활용한 응용프로그램을 작성하는 도구 및 기술이다.

Ⓑ HTML, SGML, XML, Java, Axtive X와 이를 지원하기 위한 또는 이를 활용한 각종 멀티미디어 콘텐츠 제작도구 또는 관련 환경 등을 총칭한다.

Ⓒ 메시지 및 정보전달 기술 : 텍스트 또는 멀티미디어 형태로 제작된 메시지와 정보내용을 네트워크를 통하여 상호간에 전달되고 교환될 수 있도록 하는 H/W 및 S/W기술(EDI, HTTP, e-mail 등)을 말한다.

③ 기능적 요소기술(공통 서비스)

Ⓐ 개인 및 기관의 전자상거래 활동을 보다 원활하게 지원하기 위해 공통적으로 필요한 서비스 기술 → 보안 및 인증, 전자지불시스템, 정보검색을 위한 디렉터리 서비스 등을 말한다.

Ⓑ 구조적 요소기술 + 기능적 요소기술 → 정보기술(Information Technology) → 전자상거래 기반을 이루는 모든 소프트웨어 기술을 총칭한다. 즉, 하드웨어 인프라와 정보기술이 합하여 전자상거래 기반구조를 이룬다.

03 전자상거래 절차에 대하여 설명하시오.

단계	내 용
1단계	소비자는 컴퓨터 통신망이나 인터넷의 가상 상점에 들어가 매장을 돌아다니며 그곳에 진열돼 있는 상품 가운데 원하는 것을 고른다.
2단계	필요한 상품을 고른 소비자가 거래 신청서를 통해 가상 상점 운영자에게 팔 것을 요청하면, 운영자는 인증국에 거래요청자가 본인이고 믿을 만한 사람인지를 가려줄 것을 요구한다.
3단계	인증국은 가상 상점 운영자와 소비자의 정당성과 신용을 법적으로 보증해주는 곳으로, 국가의 관리를 받는다.
4단계	인증국으로부터 소비자에 대한 신용 인증이 떨어진다.
5단계	상점 운영자는 소비자의 거래 요청을 승낙한 뒤 대금을 지불할 것을 요구한다.
6단계	물품 대금 지불은 대부분 신용카드를 통해 이뤄지고 있으며, 가상은행에서 발생하는 전자화폐를 이용하기도 한다.
7단계	소비자가 신용카드 번호를 입력하는 방법으로 대금 지불을 끝내면,
8단계	상품이 소비자에게 배달된다.

04 용어설명

- 인터넷 쇼핑몰
- B2B
- 전자화폐
- 에스크로 제도

제 3 부 유통정보 활용

제 7 장 고객가치 분석

제1절 고객관계관리

1 고객관계관리 의의

고객관계관리(CRM)란 고객에 대한 정보를 활용하여 고객과 관계를 구축하고 강화시켜나가 그들을 평생고객이 되게 함으로써 고객의 생애가치를 극대화하고자 하는 경영방식 또는 철학이라 할 수도 있고 이 경영방식을 실현할 수 있도록 해주는 기업의 시스템이라고도 할 수 있다.

1) 고객관계관리

(1) 시장점유율 보다 고객점유율에 비중을 둔다.
(2) 고객획득 보다는 고객유지에 중점을 둔다.
(3) 상품판매 보다는 고객관계에 중점을 둔다.

2) 고객관계관리 등장배경

(1) 시장 변화

생산자 위주 시장인 소품종 대량생산에서 구매자 중심 다품종 소량생산으로 변화되었다. 구매자 위주 시장에서 고객들은 개개 고객의 선호와 욕구에 적합한 상품과 서비스를 추구함으로 매스마케팅으로는 더 이상 기대를 충족시킬 수 없게 되었다. 그러한 이유로 고객정보를 기반으로 한 CRM 도입하게 되었다.

(2) 컴퓨터 및 IT 급격한 발전

기술 발전은 고객과 시장 정보를 기업에 신속하게 제공하고 기업은 고객 데이터를 과학적 분석기법으로 처리, 고객 및 시장에 다양한 방법으로 이용할 수 있게 되었다. IT 발전은 CRM 도입을 가능하게 하는 환경을 조성하였다.

(3) 고객 변화

1990년대 후반부터 치열한 시장경쟁으로 고객도 언제든지 경쟁사로 이동이 가능하고 고객들이 갖고 있는 기대와 욕구가 다양화되는 환경이 되었다. 이러한 변화에 기업은 고객 기대와 요구에 부응하며 경쟁우위를 확보하기 위하여 CRM 전략을 도입하였다.

(4) 마케팅 커뮤니케이션 변화

고객 다양성과 시장 세분화로 뚜렷이 차별화되지 못한 획일적 메시지를 불특정다수 고객에게 전달하는 광고는 더 이상 효과적이지 못하다. 광고 효율을 증가시키기 위하여 목표고객 설정과 타겟 마케팅이 필요하게 되었다. 즉 고객들과 장기적 관점에서 관계유지 활동을 하는 것이 광고 효율화의 한 방향이다.

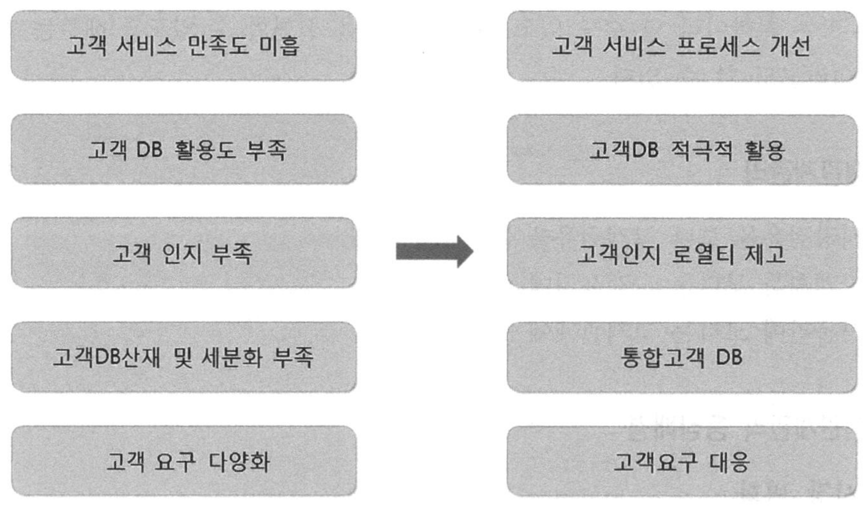

[그림 7-1] 고객관계관리 등장 배경

2 고객관계마케팅

1) 관계마케팅 개념

기업간 경쟁이 치열해짐에 따라 기업들은 새로운 고객을 창출하는 것보다 기존 고객들을 어떻게 유지하고 이들에게 얼마나 더 많은 투자를 할 것인가에 대해 더욱더 관심을 기울이고 있다. 이러한 목표를 수행하기 위해서는 결국 고객과의 장기적 우호관계가 필수적이다. 관계마케팅은 고객 정보를 집계하고 분석하여 고객관계를 구축, 유지, 고양하며 이를 통하여 관여하고 있는 이해 관계자들의 목적을 달성하는 것으로 상호교환과 약속이행을 하는 것이라 할 수 있다.

2) 관계마케팅 목표

(1) 고객 획득

관계마케팅을 실시하면 구전효과에 의한 신규고객 유치가 용이하며 이렇게 유치한 고객은 장기적 고객이 될 가능성이 크다.

(2) 고객 관계 유지

고객이 기업과 관계를 맺게 되어 상품, 서비스, 가치를 지속적으로 제공하면 고객은 계속적 관계를 유지하려고 한다.

(3) 관계 강화

고객관계강화 목표는 충성고객을 통하여 보다 많은 상품과 서비스를 구매하게 하는데 목적이 있다. 충성고객은 확고한 고객기반과 성장 잠재력 척도이다.

3) 관계 발전 단계

(1) 관계 인지 단계

판매원이 고객을 인식하거나 고객이 판매원을 적당한 교환 상대로 인식하는 단계이다.

(2) 관계 분석 단계

시험적으로 또는 분석적으로 잠재적 교환 상대를 찾는 단계이다.

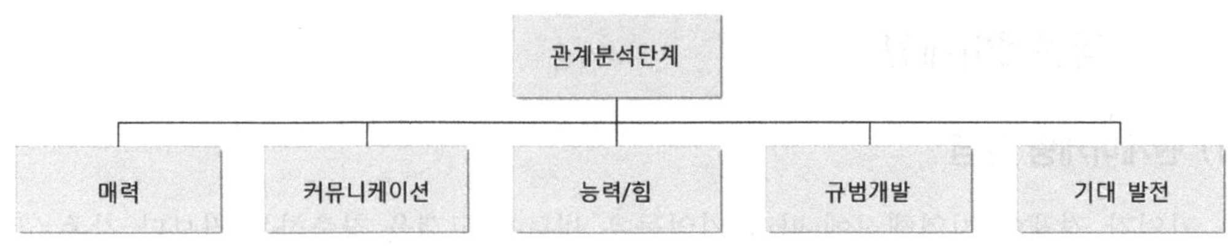

[그림 7-2] 관계 분석 단계

(3) 관계 확정단계

관계의 이해당사자가 상대방의 역할 수행과 그 결과에 만족하여 기존의 관계가 확장되고 발전하는 단계

(4) 관계 강화단계

교환과 상호간의 임시적이든 암시적이든, 묵시적이든 관계의 지속성이 있는 단계

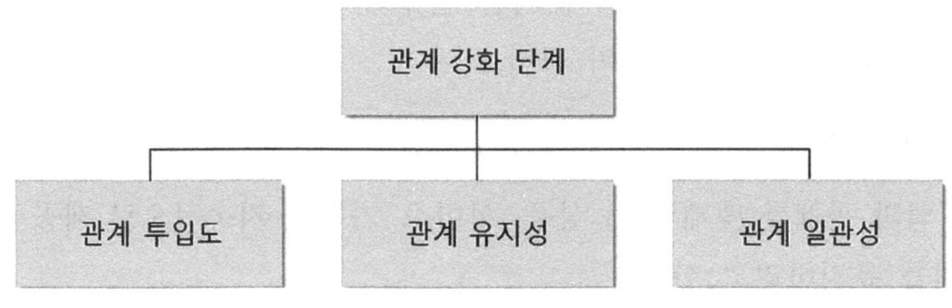

[그림 7-3] 고객 강화 단계

(5) 관계 해지 단계

해지란 상호간 관계가 단절되는 것을 말한다. 관계 해지는 한쪽이 다른 편에 대하여 불만을 평가하는 내부 심리적 상태가 주요한 원인이다.

4) 관계마케팅 전략

(1) 고객관계 점검

고객과의 관계가 어떠한지 점검하고 평가하기 위한 모든 수단을 강구하는 것이다.

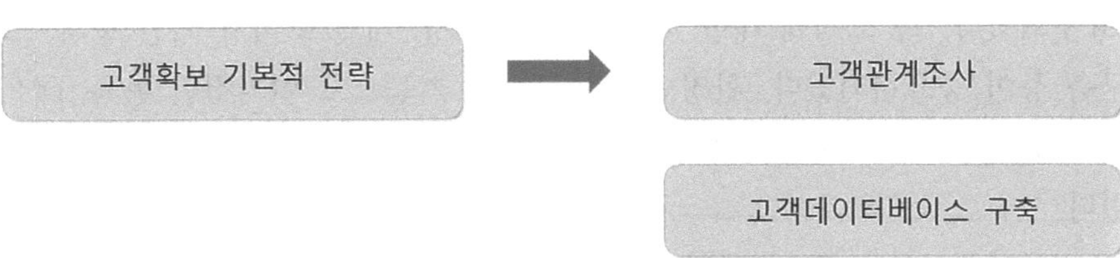

[그림 7-4] 고객 관계 점검

(2) **관계전략 3단계**

[표 7-1] 고객관계전략 3단계

단계	결속 유형	마케팅 지향	서비스 정도	마케팅 믹스 요소	차별화 가능성
1	재무적	고객	낮음	가격	낮음
2	재무적 / 사회적	고정고객	중간	인적 커뮤니케이션	중간
3	재무적 / 사회적 / 구조적	충성고객	높음	가치 커뮤니케이션	높음

① 1단계

재정상 인센티브로 장기고객, 대량고객에게 저가격을 부과한다.

② 2단계

재정적 인센티브에 사회적 연대 구축으로 고정고객으로 간주하고 고객 니즈와 욕구 파악을 통하여 지속적 관계를 유지한다.

③ 3단계

재정적 인센티브, 사회적 연대, 구조적 연대를 추구하는 단계이다.

3 마케팅 PR

1) 통합 커뮤니케이션

(1) 마케팅 패러다임 변화

소비자들의 교육수준 향상과 라이프스타일 다양화, 유통업자 지배력 강화, 다양한 커뮤니케이션 발달로 마케팅환경이 급변하였다. 이러한 환경변화로 제조업자 중심 시장에서 고객주도 시장으로 변화된 시대에 종전 마케팅과는 다른 새로운 마케팅 대전환이 요구되었다. 즉 고객에 대한 파악과 반응 중시, 개별 소비자 의견 중시, 고객과 관계구축 등이 중요시되었다. 환경변화로 부수적 기능으로 여겨졌던 판촉, DM 등을 비롯한 커뮤니케이션 도구들의 통합 운영이 요구되었다. 즉 통합 커뮤니케이션이 요구되었다.

통합 커뮤니케이션은 광고, 직접 반응, 프로모션, PR 등 다양한 커뮤니케이션 도구들의 전략적 역할을 평가하는 포괄적 계획의 부가적 가치를 인식하고, 커뮤니케이션 도구들을 통합함으로써 명확하고, 지속적이며, 극대화된 커뮤니케이션 효과를 제공하는 마케팅이라 할 수 있다. 이러한 통합 커뮤니케이션이 가능하게 된 것은 데이터 사용비용 하락, 대중매체 비용증가, 매체 세분화, 소비자 세분화, 유통업자 시장지배력 강화 등이라 할 수 있다.

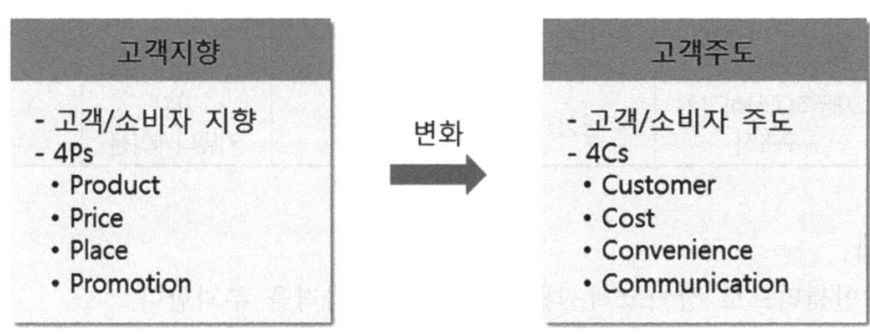

[그림 7-5] 마케팅 환경변화

(2) 통합 커뮤니케이션

통합 커뮤니케이션은 장기간에 걸쳐 고객 및 잠재고객의 다양한 설득적 커뮤니케이션 프로그램을 개발하고, 실행하는 과정이다. 통합 커뮤니케이션 목표는 목표고객 행동에 영향을 주거나 직접적 행동을 유발하는 것이다. 또한, 통합 커뮤니케이션은 고객이나 잠재고객이 상품이나 서비스와 관련하여 메시지를 습득할 수 있는 잠재적 수단으로서 브랜드나 기업에 대한 모든 접촉 요소들을 고려한다. 통합 커뮤니케이션은 고객이나 잠재고객에게 관련되고, 수용될 수 있는 모든 커뮤니케이션 도구들을 이용한다.

(3) 통합 커뮤니케이션 특징

① 소비자 주도

종전의 커뮤니케이션은 생산자 중심에서 소비자를 대상으로 하는 시각이었다. 그러나 통합 커뮤니케이션은 소비자로부터 접근을 시도하는 것이다. 마케터들이 고객 정보를 바탕으로 고객 구매 경향을 알게 되고 고객 정보습득 방법을 알게 된다. 통합 커뮤니케이션에서는 고객을 중심으로 수립된다.

② 데이타베이스 활용

통합 커뮤니케이션에서는 소비자 행동에 관한 데이터가 중요시된다. 데이터베이스는 고객을 이해하는 정보창고 역할을 한다. 소비자 행동에 관한 정보와 데이터는 시장에서 고객에 관한 자료, 고객에 대한 서비스 자료, 고객에 대한 판매 자료, 협력업체에 관한 자료들로 구성된다.

③ Two-way 커뮤니케이션

소비자 대상의 마케팅에서 일방적 커뮤니케이션은 더 이상 효과를 발휘되기가 어려워졌다. 판매자는 고객에게 좀 더 귀를 기울여야 하며, 고객과 상호 정보를 교환할 수 있는 양방향 커뮤니케이션을 해야 한다. 양방향 커뮤니케이션은 상호가치가 있는 정보교환과 상호작용을 통해서 판매자와 소비자 간에 관계를 우호적으로 형성시킬 수 있다.

2) 마케팅 PR

신뢰할 수 있는 커뮤니케이션과 정보 제공을 통해서 소비자 구매를 촉진하고 소비자 욕구 충족을 위한 프로그램을 계획, 집행, 평가하는 과정을 마케팅 PR이라 한다.

(1) 마케팅 PR 목적

① 상품, 서비스 인지도 상승
② 특정한 상품과 서비스의 정보 제공 및 교육
③ 상품과 서비스에 호의적 태도와 기업에 대한 신뢰도 추구 병행

(2) 마케팅과 마케팅 PR 비교

[표 7-2] 마케팅과 마케팅 PR 비교

	마케팅	마케팅 PR
주요관심	상품판매 및 서비스 이용	전반적 여론 지지
목 표	시장점유율	공유
대 상	소비자/고객	기업과 관련된 이해관계자
전 략	소비자 전략 – PULL, PUSH, PASS	다양한 이해관계자와 관계증진

(3) 마케팅 PR전략

① news

신상품 출시, 구상품과 차별화 전략 등이다.

자료 : 헤럴드경제(2016)

[그림 7-6] 이마트 노브랜드 마케팅

② 공익 마케팅 전략

사회문제를 기업 자선활동 및 공익 프로그램과 연계를 통한 마케팅 PR이다.

예) 기업의 사회봉사, SK 자녀 안심하고 학교 보내기 등

제2절 고객가치분석

1 고객데이터 분석

1) 고객데이터 수집

고객데이터 수집활동은 고객관리 가장 기본적 활동이다. 기업은 데이터를 수집하기 위하여 신규 회원이나 고객모집활동을 전개하거나 멤버십을 부여함으로써 고정 고객으로 유도하기 위하여 노력한다.

(1) 고객 데이터 수집 시 고려사항

① 기업 현재 상황
② 기업 미래 상황
③ 고객관리방법 개선 방향이나 동향
④ 정부 및 단체 제도 변경 고려

(2) 고객 데이터 내용

① 회원등록정보
② 신용카드정보
③ 상품구매정보
④ 외부데이터 베이스
⑤ 시장조사결과
⑥ 제휴사 고객정보
⑦ 전자우편 및 고객센터 접수정보

2 고객가치 관리

고객가치 관리는 고객 가치가 다른 고객을 차별화하여 관리하는 것을 말한다. 고객이 기업에 기여하는 경제적 가치 정도에 따라 자원을 할당하는 것이다. 여기서 중요한 점은 고객이 기업에 기여하는 가치를 계산하는 방법이 중요하다.

1) 전통적 가치 척도

가장 일반적으로 시장점유율을 통하여 가치를 평가했는데 개별고객에 대한 정보가 없다는 것이다. 그리고 매출액 증감 척도도 경쟁상의 매출액 비교와 소비자 수의 증감은 파악되지 않는다.

2) 지갑 점유율(Size of wallet)

고객중심적 가치 척도 방법으로 고객의 정해진 범주에 지출한 총액을 화폐 단위로 나타내는 방법이다.

I= 기업
SI= 기업 I의 특정 고객에 대한 매출액

$$= 100 \times \sum_{I=1}^{I} SI$$

3) 고객활동 척도

기업의 목표된 잠재고객에서 소비자로 전환되는 획득률과 그 비용을 기반으로 관리하는 것이다.

(1) 획득률

$$= 100 \times \frac{\text{획득된 잠재고객}}{\text{목표 잠재고객}}$$

(2) 획득비용

$$= \frac{\text{고객 획득 비용}}{\text{획득된 잠재고객수}}$$

(3) 유지율과 이탈률

이전 기간과 비교하여 현재 구매를 지속하는 평균적인 비율과 이탈하는 비율이다.

4) RFM 분석과 고객 생애가치 평가

(1) RFM 분석

RFM 분석은 최근 구매일(Recently), 구매 빈도(Frequency), 구매 금액(Monetary value)의 첫 글자를 따온 것으로 고객의 어떤 상품이나 서비스를 구입하였을 때 마지막으로 구입한 날은 언제이고 총 구매금액은 얼마인지를 바탕으로 고객정보를 분석하여 고객을 평가하는 것을 말한다.

(2) 고객속성파일 분석기법(Marketing Consumer Information File MCIF)

기존 고객의 구매형태와 고객관리에서 발생한 다양한 데이터(구매기간, 구매횟수, 금액, 장소, 품목, 구매방법)를 비교, 분석하고 정보를 교차하여 마케팅 활동에 활용하는 고객관리 및 분석기법이다.

(3) 고객생애 가치(Customer lifetime value)(LTV)

고객생애 가치는 고객과의 관계를 통하여 나오는 미래 현금흐름의 현재가치를 평가하는 것이다. 고객생애 가치는 고객이 자사에 전 생애에 걸쳐 제공하는 이익을 현재가치로 환산한 개념으로 잠재적이고 변화하는 개념으로 현재 실현된 가치와 잠재적인 가치로 구분하여 이해하여야 한다.

고객 LTV = 실현 가치 + 잠재 가치

고객 잠재 가치를 추정하는 것이 중요한 개념인데 잠재 가치 추정은 마케팅 관리자의 현재 가치를 분석에 의해 이루어짐으로 현재 가치가 파악이 유용하다. 즉 기존 고객 자료 분석을 통하여 일정한 규칙이나 상관관계 분석을 실시하여 미래 행동을 예측하는 것이다.

3 로열티 프로그램

소매업에서 고객충성 프로그램은 1990년대 후반부터 학계의 폭발적 관심이 증대되었다. 로열티 프로그램은 이미 알고 있는 고객을 상대로 지속적 마케팅 교환을 강화하고 유대를 형성하고자 브랜드화된 상품과 서비스를 개별적으로 전달하면서 고객가치를 증대시키는 관계 마케팅 활동이다. 로열티 프로그램은 다양한 분야에서 고객에게 혜택을 제공하면서 기존 고객을 유지하고 반복 구매율 증대를 위한 전략 일환으로 마일리지, 캐시백 포인트, 가격할인, 인센티브 제공 등 눈에 보이는 혜택을 보상으로 제공하고 있으며 고객 구매활성화와 고객 애호도를 강화한다. 즉 고객충성프로그램은 반복구매에 기초하여 고객에게 보상을 제공하는 마케팅이라 할 수 있다.

1) 스탬프 제도

일정구입 금액에 상당하는 스탬프를 모아서 제시하거나 송부하면 준비된 경품이나 사은품을 받을 수 있는 제도이다. 스탬프 카드를 이용하여 구매액에 따라 보너스 점수를 부여 재방문 수요를 창출하는 방법으로 우수 고객인 단골고객을 증대시키는 단순한 고객관리 프로그램이다.

2) 회원 제도

상품구입자를 대상으로 여러 가지 혜택을 얻을 수 있는 회원제도에 가입함으로써 고객을 고정화하는 제도이다. 회원 제도는 시장세분화를 통하여 우수한 목표고객을 확보하고 매출을 증대시키는 방법이다. 그리고 회원고객의 구매 데이터는 보다 발전된 고객관계관리의 기초가 된다. 고객관계관리는 가장 가치 있는 고객을 찾아내고 충성도를 높이기 위한 기업 전략, 프로그램, 시스템 집합이라 할 수 있다. 회원 제도는 샌드위치 가게의 보너스 카드와 같은 간단한 형태부터 항공사, 해롯 같은 백화점이 사용하는 복잡한 프로그램까지 다양한 수준으로 전개될 수 있다.

3) 우수고객 우대

20% 우량고객이 80% 매출을 점유한다는 이론에서 출발하는 것이다. 이는 파레토 법칙에서 유래한 것으로 일반적으로 기업에서 전체 수익 중 80%를 20%의 고객이 제공한다는 의미이다. 그러므로 우수한 20%의 고객관리 중요성이 대두되는 것이다. 20/80 법칙은 이탈리아 경제학자인 빌프레도 파레토(Vilfredo Pareto)가 처음으로 발견했다. 파레토는 19세기 영국 부와 소득 유형을 연구하던 중 소수 인원이 대부분 소득을 올리는 부의 불평등 현상을 발견했다. 그는 인구 비중과 그들이 소유하는 부 혹은 소득은 일정한 비율이 존재한다는 사실과 이 사실이 어느 나라 시대에도 불균형 패턴이 동일하다는 것이다.

파레토 법칙을 응용한 20% 우량고객 집중관리로 마케팅을 실시하는 것이 성공적 마케팅을 수행하는 지름길이라 할 수 있다. 100% 고객에게 마케팅을 실시할 경우 비용과 자원의 낭비가 초래될 수 있다. 하지만 20% 핵심고객에게 충분한 노력과 비용을 투입한다면 기대 이상 성과를 창출할 수 있다. 그래서 마케팅 담당자들은 20% 핵심고객에게 자원과 비용을 투입하여 성과를 극대화하는 것이 필요하다. 20/80법칙을 토대로 기업은 마케팅에 중점을 두고 전체 고객 중 20% 고객에게 집중하여 핵심고객이 만족하는 마케팅을 실시하는 것이 고객 로열티와 수익을 증대시키는 것이 된다.

4) 포인트 프로그램

고객보상(로열티) 프로그램으로서 포인트 적립 프로그램은 원래 단독 마일리지 형태로 시작되었으나 포인트 소비 범용성이 높아지면서 제휴 마일리지를 거쳐 통합 교환 마일리지 형태로 발전되어 왔다. 대부분 브랜드는 호환성이 없는 개별 포인트 프로그램을 운영함으로 포인트로 해당 브랜드에서만 적립과 소진을 할 수 있다. 이 경우 소진 가능한 수준까지 포인트를 적립하려면 오랜 시간이 소요됨으로 포인트 활용이 적립에 비해 매우 미약해진다. 하지만 통합 포인트 카드는 동일 기업 내 다수 브랜드 통합 또는 이종 기업간 제휴로 형성되므로 단일 브랜드 프로그램에 비하여 적립 및 소진처가 다양하다.

따라서 사용 가능한 최소 적립액에 도달하는 시간 즉 이익실현 시점이 빨라지며 소진이 더욱 편리해진다는 장점이 있다. 성공적 포인트 프로그램은 충분한 수의 고객이 해당 프로그램을 채택하고 고객카드를 지속적으로 이용하는 것이다. 고객 포인트 프로그램이 제대로 작용하는 것은 프로그램 설계에 달려있다 할 수 있다. 이는 프로그램 설계가 포인트 프로그램 효율성과 효과에 직접적 영향을 미치기 때문이다([표 7-3] 참조).

[표 7-3] 포인트 프로그램 설계

항목	구분	세 부 내 용
보상구조	보상	- 실제적 보상 : 가격할인, 프로모션, 샘플 제공 - 추상적 보상 : 특별한 지위부여 등 심리적 보상
	보상률	- 특정 소매점 이용 시 보상액, 평균적으로 1% 보상률이 주로 이용된다.
	보상단계	- 누적 구매실적 관계없이 일정률 적립법과 누적 금액에 따라 차등적립 방법이 있다.
	변제시기	- 보상 이행시기(5천 포인트 적립시 사용 가능 등)
스폰서십	스폰서십	- 자사 소매점 거래 시 반영 혹은 제휴업체 적립 가능 등 스폰서십에 차이를 둘 수 있다.
	소유권	- 누가 충성 프로그램을 소유하는가의 문제를 결정한다.

(1) 통합 포인트 카드 프로그램

단일 브랜드 고객보상 프로그램에서 다수 브랜드 통합 프로그램으로 발전된 경우를 보면 동일 기업내의 브랜드를 통합하는 경우와 기업집단 내 독립법인간 통합이 있다. 그룹사의 경우 동종 내지 유사업종간 통합에서 전혀 성격이 다른 업종간 통합까지 다양한 형태 프로그램을 운영하고 있다([표 7-4] 참조).

[표 7-4] 그룹별 통합포인트 카드

카드명	ONE CARD	HAPPY POINT	GS POINT	롯데맴버스
기업집단	CJ	SPC	GS	LOTTE
참여사	그룹내 5개사 15개 브랜드	그룹내 3개사 5개 브랜드	그룹내 3개사 외부 제휴사	그룹내 15개사 외부 제휴사
주요 사용처	영화관, 온라인 쇼핑몰, 베이커리, 커피숍	베이커리, 커피, 아이스크림	주유소, 홈쇼핑, 리테일	백화점, 할인점, 온라인 쇼핑몰
적립률	0.5–5%	5%	0.3–1%	0.1–1%

(2) 롯데 맴버스 제도 사례

① 롯데 맴버스 카드

롯데그룹내의 포인트를 하나로 통합하여 사용할 수 있는 제도로 롯데 맴버스 회원이 되면 하나의 카드로 모든 제휴사 포인트를 통합하여 어느 곳에서나 사용할 수 있는 맴버스 카드이다

② 가입조건

만 14세 이상(외국인 가능)

③ 통합 포인트 적립 및 사용 기준

대개의 경우 1천 원당 5점 적립(계열사 및 현금카드 구분가능), 적립 포인트 5,000점 이상 시 맴버스 제휴사 어느 곳에서나 사용 가능하다.

Ⓐ 10포인트 단위 사용 가능

Ⓑ 백화점 포인트 1만 포인트 넘어야 롯데 포인트로 합산 가능

④ 제휴사 및 운영사

롯데그룹 23개 회사 / 롯데카드사 운영

(3) 포인트 카드 효과

포인트 카드 통합의 주요 목적은 신규고객 유입, 교차판매유도, 추가구매증대, 기존고객이탈 방지를 목적으로 실시하며 통합 커뮤니케이션 활동으로 인한 인지도 향상 및 비용효율화 개선 등 효과가 있다([표 7-5] 참조).

[표 7-5] 포인트 카드 효과

항 목	효 과
고객 충성도 제고	태도적 충성은 고객이 브랜드나 소매점에 우호적이고 잠재적으로 가지는 믿음과 태도이다. 행동적 충성은 반복적 구매이다. 포인트 프로그램은 보상과 보너스로 고객을 유인하여 충성을 강화하는 효과가 있다.
수익성 창출	수익성 창출은 포인트 프로그램으로 고객구매행동에서 발생하는 결과이다. 구매량, 구매빈도 가속화, 고객지출에서 자사 소매점이 차지하는 비율, 고객유지 등으로 측정이 가능하다.
손익 개선	포인트 프로그램은 지속적 이익을 창출해 준다.

4 쇼퍼 인사이트 분석

1) 쇼퍼 마케팅

(1) 쇼퍼(상품 구매자)

소비자를 상품 사용자(User)와 구매자(Shopper)로 구분하여 이해하고 그 이해를 바탕으로 마케팅 및 소매점 전략을 수립하는 것이 필요하다. 이제는 사용자인 소비자에서 구매자인 소비자를 구분하고 쇼퍼인 소비자를 위한 가치를 설계하고 제공하는 것에 마케팅 초점을 맞출 필요가 있다. 쇼퍼를 주목하는 이유는 사용자와 쇼퍼를 다른 존재로 파악하는 것이 중요하여졌고 필요한데, 사용자와 쇼퍼의 차이는 두 가지 관점에서 분석된다.

① 물리적으로 다른 경우이다.
　예) 주부의 아이들 간식 구매 / 남편이 마실 맥주 구매 등
② 동일한 소비자라도 사용자 측면과 쇼퍼 측면이 심리적으로 다른 경우이다.

(2) 쇼퍼 마케팅

쇼퍼 마케팅은 소비자를 구매자 즉 쇼퍼로 이해하여 마케팅 전략을 세우는 것이다. 미국 식료품마케팅협회(Grocery Marketing Association)는 쇼퍼 마케팅에 대해 다음과 같이 정의하고 있다. “쇼퍼 마케팅이란 쇼퍼를 사로잡아 구매하도록 만드는 모든 마케팅 활동을 말한다. 이는 쇼퍼 행동에 대한 깊은 이해를 바탕으로 하며 브랜드 자산을 구축할 수 있도록 디자인된다. 쇼퍼 마케팅은 마케팅 대상을 소비자에서 쇼퍼로 정의하는 것이다. 이런 점에서 쇼퍼 활동공간인 유통현장 점포에서 실시되는 마케팅이 어느 때보다 중요한 시점이 되었다.

쇼퍼 마케팅이 기존 소비자 대상 마케팅과 다른 점은 첫째 대상 변화이다. 소비자는 사용자로 간주하여 사용자인 소비자에 초점을 맞추었던 것에서 구매자인 쇼퍼로 마케팅 대상 변화이다. 쇼퍼인 소비자를 대상으로 하는 마케팅은 사용자인 소비자를 대상으로 한 마케팅과는 확실하게 다르다 할 수 있다. 둘째는 시점 변화이다. 기존에는 물리적 측면에서 점포가 구매에 미치는 영향을 분석해 왔다. 점포에서 쇼퍼로 시점을 이동하게 되면 점포 중심 사고에서 쇼퍼 행동과 심리를 중심으로 새로운 발상 전환이 요구된다.

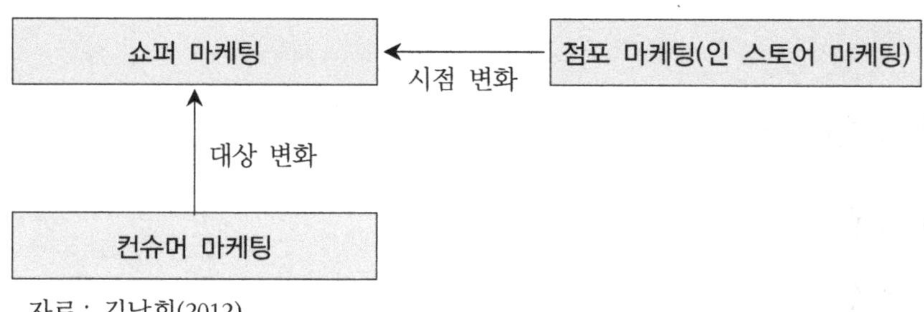

자료 : 김낙회(2012)

[그림 7-7] 쇼퍼 마케팅 차이점

2) 쇼퍼 인사이트 분석

쇼퍼 인사이트는 소비자를 구매자 즉 쇼퍼로 바꿔 구매하는 장소인 매장에 초점을 맞추는 것이다. 매장에서 쇼퍼 행동과 구매 시 쇼퍼 생각에 주목한다. 쇼퍼 인사이트 분석 목적은 쇼퍼 욕구와 구매 패턴을 파악하여 마케팅에 반영하는 것이다. 점포에서 쇼퍼 행동과 심리를 분석해서 전략을 수립하는 것이다.

(1) 쇼퍼 행동파악

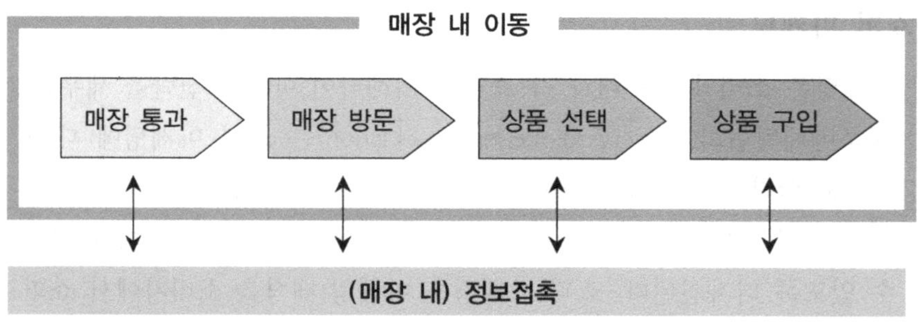

자료 : 김낙회(2012)

[그림 7-8] 쇼퍼 행동을 파악하는 시점

쇼퍼 행동에는 점포 안으로 입점하면서부터 하는 행동, 즉 어떻게 점포를 돌아 다녔는지?, 정보획득과 방문매장은 어디인지?, 어떤 상품을 구입했는지 등 매장 안에서 발생한 모든 행동이 포함된다. 쇼퍼의 점포 내에서 행동은 매장 내 모든 접점이 된다([그림 7-8] 참조).

① 점포 내 이동 동선 파악

점포 내 고객 이동 동선을 파악한다. 고객 이동유형을 정리하는 것이다.

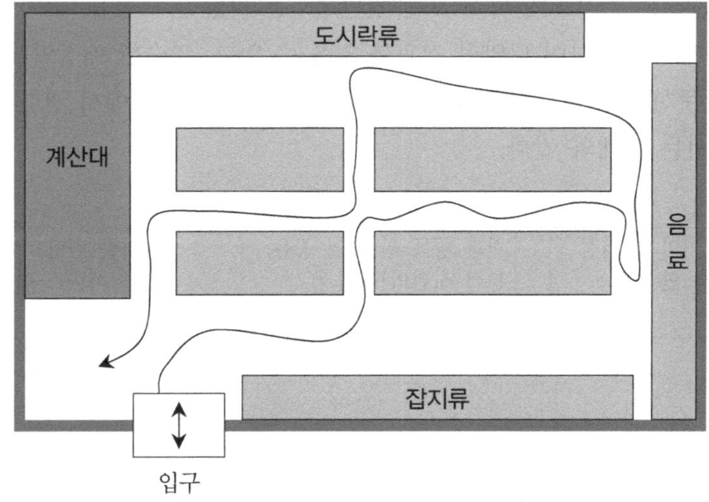

자료 : 김낙회(2012)

[그림 7-9] 점포배치도와 고객 동선

② 매장접근 분석

전체 행동을 분석한 후 개별 매장별로 쇼퍼를 파악하는 것이다. 매장별로 고객 통과율이 높은지 매장의 과제를 해결하는 데 필요하다.

③ 매장체류시간 분석

쇼퍼는 관심이 있는 매장에 장시간 체류하게 된다. 매장체류 분석은 관심 있는 매장과 지나가는 매장 구분이 가능하다.

④ 상품선택

쇼퍼는 체류한 매장에서 상품을 선택한다. 실제로 상품 선택행동으로 측정이 가능한 것은 손으로 집어 들었는가 아닌가이다. 선택 자료는 구입과 선택 차이를 파악할 수 있다.

⑤ 상품구입 분석

쇼퍼가 매장 내 구입한 상품을 파악한다.

⑥ 정보접촉 분석

눈과 귀를 통해 정보를 접촉하는 행동을 분석한다. 매장 커뮤니케이션을 쇼퍼가 얼마나 접촉하는지 정량적으로 파악하여 효율화하는 데 활용된다.

(2) 쇼퍼 행동관찰

쇼퍼 행동관찰은 단지 막연하게 보는 것만으로는 다양한 느낌을 얻기 힘들다. 명확한 관점을 가지고 관찰하여 다양한 결과를 얻을 수 있다. 익숙한 매장이라도 어린아이가 처음 보는듯한 관점에서 바라보며 의식적으로 다양한 측면에서 관찰하여야 한다. 행동관찰 순서는 아래와 같다.

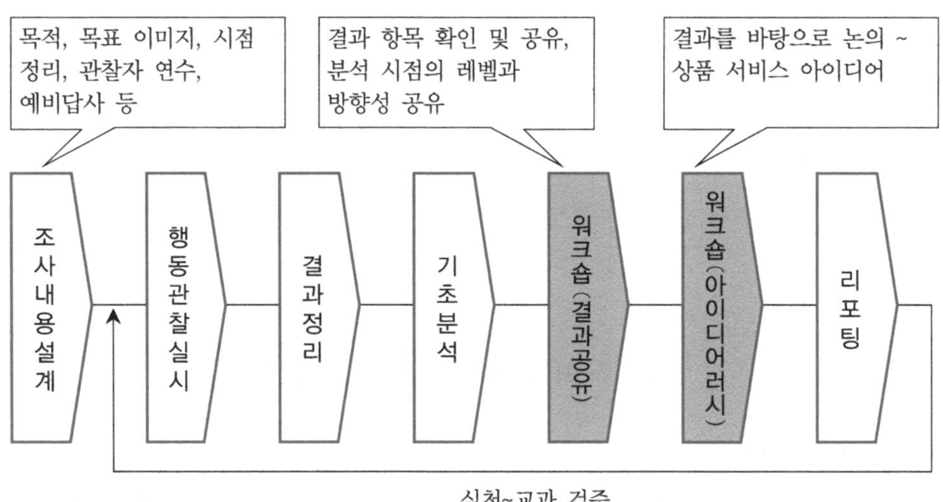

자료 : 김낙회(2012)

[그림 7-10] 행동관찰 흐름

① 관찰내용 설계

② 행동관찰 실시

행동관찰 방법은 행동관찰조사, 매장 내 인터뷰, 비디오 조사 등이 있다.

③ 결과정리 및 기초분석

관찰실시 후 수집한 정보를 정리한다.

[표 7-6] 행동관찰 방법

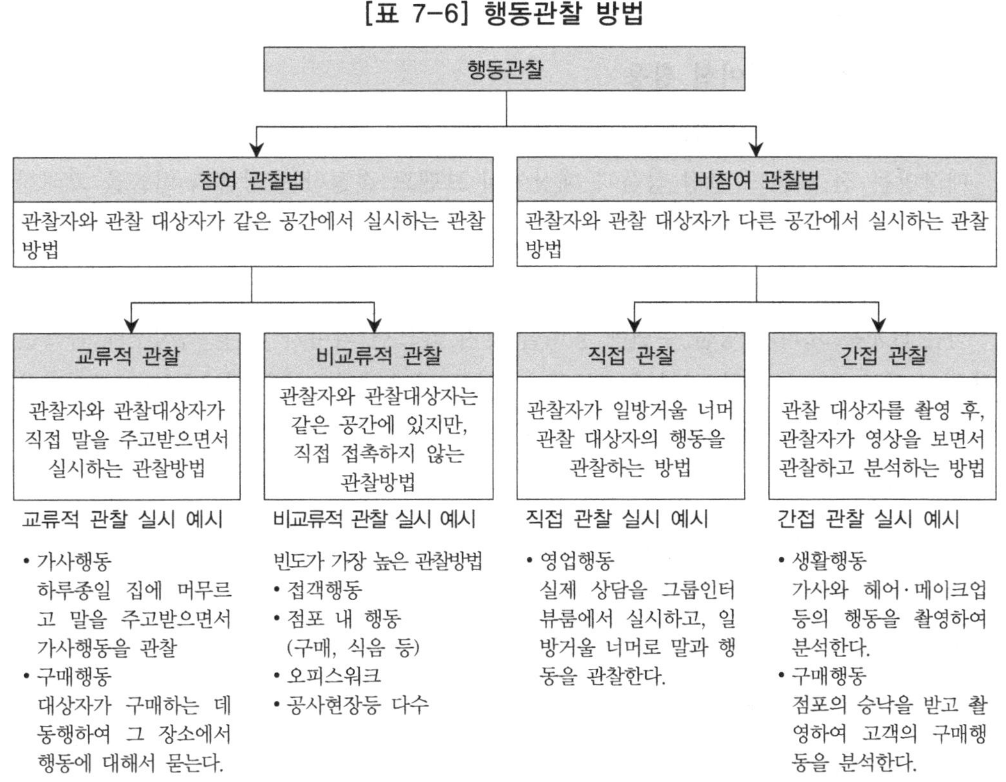

자료 : 김낙회(2012).

④ 워크숍

기초분석 후 이해관계자로 구성된 워크숍을 실시한다.

⑤ 실천 및 효과검증

행동관찰 조사에서 얻은 결과를 실천하여 검증과정을 거친다.

(3) 추적조사(Shadowing)

추적조사는 관찰대상자인 이해관계자와 동행하며, 그들이 경험하는 서비스를 관찰하는 것이다. 추적조사의 목적 중 첫 번째는 관찰대상을 유형화하여 현재 상품이나 서비스를 이용하는 사람들의 Persona를 파악하여 Persona별 행동패턴을 이해하는 것이며, 두 번째는 서비스 상황 속에서 대상이 경험하는 가치나 이해관계자와의 상호작용을 포착하여 서비스 상황별 이슈와 인사이트를 도출하는 것이다.

3) 쇼퍼 인사이트 분석 활용

(1) 점포 커뮤니케이션 활용

① 점포 커뮤니케이션 방법

매장방문 전 브랜드 결정 상품과 매장에서 브랜드 결정하는 상품의 비율을 고려한 점포 내 소구 포인트를 달리한다.

② 카테고리별 차별화된 커뮤니케이션

작은 POP는 쇼퍼가 상품 주변에 흥미를 갖지 않으면 의미가 없다. 목적구매 품목은 작은 쇼카드로도 충분한 설명이 가능하다. 점포 커뮤니케이션은 단순한 POP설치만을 의미하지 않고 고객 행동을 주의 깊게 관찰하여 카테고리마다 다른 커뮤니케이션 방법을 활용해야 한다.

③ 상황에 적합한 커뮤니케이션

매장에서 쇼퍼가 관심을 가지도록 하는 SIGN형 POP와 일단 관심을 갖게 한 후 상품설명을 천천히 읽고 이해시키는 커뮤니케이션형 POP를 상황에 맞게 사용해야 한다.

(2) 우수 쇼퍼 관리

① FSP(Frequent Shopper Program)

FSP는 회원카드를 이용하여 고객을 관리하는 제도를 뜻하는 것으로 1980년대 미국 항공업계 마일리지 카드에서 유래되었다. POS자료에 고객을 식별할 수 있는 정보를 덧붙인 고객 자료를 말하며 고객들이 계산할 때 카드를 제시하면 구매시점 정보에 고객 ID가 주어지는데 이것이 FSP자료다.

예) 일본에서 8천개 이상 점포를 운영하고 있는 세븐일레븐은 각 소비자들의 쇼핑 목록을 스캔하여 정보를 수집한다. 이렇게 수집된 정보는 인공위성과 인터넷을 통해 본사로 전송되며 본사에서는 수집한 정보를 지역별, 상품별, 시간별로 분리한 후 다음 날 아침 모든 점포와 공급자들이 이 정보를 열람할 수 있도록 한다. 점포에서 패스트푸드와 신선식품은 하루에 3회 주문되고 가공식품은 일주일에 3회 주문하는데 이때 이러한 쇼퍼의 구매정보가 반영된다.

② FSP(Frequent Shopper Program)자료 활용

소매업체에서 FSP자료를 활용하여 경쟁우위를 하려는 전략적 수단으로 이용하고 있다(FSP자료 활용유형). 활용정도에 따른 단계는 카드회원 구축, 우수고객 식별, 우수고객 관리 단계와 상품판촉과 소매점 매장 MD에 적용하는 단계로 구분하여 이해할 수 있다.

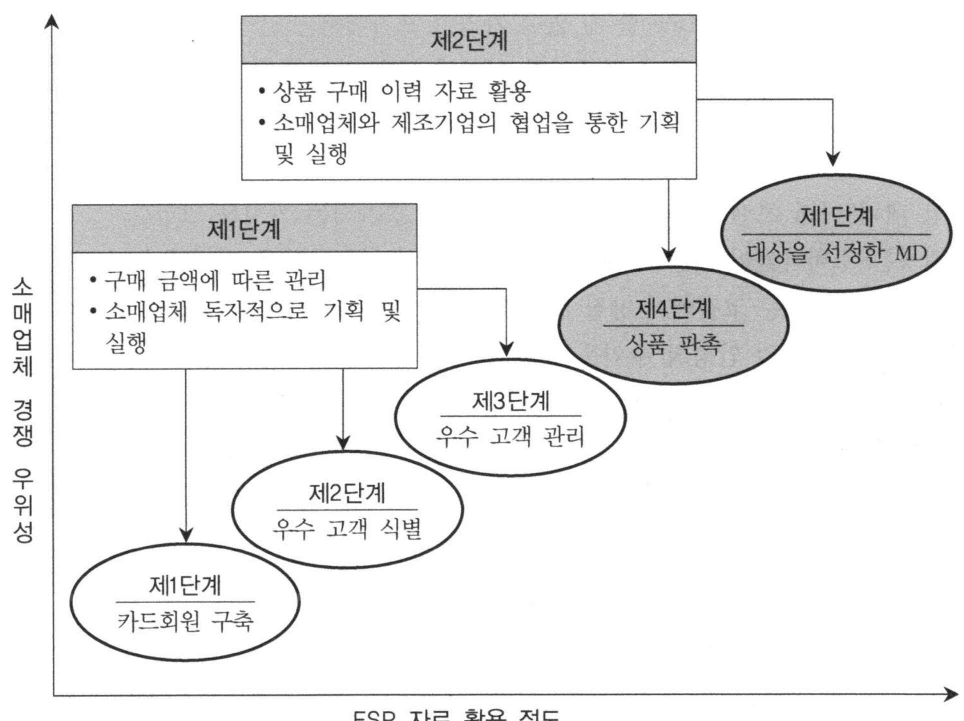

자료 : 김낙회(2012)

[그림 7-11] FSP 자료의 활용 유형

제3절 고객충성도 프로그램

1 고객충성도 프로그램

1) 고객충성도 개념 및 의의

고객충성도(customer royalty)란 기업이 지속적으로 고객에게 탁월한 가치를 제공해줌으로써 그 고객으로 하여금 해당 기업이나 브랜드에 호감이나 충성심을 갖게 함으로써 지속적 구매활동이 유지되도록 하는 것이다. 높은 수준의 고객충성도로부터 초래되는 경제적 이득은 상당하며 지속적 고객 충성도 획득은 그 기업의 매출 및 시장점유율 향상과 고객유지비용 감소를 가져오며 이를 통한 추가분의 이익을 이용하여 고객가치 증대나 새로운 부문에의 투자, 종업원 보수 향상 등에 사용할 수 있게 된다.

고객충성은 On-Line, Off-Line 할 것 없이 기업이 포기해서는 안 되는 가장 중요한 자산이다. 웹상에서의 고객충성은 상품가치 이외의 많은 변인의 영향을 받는다. 고객충성을 형성하는 가장 중요한 두 축은 상대적 가치(Relative Value)와 관성(Inertia)이다. 상대적 가치란 브랜드 자체가 보유하고 있는 자산(Equity)과 가격(Price) 요인이 결합하여 시장 내의 여러 브랜드들과의 경쟁 상황하에서 평가되는 가치를 말한다.

관성은 소비자들이 기존 구매행동을 계속 유지하려는 힘을 의미한다. 고객만족의 궁극적 기업목표는 고객에게 양질 상품과 서비스를 제공하고 이를 통해 재 구매를 유도함으로써 기업의 안정적 수익을 확보하는 데 있다. Hirschman의 'Exit-Voice Theory (1970)'에 따르면, 증가된 고객만족의 즉각적인 효과는 고객불평률의 감소와 고객충성도 증가로 나타난다. 불평이 발생할 때 고객은 이탈(경쟁자상품, 서비스구매)을 하거나 보상을 받기 위해서 불평을 토로하는 선택권을 갖게 된다. 따라서 만족 증가는 불평 요소를 감소시키고, 고객충성도를 높이게 된다.

2) 충성 고객형성 7단계

① 1단계(구매 용의자)

구매 용의자는 자사 상품이나 용역을 구매할 능력이 있는 모든 사람을 포함한다.

② 2단계(구매 가능자)

구매 가능자는 당신의 상품이나 용역을 필요로 할 수 있고 구매 능력이 있는 사람을 가리킨다. 이들은 이미 우리의 상품에 대한 정보를 알고 있다.

③ 3단계(비자격 잠재자)

비자격 잠재자는 구매 가능자 중에서 상품에 대한 필요를 느끼지 않거나 구매할 능력이 없다고 확실하게 판단이 되는 사람으로 목표고객에서 제외시킬 수 있다.

④ 4단계(최초 구매고객)

최초 구매고객이란 우리의 상품을 1번 구매한 사람을 의미한다. 이들은 당신의 고객이 될 수도 있고, 경쟁사의 고객이 될 수도 있다.

⑤ 5단계(반복 구매고객)

반복 구매고객은 우리 상품을 적어도 2번 이상 구매한 사람들이다. 이들은 같은 상품을 2번 구매한 사람일 수도 있고, 다른 상품이나 용역을 번갈아 구매한 사람일 수도 있다.

⑥ 6단계(단골 고객)

단골 고객이란 우리가 파는 상품 중 사용할 수 있는 모든 상품을 우리로부터 구매하는 사람이다. 이들은 우리와 지속적이고 강한 유대관계를 가지고 있어 경쟁사 유인 전략에도 동요되지 않을 사람들이다.

⑦ 7단계(지지 고객)

지지 고객은 단골 고객 중에서도 다른 사람들에게도 우리 상품을 사서 쓰도록 권유하는 사람이다.

3) 고객 로열티 평가 시스템 운영 원리

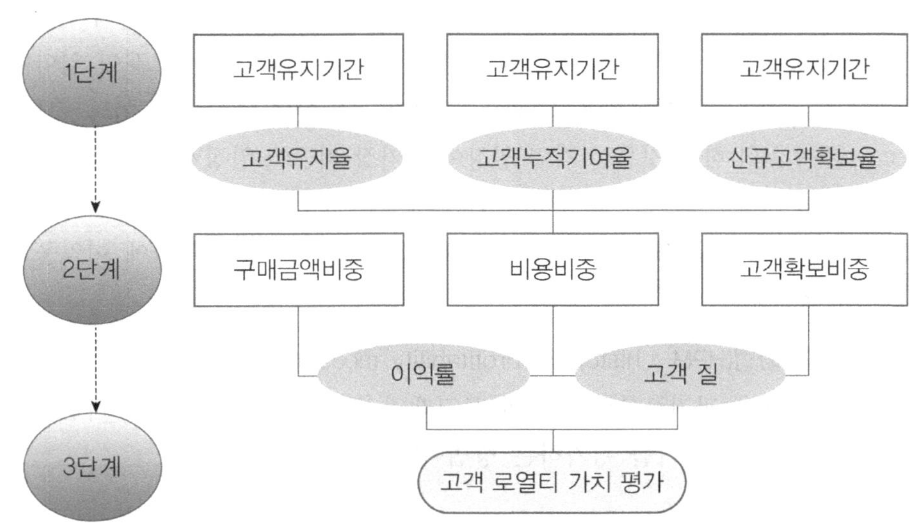

[그림 7-12] 고객 로열티 평가 시스템

4) 고객생애가치(LTV ; Life Time Value)

① 고객생애가치 개념

고객생애가치(LTV)는 한 고객이 고객으로 존재하는 전체 기간 동안 기업에게 제공하는 이익 합계이다.

② 고객생애가치 특징

Ⓐ 고객생애가치는 한 시점에서의 단기적 가치를 말하는 것이 아니고 고객과 기업 간에 존재하는 관계 전체가 가지는 가치이다.

Ⓑ 고객생애가치에서는 고객들 이탈률이 낮을수록 고객생애가치는 증가한다.

Ⓒ 고객생애가치는 매출액을 말하는 것이 아니고 이익을 말하는 것이다.

Ⓓ 고객생애가치를 산출함에 있어서 기업은 어떤 고객이 기업에게 이롭고 유리

한 고객인가를 파악할 수 있으며 그 고객과 앞으로 어떤 관계를 가지도록 하는 것이 합리적인가를 파악할 수 있다.

Ⓔ 우량고객 효과적 관리를 위해서는 이들이 느끼는 가치에 따라 보상 프로그램을 차별적으로 실시하는 것이 바람직하다.

5) 고객 수익기여도 분석

① RFM(Recency, Frequence, Monetary) 분석

RFM은 일종의 점수부여 체계로서 고객 세분화를 위한 구매패턴 분석에 활용된다. 다시 말해 RFM분석은 고객이 얼마나 최근에 구입했는가(Recency), 고객이 얼마나 빈번하게 우리 상품을 구입했나(Frequency), 고객이 구입했던 총금액은 어느 정도인가(Monetary)를 수치화 하는 것으로 기업 입장에서 가장 최근에 일정기간 동안 자주 많은 액수 상품을 구매하는 고객을 찾아내기 위한 방법론이다. 기업은 Recency, Frequency, Monetary를 분석하여 고객에게 평점을 부여하고, 순위를 정하여 자사에 이익을 주는 우량고객을 뽑아낸다.

② 고객실적평가법(HPM : historical profitability measurement)

고객실적평가법은 과거로부터 현재까지 고객의 구매실적을 분석하여 기업 수익에 어느 정도나 기여해왔는가를 평가하는 방법이다.

2 e-CRM

1) e-CRM 개념 및 의의

e-CRM은 Electronic Customer Relationship Management의 약자로 e비즈니스 환경 아래에서 전개되는 CRM을 말한다. 다시 말해 인터넷을 통하여 e-데이터웨어하우스로 수집된 고객과 관련된 데이터를 웹 마이닝(web mining)으로 분석하는 것을 말한다. 온라인상의 고객 접촉수단과 원리를 활용하여 쌓이는 기업 내·외부 고객 관련 정보를 분석하여 고객만족도를 향상시키고 고정고객화를 통해 고객로열티를 증진시켜 궁극적으로 수익구조를 개선하는 경영관리활동이다.

온라인상에서 고객 행동과 성향을 분석해 고객만족을 극대화하고 실시간에 1:1 마케팅을 실현해 주는 것이다. 인터넷상에서 발생하는 모든 데이터와 오프라인 데이터를 이용하여 고객정보를 구축하고 이를 바탕으로 재구축한 고객관계관리이다. 고객층

의 정교한 세분화와 개인 고객과의 1:1 관계형성을 실현하는 주요한 e-비즈니스 도구라고 할 수 있다.

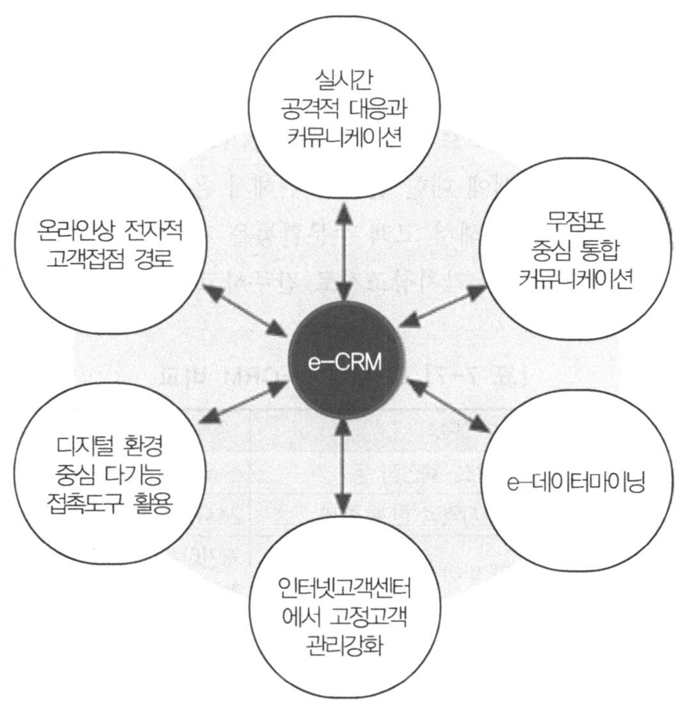

[그림 7-13] e-CRM 전략적 정의

2) e-CRM 목적

① 목표고객에 대한 고객관계를 집중화한다.
② 고객과의 1 대 1 관계를 중시하는 경영 및 마케팅기법을 사용한다.
③ 고객이탈 방지를 위한 적극적 고객마케팅이 가능하다.
④ 데이터마이닝을 통한 고객자산 기반을 전략화할 수 있다.
⑤ e-고객정보 통합 솔루션
⑥ 인터넷 중심 5C 활용 극대화(4P → 5C)
　Ⓐ Customer : e-비지니스 출발은 고객
　Ⓑ Communication : 고객과 쌍방간 대화
　Ⓒ Contents : 고객이 원하는 정보나 요구사항
　Ⓓ Commerce : 고객이 구매하거나 이용할 수 있는 거래행위 매개체

Ⓔ Community : 고객이 자신들과 유사한 성향이나 가치를 지닌 사람들과 조직화의 원활화

3) e-CRM 특징

인터넷을 활용한 단일 통합 채널을 통해 고객과 접촉하며 지역적 및 시간적 한계를 극복할 수 있는 고객관리방법으로서 음성, 동영상, FAQ 등 다양한 기술을 이용해서 고객 응대를 할 수 있다. 고객에 대한 관리를 위해서 온라인과 오프라인을 동시에 이용할 수도 있으며 인터넷을 통해서 고객 주문활동을 지원함으로서 고객 구매정보 이력화가 가능하다. 고객을 공동 가치창조자로 간주하고 관리할 필요성이 있다.

[표 7-7] CRM과 e-CRM 비교

구 분	CRM	e-CRM
고객접촉 경로	전화, 팩스, 판매장소, 체인점 등	e-mail, 인터넷, 이동통신, e-카탈로그 등
시간·공간 범위	제한된 영업시간, 지역적 한계 존재	24시간, 전 세계를 대상으로 가능
분석 이슈	통계기법, 데이터 마이닝, OLAP 등	개인화 엔진을 위한 실시간 고객성향분석, 행동패턴 분석, 마케팅효과 분석 등
Data 활용	마케팅캠페인, 이탈고객관리, 콜센터 자동화 등	1:1마케팅, 웹사이트 콘텐츠 개인화 등
비 용	신규고객 유치와 관리비용 상대적 높음	초기 Set-up 비용 높은 반면 유지·관리 비용 상대적 낮음

4) e-CRM과 CRM 공통점

① 고객접점과 커뮤니케이션 경로 활용을 매우 중시한다.
② 원투원마케팅(1:1)과 데이터베이스마케팅 활용을 매우 중시한다.
③ 고객서비스 개선과 거래 활성화를 위해 고정고객관리에 중점을 둔다.
④ 로열티 고객 확보와 고객생애가치 증대에 전략적 우선 목표를 둔다.
⑤ 고객 개개인에 대한 차별적 서비스를 실시간으로 제공한다.
⑥ 데이터마이닝 등 고객행동분석 전사적 활용을 추구한다.
⑦ 오프라인 경로 중심인 기업이나 조직의 경우 온라인 경로까지 확대하려는 움직임을 보인다.
⑧ 모든 유통경로를 통합 관리하고 의사결정을 위한 고객정보 통합으로 CRM솔루션을 구축하고자 한다.

○ 연습문제 ○

01 고객관계관리(CRM)에 관하여 설명하시오.

고객관계관리(CRM)란 고객에 대한 정보를 활용하여 고객과 관계를 구축하고 강화시켜 나가 그들을 평생고객이 되게 함으로써 고객의 생애가치를 극대화하고자 하는 경영방식 또는 철학이라 할 수도 있고 이 경영방식을 실현할 수 있도록 해주는 기업 시스템이라고도 할 수 있다.

1) 고객관계관리 특징
   ① 시장점유율 보다 고객점유율에 비중을 둔다.
   ② 고객획득 보다는 고객유지에 중점을 둔다.
   ③ 상품판매 보다는 고객관계에 중점을 둔다.

2) 관계마케팅 목표
   기업 간 경쟁이 치열해짐에 따라 기업들은 새로운 고객을 창출하는 것보다 기존 고객들을 어떻게 유지하고 이들에게 얼마나 더 많은 투자를 할 것인가에 대해 더욱 더 관심을 기울이고 있다.
   ① 고객 획득
   ② 고객 관계유지
   ③ 관계 강화

02 마케팅 PR 대하여 설명하시오.

신뢰할 수 있는 커뮤니케이션과 정보제공을 통해서 소비자 구매를 촉진하고 소비자 욕구 충족을 위한 프로그램을 계획, 집행, 평가하는 과정을 마케팅 PR이라 한다.

1) 마케팅 PR 목적
   ① 상품, 서비스 인지도 상승
   ② 특정 상품과 서비스 정보제공 및 교육
   ③ 상품과 서비스에 호의적 태도와 기업에 대한 신뢰도 추구 병행

2) 마케팅과 마케팅 PR의 비교

[마케팅과 마케팅 PR 비교]

	마케팅	마케팅 PR
주요관심	상품판매 및 서비스 이용	전반적 여론 지지
목 표	시장점유율	공유
대 상	소비자/ 고객	기업과 관련된 이해관계자
전 략	소비자 전략 – PULL, PUSH, PASS	다양한 이해관계자와 관계증진

03 고객생애가치에 대하여 설명하시오.

- 고객생애가치는 고객과의 관계를 통하여 나오는 미래 현금흐름의 현재 가치를 평가하는 것이다.
- 고객생애가치는 고객이 자사에 전 생애에 걸쳐 제공하는 이익을 현재가치로 환산한 개념으로 잠재적이고 변화하는 개념으로 현재 실현된 가치와 잠재적 가치로 구분하여 이해하여야 한다.

고객의 LTV = 실현가치 + 잠재가치

- 고객의 잠재가치를 추정하는 것이 중요한 개념인데 잠재가치 추정은 마케팅관리자의 현재가치를 분석에 의해 이루어짐으로 현재가치 파악이 유용하다. 즉 기존 고객 자료 분석을 통하여 일정한 규칙이나 상관관계 분석을 실시하여 미래 행동을 예측하는 것이다.

04 용어설명

- 충성도
- 지갑점유율과 RFM 분석
- 쇼퍼 인사이트 분석
- 포인트 프로그램

제 8 장 빅데이터 분석

제1절 빅데이터 이해

빅데이터(Big Data)는 초대용량의 데이터 양(Volume), 다양한 형태(Varity), 빠른 생성 속도(Velocity)라는 3V라고도 불리며 여기에 네 번째 특징으로 가치(Value)를 더해 4V라고 정의한다. 페타·제타 바이트 수준의 대용량 데이터를 실시간에 가깝게 조회하고 패턴 분석을 통해 활용하는 것을 빅데이터라 할 수 있다. 빅데이터를 분석하게 되면 소비자 취향은 물론 선호도, 소비패턴, 소비성향 등이 파악되어 그 다음에 어떤 선택을 할지 예측을 할 수 있어서 관심이 증대되고 활발한 연구가 진행되고 있다.

1 빅데이터 특징

1) 빅데이터 종류

(1) **정형 데이터**

즉각적으로 사용이 가능한 데이터를 말한다.

① 데이터 마이닝

빅데이터로부터 자동 또는 반자동적인 방법으로 의미 있는 규칙과 관계를 찾아내는 것을 말한다.

② 연관관계 분석

동시 또는 시차를 두고 발생하는 관련된 이벤트들의 규칙을 산출하는 방법으로 상품 혹은 서비스 간의 관계를 분석하고 이로부터 규칙을 찾아내는 방법으로 유용한 기법이다.

③ 군집분석

데이터 구조 파악을 위해 특별한 사전지식 없이 사용할 수 있는 방법으로 데이터에서 유사한 개체들을 하나의 집단으로 구분하여 분석하는 방법이다.

(2) 비정형데이터

미리 정의되지 않은 데이터 구조를 가지고 있는 데이터를 말한다. 사용을 위해서는 추가적 가공이 필요한 데이터를 말한다.

① 텍스트 마이닝

비정형 언어로 표현된 텍스트 데이터들에서 정보를 추출하거나 상관관계, 군집화, 요약 등으로 데이터 의미를 파악하는 것이다.

② 웹 마이닝

인터넷 웹 서비스를 이용하여 웹상에서 패턴을 발견하는 것이다.

③ 오피니언 마이닝

어떤 사안이나 인물, 이슈, 이벤트 등과 관련된 원천 데이터에서 주제에 대한 의견이나 평가, 태도 등 주관적 정보를 식별하고 추출하는 것으로 오피니언 분석, 평판 분석이라고도 한다.

④ 소셜 네트워크 분석

노드(점, Vertex)와 링크(선,Edge)로 구성되는 네트워크 이론에 의해서 사회적 관계를 분석하는 것을 말한다.

(3) 반정형데이터

정형적 구조는 가지고 있지 않지만 어의적 요소를 분리시키고 데이터내의 레코드와 필드의 계층구조가 있게 하는 태그나 다른 마커를 포함하고 있는 정형 데이터이다. 추가적 가공이 필요하나 마크업 언어처럼 규칙이 있다.

예) 이메일, EDI(Eletronic Data Interface) 등

(4) 데이터 마이닝 기법

① 의사결정나무(Decision Tree)

과거에 수집된 데이터의 레코드를 분석하여 이들 사이에 존재하는 패턴 즉 결과 값

별 특성을 고객속성 조합으로 나타내는 분류모형을 나무 형태로 만드는 것이다. 의사결정 나무는 나무 가지가 분류되는 모양과 같은 그래프로도 표현되기도 하고 규칙 형식으로 이해하기 쉽게 도출된다. 의사결정나무에서 만들어진 모형은 새로운 레코드를 분류하고 해당 결과 값을 예측하는데 사용된다.

② 인공신경망분석(Artificial Neural Network)

인간두뇌의 복잡한 현상을 모방하는 방법으로 데이터 안의 독특한 패턴이나 구조를 인지하는데 필요한 모델구축을 입력층, 은닉층, 출력층을 통해서 기본적 정보를 입력받아 처리요소에서 처리하고 이를 이용하여 가중치를 결정 처리하는 학습 패러다임에 근거한 방식이다. 보통 신경망 분석은 신용평가, 수요 및 판매예측에 활용된다.

③ 클러스터링(Clustering)

어떤 목적 변수(Target)를 예측하기보다는 고객수입, 고객연령과 같은 비슷한 고객들을 묶어서 몇 개의 의미 있는 군집으로 나누는 기법이다.

④ 사례기반추론(CBR : Case-Based Reasoning)

과거에 있었던 사례들의 결과를 바탕으로 새로운 사례의 결과를 예측하는 기법으로 사례의 유사성 척도로 근접 이웃 방법론이 가장 많이 이용되고 있다.

⑤ 연관규칙(Association Rule)

상품 혹은 서비스 간 관계를 바탕으로 유용한 규칙을 찾아내고자 할 때 이용되는 방법이다. 거래 속에 포함된 품목간 연관 관계를 발견하고자 할 때 이용하는 방법이다.

2) 빅데이터 특징

(1) 데이터 규모(volume)

과거에는 데이터 질이 중요한 가치로 인식되었는데 이제는 양이 중요한 가치로 대두되는 추세이다. 데이터 자체가 제한적인 시기에는 질이 중요한 요소로 통계적인 관점에서 인과관계의 설명이 주요 관심사였다.

하지만 최근에는 상관관계로 얼마나 충분하게 설명되느냐가 중요시되어 샘플링보다는 전수적 빅데이터를 선호하게 되는 추세이다. 특히 통계에서는 표본데이터의 수가 많아야 정확도가 상승한다. 즉 분석에서 일정한 크기 이상의 데이터가 있어야 의미 있는 데이터를 얻을 수 있게 되었다.

3) 데이터 변화 속도(velocity)

빅데이터는 가공되지 않은 데이터에서 가치를 분석하는 것이다. 만약에 빅데이터가 변화하지 않은 데이터라면 다양한 기법으로 수차례 분석을 시도했을 것이므로 새로운 정보를 얻어내는 것은 어렵다.

그렇지만 데이터가 계속 변화할 때 변화에 따라 새로운 기법으로 분석하여 새로운 가치를 부여하기에 빅데이터 분석의 좋은 예라 할 수 있다. 또한 데이터의 변화 속도는 시간에 대한 반영이기도 하다. 즉 데이터가 빠르게 변한다는 것은 과거가 아닌 현재 데이터를 담을 확률이 그만큼 더 크다는 의미이다.

4) 데이터 다양성(variety)

생각이 같은 사람들만으로 구성된 집단보다 이질적인 구성원들이 모여 있는 집단에서 집단지성의 힘이 잘 발휘될 수 있듯이 다양한 데이터가 만들어낸 정보가 더 가치있을 수 있다. 즉 선거에서 가정해보면 표본의 수가 모집단의 특성을 잘 반영하도록 다양하게 구성되어야 정확한 예측을 할 수 있듯이 데이터의 다양성은 정보의 가치를 강화시킬 수 있다. 즉 데이터의 다양성이 떨어지면 편견으로 잘못된 예측을 가져올 수 있다. 일방적 의견 반영으로 오류를 범할 확률이 높다.

또한 데이터의 출처가 한정되면 정형화하고 데이터를 가공, 저장, 분석하는 것이 쉽기 때문에 빅데이터 보다는 전통적인 데이터베이스 기술을 적용하는 게 더 효과적이고 좋은 결과를 얻게 된다. 말하자면, 빅데이터 기술은 많은 양의 데이터가 빠르고 다양하게 생산, 소비되는 분야에서 효과적으로 데이터를 분석하고 가공하는 기술을 말한다. 빠르게 변화하는 IT 기술에 적극적으로 대응하고 새로운 가치를 발견하는 기술이라 할 수 있다.

2 빅데이터 관리

1) 데이터 관리 방법

(1) 수작업 데이터 관리

종이에 데이터를 관리하는 수준으로 1인 기업에서 혼자 장부에 데이터를 기록하고 보관하는 수준이다.

(2) 파일 시스템

데이터가 파일 이름의 객체로 관리되는 시스템으로 프로그램별로 중복되고 비표준화된 관리로 비효율성이 증가된다.

(3) 관계형 데이터베이스(RDBMS)

관계형 데이터베이스는 데이터를 통합적으로 저장, 추가, 변경, 공유하는 엔진이 있어 프로그램 종류에 상관없이 데이터 중심으로 체계적으로 관리하는 시스템이다.

2) 빅데이터 관리

(1) 관리 포인트

빅데이터는 기계적인 경로로 수집이 가능한데 용량이 크므로 데이터에 대한 품질관리가 필요하다. 대량 데이터는 양과 다양성이 크기 때문에 문제 발생 시 오류가 심각할 수 있다. 대량 데이터 확장성이 관계형 데이터베이스에 있으므로 저렴한 서버대수를 늘려 정보를 분산할 수 있도록 해야 한다. 정밀한 데이터의 경우 품질 자체 오류는 적으나 단위가 작으므로 전체적 관점에서 바라볼 수 있는 품질관리 방안이 필요하다. 정확한 데이터라도 전체적 관점의 의미 도출에 도움을 줄 수 없다면 존재가 무의미하기 때문이다.

[표 8-1] 데이터베이스 시스템과 빅데이터 시스템 관리방법 비교

시스템	요구 의사결정 속도	처리 복잡도	처리 분석 유연성	동시데이터처리 필요
데이터베이스	빨라야 함	낮음	낮음	높음
빅테이터	덜 빨라도 됨	높음	높음	낮음

자료 : 김경태(2016)

3) 빅데이터 가치

빅데이터의 가치는 크게 비용절감, 수익증대로 볼 수 있는데 수익증대는 신속하고 정확한 의사결정을 하는데 필요한 데이터 패턴파악, 미래예측을 통한 효용으로 구분할 수 있다.

(1) 빅데이터 가치 측정

빅데이터를 경제적 관점으로 보면 가격대비 성능인 가성비로 이해할 수 있다. 예를 들어 투자비 5천만 원 투자로 1억 원 이상 매출발생시 이익이 되는 경우 8천만 원 판매해서 손익이 발생되지 않는다면 투자하지 않을 것이다. 하지만 빅데이터의 새로운 기술발달로 투자비가 3천만 원으로 감소되고 5천만 원 이상 판매시 이익이 발생된다면 8천만 원 판매가 예상될 때 투자하게 된다. 그리고 이러한 새로운 기술은 업계에서 널리 사용 될 것이다. 즉 빅데이터 기술은 많은 데이터를 분석해 의미 있는 결과를 얻어내는 지식기반 서비스로 과거 5천만 원 투자해서 발생될 가치를 3천만 원 투자해서 가능하게 되는 기술이 되었다.

그리고 빅데이터는 어떻게 활용하느냐에 따라 결과가 다양하여 획일적 기준으로 가치를 평가하기 어렵다. 저장된 데이터가 어떤 개인에게는 쓰레기 같은 정보지만 이러한 정보를 수집하여 산업적 측면에서 기업에 활용 가능한 새로운 가치가 창조되기도 한다. 또한 창출하는 방식도 기존의 잘못된 상식과 정보를 증명하여 새로운 가치를 창출하기도 한다. 그리고 분석기술 발달로 기존에는 불가능했던 것이 가능해져 개인 페이스 북이나 블로그의 수많은 정보를 분석하여 새로운 정보를 제공함으로써 가치를 증대시킬 수 있다.

(2) 빅데이터 영향

① 개인

2000년대를 전후하여 인터넷, 이동통신 발달로 개인이 휴대하고 접근할 수 있는 기기가 다양해졌다. 이러한 변화는 일방적으로 정보를 소비하는 수동적 입장의 개인이 능동적으로 정보 생산과 전달에 참여하는 동력이 되었다.

② 기업

생산자 중심에서 소비자 중심으로 변화되는 빅데이터 시대가 도래하면서 기업은 소비자와 수평적인 쌍방향 의사소통에 주안점을 두고 고객친화적인 이미지를 위하여 노력하는 방향으로 변화되고 있다.

③ 정부

정부 역시 기업과 마찬가지로 적극적으로 정책에 참여하고 다양한 미디어를 통해 국민의 소리를 경청하지 않을 수 없는 시대에 직면하게 되었다. 국민 여론을 수렴하여 정책수립에 반영하고 다양한 채널로 얻어지는 빅데이터를 활용하여 재난, 복지 등 범국민 서비스를 제공하며 국민과 소통하는 스마트 정책이 경쟁적으로 추진되고 있다.

제2절 빅데이터 분석 방법

빅데이터 분석은 다양한 데이터로부터 연관 관계와 규칙을 찾아내서 다양한 분야에 활용할 수 있도록 하는 것이다. 빅데이터 분석을 통해서 얻게 될 가치는 기존 접근방식과 달리 가치가 다르다. 단순한 설문조사를 통해 고객의 의견에 대한 정량적 조사에 다양한 방법으로 고객의 정성적 고객의 의견과 태도를 이해한다면 그 효과는 매우 클 것이다. 이러한 이유로 빅데이터 분석의 중요성이 대두되고 있다. 빅데이터를 분석하는 과정은 분석 목적에 맞게 데이터를 수집하여 저장, 처리, 분석, 시각화를 통하여 이용하고 자료를 폐기하는 과정을 거친다.

데이터수집 ➡ 데이터전처리 ➡ 정보저장관리 ➡ 정보처리분석 ➡ 지식가시화

[그림 8-1] 빅데이터 분석

1 빅데이터 수집

1) 수집 데이터 선정

분석목적 달성을 위한 수집대상의 규모 및 조건을 고려한다. 개인정보보호 등의 법규준수를 고려하여 수집 데이터를 선정하되 데이터 수집 비용을 고려한다.

2) 수집 계획 수립

수집 대상 데이터의 소유자, 데이터 유형파악, 데이터 포맷 확인 등 특성을 파악하고 수집 기술을 선정한다.

3) 수집

내·외부 데이터를 능동적 수집과 수동적 수집을 통하여 수집한다.

① 내부데이터 수집

자체적으로 보유한 내부 파일시스템이나 데이터베이스 관리 시스템, 센서 등에 접근하여 데이터를 수집하는 것이다.

예) ETL(Extraction, Transformation, Loading) : 다양한 소스 시스템으로부터 필요한 데이터를 추출하여 변환작업을 거쳐 저장하거나 분석을 담당하는 시스템으로 전송 및 적재하는 모든 과정을 포함한다.

② 외부데이터 수집

인터넷으로 연결된 외부에서 데이터를 수집하는 것이다.

예) 클론징 엔진(Crawling Engine) : 로봇이 거미줄처럼 얽혀있는 인터넷 링크를 따라다니며 방문한 사이트의 모든 페이지 복사본을 생성함으로써 문서를 수집한다.

4) 데이터 변환 통합

데이터 수집은 수집한 데이터를 저장하거나 분석하기 위하여 데이터를 변환하거나 통합하는 것을 포함한다.

2 빅데이터 저장 및 처리

1) 빅데이터 전처리

데이터를 수집하여 저장하기 위해 처리하는 과정이다.

① 필터링

분석 목적에 적합한 데이터만을 선별하는 과정이다.

② 유형변환

분석 유형에 용이하도록 데이터를 변환하는 것이다.

③ 정제

분석하고자 하는 데이터의 불일치성을 교정하는 것이다.

2) 빅데이처 후처리

데이터를 분석 전 작업에 용이하도록 가공하는 단계를 말한다.

① 변환

수집된 다양한 형태의 데이터를 일관성 있는 형식으로 변환하는 것이다.

② 통합

다양한 데이터를 연관성 있는 데이터로 결합하는 것이다.

③ 축소

분석 범위에서 불필요한 데이터를 축소하여 효율성을 강화시키는 것이다.

3) 저장 기술

빅데이터를 저장하기 위해서는 빅데이터가 가지고 있는 대용량, 비정형, 실시간성이라는 특성을 수용할 수 있어야 한다.

① 분산 파일 시스템(DFS : Distributed File System)

분산 파일 시스템은 대용량 데이터를 저장하고 관리하기 위하여 수많은 서버들에 데이터를 나누어 저장하고 관리하는 파일 시스템이다.

예) 구글 파일 시스템, 하둡 분산 파일 시스템, 아마존 S3 파일 시스템

② NoSQL(Not Only SQL)

NoSQL는 비관계형 데이터 저장소를 말한다.

예) 키 값 모델 기반의 다이나모(Dynamo), 열기반의 빅테이블, 문서기반의 코치 DB

③ 비디스크 기반 데이터베이스 관리 시스템

비디스크 기반 DBMS는 디스크 기반 DBMS처럼 하드디스크를 주된 데이터 저장소로 활용하는 것이 아니라 DRAM이나 플래시 메모리를 주된 데이터 저장소로 활용하는 DBMS를 말한다.

4) 빅데이터 처리 기술

빅데이터 처리는 유용한 정보와 의미 있는 지식을 찾아내기 위한 데이터 가공이나 데이터 분석과정을 지원하기 위해 저장된 대규모 데이터를 적시 처리하는 과정을 말한다. 빅데이터 처리기술이 필요한 이유는 빅데이터의 특성인 방대한 데이터 양과 생성 속도 데이터 다양성 등이라 할 수 있다.

① 빅데이터 일괄처리 기술

빅테이터를 여러 서버로 분산해 각 서버에서 나누어 처리하고 다시 모아서 결과를 정리하는 분산 병렬 기술 방식을 사용한다.

예) 구글의 맵리듀스, 마이크로소프트의 드라이애드(Dryad)

② 빅데이터 실시간 처리

데이터가 생성되면 곧바로 처리하는 방식이다. 사람들 행동이나 기계 등 작용, 기후 환경 변화 등에 의해 끊임없이 생성되는 이슈와 관련된 데이터를 실시간 처리하는 기

술이다. 이 방식은 또 실시간으로 생성되는 데이터들이 시냇물처럼 흘러나온다고 하여 스트림 처리 기술이라고도 한다.

3 빅데이터 분석

빅데이터 분석은 소셜 빅데이터, 실시간 사물지능통신(M2M : Machine to Machine)센서 데이터, 기업고객관계 데이터 등 다양한 성격의 빅데이터를 효과적으로 분석하는 것을 말한다. 빅데이터 시대에는 단순히 데이터베이스에 잘 정리된 정형 데이터 이외에 소셜네트워크 서비스, 웹문서, 이메일, 소셜데이터 등 비정형 빅데이터를 효과적으로 분석하는 것이 더욱 중요하다.

1) 분석계획 및 시스템 구축

(1) 분석계획

분석 목적을 점검하고 상세하게 명확히 정의하는 것을 시작으로 절차와 세부 계획을 작성한다([표 8-2] 참조).

수집된 데이터로부터 과거에 발생한 이력을 분석하는 경우와 현재 어떤 일이 발생하고 있는지 현 상황을 분석하는 경우, 앞으로 미래에 어떤 일이 발생할지를 미리 예측 대응하기 위한 분석 기술 구성은 다르다.

[표 8-2] 분석계획

절 차	수행업무	설명 및 예시
목표 정의	성과지표 결정	목표값 설정(반응률 향상)
요구사항 도출	요건 도출	과제진행 요건 정의
예산안 수립	비용계획	– 내부인력 – 필요 하드, 소프트웨어 – 공간 및 비용 – 유지보수비용 – 진행경비
과제 계획 수립	– 역할 정의 – 조직 및 인적자원관리 – 실행방안 – 커뮤니케이션 방안 – 위험관리	– 프로젝트 관리방안 – 기업가 정신 – 관리 능력 – 지휘 능력 – 의사소통 능력 – 분석 및 기술적 능력

(2) 시스템 구축

① 하드웨어 인프라 구축
수집 데이터 저장 서버, 데이터 처리 서버

② 소프트웨어 구축
수집, 분석 소프트웨어

(3) 분석 실행

빅데이터 분석 및 추론 등을 통해 얻는 지능은 데이터 규모가 커질수록, 다양한 최신 데이터를 통합하여 얻을수록 가치 있는 지능을 얻을 수 있으며 분석 결과의 정확도도 높아진다. 빅데이터 분석은 점차 미래를 예측, 대응하는 방향으로 발전하고 있으며 이는 과거 상황분석 기술을 기반으로 예측모델을 통합함으로써 가능하다.

2) 빅데이터 분석기법

빅데이터 분석을 위해서는 기본적으로 하둡, NoSQL 등 빅데이터 분석 인프라 기술이 요구되고, 다양한 통계분석, 테이터 마이닝, 텍스트 마이닝, 오피니언 마이닝, 그래프 마이닝 등 다양한 빅데이터 분석 방법 및 기계학습, 인공지능 기법을 적용해야 한다. 맥킨지(Mckinsey) 빅데이터 보고서에 제시된 빅테이터 분석기법은 아래와 같다.

(1) 분류

사전에 알려진 클래스들로 구분되는 데이터군을 학습시켜 새롭게 추가되는 데이터가 속할만한 데이터군을 찾는 방법으로 지도학습이라 한다.

(2) 군집화

유사한 특성을 가진 개체를 합쳐가면서 최종적으로 유사특성의 군집을 찾아내는 분류방법으로 구분하려고하는 것으로 각 군집에 대한 사전지식이 없는 상태에서 분류하는 것임으로 비지도 학습(Unsupervised Learning)에 해당한다.

(3) 기계학습

인공지능 분야에서 인간의 학습을 모델링한 방법으로 빅테이터 분석을 포함한 패턴인식 등 다양한 분야에서 활용되는 기법이다.

(4) 회귀분석

독립변수와 종속변수들 간의 관계를 함수관계로 나타내고 독립변수가 종속변수에 미치는 영향의 정도를 분석하는 방법이다.

(5) 감성분석

자연어 처리(NLP : Natural Language Processing) 기법을 이용하여 텍스트 문장을 분석할 경우 문장에서 주관적 감성을 나타내는 정보를 찾아 성향을 분석하는 것을 말한다.

3) 분석도구

(1) SPSS

사용자들이 프로그램 가이드에 의해 클릭만하면 데이터의 수집, 통계, 마이닝, 보고서까지 아주 쉽게 할 수 있는 프로그램으로 대량 데이터 처리가 없는 곳에서 주로 사용한다.

(2) SAS

① 상세한 모듈별로 기능이 있어서 다양한 분석을 위해서 각각 모듈을 임대하는 방식으로 영구 라이선스는 없다.
② 우수한 기능은 프로시저 방식의 스크립트를 이용하는 방식이다.
③ 스크립트 방식에 익숙하지 못한 초보자들의 적응이 어렵다.
④ 하드디스크를 저장 공간으로 이용하여 대용량 데이터를 처리하는 속도가 빠르다.

(3) R

R은 오픈소스 프로그램으로 통계, 데이터 마이닝 및 그래프를 위한 언어이다. 현재 4,000개 이상의 프로그램이 패키지 형태로 제공되고 있으며 R 패키지는 웹사이트(http://www.r-project.org)에서 내려받아 설치하여 사용할 수 있다.

① R은 다른 프로그램 언어와 쉽게 연동하여 사용할 수 있다.
② 모든 데이터는 기본적으로 메모리에서 저장된다.
③ library와 require를 이용해서 설치된 패키지를 메모리에 구동시켜서 사용할 수 있다.
④ R의 설치는 반드시 컴퓨터 이름을 영문으로 설정되었는지 확인 후 설치한다. R은 서버 버전과 데스크톱 버전의 구분이 따로 없으며 서버에서도 운영체제에 따른 버전을 설치하면 된다.

⑤ 속도가 매우 빠르고 64bit 환경에서 초대 8TB까지 지원할 수 있음으로 해당 메모리를 이용하여 저렴한 비용으로 빠른 처리속도와 작업환경을 구축할 수 있다.

(4) **Python**

① R과 같은 오픈소스로 다양한 라이브러리를 지원하고 있다.
② 데이터 마이닝에서는 R을 선호하고 IT기반 인력은 파이썬을 선호한다.

4 빅데이터 시각화

1) 시각화

많은 데이터들의 홍수 속에서 숨겨진 패턴을 찾아 사람들이 쉽게 이해할 수 있도록 하는 방안이 중요시되고 있다. 데이터들의 패턴을 시각화한다면 현재 추세 및 미래를 직관적이고 정확하게 이해할 수 있다. 이렇게 수많은 데이터 분석결과를 누구나 쉽게 이해할 수 있도록 표현하는 기술이 시각화이다.

(1) 시각화 개념

과거에는 정보전달의 부가적 설명을 위한 장치로써 단순하게 수치를 그래프로 나타내는 것을 말하였는데, 최근에는 방대한 양의 정보를 하나의 인사이트로 도출해 낼 수 있는 분석도구이며 정보전달 및 상황진단을 위한 프로세스이다.

(2) 시각화 특성

① 정보를 직관적으로 이해할 수 있다.
② 빅데이터를 동시에 차별적으로 표현할 수 있다.
③ 주목성을 증대시킨다.
④ 쉽게 정보전달이 가능하고 접근가능하다.
⑤ 데이터의 관계와 차이를 명확하게 제시한다.
⑥ 입체화된 자료로 시각적 효과가 있다.

2) 프로세스

(1) 1단계 : 데이터 획득
(2) 2단계 : 데이터 구조화 및 분류

(3) 3단계 : 관심 데이터 추출
(4) 4단계 : 통계, 데이터 마이닝 기법 적용 데이터 마이닝
(5) 5단계 : 시각화(그래프, 리스트)
(6) 6단계 : 정교한 표현으로 재정의
(7) 7단계 : 데이터 변경 또는 보이는 특징을 조작하는 방법 추가로 상호작용

3) 시각화 방법 및 사례

(1) 시각화 도구

① 차트와 통계도구(google spreadsheet)
② 프로그래밍(R, Python)
③ 지도(야후 지도)
④ 일러스트레이션 등(Adobe)

(2) 사례

① Facebook Transaction
페이스북 사용들의 활동에 대해 정보흐름, 빈도, 지역별 사용 정도를 보여준다.

② History Flow
위키피디아 문서에 다수의 저자가 수정하면서 변화하는 양상을 시각화한다.

제3절 빅데이터 활용

1 기업 비즈니스 활용

1) 기업 데이터 활용

기업에서는 정형, 비정형의 대용량 빅데이터를 분석하여 고객들의 직업, 취미 및 여가시간 활용 등 고객정보를 분석하여 개개 고객 특성에 적합한 광고와 마케팅을 수행할 수 있다. 이러한 노력으로 전통적 광고마케팅 활동보다 더 효율적 업무수행으로 기업 경쟁력을 강화하고 있다.

과거 기업 데이터를 활용한 마케팅 활동은 자동차 백미러와 같은 역할로 미래를 예

측할 수는 없지만 필수적인 요인이었다. 현재 빅데이터를 활용한 기업 활동은 미래를 어느 정도 예측할 수 있는 서비스를 수행할 수 있다. 기업에서 빅데이터 활용은 이상 징후 발견, 미래예측, 현 상황 정확한 분석을 가능하게 해주고 있다.

(1) 이상 징후 발견

기업에서 발생하는 다양한 이슈에 대한 분석과 기록을 통하여 정상적인 상황과 이상 징후 패턴을 알 수 있다. 새로운 업무에서 이슈가 발생할 경우 기존 패턴에 기초하여 이상 징후를 판단할 수 있다.

예) 비자카드(VISA) 빅데이터를 활용한 부정방지 시스템 구축

(2) 미래예측

먼 미래보다는 가까운 미래를 예측할 수 있는 시스템이 빅데이터를 통하여 가능해졌다. 이러한 시스템으로 기업에서는 고객변심을 사전에 예측하여 대응방안을 마련할 수 있다.

예) 일본 사이버에이전트(CyberAgent)는 사용자 행동반경분석으로 탈퇴예방 활용

(3) 현 상황 분석

빅데이터를 활용하여 영업상황을 보다 명확하게 이해할 수 있다.

예) 소매점에서 품목별 베스트 판매아이템 분석 마케팅에 반영

2) 소셜 미디어 활용

소셜 빅데이터 분석은 매일매일 생성되는 뉴스, 블로그, 트윈터 등 소셜 미디어 데이터로부터 가치 있는 정보를 찾아내는 활동이라 할 수 있다. 소셜 빅데이터 분석에서는 소셜 매체 이용자의 관심사 및 이용 패턴을 가지고 기업에서 생산된 상품 및 기업에 대한 평가를 파악할 수 있다. 기업에서 트위터, 페이스북 등 소셜 미디어의 빅데이터를 분석하여 숨겨진 인사이트(insight)를 발견하여 목표고객을 대응하기도 하고 관리하는 솔루션을 제공하는 비즈니스가 활발하게 진행되고 있다.

(1) 소셜 미디어 관리 효용

기업에서 자사 및 고객 관련 이슈를 분석하고 신속한 대응이 가능하다. 기업의 브랜드, 상품에 대한 가치를 상승시킬 수 있다. 소셜 미디어 고객 특성을 고려한 마케팅 활동이 가능하다. 빅데이터 프로그램으로 다양한 고객의 소셜 미디어 계정을 효과적으로 관리할 수 있다. 1:1 맞춤형 고객관리가 필요한 기업에서 개개 고객에게 서비스가 가능하다.

(2) 소셜 미디어 정보 분석 방법

① 소셜 데이터 통계분석 : 예) 트위터 팔로어 수 변화
② 소셜 네트워크분석 : 예) 페이스북 이용자 연결 관계 파악
③ 소셜 텍스트분석 : 예) 텍스트내용 분석으로 특정 이슈에 대한 긍정, 부정의견 파악

2 빅데이터 활용 사례

1) 서울 심야 N버스

KT의 CDR(Call Detail Record) 데이터와 고객정보를 이용해 심야시간대 통화가 가장 많이 발생하는 지역을 기반으로 유동 인구를 파악했고, 이를 서울시 시내버스 현황과 정류소 현황 정보 등과 비교분석을 하게 되었다. 빅데이터를 이용해서 이용객 수는 물론 시간대별 이용승객 특성까지 구체적 분석이 가능하였다. 그리하여 서울시는 이를 바탕으로 심야버스 9개 노선을 만들게 되었다.

2) 언어장벽 해결

구글에서 개발한 음성검색 시스템은 음성인식 기술로 다른 사람의 말과 소리를 구별하여 언어장벽을 해결하는데 기여하고 있다. 구글은 음성검색 시스템을 개발하기 위하여 많은 사람과 다양한 환경에서 음성 빅데이터를 이용하여 소음 구별 능력을 키우고 다양한 분야의 텍스트 자료로 문법구조를 학습하여 음성검색 서비스를 실시하고 있다.

컴퓨터를 활용하여 다양한 소리와 언어지식을 체계화하여 자연발성 인식 문제를 해결해 나가고 있다. 사람만이 할 수 있는 다른 사람의 말과 소리를 구별하고 소음 속에서도 원하는 상대와 대화하고 자세하게 듣지 못한 상황에서도 유추해서 대화하는 능력이 빅데이터 발전으로 컴퓨터에서도 가능한 현실이 되어가고 있다.

3 빅데이터 활용 상권분석

1) 소상공인시장진흥공단 상권분석 시스템

(1) 상권정보시스템

상권정보시스템은 2006년 중소기업청에서 개발한 창업자를 위한 빅데이터를 기반으로 한 상권분석 서비스이다. 2015년 기준 49개 분석정보와 점포평가, 점포이력, 창

업과밀지수를 무료로 회원대상으로 정보를 제공하고 있다.

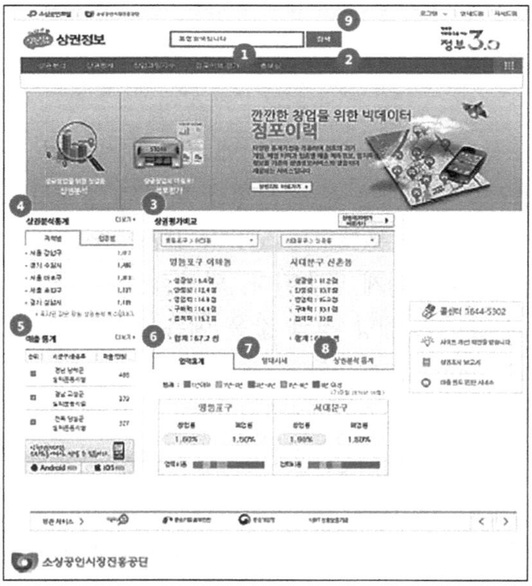

화면설명

1. 홍보물, 도움말, DB현황, 사이트맵에 대한 정보를 보실 수 있습니다.

2. 상단메뉴 마우스 오버 시 서브메뉴가 밑으로 펼쳐지고 서브 메뉴 중 선택을 하시면 이동합니다.

3. 상권평가비교는 행정동을 선택하시고 확인을 클릭하시면 행정동에 대한 일반적 정보와 업력통계, 임대시세, 상권분석통계 등 다양한 정보를 서로 비교하실 수 있습니다.

4. 상권분석통계는 사용자가 많이 분석한 지역 및 업종을 순위로 보여줍니다.

5. 매출통계 순위는 매출이 높은 시군구 업종에 대한 정보을 보여줍니다.

6. 업력통계는 지역선택에 따른 창업률, 폐업률을 보여줍니다.

7. 임대시세는 지역선택에 따른 활성화지역, 비활성화지역과 중간 임대시세 정보를 보여줍니다.

8. 상권분석 통계는 지역선택에 따른 상권분석을 많이 분석한 업종을 보여줍니다.

9. 검색은 통합검색으로 소상공인진흥원 내 언론자료 뉴스, 유관정보 뉴스, 경기동향, 방송을 검색하여 줍니다.

자료 : 소상공인시장진흥공단

[그림 8-2] 상권정보시스템

(2) 상권 분석

① 상세 분석

지역, 상권 그리기, 업종을 선택하여 분석이 가능하다.

② 시군구 분석

지역 또는 업종의 광역시도, 시군구 분석이 가능하다.

③ 업종밀집 분석

업종밀집 분석은 1,200개 주요 상권을 중심으로 업종 밀집도를 분석한다.

(3) 점포 마케팅

기존 자영업을 운영하고 있는 사업자가 점포위치와 업종을 지정하고 주변의 분석하고자 하는 상권을 자유롭게 그리면 마케팅 리포트를 통해 상권 내에서 소비하고 있는 고객 유형과 특성 정보를 제공해 타켓 고객을 선정 관리하는데 유용한 서비스이다.

연습문제

01 데이터 마이닝 기법에 대하여 설명하시오.

1) 의사결정나무(Decision Tree)
   과거에 수집된 데이터의 레코드를 분석하여 이들 사이에 존재하는 패턴 즉 결과 값별 특성을 고객속성 조합으로 나타내는 분류 모형을 나무의 형태로 만드는 것이다. 의사결정 나무는 나무 가지가 분류되는 모양과 같은 그래프로도 표현되기도 하고 규칙 형식으로 이해하기 쉽게 도출된다. 의사결정나무에서 만들어진 모형은 새로운 레코드를 분류하고 해당 결과 값을 예측하는데 사용된다.
2) 인공신경망분석(Artificial Neural Network)
   인간두뇌의 복잡한 현상을 모방하는 방법으로 데이터 안의 독특한 패턴이나 구조를 인지하는데 필요한 모델 구축을 입력층, 은닉층, 출력층을 통해서 기본적 정보를 입력 받아 처리요소에서 처리하고 이를 이용하여 가중치를 결정 처리하는 학습 패러다임에 근거한 방식이다. 보통 신경망 분석은 신용평가, 수요 및 판매예측에 활용된다.
3) 클러스터링(Clustering)
   어떤 목적 변수(Target)를 예측하기보다는 고객수입, 고객연령과 같은 비슷한 고객들을 묶어서 몇 개의 의미 있는 군집으로 나누는 기법이다.
4) 사례기반추론(CBR : Case-Based Reasoning)
   과거에 있었던 사례들의 결과를 바탕으로 새로운 사례의 결과를 예측하는 기법으로 사례의 유사성 척도로 근접 이웃 방법론이 가장 많이 이용되고 있다.
5) 연관규칙(Association Rule)
   상품 혹은 서비스 간의 관계를 바탕으로 유용한 규칙을 찾아내고자 할 때 이용되는 방법이다. 거래 속에 포함된 품목간의 연관 관계를 발견하고자 할 때 이용하는 방법이다.

02 분석도구 R에 대하여 설명하시오.

R은 오픈소스 프로그램으로 통계, 데이터 마이닝 및 그래프를 위한 언어이다. 현재 4,000개 이상의 프로그램이 패키지 형태로 제공되고 있으며 R 패키지는 웹사이트(http://www.r-project.org)에서 내려받아 설치하여 사용할 수 있다.

① R은 다른 프로그램 언어와 쉽게 연동하여 사용할 수 있다.

② 모든 데이터는 기본적으로 메모리에서 저장된다.

③ library와 require를 이용해서 설치된 패키지를 메모리에 구동시켜서 사용이 가능하다.
④ R의 설치는 반드시 컴퓨터 이름을 영문으로 설정되었는지 확인 후 설치한다. R은 서버 버전과 데스크톱 버전의 구분이 따로 없으며 서버에서도 운영체제에 따른 버전을 설치하면 된다.

03 빅데이터 시각화 프로세스에 관하여 설명하시오.

많은 데이터들의 홍수 속에서 숨겨진 패턴을 찾아 사람들이 쉽게 이해할 수 있도록 하는 방안이 중요시 되고 있다. 데이터들의 패턴을 시각화 한다면 현재의 추세 및 미래를 직관적이고 정확하게 이해할 수 있다. 이렇게 수많은 데이터 분석 결과를 누구나 쉽게 이해할 수 있도록 표현하는 기술이 시각화이다.
시각화 프로세스는 아래와 같다.

1) 1단계 : 데이터 획득
2) 2단계 : 데이터 구조화 및 분류
3) 3단계 : 관심 데이터 추출
4) 4단계 : 통계, 데이터 마이닝 기법 적용 데이터 마이닝
5) 5단계 : 시각화(그래프, 리스트)
6) 6단계 : 정교한 표현으로 재정의
7) 7단계 : 데이터 변경 또는 보이는 특징을 조작하는 방법 추가로 상호작용

04 용어설명

- 빅데이터
- 분산파일시스템(DFS : Distributed File System)
- 소셜네트워크 분석
- 분석도구 SPSS

제 9 장 성과관리

제1절 유통계수관리

1 목표 및 달성률 관리

계수관리는 경영활동을 계수로 데이터에 의해서 관리하는 것을 말한다. 경영활동 실체를 나타내는 계수를 파악하고 계수 분석과 비교에 의해서 경영활동 실체를 분석적으로 관찰하고 파악된 계수를 활용해서 경영활동의 합리적이고 효율적인 관리를 말한다.

1) 목표관리

목표 수립과 달성을 위하여 필요한 활동들을 파악하고 진행 여부를 지속적으로 점검하며 구성원 간 협조를 통하여 업무추진을 위한 시너지를 발생시키도록 하는 것이다. 목표를 설정하여 구성원들 각자 업무를 확립하고 일상 업무에서 목표달성을 통한 성과창출을 도모하는 것이다. 목표 설정은 각종 환경 분석을 철저히 하여 목표에 도달할 수 있는 의욕이 생기도록 적정하게 부여하여야 한다. 이러한 목표관리를 효율적으로 수행하기 위해 방법론으로 널리 사용되는 것이 MBO이다.

MBO(management by objective)란 조직 목표와 개인 목표를 명확하게 설정함으로써 각각 능력을 개발하고 성취의욕을 높이며 또한 각자가 보유하는 힘을 조직적으로 집중시켜 발휘시킴으로써 효과적 경영활동을 하려는 것이다([표 9-1] 참조).

[표 9-1] 목표관리 프로세스 사례

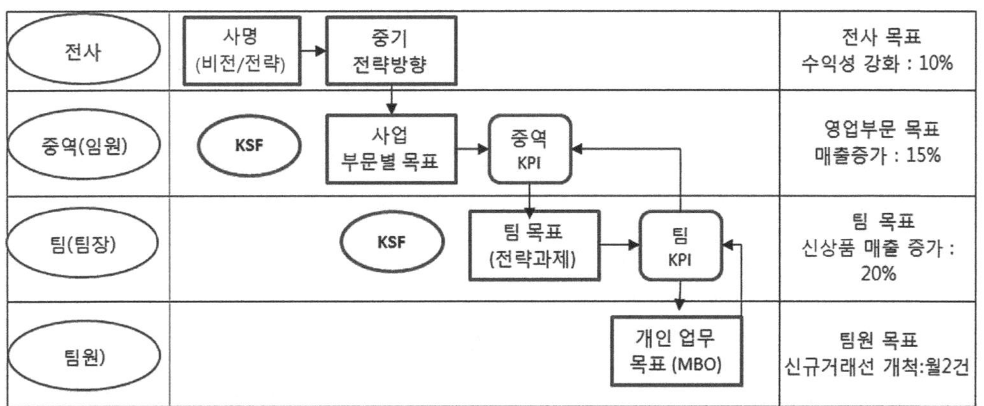

피터 드러커가 목표관리제도(MBO)이론을 완성하고 기업경영에 도입했다. 약 40년 동안 "어떻게 하면 효율적으로 성과를 창출할 것인가"에 대해 연구하여 그의 저서 미래경영 등에 목표관리 중요성을 역설하였다.

유통업계를 포함한 기업에서 목표관리를 중요시하는 이유는 구성원들에게 조직의 지속적인 성장을 위한 전략과 가치를 구체적 용어로 알려주고 수행 활동과 활동 효과를 목표에 대비해 구체적으로 확인해주기 위한 것이다.

2) 목표설정 방법

(1) 목표설정 방법

목표를 정하고 목표를 부여할 경우는 분석을 철저히 하고 산출된 목표에 대해서 설명해주고 목표를 부여하되 최종 목표에 대해서는 의견을 수렴하여 설정하는 것이 바람직하다.

(2) 목표수립 시 사전확인

판매목표는 소매점 내·외부 각종 정보를 바탕으로 상품특성, 트랜드를 반영하여 실시하고 사전에 확인을 통하여 객관적으로 설정하여야 한다.

① 객관적 자료 수집과 분석에 의하여 목표를 설정하여야 한다.

② 전년도 실적과 최근 3개월 실적 그리고 3-5년 정도 실적을 반영하여 수립한다.

③ 상권 특성, 경쟁사 영향 요인을 반영하여 수립한다.

④ 계절 특성, 행사 계획을 반영하여 수립한다.

⑤ 매입/재고 계획과 연동하여 수립한다.

(3) 일별/월별/연간 계획 연동

소매점에서는 1일 실적이 1주 실적이 되고 주간 실적이 월간 실적이 되고 월간 실적이 연간 목표가 됨으로 모든 실적 출발은 일별 계획에서 시작된다. 월별 계획은 먼저 계절별 매출계획을 수립 후 월별 계획을 수립하는 것이 합리적이다. 즉 월별 매출계획은 연간 계획에 의거 반기, 계절별, 월간 매출구성비 기준에 따라 배분하는 것이 필요하다. 예상되는 월별 매출구성비를 과거 실적을 기준으로 추정 후 내·외부 환경요인 고려를 통하여 조정하여 결정한다.

[표 9-2] 일별 매출계획

일별(요일)	금년목표	실적	전년실적	달성률	신장률
1					
2					
합계					

[표 9-3] 월별 매출계획

구분	1분기	2분기	3분기	4분기	합계	분기 평균
○○년						
△△년						
□□년						
평균						
평균지수						

참고

연간 매출계획 사례

- 3개년의 분기(월)별 실적을 활용하여 23년 연간 매출계획 수립
- 3개 연간 분기(월) 평균 매출을 구한다.
- 23년 전체 매출과 분기(월) 매출 추정한다.
- 추석/설날 등 환경 감안 매출 추정한다.

(4) 위임가능 권한 대폭 위양

상호합의에 의해 목표가 부여되면 목표달성을 위해서 수행하는 방법에 대한 권한은 대폭 위임하는 것이 좋다.

(5) 결과 분석

결과에 대해서 반드시 분석 검토하고 목표에 대한 성과에 대해서는 반드시 결과를 분석하여 차기 목표수립 시 반영한다.

(6) 결과 feed back 실시

① 건설적 의도를 가지고 피드백을 한다는 것을 알린다.
② 사실과 수치로 말한다.
③ 영향을 설명한다.
④ 의견을 질문한다.
⑤ 긍정적 마무리를 한다.

3) 달성률 관리

설정된 목표에 대한 달성도를 비율(%)로 관리하는 대표적 관리 방법이다. 나타난 수치가 높을수록 좋은 실적을 나타낸 것으로 평가된다. 나타난 수치가 너무 높은 경우는 목표 설정을 잘못한 것으로 평가될 때도 있다. 매출 실적은 소매점에서 가장 중요한 수익 원천으로 영업활동 평가에 활용된다.

목표 달성률 : 매출실적 / 목표 × 100

예) 매출목표 200, 실적 180 : 180 / 200 × 100 = 90%
매출액은 총매출액에서 매출할인 등을 차감한 금액으로 표시된다.
총 매출액 = 고객의 지불금액 + 에누리
순 매출액 = 총매출액 - 부가세 - 에누리 + 기타수익

4) 영업환경 분석

매출에 영향을 미치는 내적·외적 환경요인을 고려해서 합리적 영업 분석이 되도록 하여야 한다.

(1) 외부 환경

① 국내외 경제 동향과 업계 동향
② 점포 상권 변화, 신규 아파트 입주 등 인구 증감 변화
③ 신규 경쟁점 출현
④ 경쟁사 매출 파악(M/S 파악 : 특정 시장에서 자사 소매점 시장점유율 파악하여 관리하는 것이 필요하다)

(2) 내부 환경

① 면적 증감
② 영업시간, 주차공간 변화
③ 영업행사 변화

[표 9-4] 환경 분석

항 목	내 용	영향 금액	영향 비율
내 용	– 행사(전년 미실시)(사은 행사) – 면적 증감 – 영업 일수 – 연장 영업 – 요일 지수(전년 대비 주말일수 등) – 기타(신규점 영향/ 신규 아파트 입주)		
합 계			

2 신장률 관리

신장률은 전년(전월, 전분기) 대비 금년(당월, 현분기) 실적 증감률을 나타내는 지수로 성장세를 가늠할 수 있는 대표적 지수이다.

1) 소매점에서 관리하는 신장률 종류

(1) 누계 신장률

영업일수 및 영업환경을 무시한 절대 계수 신장 비율이다.

(2) 일평균 신장률

매출액을 영업일수로 나누어 일평균 실적 신장 비율이다.

(3) 감안 신장률

영업환경이 다를 경우 감안하여 신장 비교한다.

신장률 : 금년실적 / 전년실적 × 100 – 100

예) 금년실적 180, 전년실적 160
180 / 160 × 100 - 100 = 12.5% 신장
일평균 신장률 : 금년실적 / 전년실적 / 금년영업일수 × 전년영업일수 × 100 - 100

2) 감안 신장 분석

영업환경은 언제나 똑같을 수가 없다. 영업일수가 다를 수 있고 행사가 다를 수 있기 때문에 이런 감안요소를 분석한 후 반영하는 게 감안분석이다.

3 평효율 관리

평효율은 단위 면적당 매출액, 이익액 등 영업효율을 나타내는 지표이다.

1) 소매점에서 관리하는 평효율

(1) 평당 매출액(활동성 분석) : 총 매출액 / 영업면적
(2) 평당 이익액(생산성 분석) : 총 이익액 / 영업면적

평효율 : 매출액(이익액) / 면적

2) 면적 산출 기준

[표 9-5] 면적 산출 기준

		산출기준	적용기준
총면적		– 최종 건축허가 도면 기준	– 건축도면에 나타나는 건축 연면적
매장면적	매장면적	= 총면적 – 시설면적 – 공용면적 = 매장실면적 + 공유면적 = 영업면적 + 임대갑면적	– 매출발생에 직접적으로 관련되는 면적
	매장실면적	= 매장면적 – 공유면적	– 매장 순수면적
	공유면적	– 해당 면적을 CAD산출 * 매장공유비 = 매장면적 / 매장실면적	– 영업활동 및 매출 발생에 직접 지원되고 공동으로 사용되는 면적 – 예 : 고객동선/사무실/휴게실/창고/고객화장실
영업면적		= 매장실면적 × 공유비 = 매장실면적 + 공유면적 = 매장면적 – 임대갑매장	– 평효율 산출 면적
공용면적		= 총면적 – 매장면적 – 시설면적	– 영업을 간접적으로 지원 면적 – 예 : E/V
시설면적		= 총면적 – 매장면적 – 공용면적	– 영업활동 및 매출에 직접적으로 관련 없는 면적 – 예 : 기계실 / 화장실

4 재고회전율 관리

재고회전율은 상품에 투자된 자금 회전속도를 말한다. 즉 상품이 일정 기간 중 몇 번 당좌자산으로 전환하였는가를 나타내는 지표로 자금을 신속하게 회수하여 재투자 했는가를 측정하는 것이다. 판매동향, 적정 재고수준, 적정 발주량 등을 파악하는데 이용한다.

- 재고 종류 : 기말재고, 기초재고, 평균재고(기말재고 + 기초재고 / 2)
- 재고 증감률 : 금년 재고액 / 전년 재고액 × 100 − 100
- 회전율 : 매출액 / 평균재고의 개념은 1년 단위 기준으로 월간 단위는 12를, 일수를 기준으로 할 때는 360일을 기준으로 한다.

5 이익률 구매율 객단가 관리

기업 최대목표는 이익창출이다. 이익률 관리란 매출액과 매출이익의 비율로 보는 지표이다. 소매점에서는 이동평균법을 사용하여 계산한다.

이익률 : 이익액 / 매출액 × 100 (에누리 제외) (에누리 제외 순매출액)

1) 이익률 산출 방법

(1) 원가 계(VAT제외) = 전월 재고(원가) + 당월 매입(원가) + 원가 산입(원가)
(2) 매가 계(VAT제외) = 전월 재고(매가) + 당월 매입(매가)
(3) 점출차익액 = 매가 계 - 원가 계
(4) 점출차익률 = 점출차익액 / 매가 계 × 100
(5) 에누리 포함 매출이익액 = 점출차익률 × 순매출액(세 제외 총매출액)
(6) 에누리 제외 매출이익액 = 에누리 포함 매출이익액 - 매출 에누리액
(7) 에누리 제외 순매출액(실제 순매출액) = 순매출액 - 매출 에누리액
(8) 이익률 = 에누리 제외 매출이익액 / 에누리 제외 순매출액 × 100

2) 매출가격 환원법

매출가격 환원법은 회계기간 중에는 매출가격으로 관리하다 기말재고 매출가격에 원가율을 곱하여 기말재고자산 원가를 계산하는 방법으로 매가환원법이라 한다.

3) GP율

총이익액 = 이익액 + 인센티브

4) 구매율 객단가 관리

입점 고객에 대한 구매고객 동향을 파악하여 고객 니즈를 파악하는데 목적이 있다.

(1) 구매율 : 구매 고객수 / 입점 고객수 × 100

(2) 객단가 : 매출액 / 구매 고객수

제2절 점포 효율 및 손익

1 재무제표 분석지표

1) 안정성

유통점이 부도나 파산 등으로 망할 가능성 정도를 측정하는 지표로서 계산결과 안정성이 낮으면 도산 가능성이 높다.

[표 9-6] 안정성 지표

평가항목별 계산식(%)		표준비율
$\text{부채비율} = \dfrac{\text{총부채(유동부채 + 비유동부채)}}{\text{자기자본(개시자본금 + 이익잉여금)}} \times 100$	자금조달 안정성	100% 이하
		양호
		200% 이상
		불량
$\text{유동비율} = \dfrac{\text{유동자산}}{\text{유동부채}} \times 100$	지불능력 안정성	200% 이상
		양호
		100% 이하
		불량
$\text{비유동비율} = \dfrac{\text{비유동자산}}{\text{자기자본(개시자본금 + 이익잉여금)}} \times 100$	자금운용 안정성	100% 이하
		양호
		200% 이상
		불량

2) 수익성

일정기간 동안 유통 점포 경영성과를 측정하는 지표로서 이익 창출 능력, 자산 이용 효율성 평가 및 영업성과를 요인별로 분석·검토하기 위한 지표로 이용한다.

[표 9-7] 수익성 지표

평가항목별 계산식(%)	표 준 비 율
$세전이익률 = \frac{세전이익}{총매출액} \times 100$	5%이상 양호
	1%미만 불량
$경상활동BEP율 = \frac{경상활동\ BEP매출액}{(매출액 + 영업외수익)} \times 100$	70%이하 양호
	100%이상 불량
$ROA(총자산이익률) = \frac{세전이익}{총자산} \times 100$	6%이상 양호
	3%이하 불량

3) 활동성

점포는 투입된 자본을 회전시켜 최종 성과인 매출액을 생성한다.

활동성은 투입 자본이 최종 성과를 위해 얼마나 활발히 운용되었는가를 나타내는 비율이다(매출액과 자산, 부채, 자본, 항목에 대한 회전 배수로 측정).

[표 9-8] 활동성 지표

평가항목별 계산식(%)
$매출채권\ 회전율 = \frac{매출액}{매출채권} = \frac{연간\ 점포\ 매출누계}{월평균\ 회사잔고}$
$재고자산\ 회전율 = \frac{매출액}{재고자산} = \frac{연간\ 점포\ 매출누계}{월평균\ 점포재고}$
영업순환주기 = 매출채권회전기간 + 재고자산보유일수

4) 성장성

점포 경영규모 및 영업활동 성과가 당해 연도 중 전년에 비하여 얼마나 증가하였는가를 나타내는 지표로서 점포 경쟁력이나 미래 수익 창출 능력을 간접적으로 나타낸다.

[표 9-9] 성장성 지표

평가항목별 계산식(%)
매출 성장률 $= \frac{(\text{당기말 매출액} - \text{전기말 매출액})}{\text{전기말 매출액}}$
총자산 증가율 $= \frac{(\text{당기말 총자산} - \text{전기말 총자산})}{\text{전기말 총자산}}$

5) 생산성

유통 점포 활동 성과 및 효율을 측정하고 개별 생산요소 기여도 및 성과배분 합리성 여부를 규명하기 위한 지표이다(경영합리화 척도이며 생산성 향상으로 얻은 성과에 대한 분배 기준). 점포의 인적, 위치적 환경 및 투자 자본에 대한 부가가치 효율 여부를 판단한다.

[표 9-10] 생산성 지표

평가항목별 계산식(%)
종업원 1인당 매출액(인당 매출액) $= \frac{\text{월평균 총매출액}}{\text{종업원 수}}$
매장 1평당 매출액(평당 매출액) $= \frac{\text{월평균 총매출액}}{\text{매장 실평수}}$

2 점포 종합평가와 대책 방향

1) 주요비율

[표 9-11] 점포 종합평가 주요비율

성장성	매출증가율, 총자산증가율, 세전이익증가율
수익성	매출이익률, 총자산이익률(ROA), 세전이익률
생산성	종업원 1인당 매출액, 1인당 매출이익액, 평당 매출액
안정성	자기자본비율, 유동비율, 비유동비율

2) 레이더 차트 활용

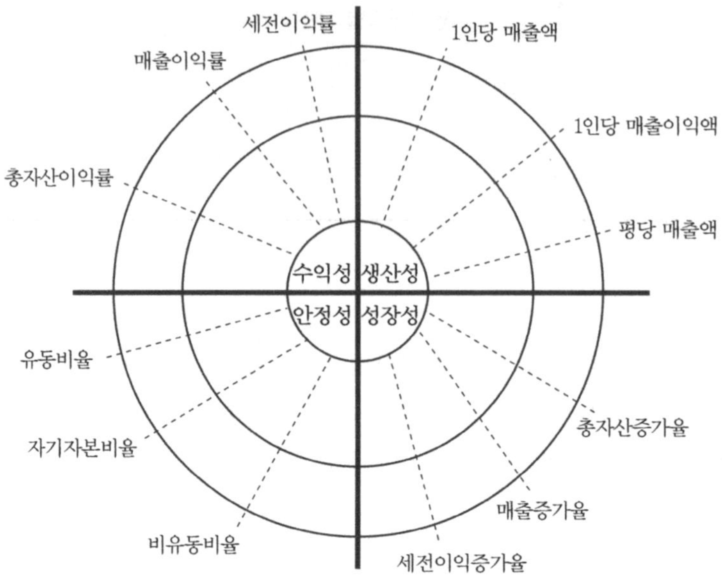

[그림 9-1] 점포 종합평가 레이더 차트 활용

3) 각 유형별 대책 방향

(1) 이상형

이상형은 문자 그대로 4가지 요소가 균형을 유지하며 충실하게 된 형태이다. 종업원 교육투자를 과감하게 하고 신상품 확대 영업을 위한 유통경로 개척과 시장·상권조사 등에 한층 더 역점을 두어 지속적 성장 발전을 도모해야 한다.

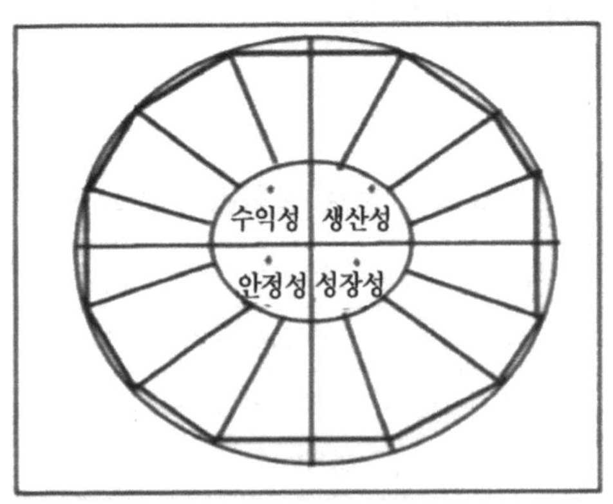

[그림 9-2] 이상형 유형

(2) 보수형

성장 없이 안전제일주의 경영형태로써 보수 안전형이며 오래된 유통점에 많은 형태이다. 이러한 유통점은 젊고 새로운 발상이 필요하며 고객관리강화, 광고·판촉활동 등에 의욕적 활동이 요구된다.

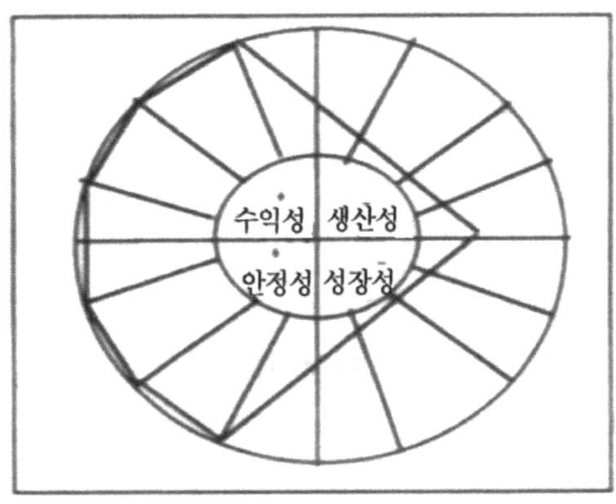

[그림 9-3] 보수형 유형

(3) 성장형

지역인구가 급격하게 증가하는 입지의 유통점에서 많이 볼 수 있으며 재무상태보다 업적 신장이 높은 형태로써 증자 등 재무면 강화 등으로 무리 없는 성장이 요구된다.

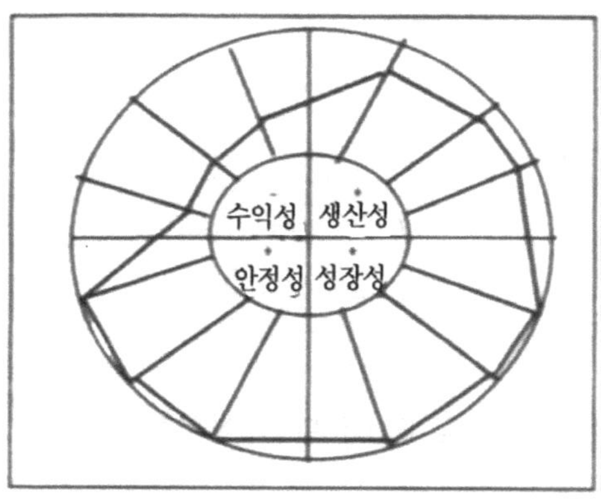

[그림 9-4] 성장형 유형

(4) 확대지향 성장형

급격하게 매출규모를 확대하는 경우의 형태로써 이익률 저하, 재고 과다 등으로 경영

상태가 어려워질 수 있다. 이익계획을 먼저 수립하고 이상형을 목표로 노력하여야 한다.

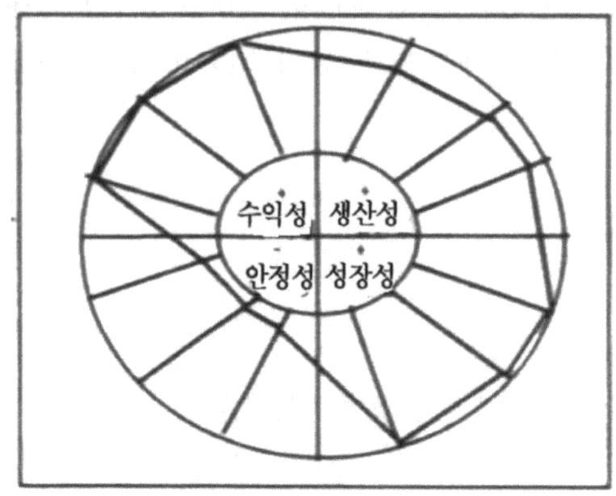

[그림 9-5] 확대지향 성장형 유형

(5) 부실 성장형

매출액을 급상승시킬 경우 나타나는 현상으로써 경영기반이 취약하여지고 안정성이 극도로 나빠지는 형태이다. 이 형태는 장기계획을 수립하여 내부에 자금을 축적하는 것이 바람직하며 먼저 성장형을 목표로 경영계획을 수정한다.

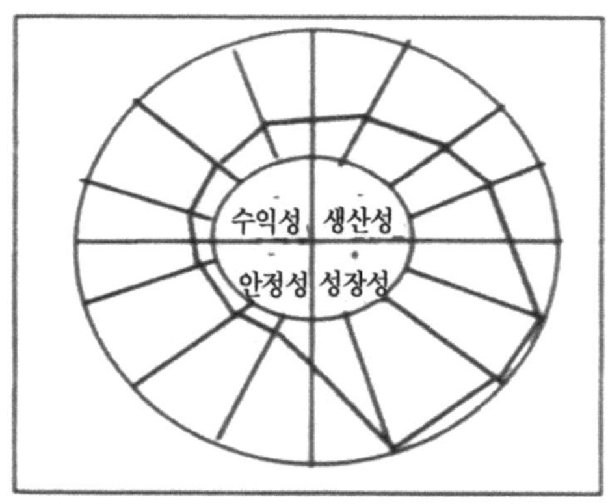

[그림 9-6] 부실 성장형 유형

(6) 소극형

모든 것을 안정중시 형태로 경영하는 형태로써 재정력은 있으나 이것을 활용하는 의욕이 부족한 형태이다. 확대지향 성장성을 지향하되 최종적으로 이상형을 목표로 계획을 수립한다.

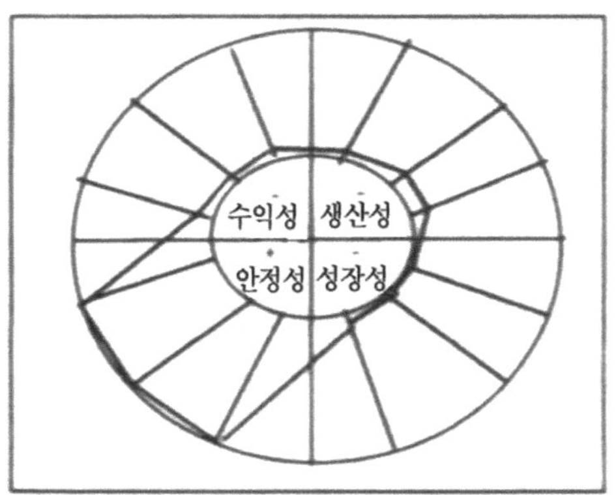

[그림 9-7] 소극형 유형

3 균형성과표(Balanced Score Card)

균형성과표(Balanced Score Card)는 성과평가시스템으로 데이비드 노턴(David. P. Norton) 박사와 로버트 캐플린(Robert S. Kaplan) 교수가 공동으로 개발하였다. 균형성과표는 성과평가를 기존 방식인 재무적 관점에서 탈피하여 기업 미래성과를 창출하는 측정지표로 재무, 고객, 내부프로세스, 학습과 성장 등 네 가지 관점으로 구분하여 개별기업 특성에 맞게 구체적인 KPI(Key Performance Index)를 설정하여 평가를 실시해 기업 전략을 달성하려는 성과관리 도구이다([그림 9-8] 참조).

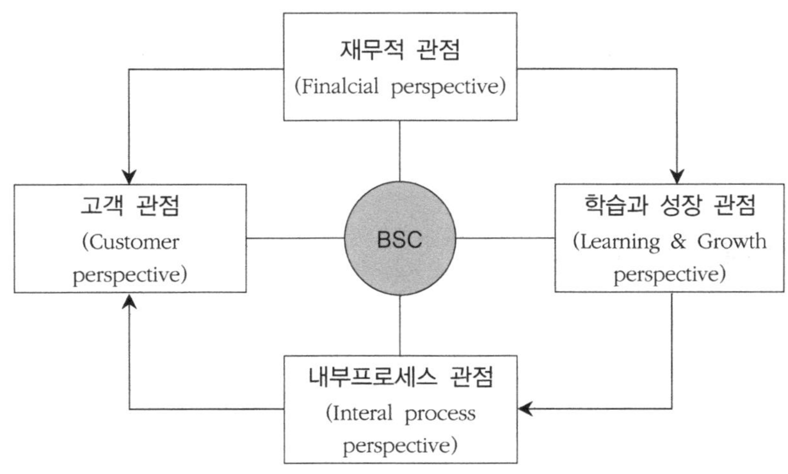

자료 : 김영수 외(2010)

[그림 9-8] BSC

재무적 관점은 기업가치 향상을 위한 중요한 재무 목표에 대한 관심으로 투자 자본에 대해 높은 수익을 얻기 위한 평가 관점이다. 고객 관점은 평가 대상이 되는 목표 고객을 명확하게 설정하고 그 고객이 중요시하는 가치가 무엇인가로 성과를 평가하는 것이다.

내부프로세스 관점은 주주와 고객만족을 위하여 내부프로세스 개선을 통하여 가치를 창출할 수 있는 혁신 프로세스를 말한다. 학습과 성장 관점은 재무, 고객, 내부프로세스 개선을 통하여 조직이 지속적으로 성장할 수 있는 기반에 대한 평가이다([표 9-12] 참조).

[표 9-12] BSC 평가지표 사례

관 점	평가지표	비고
재무 관점	투자수익률(ROI), 수익성	
고객 관점	시장점유율, 고객확보 / 유지율	
내부 프로세스 관점	프로세스 시간, 품질, 원가	
학습과 성장 관점	개선, 학습능력	

균형성과표는 단기적 목표 달성지표가 아니라 미래에 대한 투자 중요성을 강조한다. 기존 재무적 관점이 재무목표 달성과 외부 이해관계자에 대한 초점을 통하여 관리되었다면 균형성과표는 비재무적 요인과 내부 고객 역량을 반영하여 기업 비전과 전략을 달성하려는 미래지향적 평가 방식이라 할 수 있다. 네 가지 다른 관점의 목표를 측정지표로 설정하고 기업 특성에 맞게 가중치를 두고 통합하여 평가하는 새로운 관리시스템이다.

4 KPI 설정 관리

1) 일의 성과

일이란 목적(Outcome)을 실현하기 위하여 필요한 Input을 투입하여 Output을 만들어 가는 것이다.

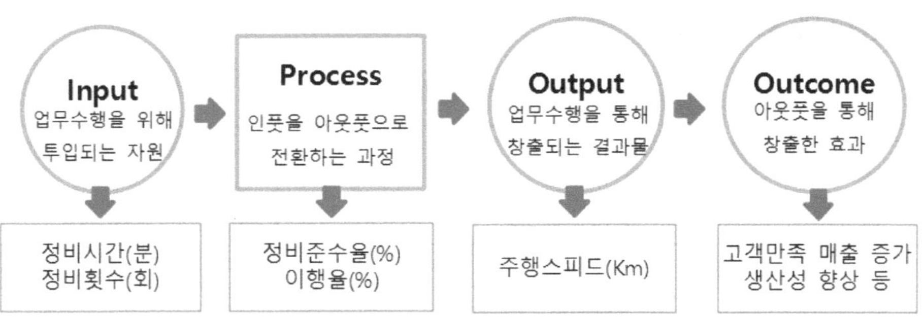

[그림 9-9] 일의 성과

2) 성과관리 KPI

① KPI 정의

업무의 성과차원에서 설정된 목표 항목이다.

② KPI 포착 포인트

품질, 수량, 원가, 시간 등이다.

③ KPI 특징

- 팀 비전과 연계성
- 상위 KPI와 연계성
- 책임소재 명확성
- 관리 가능성
- 측정 가능성
- 실행 가능성

3) KPI 도출

핵심성공요인(KSF)에 따라서 전략 목표가 잘 달성되었는지 안 되었는지를 확인하는 측정지표이다.

[표 9-13] KPI 도출

Input	Process	Output	Outcome
• 업무수행을 위해 투입되는 자원들 • 물자, 돈, 정보, 시간, 인력 등	• 인풋을 아웃풋으로 전환하는 과정	• 목적을 달성하는 수단 • 업무수행을 통해 창출되는 결과물	• 아웃풋을 통해 창출한 효과 • 고객만족, 매출증가, 생산성 향상 등
무엇이 소요되었는가?	어떻게 관리했는가?	직접적으로 무엇을 얻었는가?	궁극적으로 무엇이 좋아졌는가?
묘목, 씨앗 품질, 구입비용, 인건비	관리투입시간, 물주기 준수율, 제초 횟수	나무 한 그루당 열매수, 열매등급, 판매가능열매	판매 수익률, 소득증가액, 생활여건 개선도

4) 성과관리와 KPI 사례

[표 9-14] KRA와 KPI

KRA(Key Result Area)	KPI(Key Performance Indicator)	
품질(Q)	• 고객 불만 건수 • 고객 만족도	• 고객 불만족도 • 정확도
양(P)	• 생산량 또는 판매량	
비용(C)	• 재료비 또는 인건비 • 근무시간 • 매출액 또는 수익	
시간(T)	• 납기 준수 또는 미 준수 여부 • 지연기간 • 납기 이전 업무완수 여부	

5) 성과관리 의의

실행 부문에서의 업무 담당자의 업무 성과를 극대화함으로써 궁극적으로 최고의 경영성과를 창출하기 위하여 개인이 달성해야 할 성과를 명확히 하고 도전적 성과 목표를 설정하여 가장 효과적인 수행을 함으로써 최고 성과를 내도록 노력하며 그 과정에서 개인 역량이 향상될 수 있도록 상위자와 하위자간에 이루어진 지속적인 커뮤니케이션 과정이다.

5 점포 손익계산

점포 경영성과를 보기 위하여 특정한 기간에 발생한 수익과 비용을 대비시켜 기간의 순이익을 계산, 확정하는 것을 말한다.

1) 수익

자산 유입이나 증가 또는 부채 감소에 따라 자본 증가를 초래하는 특정 회계 기간 동안에 발생한 경제적 효익 증가이다.

2) 비용

자산 유출이나 소멸 또는 부채 증가에 따라 자본 감소를 초래하는 특정 회계기간 동안에 발생한 경제적 효익 감소이다.

3) 손익기준

(1) 거래접근법

이익은 경제적 사건의 결과로 기업에서 발생한 거래 중 일정기간 수익거래와 비용거래를 가려내고 이를 측정하여 수익 총액에서 비용 총액을 차감하여 얻는다.

기간이익 = 수익 − 비용

(2) 발생기준

거래나 그 밖의 사건 영향을 현금이나 현금성 자산 수취나 지급 시점이 아니라 당해 거래 또는 사건이 발생한 기간에 인식하며 해당 기간 장부에 기록하고 재무제표에 표시하는 것이다.

(3) 포괄주의

일정 기간 모든 거래나 사건에서 인식한 자본 변동을 손익계산서에 포함해야 한다. 즉, 포괄손익계산서에 경상적 반복적 항목, 비경상적 비반복적 항목을 막론하고 특정 기간 중에 발생한 모든 수익과 비용을 포함해야 한다.

4) 손익계산서

(1) 매출액 = 매출원가 + 매출총이익
(2) 매출총이익 = 판매관리비 + 영업이익
(3) 영업이익 = 영업외수지 + 법인세
(4) 법인세차감전순익 = 법인세 + 당기순익

[표 9-15] 손익계산서 구조

매출액
매출원가 + 매출총이익
판매관리비 + 영업이익
영업외수지 + 세전손익
법인세 + 당기순이익

5) 점포 손익 추정 사례

[표 9-16] 점포 손익추정 사례

조건(100평 기준 / 일 9백만 원)(단위 : 천 원)

구 분		금 액		비 고
		금 액	구성비	
매출액		270,000	100	
매출이익	상품이익	56,700	21%	
	장려금	13,500	5%	
	소 계	70,200	26%	
판매관리비용	인건비	13,500	5%	9명 기준(P/T 5)
	복리비	1,350	0.5%	
	임차료	13,500	5%	관리비 포함
	세 금	270	0.1%	
	수도광열비	2,700	1%	
	통신비	540	0.2%	
	보험료	270	0.1%	
	용역비	540	0.2%	재고조사 / POS보수료
	지급수수료	3,510	1.3%	카드 수수료
	광고판촉비	5,400	2%	
	수선비	270	0.1%	
	감가상각비	2,700	1%	5년 정액법
	소모품비	1,350	0.5%	
	기 타	2,700	1%	
	영업외 비용	4,050	1.5%	재고로스 등
	이자비용	2,700	1%	
	소 계	55,350	20.5%	
영업이익		14,850	5.5%	

* 임대료 / 매출수준 / 투자비용에 따른 탄력 적용

제3절 투자평가

투자를 결정하기 위해서는 현금흐름을 추정하고 현금흐름을 바탕으로 평가를 해야 한다. 투자평가는 경제성 분석으로 이루어진다. 이러한 경제성 분석을 위해서는 먼저 현금흐름을 고려하고 화폐의 시간적 가치를 반영하여 기업 가치를 극대화시키는 방안을 분석하는 것이다. 투자안의 선택 방법으로 투자회수기간 분석, 이익률 분석, 순현재가치법, 내부수익률법 등이 있다.

1 투자회수기간

1) 투자회수기간

회수기간이란 투자에 소요되는 비용을 회수하는데 걸리는 기간을 말하며 보통 연간 단위로 표시한다. 투자결정시 경제성을 평가하기 위해서 현금흐름 추정은 기본적인 사항이다. 현금흐름은 현금유입－현금유출로 계산하는데 투자금액이 투자시점에서 현금지출로 계산된다. 현금흐름상에서 유입과 유출로 단순계산으로 투자에 소요된 비용을 회수하는데 걸리는 기간을 연단위로 나타내는 지표이다([표 9-17] 참조).

[표 9-17] 투자 회수기간

$$투자회수기간 = \frac{투자금액}{현금유입액}$$

항 목		투자 안 A	투자 안 B
회수기간		4	4
투자금액		1억	1억
현금유입	1년	30,000,000	15,000,000
	2년	20,000,000	20,000,000
	3년	40,000.000	35,000,000
	4년	20,000,000	40,000,000
	합계	110,000,000	110,000,000

투자 안 A와 B 모두 회수기간은 4년으로 동일하다. 하지만 대안 투자 결정시 투자자는 초기 많은 현금유입이 있는 A안을 선호한다.

2) 회수기간 평가 장·단점

(1) 장점

계산 방법이 간단하여 이해하기 쉽다. 그러나 투자 안에서 단순하게 계산과 이해하기 쉽다고 회수기간법만을 고려하여 투자 안을 결정해서는 안 된다. 운영자에게 투자 위험에 대한 정보를 제공한다는 점이다. 수익성이 기업 가치에 관계되는 것이지만 더욱 중요한 점은 현금 보유를 중심으로 한 유동성이다. 회수기간법은 유동성을 간접적으로 보여준다는 점에서 유용하다. 투자 대안 중에서 회수기간이 짧을수록 투자기업이 유동성을 높이는 것이다. 현금이 부족한 기업 입장에서는 회수기간이 빠른 것이 가장 중요함으로 회수기간법이 유용한 방법이다.

(2) 단점

회수기간법은 회수기간 이후 현금흐름을 고려하지 않고 있다. 화폐 투입 시 가치와 회수 시 가치가 다른 점을 고려하지 않고 계산한다는 것은 문제가 있다. 목표 회수기간 선정이 자의적이다. 얼마 정도 회수기간을 고려하여 투자결정을 해야 하는지 객관적이고 합리적 기준 수립이 어렵다.

3) 할인 회수기간법

회수기간법이 가지고 있는 현금흐름 시간적 가치를 고려하지 못한 점을 보완하여 각 기간에 발생하는 현금흐름을 할인하여 현재가치를 계산하여 현재가치의 합이 투자금과 동일해지는 기간과 비교하여 짧으면 투자가치가 있다고 평가하는 것이다. 할인 회수기간은 당초 회수기간보다는 현재가치 할인으로 더 길어진다.

2 회계적 이익률법(Accounting Rate of Return : ARR)

1) 회계적 이익률법

이익률에 의한 투자평가 방법은 평균이익률법이라고도 한다. 투자결정으로 발생하는 연평균 순이익을 연평균 투자액으로 나누어 평균 이익률을 계산하여 투자 안을 평가하는 방법이다.

[표 9-18] 회계적 이익률법

$$\bullet\ ARR = \frac{\text{연평균 순이익}}{\text{연평균 투자액}}$$

$$*\ \text{연평균 순이익} = \frac{\text{순이익 합}}{\text{내용년수}}$$

$$*\ \text{연평균 투자액} = \frac{\text{총투자액} + \text{잔존가치}}{2}$$

회계적 이익률법은 잔존가치가 있는 경우에 계산할 수 있다는 장점이 있으며 투자 수익성을 추정하는데 유용성이 있다.

2) 장·단점

(1) 이해하기 쉽고 계산에 필요한 자료를 재무제표로부터 쉽게 구할 수 있다.
(2) 회수기간법과는 다르게 수익성을 고려하고 있다.
(3) 화폐의 시간적 가치를 고려하지 않고 있다.
(4) 현금흐름이 일정하지 않을 경우 잘못된 의사결정을 할 수 있다.

3 순현재가치법

1) 현재가치

투자결정으로 미래에 발생하는 금액과 동일한 가치를 갖는 현재 금액을 현재가치(present value)라고 하며 이러한 미래금액을 현재가치로 환산하는 과정을 할인이라고 한다. 현재가치로 적용되는 이자율을 할인율이라고 한다. 미래 N년 후에 발생되는 미래금액(CFn)과 동일한 현재가치(Vo)를 다음 식에서 구할 수 있다.

[표 9-19] 현재가치 산출 공식

$$Vo = \frac{CFn}{(1+R)^n} = CFn \times (1+R)^{-n} = CFn \times PVIF(R,\ n)$$

$$\text{단, } PVIF(R,\ n) = \frac{1}{(1+R)^n}$$

[표 9-19] 식에서 PVIF(R, n)은 현재가치 이자요소 또는 할인요소라고 하며 미래시점 일정금액에 곱하여 현재가치를 구할 수 있다. 예를 들어 1기간이 이자율이 10%이고 2년 후의 1,210원인 금액의 현재가치는 아래와 같다.

[표 9-20] 현재가치 산출 사례

$$Vo = \frac{1,210}{(1+10\%)} = 1,210 \times 0.909 = 1,100$$

2) 현금흐름 측정

투자결정 사항의 현금흐름 측정은 투자후 현금흐름과 투자전 현금흐름 차액 증가분 기준으로 측정한다. 증분 현금흐름을 계산하는 이유는 투자 전·후 가치를 토대로 가치증가분을 파악하는 것이다. 투자안 가치는 투자후 증가한 가치가 투자안의 가치가 됨으로 증분 가치를 할인하여 증가분 현재가치를 평가하면 된다.

[표 9-21] 현금흐름 측정

- 투자 증분 현금흐름 = 투자 후 현금흐름 – 투자 전 현금흐름
- 투자가치 = 투자 후 기업가치 – 투자 전 기업가치

3) 순현재가치 투자평가

순현재가치(NPV)는 투자 안으로 증가하는 미래 현금유입액의 현재가치에서 현금 유출액의 현재가치 또는 투자금액을 차감한 값이다. 순현재가치는 투자 실행으로 순수한 부의 창출 금액 또는 현재 부의 증가로 인한 기업 가치의 순증가분이 된다. 다른 투자와 독립적으로 의사결정이 가능한 투자를 독립 투자 안이라고 하고 하나의 투자 안이 결정되면 기각되는 투자 안이 있는 경우에는 상호 배타적 투자 안이라고 한다. 순현재가치법에서는 독립적 투자안의 의사결정은 NPV가 0보다 크면 투자 안을 채택하고 작으면 기각하면 된다. 상호배타적 투자 안의 의사결정은 NPV가 큰 투자 안으로 의사결정하면 된다.

- 독립적 투자 안 : NPV 〉 0인 투자 안 채택
- 상호배타적 투자 안 : NPV가 큰 투자 안 채택

4 손익추정

1) 총자본수익률[투자수익률(ROI, Return on Investment)]

자본이란 경영을 위하여 투자된 자본으로서 재무상태표 차변 합계, 즉 총자산 또는 대변의 부채 및 자본 합계가 이에 해당된다. 경영활동은 자본이익률을 통해서 수익을 예상할 수 있다. 자본이익률이란 투자 안으로 인하여 증가하는 연평균 이익을 최초 투자액 또는 평균 투자액으로 나눈 값이다. 이러한 ROI기법은 듀퐁사에서 개발하여 1930년대부터 사용되기 시작하였고 기업 목표를 투자수익률로 하여 이를 결정하는 재무요인을 체계적으로 관리하는 방법이다.

[표 9-22] ROI 공식

$$\text{총자본이익율} = \frac{\text{이익}}{\text{총자본}} \times 100$$

수익률(ROI) 분석은 총자본회전율과 수익성 비율인 매출순이익율을 결합한 것으로 기업 활동성과 수익성을 분석할 수 있으며 여러 재무요인을 분석함으로써 기업 성과를 종합적으로 평가할 수 있다.

2) 필요경비에 의한 이익 추정

경영상 필요경비에 의한 이익을 추정하는 방법이 있다. 이 방법에 의한 이익은 다음과 같은 산식으로 계산한다.

[표 9-23] 필요경비에 의한 이익 추정

$$\text{목표이익(세금공제전)} = \frac{(\text{배당금} + \text{임원상여금} + \text{내부유보})}{(1 - \text{세율})}$$

배당금, 임원상여금은 과거 실적추이나 업계수준, 혹은 경영자 방침 등을 감안하여 산정한다. 내부유보는 장래 투자에 대비한 기대이익, 재무구조 개선을 위한 정책으로 확보하여야 할 이익, 혹은 장기차입금 상환원금으로 산정한다.

3) 이익추정 유용성

투자결정시 이익산정을 통한 의사결정은 투자대상 이익이 기준으로 설정한 이익률보다 높으면 투자결정을 하는 방법이다.

(1) 간단하고 이해하기 쉬운 방법으로 투자 안을 분석하는 방법이다.

(2) 장부상 자료를 쉽게 구하여 그대로 사용한다는 장점이 있지만 화폐의 시간적 가치를 고려하지 않고 있다는 단점이 있다.

4) 손익분기점 추정

영업활동에 손익분기점을 파악하는 것이 영업활동 이익을 계상하는 실질적 방안이 될 수 있다. 여기서는 손익분기점 실제적 계산의 예를 통하여 이익을 추정한다. 우선 영업을 하는데 필요로 하는 경비 중에는 매출 증감에는 관계없이 일정하게 나가는 비용이 있다. 인건비, 월세 등으로 이를 고정비라 한다.

이에 반해 매출 증감에 비례하여 증감되는 비용이 있다. 매출원가나 포장비, 발송비 같은 것을 변동비라 한다. 손익분기점을 결정하는데 있어서는 무엇보다도 이 고정비와 변동비를 찾아내어 분류하는 것이 중요하다. 고정비와 변동비가 결정되면 손익분기점을 추정할 수 있다.

손익분기점을 찾아내는 방법을 먼저 도표로 보면 다음 [그림 9-10]과 같다. 그림과 같이 먼저 가로축에 매출액을 세로축에 경비 또는 매출총이익을 놓는다.

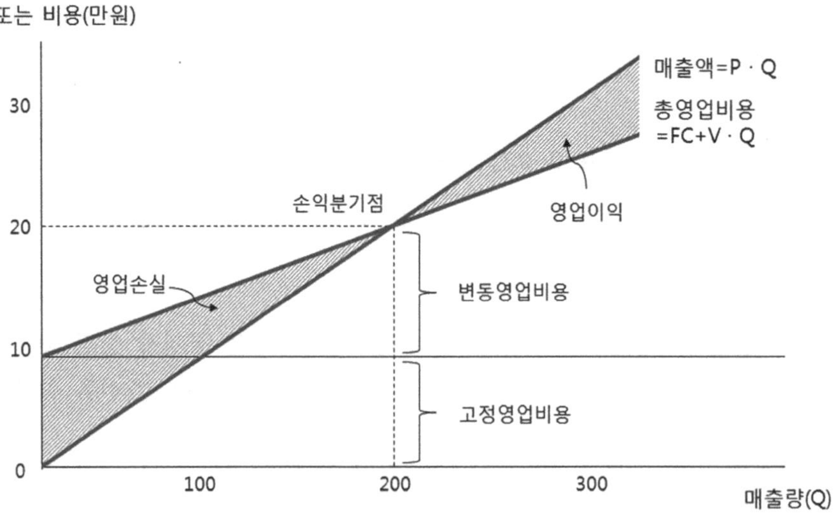

[그림 9-10] 손익분기점

매출이 하나도 없는 0의 상태에도 고정비는 드는 것이니 이것을 정한다. 그리고 매출액 상승에 따라 비례하여 증가하는 경비선을 그려 넣는다. 매출총이익선과 경비선이 교차하는 점이 손익분기점이다.

[표 9-24] 손익분기점 산출

$$\text{손익분기점 매출액} = \frac{\text{고정비}}{(1 - \text{변동비} / \text{매출액})}$$

각 항목의 실제 금액이 다음 표와 같다고 할 때 그 수치를 활용하면 손익분기점은

$$\frac{\text{8000만원}}{1 - 0.79(\text{변동비율})} = 38{,}000(\text{만원})$$

(단위 : 천원)

항 목	금 액	비 고
매출액 매출원가 매출총이익	100,000 70,000 30,000	
고정비 변동비	16,000 79,000	변동비율 79%
이 익	5,000	

적어도 38,000(만원) 이상은 실현해야만 되는 것이다. 손익분기점을 이용하여 목표하는 이익을 달성하기 위해 필요한 매출 목표를 구할 수 있다.

[표 9-25] 목표 매출액 산출 공식

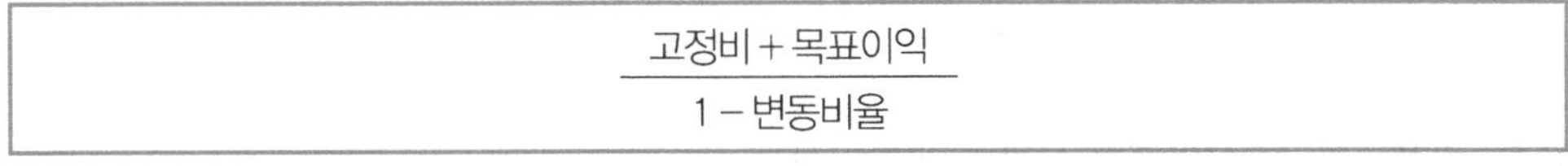

$$\frac{\text{고정비} + \text{목표이익}}{1 - \text{변동비율}}$$

목표하고자 하는 이익이 5,000천원을 목표이익이라 한다면

$$\frac{16{,}000(\text{천원}) + 5{,}000(\text{천원})}{1 - 0.79} = 100{,}000(\text{천원})\text{이 된다}([\text{표 9-22}] \text{ 참조}).$$

◎ 연습문제 ◎

01 순현재가치법에 관하여 설명하시오.

- 순현재가치(NPV)는 투자 안으로 증가되는 미래 현금유입액의 현재가치에서 현금 유출 액의 현재가치 또는 투자금액을 차감한 값이다. 순현재가치는 투자 실행으로 순수한 부의 창출 금액 또는 현재 부의 증가로 인한 기업 가치 순증가분이 된다.
- 다른 투자와 독립적으로 의사결정이 가능한 투자를 독립투자 안이라고 하고 하나의 투자 안이 결정되면 기각되는 투자 안이 있는 경우에는 상호배타적 투자 안이라고 한다.
- 순현재가치법에서는 독립적 투자안의 의사결정은 NPV가 0보다 크면 투자 안을 채택하고 작으면 기각하면 된다. 상호배타적 투자 안의 의사결정은 NPV가 큰 투자 안으로 의사결정하면 된다.

02 손익분기점에 대하여 설명하시오.

① 손익분기점이란 한 기간의 매출액이 당해 기간 총비용과 일치하는 점을 말한다. 즉, 이익도 손실도 생기지 않는 매출액을 말한다. 따라서 일정기간의 매출액이 그 분기점을 넘어 증가하면 이익이 발생하지만 매출액이 감소하여 그 분기점을 밑돌면 손실이 발생한다.

② 매출액이 그 이하로 감소하면 손실이 나며 그 이상으로 증대하면 이익을 가져오는 기점을 가리킨다.

③ 손익분기점 분석에서는 보통 비용을 고정비와 변동비(또는 비례비)로 분해하여 매출액과의 관계를 검토한다. 매출액은 매출수량과 매출단가의 관계로 대치되므로 판매계획 입안에 있어서 이 분석 방법은 중요한 실마리가 된다. 또한 그들 상호의 인과관계를 추구하는 것에 의하여 생산계획, 조업도(操業度)정책, 상품결정 등 각 분야에 걸쳐 다각적으로 이용된다.

03 목표수립 시 사전확인 사항을 설명하시오.

판매목표는 소매점 내·외부 각종 정보를 바탕으로 상품특성, 트랜드를 반영하여 실시하고 사전에 확인을 통하여 객관적으로 설정하여야 한다.

Ⓐ 객관적 자료 수집과 분석에 의하여 목표를 설정해야 한다.

Ⓑ 전년도 실적과 최근 3개월 실적 그리고 3-5년 정도 실적을 반영하여 수립한다.

Ⓒ 상권 특성, 경쟁사 영향요인을 반영하여 수립한다.

Ⓓ 계절특성, 행사계획을 반영하여 수립한다.
Ⓔ 매입/재고계획과 연동하여 수립한다.

04 용어설명

- 투자회수기간
- 신장률
- 손익분기점
- KPI

제 4 부 유통정보 시스템

제 10 장 POS 시스템

제1절 POS 판매

1 POS 화면[1]

1) 기본 화면 보기

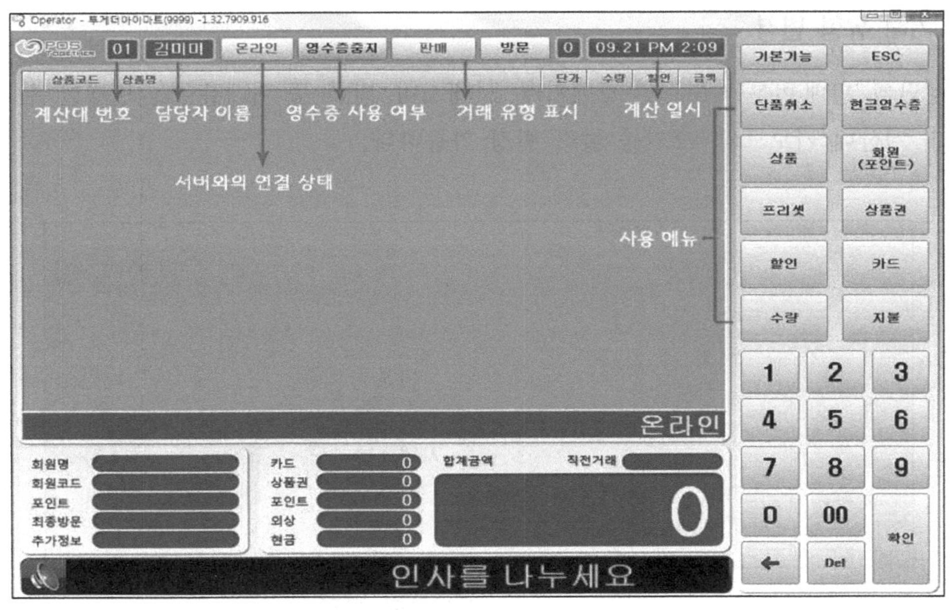

[그림 10-1] 판매등록 프로그램 화면

---

1) POS시스템 실습은 ㈜투게더스의 POS 매뉴얼을 기반으로 설명.

화면 상단에 단말 번호와 로그인한 직원이름, 일시가 표시된다.

현재 온라인 상태인지, 영수증 인쇄 상태인지가 표시되며 하단에는 거래한 회원명, 회원 포인트, 지불수단별 금액이 표시된다. 오른쪽에는 기본메뉴에 해당하는 버튼이 보인다. 상단 좌측의 POS투게더 로고를 마우스로 클릭하면, 우측의 사용메뉴를 보이거나 보이지 않게 할 수 있다.

2) 영수증 중지 사용 설정

상단의 '영수증인쇄' 버튼을 누르면 '영수증인쇄'와 '영수증중지'를 선택할 수 있다.

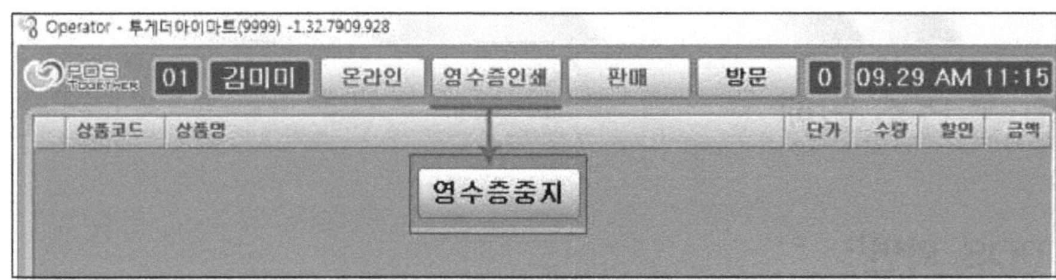

[그림 10-2] 영수증인쇄/중지

3) 거래 유형 변경

상단의 '판매'버튼을 누르면 판매거래, 사내소비, 반품 등 거래유형을 변경할 수 있으며 계산대 키보드의 'F2'키를 눌러 변경 가능하다.

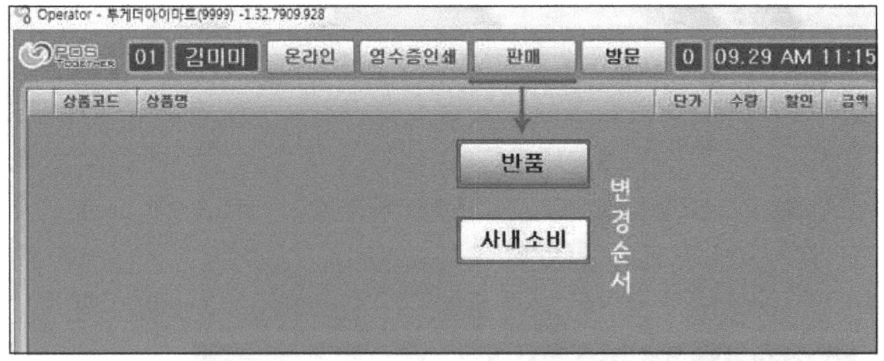

[그림 10-3] 거래유형 변경

판매거래 옆의 '방문'버튼을 누르면 방문, 전화, 인터넷 등 주문유형을 변경할 수 있으며 기본적으로 매장에서 판매할 때에는 방문에 놓고 거래하면 된다.

2 판매

1) 현금판매

(1) 현금으로 지불

거래하려는 상품을 스캐너로 스캔하면 화면에 상품명과 수량금액이 표시된다. 스캔이 되지 않는 경우는 해당 상품의 바코드번호를 키보드 숫자 키로 입력하여도 된다. 거래금액보다 많은 현금을 받은 경우 받은 현금 금액만큼의 금액을 입력하고 '지불' 키를 누르면 현금거래가 완료되며 합계액과 현금지불액, 낸 금액, 거스름액이 보이는 창이 뜬다. 거래금액과 받은 금액이 동일하다면 상품을 스캔 후 '지불' 키만 누르면 거래가 완료된다.

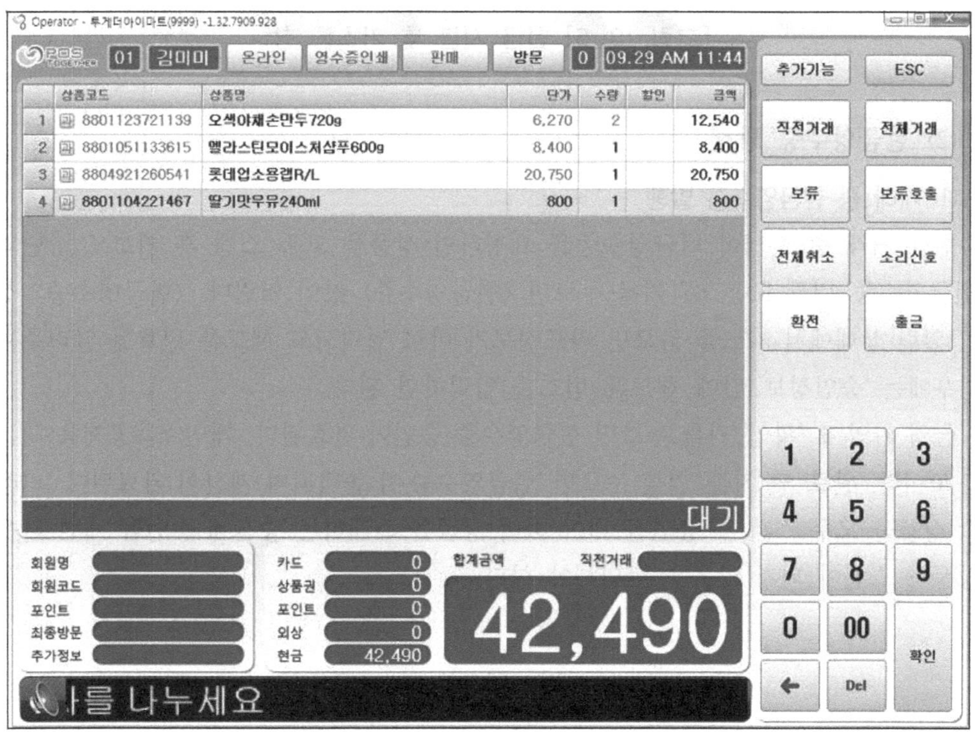

[그림 10-4] 거래할 상품 스캔하기

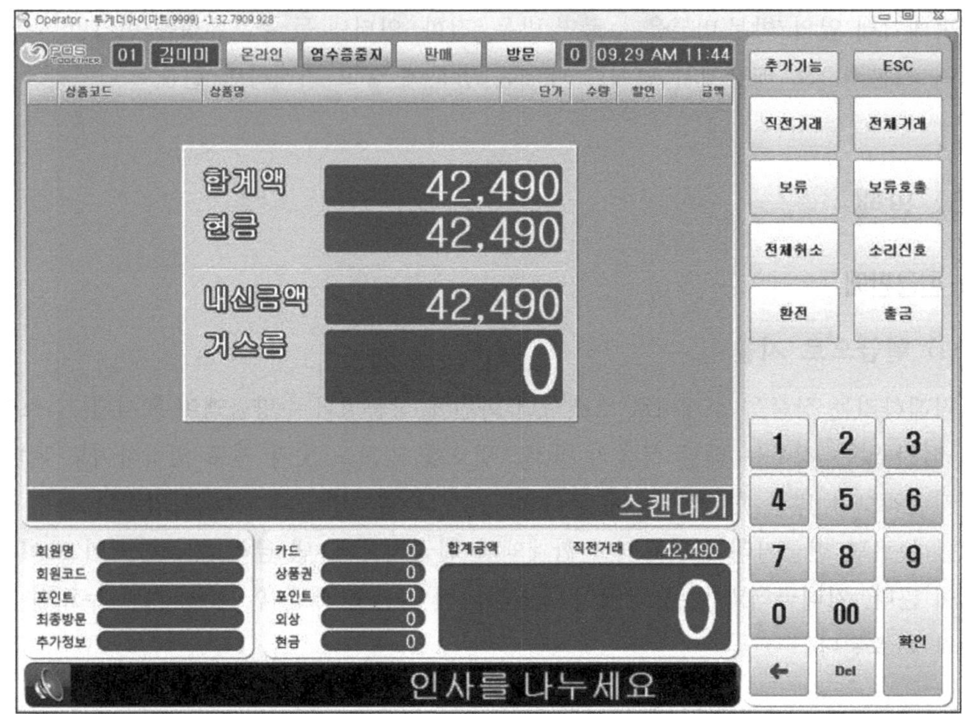

[그림 10-5] 현금 지불 후 거스름 창

(2) 현금영수증 발행

① 거래 중 현금영수증 발행

현금 거래 중 손님이 현금영수증을 요청하면 상품을 모두 스캔 후 키보드 상단의 '현금영수증' 버튼 또는 'F6' 키를 누르면 〈현금영수증〉 창이 열린다. 〈현금영수증〉 창이 열린 상태에서 카드를 긁으면 카드정보가 바로 입력되고 핸드폰 번호를 알려주는 경우에는 '승인정보' 칸에 핸드폰 번호를 입력하면 된다.

금액 확인 후 '확인' 키를 누르면 현금영수증 승인이 완료된다. 개인소득공제용 구분은 '0'이다. 완료 후 '지불' 키를 누르면 '현금영수증'이 출력되며 계산이 완료된다. 거래할 상품을 모두 스캔 후 승인을 내야 하며 상품을 스캔하는 중간에 승인을 내면 다음 상품이 스캔이 되지 않음을 주의해야 한다.

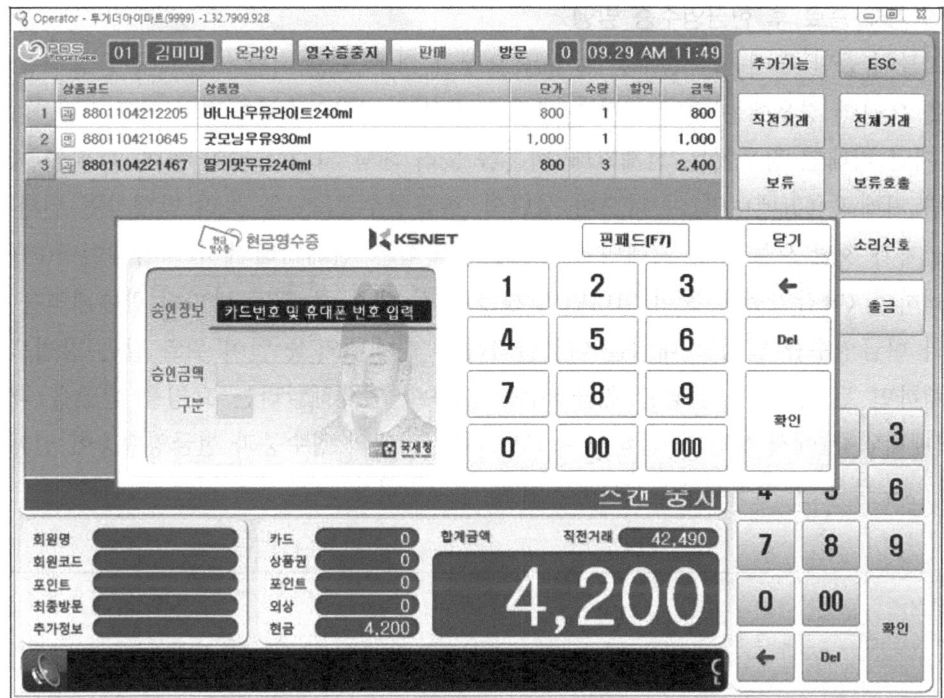

[그림 10-6] 거래 중 현금영수증 승인

② 사업자 지출증빙용 현금영수증 발행

고객이 사업자 지출증빙용 현금영수증을 요청한다면 상단의 '현금영수증' 버튼 또는 'F6' 키를 누르고 '승인정보' 칸에 사업자번호를 넣고 승인금액 확인 후 아래의 '구분'에는 '1'이라고 입력하여 승인을 내면 사업자 지출증빙용 현금영수증이 발행된다. '지불' 키를 눌러 계산을 종료한다.

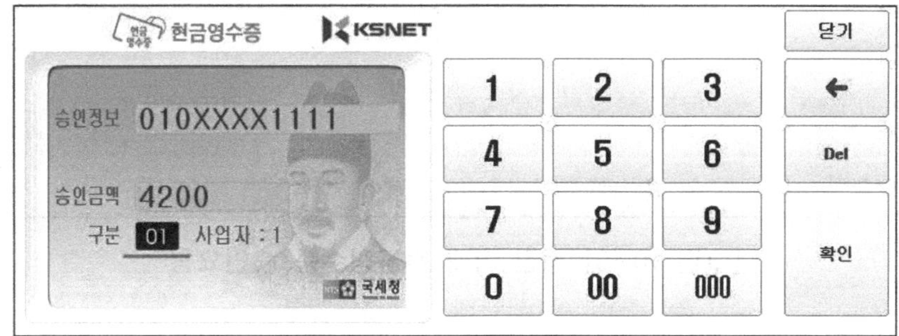

거래순서 : 상품스캔 ➡ 현금영수증승인(F6) ➡ '지불'하기

[그림 10-7] 사업자 번호로 현금영수증 승인 방법

③ 거래 종료 후 현금영수증 발행

지불이 끝난 후에 현금영수증 발행을 요청한 경우 또는 지난 거래의 현금영수증 발행을 요청한 경우에는 지난 해당 거래를 불러와서 현금영수증을 발행해야 한다. 오늘 중 지난 거래인 경우에는 '전체거래' 버튼을 눌러 해당 거래를 찾아 선택 후 더블 클릭하면 거래의 〈판매내역〉이 나오며 상단의 '현금영수증(F6)'을 눌러 발행하면 된다.

날짜가 지난 오늘 이전 거래의 현금영수증 발행은 '전체거래'에서 '마감데이터(F5)'를 선택하여 〈마감일선택〉창이 열리면 날짜를 지정 해준 후 해당 날짜의 판매내역을 불러와 현금영수증 발행할 내역을 더블클릭하여 '판매내역'을 열어 위와 같은 방법으로 발행하면 된다. 이미 발행된 현금영수증을 다시 인쇄해달라는 요청을 받았을 때는 〈판매내역창〉에서 상단의 '인쇄'를 누르면 해당 거래의 영수증과 현금영수증이 인쇄된다. 영수증에는 '재인쇄'라는 표시가 함께 인쇄된다.

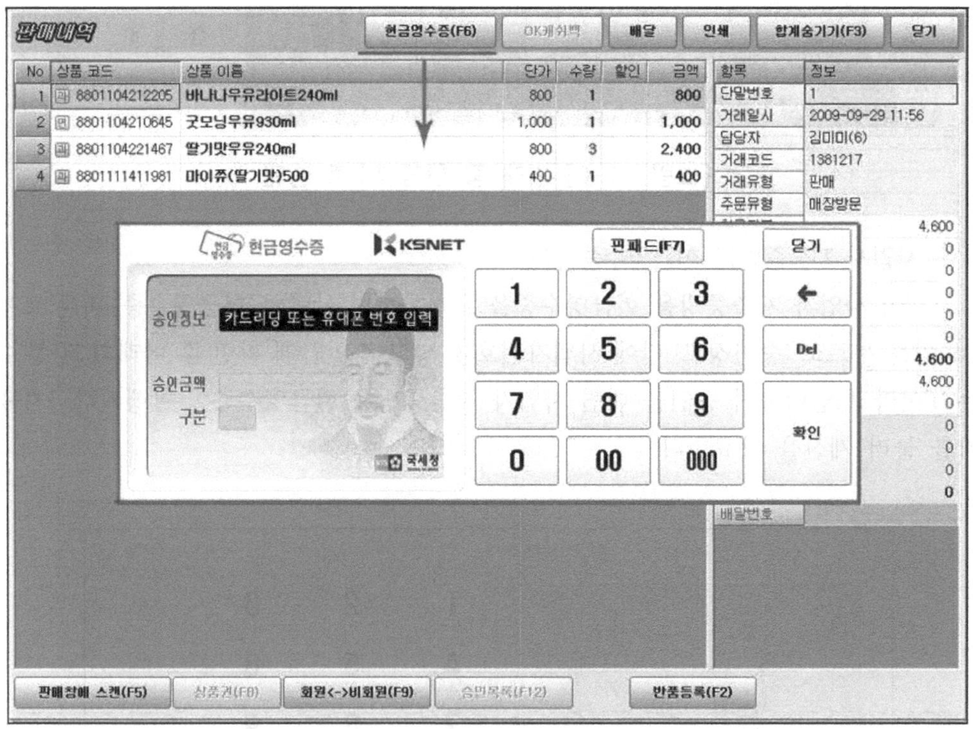

[그림 10-8] 직전 거래 현금영수증 승인요청

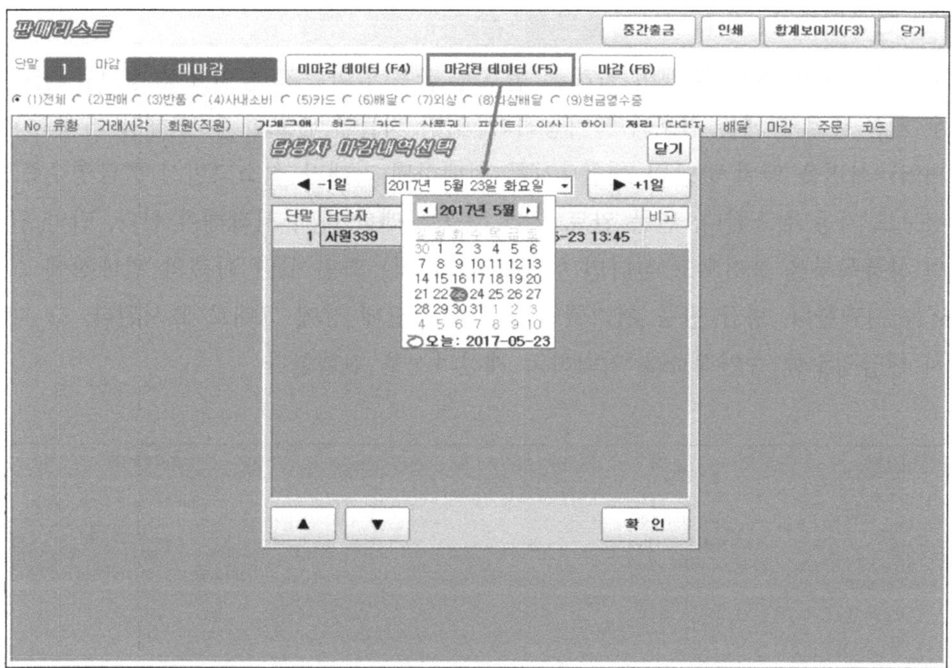

[그림 10-9] 마감일 선택 지난 날짜 거래 불러오기

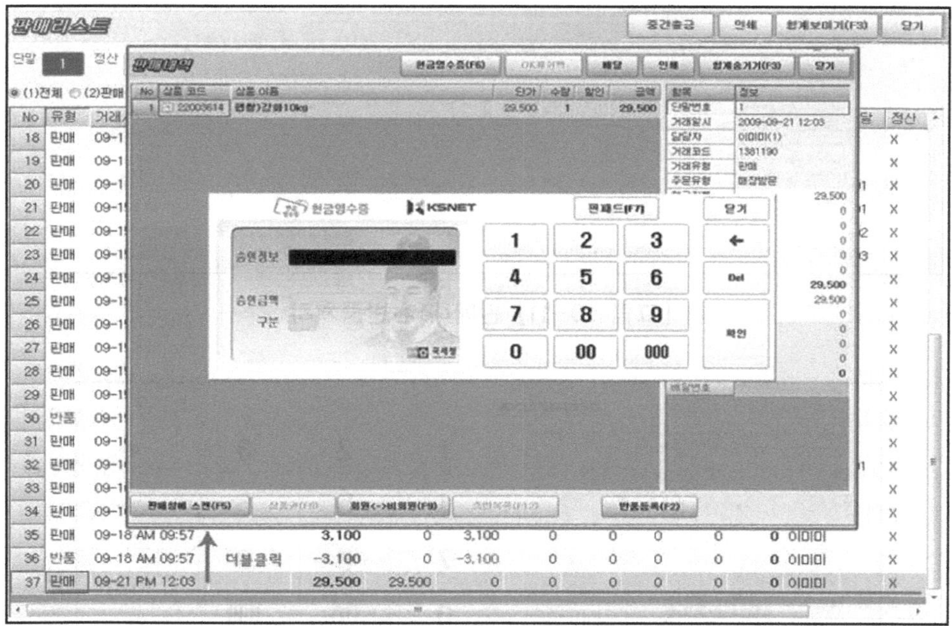

[그림 10-10] 지난 거래 현금영수증 승인요청

(3) 현금영수증 취소

현금영수증 발행 시 고객이 말해준 번호를 잘못 알아듣고 승인요청 정보를 입력한 경우 계산 종료 전에는 취소가 불가능하다. 일단 지불을 완료한 후에 해당 거래의 〈판매내역〉 화면을 띄워 하단의 '반품(F2)'를 선택하면 거래가 취소되면서 현금영수증 승인정보도 자동 취소된다. 반품 완료 후에 해당 거래를 다시 시작해야 한다. 만약 입력했던 상품목록을 불러오고 싶다면 현재 〈판매내역〉 화면 하단 좌측의 '판매창에 스캔(F5)'을 선택한다. 방금 반품 처리했던 상품들이 판매 창에 그대로 표시된다. 그 다음 다시 현금영수증 승인정보를 입력하고 계산과정을 진행한다.

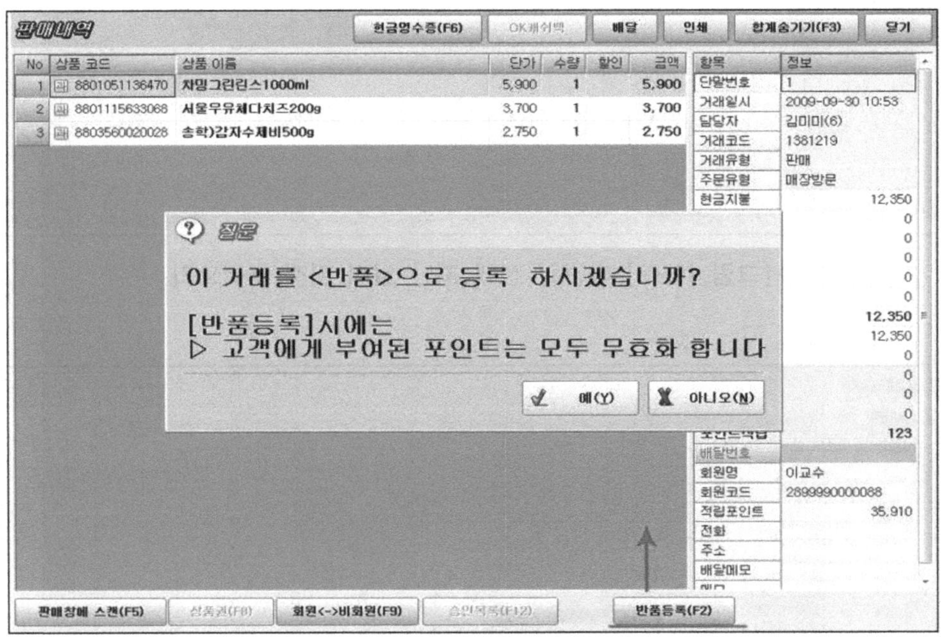

[그림 10-11] 판매내역 반품처리

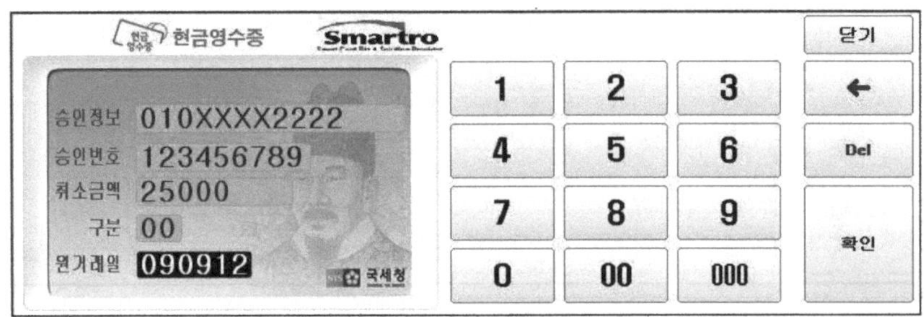

[그림 10-12] 현금영수증 취소 화면

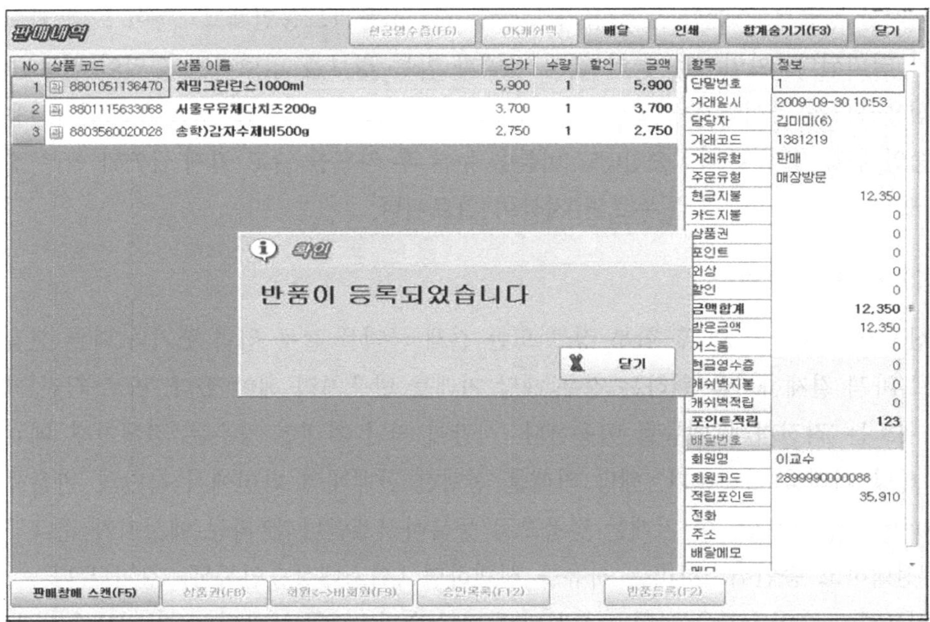

[그림 10-13] 반품 처리 완료

2) 신용카드 판매

(1) 신용카드 지불

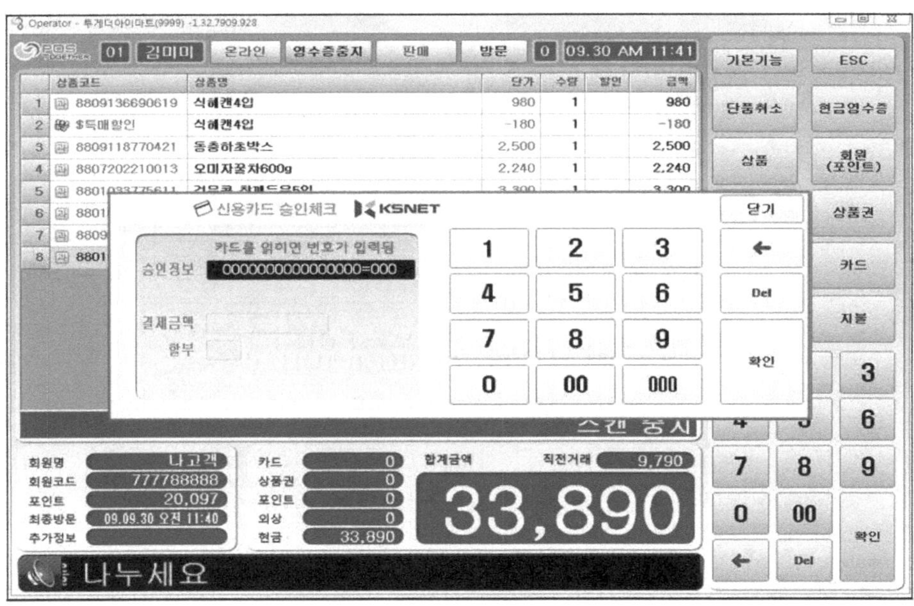

[그림 10-14] 신용카드 승인 창

거래할 상품을 스캔한 후 신용카드 삽입 시 〈신용카드승인체크〉 창이 뜨며 카드번호가 입력된다. 확인키를 눌러 결제 금액과 할부 정보를 입력하면 승인이 완료된다.

신용카드를 긁어도 승인창이 뜨지 않으면 키보드상단의 'F11' 키를 누르면 〈신용카드승인체크〉 창이 뜬다. '승인(F5)' 버튼을 누른 후 카드를 긁고 결제 금액과 할부 정보를 입력한다. '확인' 키를 누르면 지불이 완료된다.

(2) 신용카드 취소

신용카드 승인을 낸 후 할부 정보 또는 결제 금액을 잘못 입력 했거나 다른 신용카드로 바꿔 결제하기를 원하는 경우 해당 거래를 반품처리 해야 한다. 바로 직전 거래의 취소는 '직전거래' 메뉴를 이용한다. 시간이 지난 거래인 경우는 '전체거래' 메뉴에서 해당 거래를 불러온다. 해당 거래를 선택한 판매내역 화면에서 하단의 '반품등록(F2)' 버튼을 누르면 "이 거래를 반품으로 등록하시겠습니까?"라는 메시지가 뜬다. '예'를 선택하고 승인취소하려는 사유를 선택하면 〈취소대상승인목록〉 창이 뜬다.

신용카드 승인내역을 확인하고 상단의 '취소승인(F2)'를 누르면 〈신용카드승인체크〉 창이 열린다. 승인 내었던 카드를 긁은 후 승인번호(영수증표기), 취소 금액 등을 확인하고 '확인' 키를 누르면 승인내역이 취소가 된다.

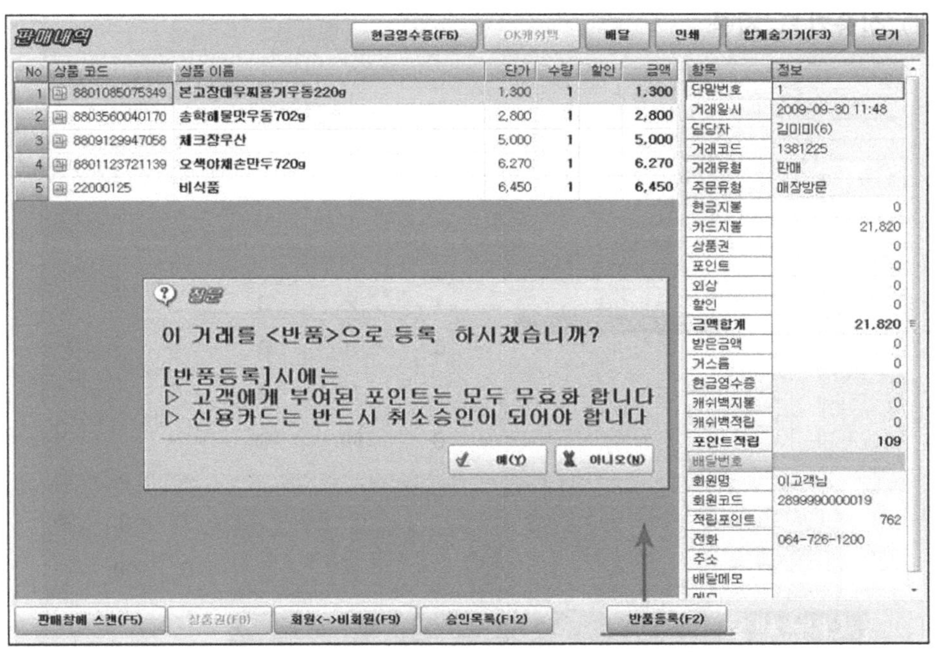

[그림 10-15] 신용카드거래 반품하기

동일한 상품을 다시 승인 내려한다면 판매내역 상세화면 왼쪽 하단의 '판매 창에 스캔(F5)'를 선택한다. 판매화면에 동일한 상품 목록이 보인다. 신용카드 승인 등 절차로 거래를 마무리한다.

3) 현금과 신용카드 두 가지로 지불하려고 할 때

판매 거래 시 일부는 현금지불을 하고 일부는 신용카드지불을 하는 고객이 있는 경우 원하는 금액만큼의 두 가지 지불수단으로 결제가 가능하다. 신용카드 승인을 먼저 하고 나머지 금액을 현금으로 결제하면 된다.

판매 창에 거래할 상품을 스캔 후 '신용카드(F11)'를 눌러 '승인정보'란에 신용카드를 읽힌다. '확인'키를 눌러 '결제금액'란에 원하는 금액을 입력한다. 기본 값으로 총 거래액이 뜨며 '←'키를 눌러 총 거래액을 지운 후 원하는 금액을 숫자 키로 수정하면 된다. '확인'을 누르면 카드지불이 완료되며 판매창 화면에는 신용카드 지불 후 남은 잔액이 표시가 된다. 나머지를 현금 지불하면 된다.

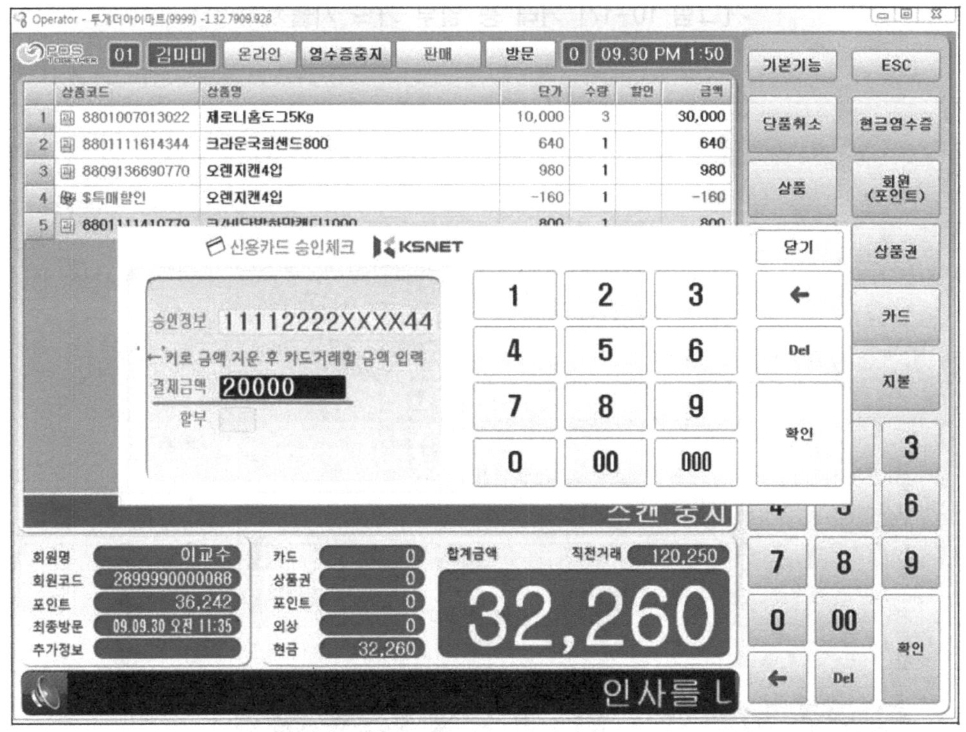

[그림 10-16] 현금, 카드 반반 지불-신용카드 승인금액 수정하기

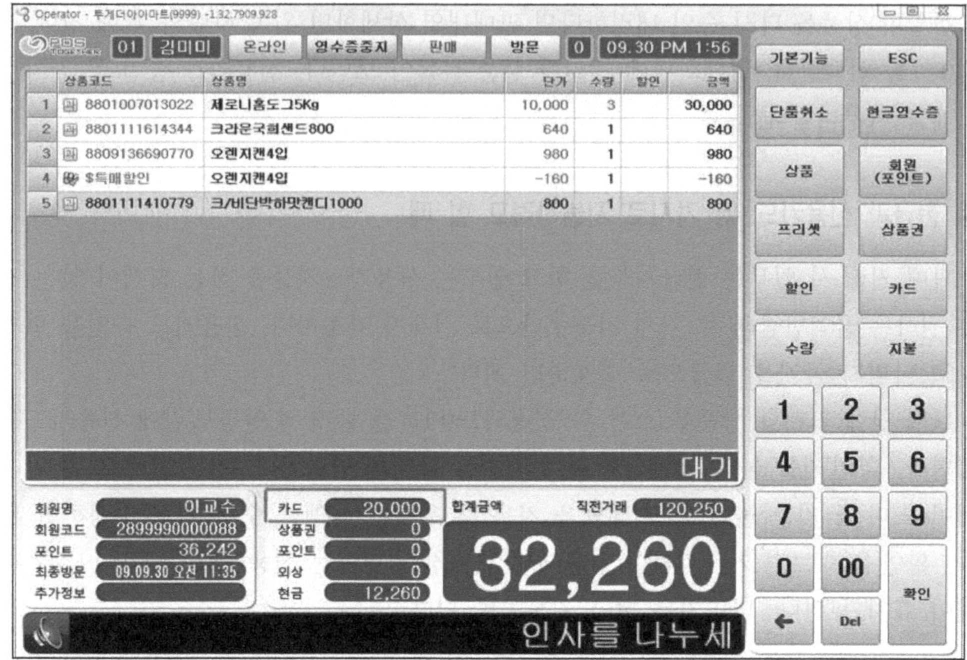

[그림 10-17] 거래 중 일부 카드 지불처리

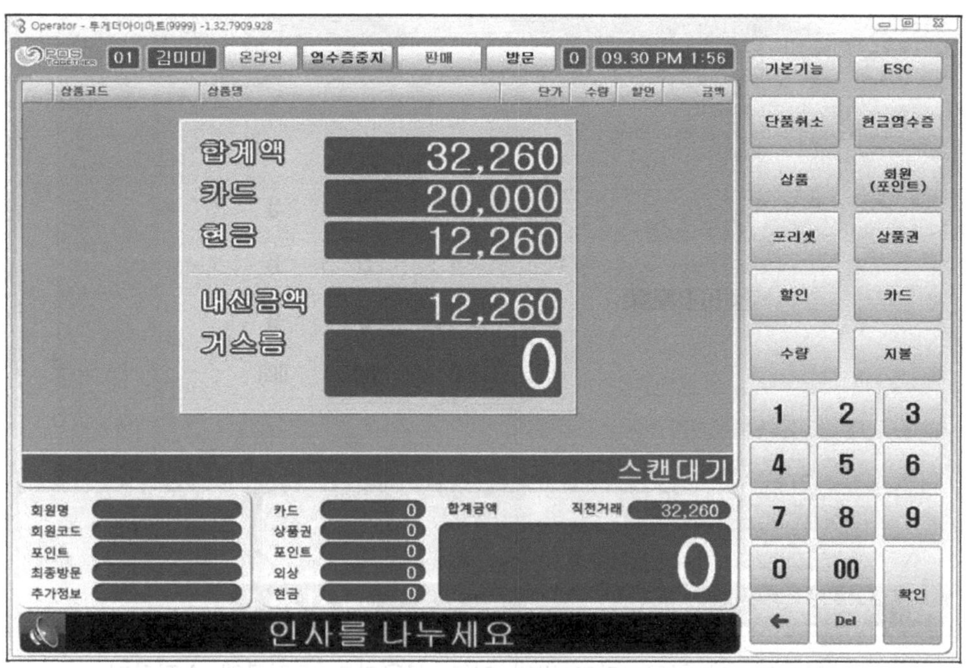

[그림 10-18] 현금, 신용카드 나누어서 거래 후 거스름 창

4) 보류 호출기능 사용해야 할 경우

계산중 손님이 자리를 비웠거나 다른 거래를 먼저 계산해야 하는 경우 등 이유로 거래를 잠시 보류하고자 할 때는 거래할 상품을 스캔하는 화면에서 '보류'키를 누른다.

화면상단의 시간 옆에 보류된 거래건수의 숫자가 표시된다. 보류했던 거래를 불러와서 계산을 완료하려면 판매창 화면에서 '호출'키를 누른다. 〈보류리스트〉 창이 열리고 보류했던 리스트가 최근 보류 순으로 표시된다. 왼쪽에는 거래 일시와 거래금액, 고객이 나오며 오른쪽에는 상세 품목이 조회가 된다. 그중 계산을 완료할 거래를 선택 또는 '확인'을 누르면 판매 창에 불러온다. 거래를 완료하면 된다.

[그림 10-19] 보류 건수 확인 위치

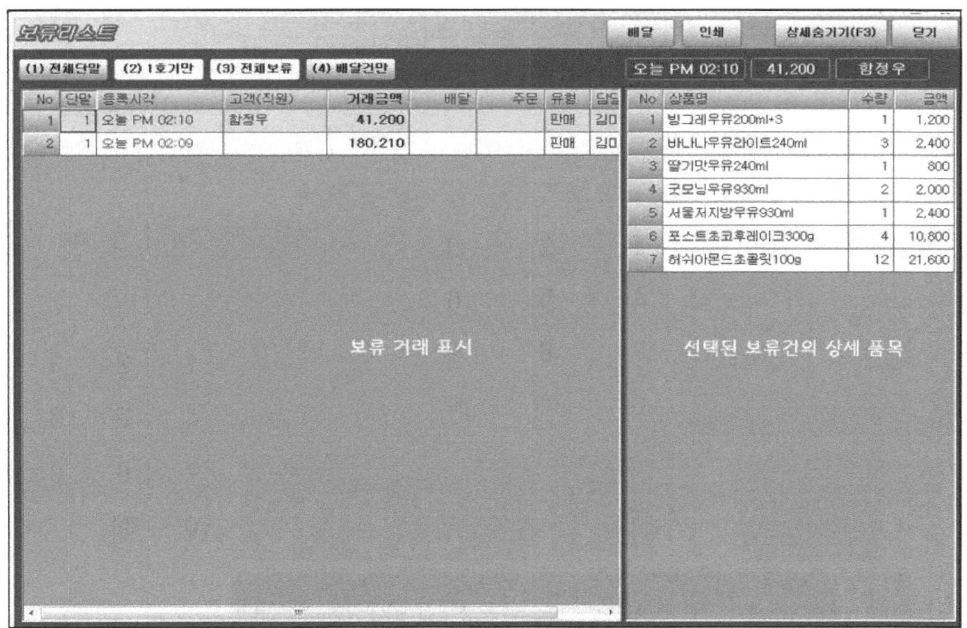

[그림 10-20] 보류 리스트 화면

5) 가격을 알고 싶을 때

고객이 상품 가격을 물어볼 때는 '판매' 상태가 아니라 '가격확인' 상태에서 상품을 스캔하면 된다. 가격 확인키를 눌러 가격을 알고자 하는 상품을 스캔한다. 가격 확인 후에는 반드시 '거래(F9)'키를 눌러 '판매등록' 상태로 바꾼 후에 거래를 해야 한다. 판매 상태에서 상품을 스캔하여 가격을 확인하고 취소하는 방법도 있지만 이런 경우 취소내역이 기록으로 남는다. 취소 건이 많아지면 거래내역이 복잡해지기 때문에 가격 확인 창에서 확인하는 것이 좋다. 하나의 상품을 스캔해서 가격을 확인하고 판매 상태로 전환하면 가격확인 상태에서 스캔한 상품리스트는 자동으로 사라진다.

6) 수량을 변경하려고 할 때

판매할 상품을 스캔 후 '수량' 키를 누르면 '변경수량입력' 창이 뜬다. 수량을 입력 후 '확인'하면 스캔한 상품 수량이 변경된다.

'수량' 키를 먼저 누르고 수량(숫자 키로 입력)을 입력해도 변경되며 수량(숫자 키로)을 먼저 입력하고 '수량' 키를 눌러도 변경된다.

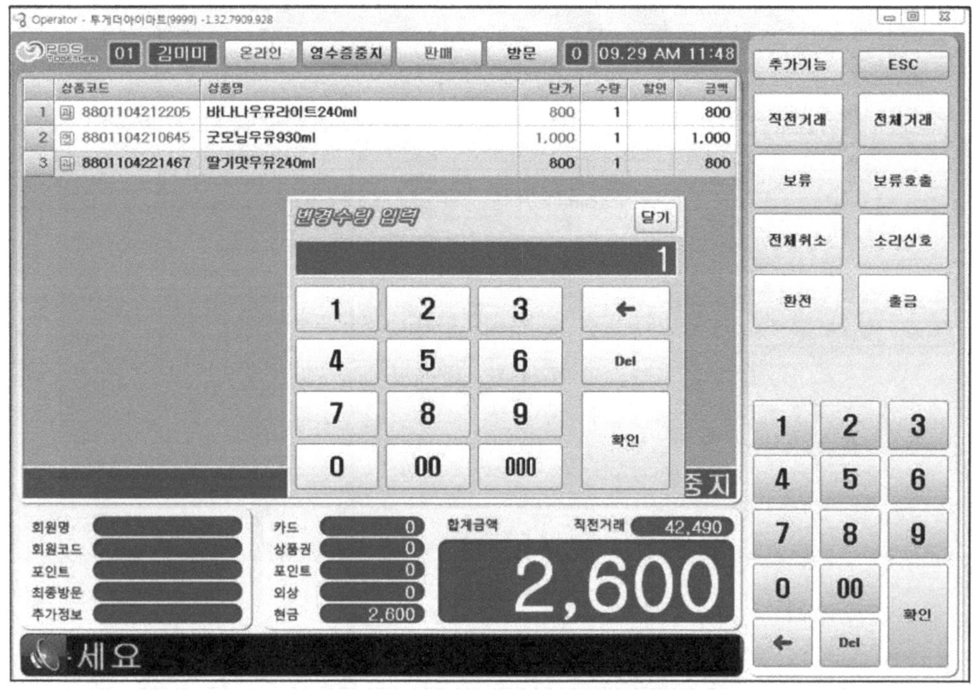

[그림 10-21] 상품 수량 변경 창

7) 판매 중 미등록이라고 뜰 때

판매할 상품을 스캔했더니 소리가 나면서 "미등록코드 상품을 확인하십시오."라는 메시지가 나오면 해당 상품은 등록되지 않은 상품이다. 판매관리자 프로그램에서 등록한 후 판매를 할 수 있다.

[그림 10-22] 미등록상품 스캔 시 메시지 창

3 상품검색 스캔

1) 상품검색 키로 상품 검색

거래할 상품을 스캔하는 도중 상품을 스캔하기 어렵거나 상품을 검색하여 불러와야 하는 경우 '상품검색'을 통하여 불러올 수 있다. 키보드 상단의 상품 'F12' 키를 누르면 〈상품검색〉 창이 뜬다. 검색어(F12) 란에 상품명이나 바코드를 넣고 검색버튼 또는 키보드의 '확인' 키를 누르면 해당상품이 검색된다. 스캔하려는 상품을 선택 후 '확인' 키를 누르면 판매 창에 스캔이 된다.

[그림 10-23] 상품 검색 창

상품검색 닫기

검색어(F12) 우유 검색(Enter) 회원최종구매일(F8) ▲ ▼ 판매등록 (Enter)

No	상품명	규격	단위	바코드	판매가	재고
54	빙그레우유200ml*3		1	22003416	1,200	48
24	맛있는우유커피200ml		1	8801069173764	600	47
40	바나나우유라이트240ml		1	8801104212205	800	44
31	딸기맛우유240ml		1	8801104221467	800	44
34	굿모닝우유930ml		1	8801104210645	1,000	17
41	바나나우유라이트240ml	묶음	4	8801104212212	3,200	11
32	딸기맛우유240ml	묶음	4	8801104221450	3,200	11
42	우유껌2p		1	8809124652018	800	5
44	뿌꾸뿌꾸우유닭갈비		1	8809187090000	7,500	5
12	서울우유버터240g		1	8801115531074	3,250	5
13	서울우유체다치즈200g		1	8801115633068	3,700	4
11	서울/바나나우유180ml		1	8801115134923	650	0
49	참맛좋은우유200ml		1	8801104212137	400	0
14	서울앙팡우유200ml		1	8801115134312	700	0
15	서울앙팡우유1000mL		1	8801115134350	2,500	0

[그림 10-24] 상품검색

2) 프리셋으로 상품 검색

관리자프로그램(MGR)에서 상품 프리셋으로 지정한 상품을 계산대에서 프리셋 단축코드 또는 프리셋 지정상품을 조회하여 판매 창에 스캔할 수 있다. 키보드의 '프리셋' 키를 누르면 〈프리셋검색〉 창이 열린다. 화면에 프리셋으로 등록된 상품들이 나열되며 해당 상품을 선택하고 '확인' 키를 누르면 판매 창에 스캔이 된다.

100번 단위로 같은 번호대 상품이 조회되며 화살표를 누르면 다음 100번 대 상품이 조회된다. '다른 100번대' 버튼을 누르면 〈프리셋코드100단위〉 창이 열리고 조회하고자 하는 코드 앞자리를 입력하면 해당 번호대 상품을 조회할 수 있다. 프리셋에 등록된 상품은 고유한 코드번호가 있다. 판매창 화면에서 그 코드 번호만 입력하여 '확인' 키를 눌러도 판매 창에 스캔이 된다. 예를 들어 108번 종이컵이면 판매창 화면에서 숫자 키로 '108'을 입력하고 확인하면 종이컵이 찍힌다.

[그림 10-25] 프리셋 검색

[그림 10-26] 프리셋 코드 입력하여 해당 프리셋 검색하기

제2절 POS 심화

1 회원 지정

1) 회원 지정

(1) 회원 카드 읽기

상품을 스캔 후 회원을 지정하려면 회원카드 뒷면의 바코드를 스캔하면 된다. 화면 하단에 회원명, 회원코드, 포인트 등의 정보가 보인다. 스캔이 안 되는 경우 회원카드 뒷면의 바코드 번호를 숫자 키로 입력하면 회원이 선택된다. 거래 중 회원을 한번지정하면 바꿀 수 없기 때문에 주의해야 한다.

[그림 10-27] 판매 창에 회원 스캔

(2) 회원 검색 지정

회원이 회원카드를 갖고 있지 않은 경우 회원을 검색하여 지정할 수 있다.

거래할 상품을 스캔 후 키보드의 '고객(F9)' 키를 누르면 〈회원검색〉 창이 열린다. '검색어(F9)'란에 고객이름, 바코드, 전화번호 중 하나를 넣고 '찾기' 버튼 또는 '확인' 키를 누르면 해당 고객이 검색된다.

일반적으로 전화번호 뒤 4자리, 바코드(회원코드) 뒤에서 4자리 등을 많이 사용한다. 검색된 여러 명 회원 중 해당하는 회원을 선택 후 '확인' 키를 누르면 판매 창에 회원이 지정된다.

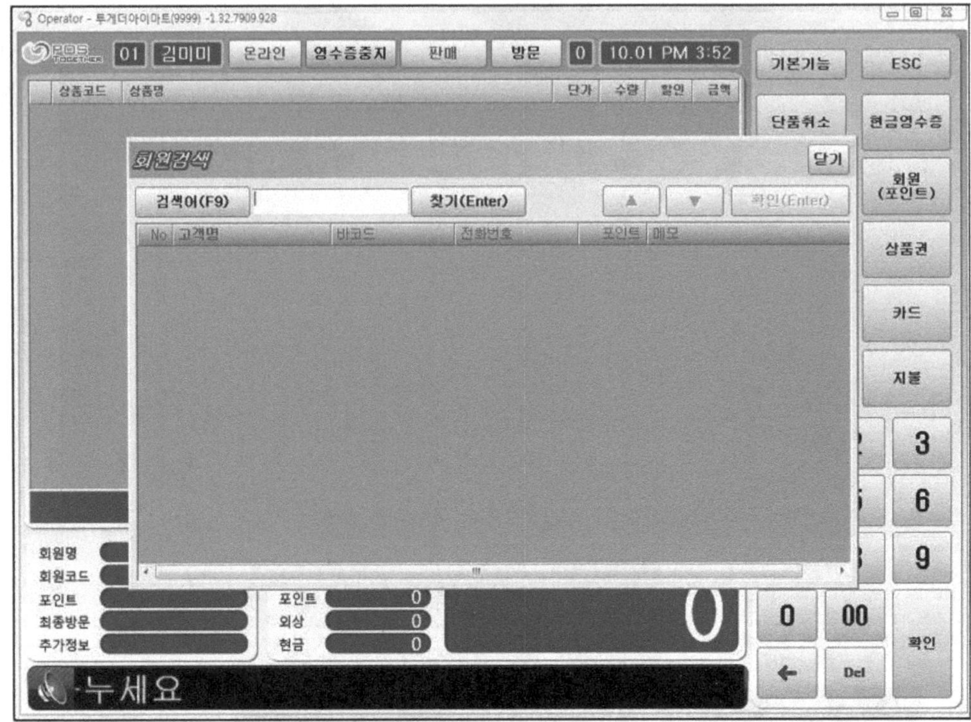

[그림 10-28] 회원 검색 창

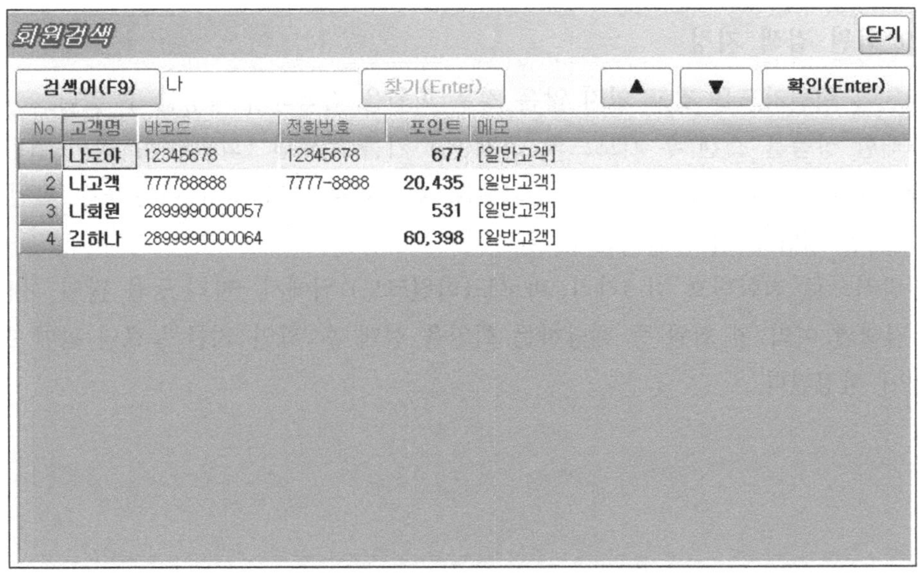

[그림 10-29] 회원 검색하기

2) 비회원 거래를 회원거래로 바꾸기

판매거래 완료 후 회원을 지정해 줘야 하는 경우는 '직전거래' 또는 '전체거래'로 해당 거래를 불러온다. 해당 거래의 〈판매내역〉 화면 하단의 '회원 ↔ 비회원(F9)' 버튼을 눌러 회원을 찾아 지정해준다.

회원거래가 아니었던 거래 건이 회원 거래로 전환된다. 해당 거래로 인해 발생되는 포인트가 자동으로 회원에게 적립된다. 화면 오른쪽 '지불내역' 하단에 회원명, 포인트 등 정보가 표시된다.

[그림 10-30] 비회원 거래를 회원거래로 전환하기

[그림 10-31] 회원거래로 전환 후 회원 정보 확인

3) 회원 취소 및 다른 회원으로 잘못 넣은 경우 변경 방법

다른 회원 고객으로 잘못 스캔한 경우 또는 회원 거래 취소인 경우는 '직전거래' 또는 '전체거래'를 통하여 해당 거래를 불러온다. 〈판매내역〉 화면이 열리면 하단의 '회원 ↔ 비회원(F9)' 버튼을 누른다. "현재거래는 회원〈회원이름〉님의 거래입니다. 비회원 거래로 전환하시겠습니까?"라는 메시지가 뜬다. '예'를 선택하거나 키보드의 'YES' 키를 누르면 해당 거래가 비회원 거래로 전환되며 지정되었던 회원은 취소된다. 판매내역에 회원이 없는 상태로 변경된다.

다른 회원의 거래로 바꾸려면 먼저 비회원 거래로 전환했다가 다시 회원 거래로 바꾸면서 회원을 지정하면 된다. '회원 ↔ 비회원(F9)' 판매내역 화면에서 회원 정보를 넣고 빼는 작업 중 포인트는 자동으로 계산된다. 회원거래를 변경한 경우 판매내역창 상단의 '인쇄' 버튼을 눌러 변경 등록한 회원에게 영수증을 다시 인쇄하여 줄 수 있다.

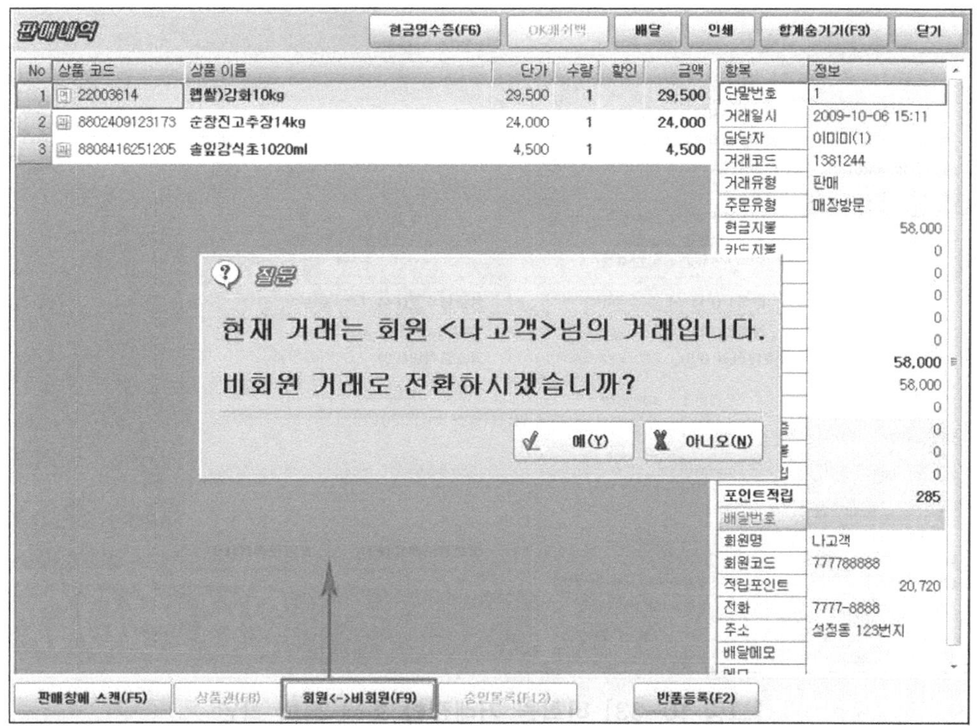

[그림 10-32] 회원거래를 비회원 거래로 전환하기

4) 회원 포인트 사용

거래할 상품을 스캔 후 '고객(F9)' 버튼을 눌러 회원을 검색하여 지정하거나 회원카드를 스캔하여 회원을 지정한다. 포인트를 사용할 때는 회원을 지정한 상태에서 다시 한 번 '고객(F9)' 키를 누르면 〈고객카드포인트지불액〉 창이 열린다.

포인트로 지불할 금액만큼을 숫자 키로 입력하고 '확인'하면 된다. 나머지 잔액을 카드나 현금으로 지불 처리하면 거래가 완료된다. 전체금액을 포인트로 결제하려면 〈고객카드포인트지불액〉 창에서 금액 확인 후 바로 '확인'키를 누르면 포인트로 지불 처리가 완료된다.

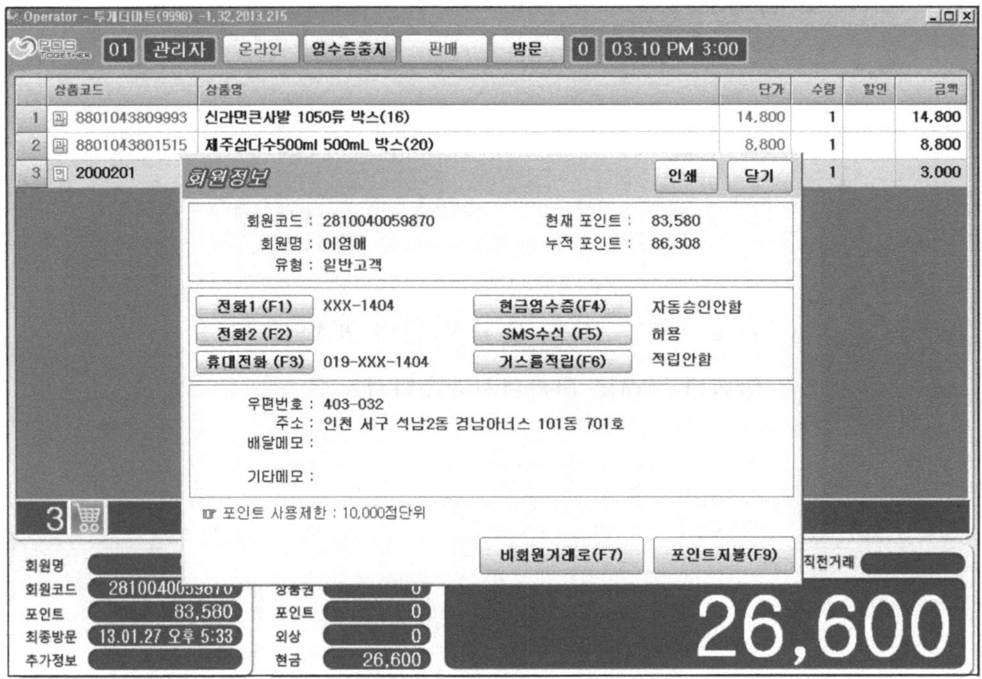

[그림 10-33] 비회원 거래전환 회원 정보 확인

2 반품

1) 승인 잘못 낸 경우

현금영수증, 신용카드 승인을 잘못 낸 경우 거래 중에는 취소할 수 없으며 거래를 완료한 후 해당 거래를 불러와 판매내역에서 반품처리한 후 다시 승인을 내야한다(거래 없이 승인을 내거나 취소할 수 없다).

① 현금영수증 취소(반품) - '2.1.3 현금영수증취소하기' 참고

② 신용카드 취소(반품) - '2.2.2 신용카드취소하기' 참고

2) 상품반품을 요청받은 경우

(1) 전체 반품

완료된 거래의 상품반품을 요청받은 경우에는 해당 거래를 '직전거래' 또는 '전체거래'로 불러온다. 판매내역을 열어 하단의 '반품' 버튼 또는 '반품(F2)' 키를 누르면 반품

이 처리된다. 고객이 거래한 영수증에 영수증 바코드가 있는 경우 거래 유형을 '반품'으로 바꾸고 영수증 바코드를 스캔한 후 '지불'을 눌러주면 반품이 처리된다. 해당 거래가 회원거래인 경우 포인트는 자동으로 계산된다.

(2) 부분 반품

거래 완료 후 여러 상품 중 하나의 상품 또는 일부만 반품을 요청하는 경우 현금영수증이나 신용카드 승인거래는 전체 반품하고 거래할 상품만 다시 스캔하여 판매를 등록해야 한다.

승인 거래는 부분반품이 허용되지 않는다. 승인과 관련 없는 거래인 경우 당일 거래는 거래유형(F2)을 '반품'으로 바꾸고 반품할 상품을 스캔하면 지불담당자 비밀번호 입력 후 화면에 반품할 상품이 스캔이 되며 마이너스 금액으로 표시되고 '지불' 키를 누르면 반품 처리가 된다. 회원거래인 경우에는 회원을 지정해주어야 포인트 처리가 자동으로 된다.

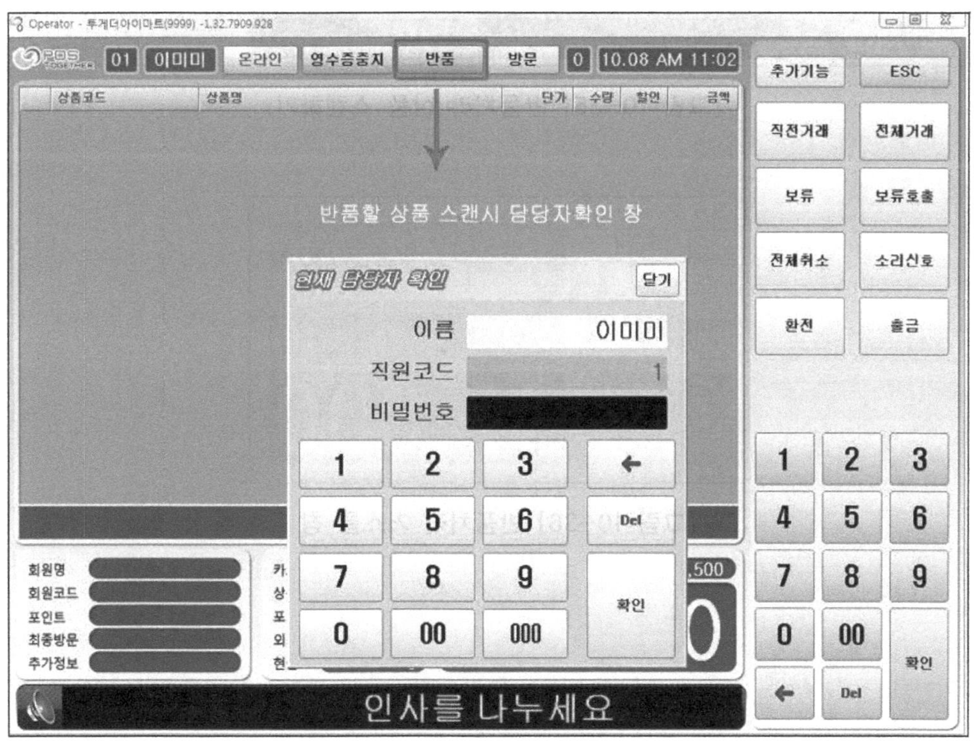

[그림 10-34] 판매창 화면 반품 모드로 변경

[그림 10-35] 반품처리 상품 스캔하기

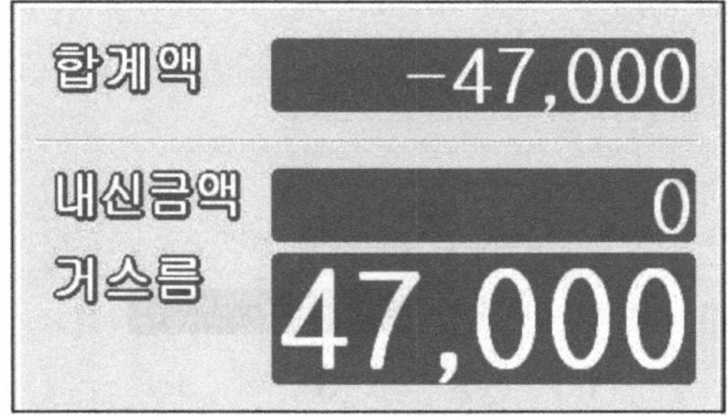

[그림 10-36] 반품처리 거스름 창

3 배달전표 인쇄

1) 방금 거래한 고객배달 전표 뽑기

방금 거래한 고객이 배달을 요청한 경우, 지불 후 바로 '배달' 키를 누르면 직전 거래한 내역의 〈배달접수〉 창이 뜬다. 회원 거래인 경우는 '수취인'칸에 회원 등록 시 입력한 주소가 자동으로 표시된다. 회원이 아닌 경우에는 주소를 키보드로 입력하거나 배달전표 인쇄 후 수기로 작성하면 된다. 주소 확인 후 '구매상품'을 확인하고 배달 영수증에 인쇄할 품목을 선택 후 '상품추가(F3)'을 선택하면 오른쪽 배달 상품리스트에 상품정보가 옮겨진다.(배달 영수증 출력 시 인쇄되는 상품선택이다.)

아무 상품도 선택 안하면 배달 영수증에는 상품이 표시되지 않는다. 하단의 인쇄매수, 박스개수, 봉투개수 중 원하는 항목에 입력하고 '인쇄' 버튼 또는 키보드의 '인쇄' 키를 누르면 배달 전표가 출력된다. 배달 전표에는 '배달 접수번호'가 부여되며, 판매리스트에서 배달 거래인 경우에는 배달 항목에 '배달 접수번호'가 표시된다.

[그림 10-37] 배달 접수 창

2) 지난 거래 배달 전표 인쇄하기

직전 거래가 아닌 지난 거래의 배달 전표 인쇄는 '전체거래' 메뉴를 이용한다. '전체거래' 메뉴에서 해당 판매내역을 불러온다. 〈판매내역〉 창이 열리면 상단의 '배달' 버튼 선택 또는 키보드의 '배달' 키를 누른다. 해당 거래의 〈배달접수〉 창이 열린다.

주소와 상품을 확인 후 박스 수량과 봉투 수량을 입력 후 인쇄한다.

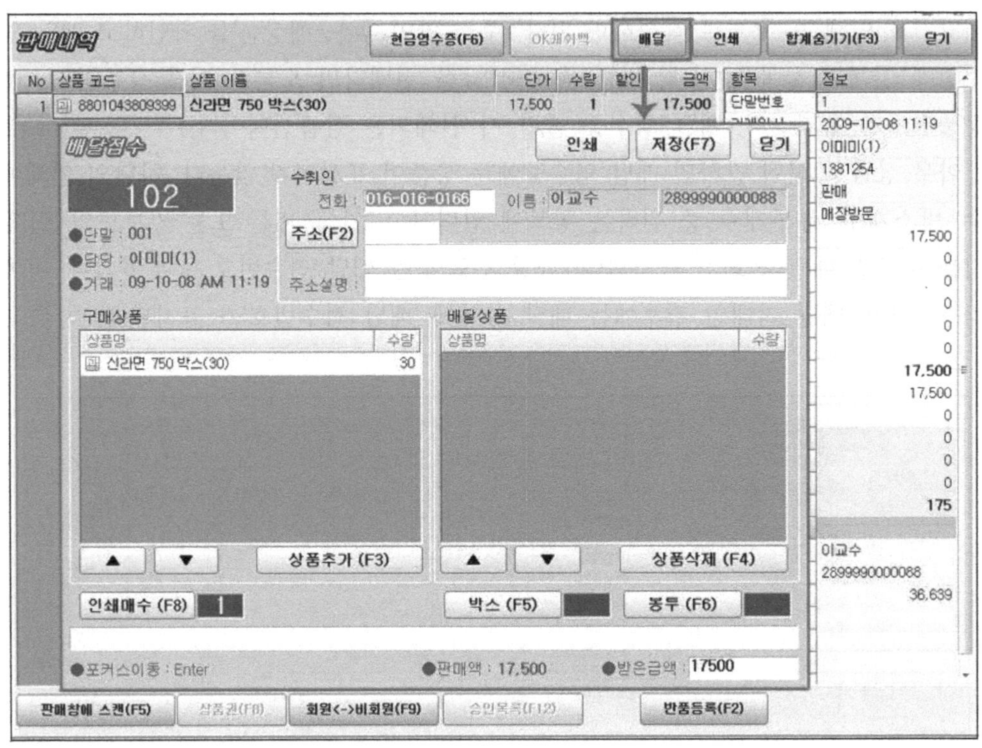

[그림 10-38] 지난 거래 배달 처리하기

3) 배달 전표 다시 인쇄

'직전 거래' 또는 '전체 거래'로 해당 거래를 부른 후 〈판매내역〉 창에서 '배달'을 눌러 〈배달접수〉 창에서 '인쇄'를 누르면 배달 전표가 인쇄된다. 한번 인쇄한 배달 전표를 다시 인쇄하면 '재인쇄'라는 표시가 함께 인쇄된다. 거래 일시와 인쇄 일시도 표시되며 원하는 매수만큼 인쇄 가능하다. 배달 전표 인쇄 시 판매영수증 인쇄도 할 것인지 문의가 나오면 원하는 것을 선택하면 된다.

4) 전화로 주문된 배달건 지불 처리하기

(1) 전화주문 배달건 현금 미불

① 주문유형을 전화모드로 변경하여 배달처리

판매창 화면에서 '주문(F7)' 키를 누르면 〈주문유형지정〉 창이 열린다. '전환(F7)'을 눌러 유형을 '방문'에서 '전화'로 바꾸고 '확인'을 누른다. 화면상단의 시간표시 왼쪽에 붉은색으로 깜빡거리며 '전화'라고 표시된다.

참고-관리자프로그램(MGR)에서 전화주문을 입력하면, 주문유형 지정 창에서 전화로 변경하고 오른쪽 붉은 부분에 '주문번호'를 입력하면, 해당 주문건의 상품과 고객정보가 판매 창에 표시된다.

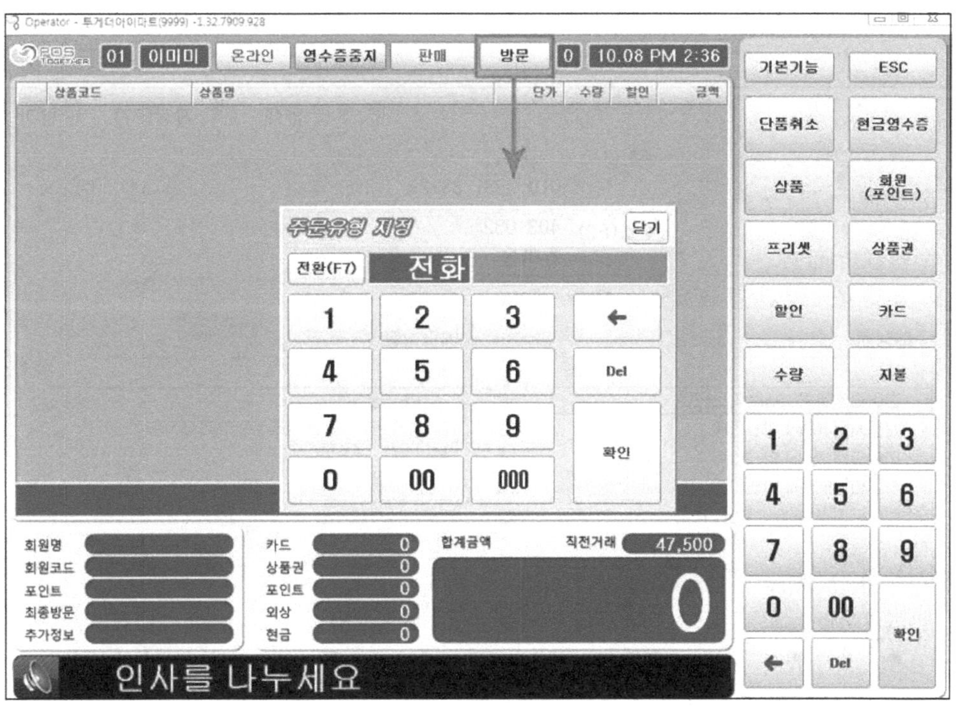

[그림 10-39] 주문유형 변경하기

[그림 10-40] 전화 주문유형으로 변경

주문유형을 '전화'로 변경한 후 판매할 상품을 스캔한다. 지불처리를 하고 '배달' 키를 누르면 〈배달접수〉 창이 열린다. 하단의 받은 금액은 자동으로 0원으로 기록되며 영수증 출력 시 '배달(미불)'이라고 표시된다. 미불영수증 2장을 출력하여 배달 직원과 계산원이 각각 보관하면 된다. 배달 완료 후 수금한 현금을 돈 통에 넣고 '미불영수증'은 폐기한다.

② 주문유형 변경 없이 판매 창에서 배달처리

판매 창에서 거래할 상품을 스캔한다. 지불 후 배달 키를 눌러 〈배달 접수〉 창을 열고 하단의 받은 금액을 0원으로 변경한다. 현금지불 처리를 하고 돈은 받지 않은 상태이므로 미불처리를 해야 하기 때문에 받은 금액을 0원으로 넣는 것이다.

배달 사항을 입력한 후 인쇄하면, 영수증에 '배달(미불)'이라는 표시가 나온다. 배달 시 현금을 받으면 된다.

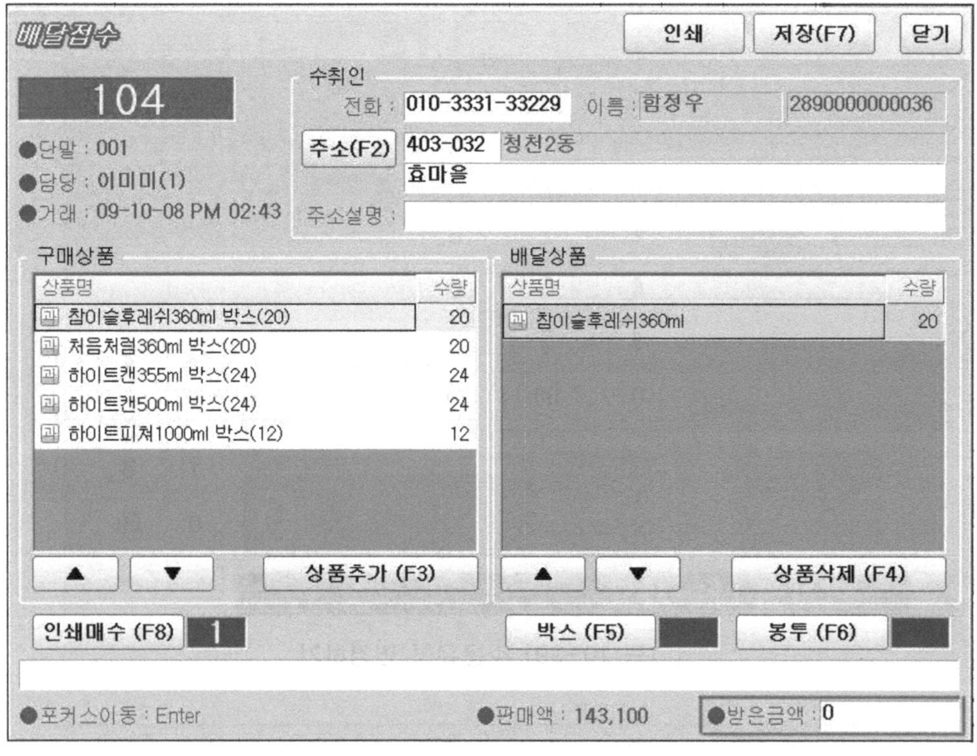

[그림 10-41] 배달 접수-받은 금액 0원 확인

제3절 POS 마감

1 지난 거래 확인 영수증 재출력

1) 오늘 거래 중 지난 거래 확인하기

키보드의 '전체거래' 키를 선택하면 〈판매리스트〉 창이 열려 오늘 거래한 내역을 조회할 수 있다. 마감을 매일 하는 경우는 오늘 거래이며 매일 마감을 하지 않은 경우에는 지난 마감 후 거래부터 조회가 된다. 즉 '미마감 데이터'라고 보면 된다.

시간 순으로 정렬되며 과거 내역이 맨 위에 보인다. 기본조회는 전체이며 판매거래, 반품거래, 또는 배달거래, 현금영수증 등 조건으로 바꿀 수 있다. 거래를 더블 클릭하면 해당 거래 판매내역을 확인할 수 있다.

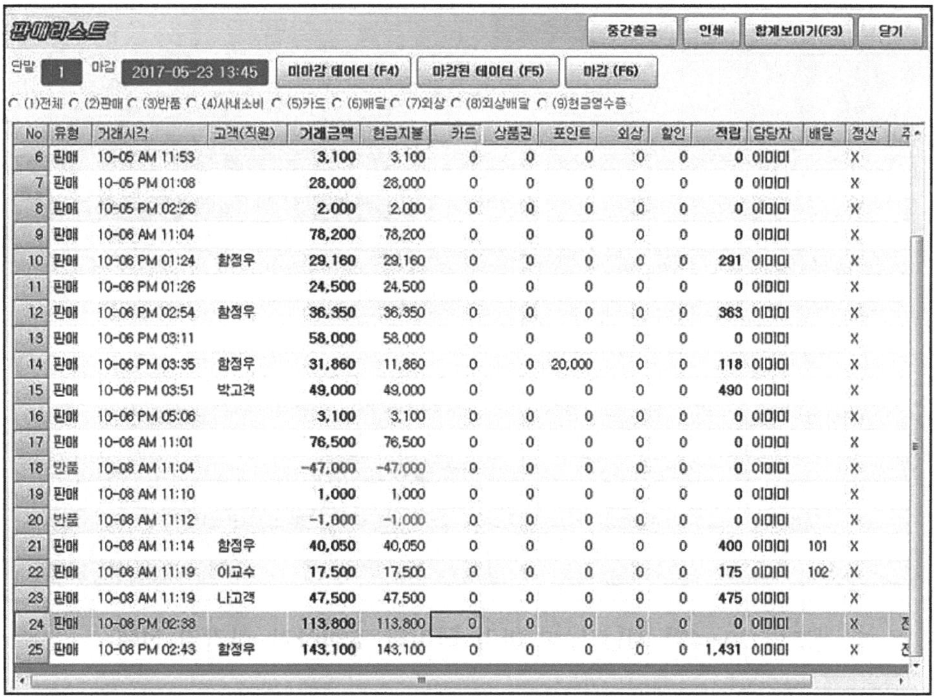

판매리스트 중간출금 인쇄 합계보이기(F3) 닫기

단말 1 마감 2017-05-23 13:45 미마감 데이터 (F4) 마감된 데이터 (F5) 마감 (F6)

(1)전체 (2)판매 (3)반품 (4)사내소비 (5)카드 (6)배달 (7)외상 (8)외상배달 (9)현금영수증

No	유형	거래시각	고객(직원)	거래금액	현금지불	카드	상품권	포인트	외상	할인	적립	담당자	배달	정산	주
6	판매	10-05 AM 11:53		3,100	3,100	0	0	0	0	0	0	이미미		X	
7	판매	10-05 PM 01:08		28,000	28,000	0	0	0	0	0	0	이미미		X	
8	판매	10-05 PM 02:26		2,000	2,000	0	0	0	0	0	0	이미미		X	
9	판매	10-06 AM 11:04		78,200	78,200	0	0	0	0	0	0	이미미		X	
10	판매	10-06 PM 01:24	함정우	29,160	29,160	0	0	0	0	0	291	이미미		X	
11	판매	10-06 PM 01:26		24,500	24,500	0	0	0	0	0	0	이미미		X	
12	판매	10-06 PM 02:54	함정우	36,350	36,350	0	0	0	0	0	363	이미미		X	
13	판매	10-06 PM 03:11		58,000	58,000	0	0	0	0	0	0	이미미		X	
14	판매	10-06 PM 03:35	함정우	31,860	11,860	0	0	20,000	0	0	118	이미미		X	
15	판매	10-06 PM 03:51	박고객	49,000	49,000	0	0	0	0	0	490	이미미		X	
16	판매	10-06 PM 05:06		3,100	3,100	0	0	0	0	0	0	이미미		X	
17	판매	10-08 AM 11:01		76,500	76,500	0	0	0	0	0	0	이미미		X	
18	반품	10-08 AM 11:04		-47,000	-47,000	0	0	0	0	0	0	이미미		X	
19	판매	10-08 AM 11:10		1,000	1,000	0	0	0	0	0	0	이미미		X	
20	반품	10-08 AM 11:12		-1,000	-1,000	0	0	0	0	0	0	이미미		X	
21	판매	10-08 AM 11:14	함정우	40,050	40,050	0	0	0	0	0	400	이미미	101	X	
22	판매	10-08 AM 11:19	이교수	17,500	17,500	0	0	0	0	0	175	이미미	102	X	
23	판매	10-08 AM 11:19	나고객	47,500	47,500	0	0	0	0	0	475	이미미		X	
24	판매	10-08 PM 02:38		113,800	113,800	0	0	0	0	0	0	이미미		X	전
25	판매	10-08 PM 02:43	함정우	143,100	143,100	0	0	0	0	0	1,431	이미미		X	전

[그림 10-42] 전체거래 내역조회

2) 날짜가 지난 거래 조회하기

마감이 완료된 지난 날짜 거래 조회는 '전체거래' 메뉴를 이용한다. '전체거래'를 선택하여 〈판매리스트〉 창을 연다. 상단의 '마감데이터(F5)'를 선택하거나 키보드의 'F5'를 누른다. 〈마감일선택〉 창이 열리면 조회하고자 하는 거래 날짜를 확인하고 키보드의 화살표 키로 지난 날짜를 지정하여 '확인' 키를 누르면 〈담당자 마감내역선택〉창이 열린다.

담당자 이름, 마감 일시가 표시되고 원하는 거래가 포함된 마감 내역을 선택하면 해당 날짜(마감했던 과거내역) 거래가 화면에 조회된다. 거래 건을 하나 더블클릭하면 〈판매내역〉 창이 열리고 상세 내역을 조회할 수 있다.

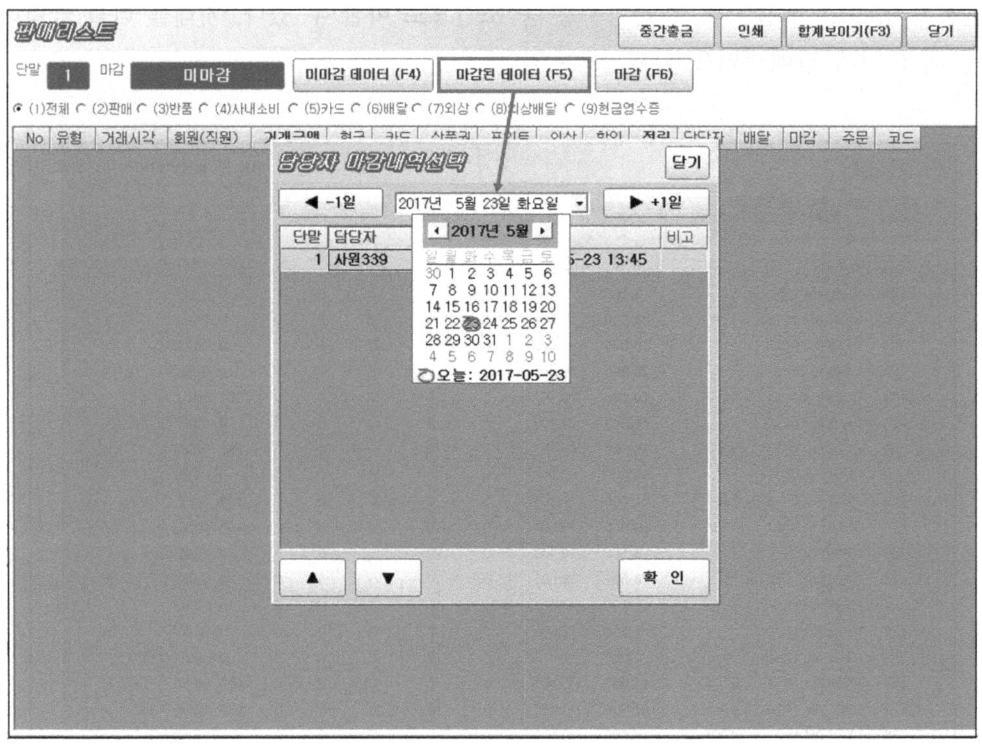

[그림 10-43] 지난 날짜 마감 데이터 조회하기-마감일 선택

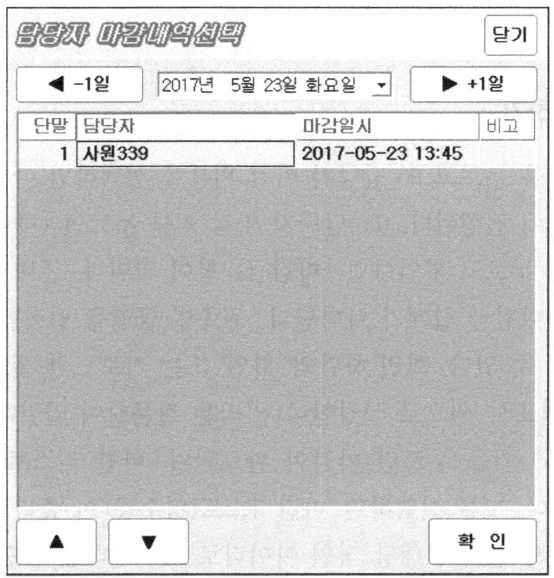

[그림 10-44] 지난 마감 내역 선택하기

판매리스트

인쇄 | 합계보이기(F3) | 닫기

단말 1 정산 미정산 | 미정산 데이터 (F4) | 정산 데이터 (F5) | 정산 (F9) | 정산수정 (F11)

◉ (1)전체 ◎ (2)판매 ◎ (3)반품 ◎ (4)사내소비 ◎ (5)카드 ◎ (6)배달 ◎ (7)외상 ◎ (8)외상배달 ◎ (9)현금영수증 ☑ 무효거래보기

No	유형	거래시각	고객(직원)	거래금액	현금지불	카드	상품권	포인트	외상	할인	적립	담당자	배달	정산	주문
1	판매	09-29 AM 11:45		42,490	42,490	0	0	0	0	0	0	김미미		O	
2	판매	09-29 AM 11:56		4,600	4,600	0	0	0	0	0	0	김미미		O	
3	판매	09-30 AM 09:51		650	650	0	0	0	0	0	0	김미미		O	
4	판매	09-30 AM 10:53	이교수	12,350	12,350	0	0	0	0	0	123	김미미		O	
5	반품	09-30 AM 10:53	이교수	-12,350	-12,350	0	0	0	0	0	-123	김미미		O	
6	판매	09-30 AM 10:59	이교수	34,050	34,050	0	0	0	0	0	332	김미미		O	
7	판매	09-30 AM 11:35	이교수	12,350	12,350	0	0	0	0	0	123	김미미		O	
8	판매	09-30 AM 11:40	나고객	9,790	9,790	0	0	0	0	-180	97	김미미		O	
9	판매	09-30 AM 11:46	나고객	33,890	33,890	0	0	0	0	-180	338	김미미		O	
10	판매	09-30 AM 11:48	이고객님	21,820	0	21,820	0	0	0	0	109	김미미		O	
11	반품	09-30 AM 11:58	이고객님	-21,820	0	-21,820	0	0	0	0	-109	김미미		O	
12	판매	09-30 PM 12:12		120,250	0	120,250	0	0	0	0	0	김미미		O	
13	판매	09-30 PM 01:56	이교수	32,260	12,260	20,000	0	0	0	-160	222	김미미		O	
14	판매	09-30 PM 02:52	함정우	41,200	41,200	0	0	0	0	0	412	김미미		O	
15	판매	09-30 PM 02:57		180,210	180,210	0	0	0	0	0	0	김미미		O	
16	판매	10-01 PM 12:08		6,170	6,170	0	0	0	0	0	0	김미미		O	

[그림 10-45] 선택된 지난 마감 날짜 거래내역 조회 화면

2 마감

1) 오늘 거래 마감하기

판매 창에서 'ESC'를 누르고 F6 담당자 마감 버튼을 선택하면 마감되지 않은 판매리스트에 대하여 마감이 진행된다. (F6)담당자 마감 키를 누르면 〈마감담당자확인〉 창이 열린다. 비밀번호를 누르고 확인하면 〈마감금〉 창이 열린다. 준비금과 중간 출금액이 보이며 현금매출과 마감금 합계가 나타난다. 권종별 금액을 입력할 수 있으며 총합계와 현금과부족을 알 수 있다. 화면 하단의 '확인' 또는 키보드의 '확인' 키를 누르면 "마감금을 '마감한 금액표시' 원으로 설정합니다."라는 질문창이 열린다. 'Y'를 선택하거나 키보드의 엔터(enter) 키를 누르면 마감이 완료되며 "마감 리스트를 인쇄하시겠습니까?"라는 질문을 한다. 'Y'를 선택하면 '마감리스트(영수증)'이 출력되며 마감이 완료된다. 로그인 창이 다시 열리며 해당 직원 아이디로 로그인하면 담당자가 변경된다. 업무 교대 시 꼭 마감이 완료되어야 업무할 다른 직원 아이디로 로그인이 가능하다. 로그인 후 준비금 입력창을 확인하면 판매상태가 된다.

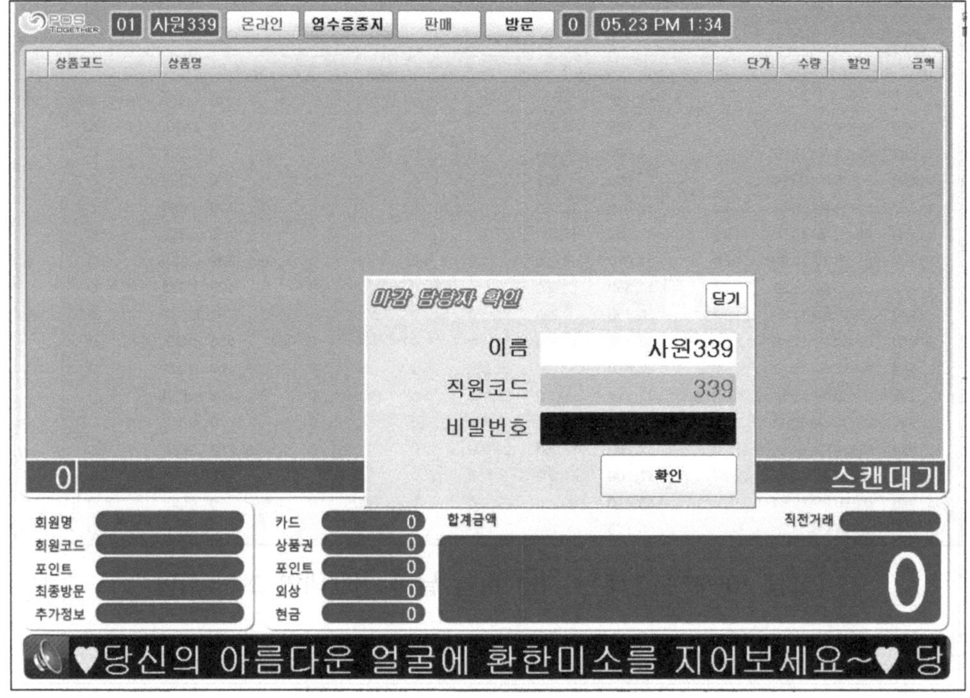

[그림 10-46] 마감하기-담당자확인

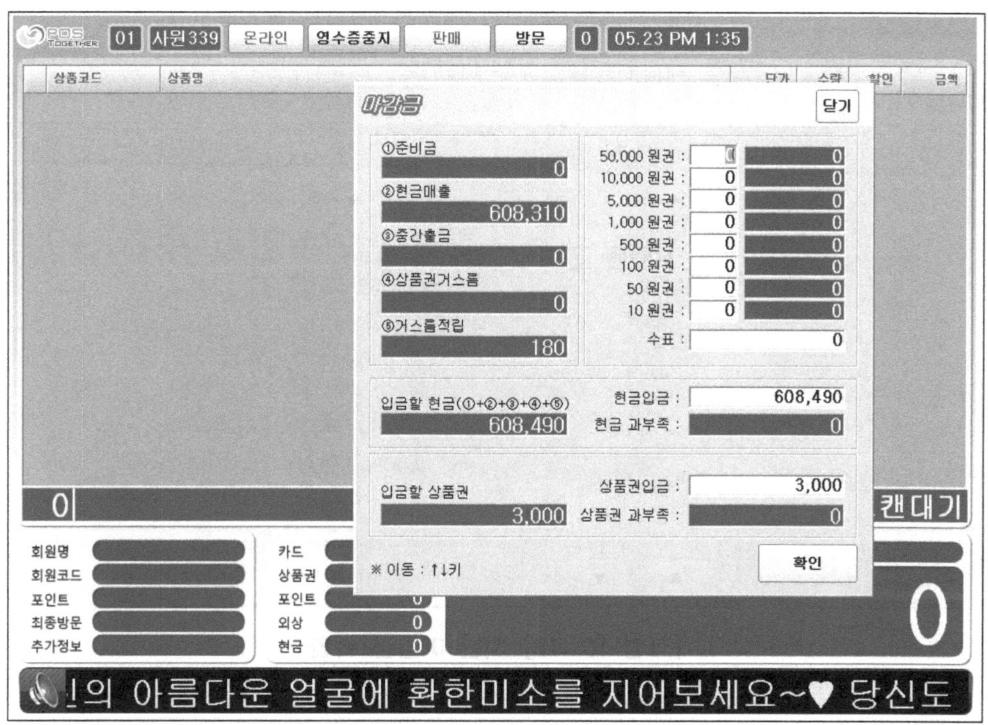

[그림 10-47] 마감하기-마감금 확인

2) 지난 마감 보기

'전체거래'를선택하여 〈판매리스트〉 창을 연다. 상단의 '마감된 데이터(F5)'를 선택하거나 키보드의 'F5'를 누른다. 〈마감일선택〉 창이 열리면 조회하고자 하는 거래의 날짜를 확인하고 키보드 화살표 키로 지난 날짜를 지정하여 '확인' 키를 누르면 〈담당자 마감내역선택〉 창이 열린다.

담당자 이름과 마감 일시가 표시되고 원하는 거래가 포함된 마감 내역을 선택하면 해당 날짜(마감했던 과거내역) 거래가 화면에 조회된다.

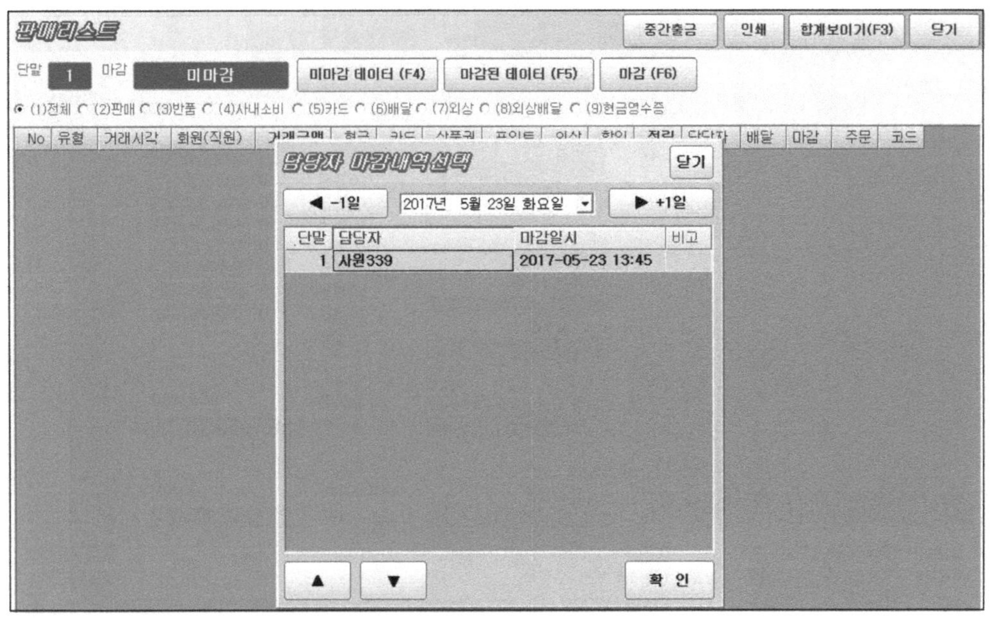

[그림 10-48] 지난 마감금 확인

3) 마감 시 참고 사항

(1) 오프라인(단독모드)에서는 마감되지 않는다

판매하는 계산대가 오프라인으로 되어있는 상태에서는 마감이 이뤄지지 않는다. 온라인 상태에서만 마감이 가능하므로 주의해야 한다.

(2) 마감 후 로그인 교체 가능하다

마감 전에는 현재 로그인한 직원 아이디이외 다른 아이디로는 로그인이 되지 않는다. 마감 후에 다른 아이디로 로그인 가능하다.

(3) 마감할 때 챙겨야 할 것들

① 마감 리스트

▸ 주요항목 - 단말번호, 담당자, 시간(판매시간), 인쇄일시, 판매 건수, 현금 신용카드 쿠폰판매 건수와 금액, 회원거래금액과 건수, 총판매액, 반품 건수, 신용카드 반품 금액과 건수, 회원반품 금액과 건수, 소비 건수와 사내소비금액, 포인트 부여합, 할인액합, 절사액합, 현금판매금액, 전자서명 건수와 금액, 기타전표(금액입력으로 처리된 것) 건수와 금액, 총합계, 준비금, 중간출금, 현금입금액, 총합계와 현금과부족

② 상품권

지불수단으로 사용한 상품권

③ 쿠폰 및 기타지불수단

지불수단으로 사용한 쿠폰 및 기타 지불수단

④ 포스 외 카드 승인 영수증(무선단말기)

○ 연습문제 ○

01 투게더 POS 시스템 실습하여 봅시다.

02 POS 실습 소감을 서술하시오.

03 POS 용어

- 현금영수증
- 프리셋
- 회원거래
- 오늘 거래 마감

제11장 점포 시스템

제1절 발주관리

1 코드관리

1) 분류 현황

(1) 영업 관리 → 코드 관리 → 분류 관리 → 분류현황(분류별 선택 가능, 미선택시 전체 분류 조회)(상품분류 체계 확인 가능)

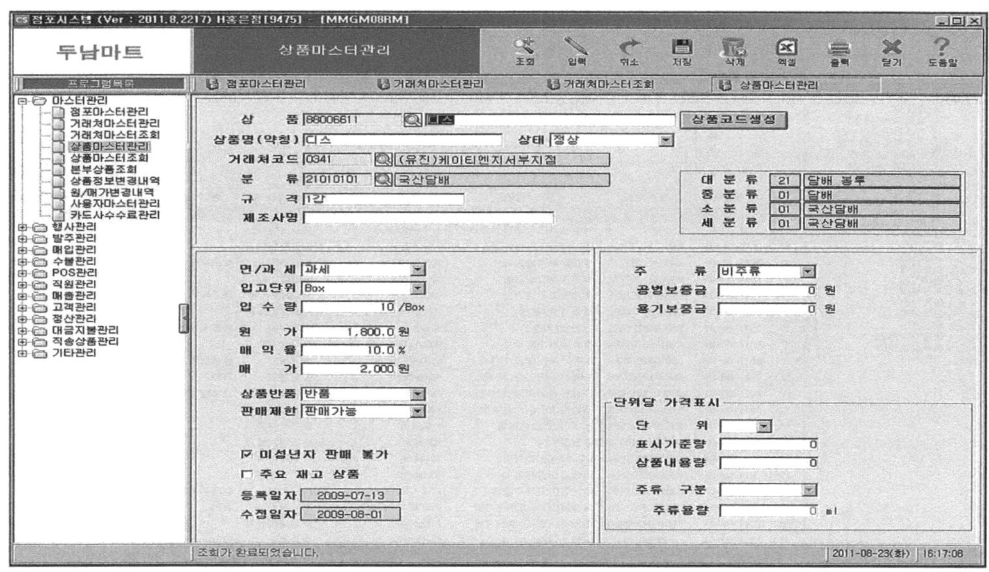

[그림 11-1] 상품분류 현황

2) 신상품 조회, 상품 현황

(1) 영업 관리 → 코드 관리 → 상품 관리 → 신상품등록 → 신상품 조회 → ① 대분류 선택 ② 기간지정 ③ 상품 더블클릭 또는 ④ 신상품 안내서 클릭

[그림 11-2] 상품조회

(2) 영업 관리 → 코드 관리 → 상품 관리 → 상품 현황

[그림 11-3] 상품 현황

① 상품별/분류별/협력업체별 자점 등록상품 현황 조회

② 정상/발주종료/삭제 상품 조회 가능

3) 점포 긴급 매가 변경

(1) 영업 관리 → 코드 관리 → 원매가 관리 → 점포 긴급 매가 변경

	변경일자	상품코드	상품명	규격	상품상태	구분	(구)원/매가	(신)원/매가	비고	발행
1	2011-08-19	2010010000004	배추	통/3		매가변경	4,500	3,990	점포변경	☑
2	2011-08-19	2010010000004	배추	통/3		매가변경	3,990	4,500	점포변경	☑
3	2011-08-19	2011850000001	조선애호박(인큐)	개/20		매가변경	1,980	2,000	점포변경	☑
4	2011-08-19	2011850000001	조선애호박(인큐)	개/20		매가변경	2,000	1,980	점포변경	☑
5	2011-08-19	2018340000008	무안해풍양파	5~6입망/10		매가변경	1,990	1,590	점포변경	☑
6	2011-08-19	2022440000004	수입바나나(8입)	13kg/8입		매가변경	2,500	2,000	점포변경	☑
7	2011-08-19	2022440000004	수입바나나(8입)	13kg/8입		매가변경	2,000	2,100	점포변경	☑
8	2011-08-19	2022440000004	수입바나나(8입)	13kg/8입		매가변경	2,100	2,000	점포변경	☑
9	2011-08-19	8801033779657	냉장베지밀A	950ml/12		매가변경	3,400	3,740	점포변경	☑
10	2011-08-19	8801068037494	크림빵	80g		매가변경	0	680	점포변경	☑
11	2011-08-19	8801068038132	땅하오 호떡	75g		매가변경	0	680	점포변경	☑
12	2011-08-19	8801154003181	물먹는하마(3P)	700ml*3/6		매가변경	4,600	4,900	점포변경	☑
13	2011-08-19	8801674555122	아오리/봉	10입		매가변경	4,990	5,990	점포변경	☑
14	2011-08-19	8801674555122	아오리/봉	10입		매가변경	5,990	4,990	점포변경	☑
15	2011-08-19	88017235	던힐FROST	1갑		매가변경	0	2,700	점포변경	☑
16	2011-08-19	8809037829903	탐스럽은계란	15구/16		매가변경	3,990	3,490	점포변경	☑
17	2011-08-20	2022440000004	수입바나나(8입)	13kg/8입		매가변경	2,000	1,980	점포변경	☑
18	2011-08-21	8801114110287	소가부침두부	300g		매가변경	1,290	1,100	점포변경	☑
19	2011-08-21	8801114110300	소가찌게두부	300g		매가변경	1,180	1,000	점포변경	☑
20	2011-08-22	2016800000001	건고사리(국내산)	봉		매가변경	5,000	6,990	점포변경	☑
21	2011-08-22	2017050000001	무말랭이(국내산)	봉		매가변경	3,790	4,490	점포변경	☑

[그림 11-4] 점포 판매가 변경

(2) 추천 상품 관리 : 영업 관리 → 코드 관리 → 원매가 관리 → 추천 상품 관리

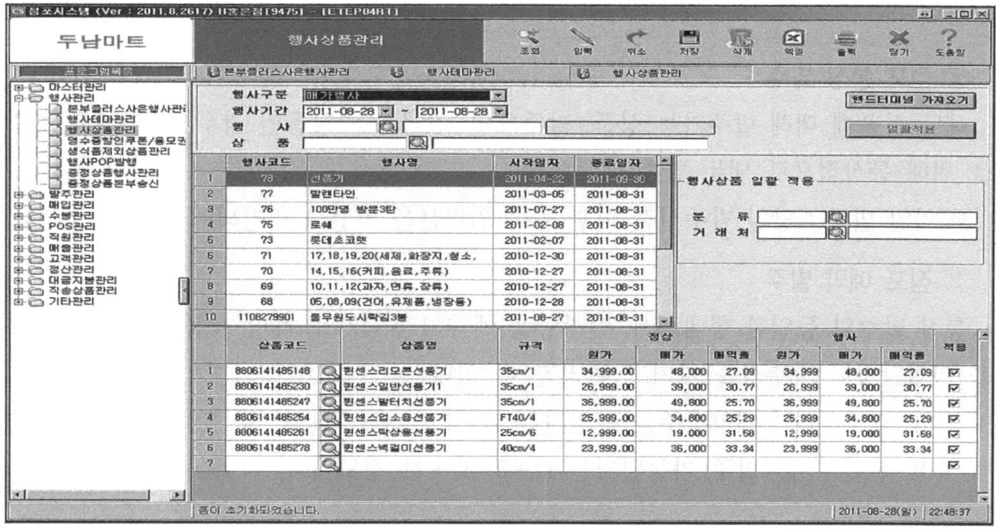

	행사코드	행사명	시작일자	종료일자
1	78	선풍기	2011-04-22	2011-09-30
2	77	발렌타인	2011-03-05	2011-08-31
3	76	100만명 방문3탄	2011-07-27	2011-08-31
4	75	로쉐	2011-02-08	2011-08-31
5	73	롯데초코렛	2011-02-07	2011-08-31
6	71	17,18,19,20(세제,화장지,청소,	2010-12-30	2011-08-31
7	70	14,15,16(커피,음료,주류)	2010-12-27	2011-08-31
8	69	10,11,12(과자,면류,장류)	2010-12-27	2011-08-31
9	68	05,08,09(건어,유제품,냉장동)	2010-12-28	2011-08-31
10	1108279901	풀무원도시락김3봉	2011-08-27	2011-08-31

	상품코드	상품명	규격	정상			행사			적용
				원가	매가	매익율	원가	매가	매익율	
1	8806141485148	퀸센스리모콘선풍기	35cm/1	34,999.00	48,000	27.09	34,999	48,000	27.09	☑
2	8806141485230	퀸센스일반선풍기1	35cm/1	26,999.00	39,000	30.77	26,999	39,000	30.77	☑
3	8806141485247	퀸센스발터치선풍기	35cm/1	36,999.00	49,800	25.70	36,999	49,800	25.70	☑
4	8806141485254	퀸센스업소용선풍기	FT40/4	25,999.00	34,800	25.29	25,999	34,800	25.29	☑
5	8806141485261	퀸센스탁상용선풍기	25cm/6	12,999.00	19,000	31.58	12,999	19,000	31.58	☑
6	8806141485278	퀸센스벽걸이선풍기	40cm/4	23,999.00	36,000	33.34	23,999	36,000	33.34	☑
7										☑

[그림 11-5] 행사상품 현황

4) 가격 변경 확인

(1) 영업 관리 → 코드 관리 → 원매가 관리 → 일자별 가격변경 현황(행사 및 기타 사유 등에 의해 당일 가격이 변경된 현황을 보여 줌)

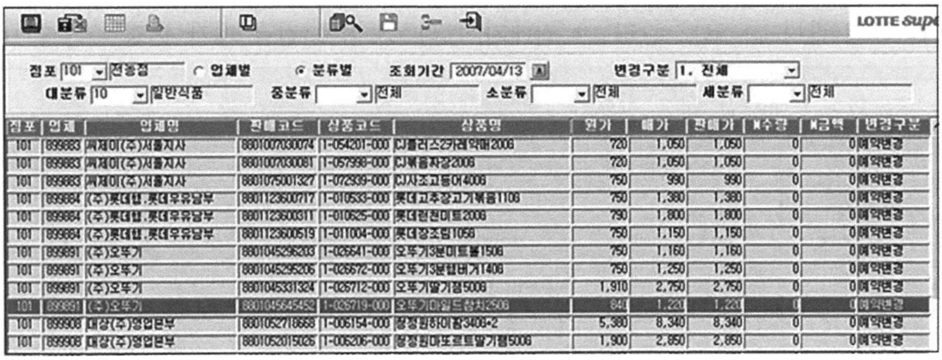

LOTTE supe

점포 101 전농점 ○ 업체별 ◉ 분류별 조회기간 2007/04/13 변경구분 1. 전체
대분류 10 일반식품 중분류 전체 소분류 전체 세분류 전체

점포	업체	업체명	판매코드	상품코드	상품명	원가	매가	판매가	M수량	M금액	변경구분
101	899883	씨제이(주)서울지사	8801007030074	1-054201-000	CJ플러스2카레약매200G	720	1,050	1,050	0	0	예약변경
101	899883	씨제이(주)서울지사	8801007030081	1-057998-000	CJ볶음자장200G	720	1,050	1,050	0	0	예약변경
101	899883	씨제이(주)서울지사	8801075001327	1-072939-000	CJ사조고등어400G	750	990	990	0	0	예약변경
101	899884	(주)롯데햄.롯데우유담부	8801123600717	1-010533-000	롯데고추장고기볶음110G	750	1,380	1,380	0	0	예약변경
101	899884	(주)롯데햄.롯데우유담부	8801123600311	1-010625-000	롯데런천미트200G	790	1,800	1,800	0	0	예약변경
101	899884	(주)롯데햄.롯데우유담부	8801123600519	1-011004-000	롯데장조림105G	750	1,150	1,150	0	0	예약변경
101	899891	(주)오뚜기	8801045296203	1-026641-000	오뚜기3분미트볼150G	750	1,160	1,160	0	0	예약변경
101	899891	(주)오뚜기	8801045295206	1-026672-000	오뚜기3분햄버거140G	750	1,250	1,250	0	0	예약변경
101	899891	(주)오뚜기	8801045331324	1-026712-000	오뚜기딸기잼500G	1,910	2,750	2,750	0	0	예약변경
101	899891	(주)오뚜기	8801045645452	1-026719-000	오뚜기마일드참치250G	840	1,220	1,220	0	0	예약변경
101	899908	대상(주)영업본부	8801052718668	1-006154-000	청정원하이잼340G*2	5,380	8,340	8,340	0	0	예약변경
101	899908	대상(주)영업본부	8801052015026	1-006206-000	청정원마또로트딸기잼500G	1,900	2,850	2,850	0	0	예약변경

[그림 11-6] 일자별 가격변경 현황

2 발주관리

1) 발주관리 개요

(1) **점포 발주 등록**

점포 담당이 행하는 발주로서 점포 통상 발주, 점포 예약 발주, 발주조회 및 수정업무를 한다.

① 점포 통상 발주

해당 상품에 대해 발주가능 상품, 발주요일, 취급가능 상품인 경우 점포 재고 보충을 위해 통상적으로 내는 발주 업무이다.

※ 익일 발주 : 당일 발주시간 이후 발주 입력분은 익일로 변경되어 발주 가능하다.

② 점포 예약 발주

통상 발주와 동일한 형태로서, 발주량을 예약해 놓음으로 해당 상품에 대한 발주량을 영업담당이 자주성을 가지고 관리할 수 있다.

Ⓐ 그로서리 : 예약발주 가능일자는 D+2~D+8 정도할 수 있다.

Ⓑ 신선 : 예약발주 가능일자는 D+2~D+11 정도이다.

③ 점포 발주 조회 및 수정

해당일자에 발주한 상품에 대해 분류별로 조회를 하고 수정을 할 수 있는 업무로 수정가능 시간은 고려한다.

(2) 발주 DATA 기록과 함께 전 1주일간 매출/매입 DATA 확인, 현재 발주 상황과 재고 등을 확인할 수 있다.(취급상품, 일주일분, 한 달 분 선택 가능)

(3) 점포발주 현황 확인

① 점포 및 본부에서 발주한 상품에 대하여 대분류별로 조회하여 볼 수 있으며 당일 및 과거 발주 DATA를 확인할 수 있다.

② 결품리스트, 행사/ PB 상품 발주 현황 확인이 가능하다.

(4) 점별 발주 중단/해제 현황

일자별 발주종료/종료해제/신상품 정보를 확인할 수 있다.

(5) CAO system(자동 발주 시스템)

판매 DATA를 기초로 판매, 재고, 입고 예정량, 리드타임 등 발주 종합 정보를 분석하여 발주 권고량 산출, 발주 담당자 경험, 감각에 의한 발주를 지양하고 판매 및 재고 DATA에 근거한 수요예측이 가능하다.(점포 발주상품과 발주수량 결정의 기본 DATA로 활용)

2) 점포 발주 등록

(1) 점포 발주 개요

① 신선발주 : 농산 과 수/축산을 분리하여 시간을 정한다.(발주시간 종료시 익일발주 가능)

② 그로서리 : 정상발주 (예) 13시 : 00 (발주시간 종료시 익일발주 가능)

(2) 그로서리 발주 등록

① 점포와 발주일자는 소속 점포와 당일로 고정되어 설정된다.

② 등록 방법은 분류별 조회 후 발주량 입력과 단품별 조회 후 발주량 입력 방법이 있다.

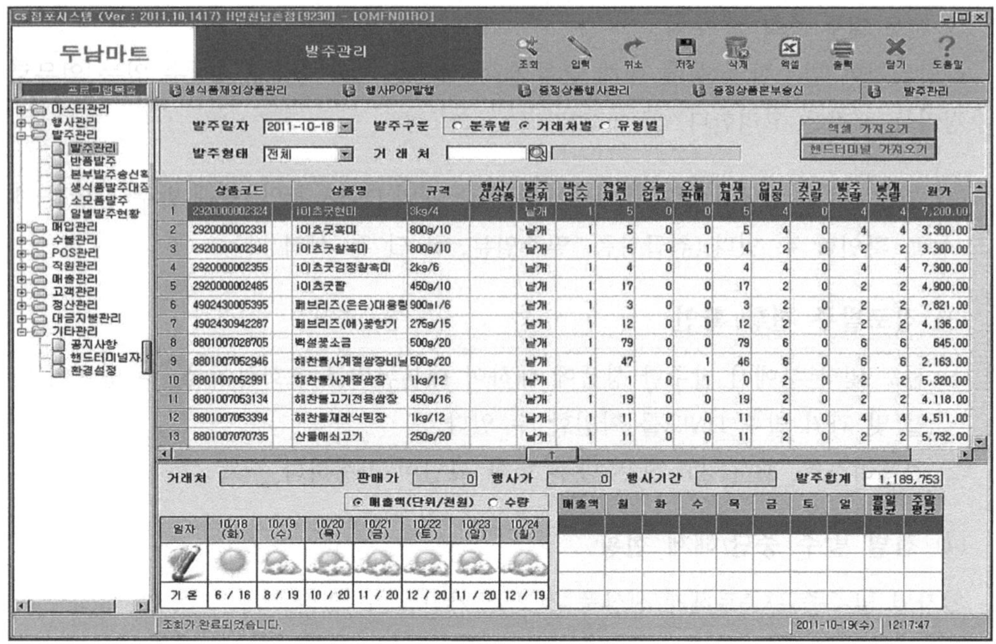

[그림 11-7] 발주등록

(3) 신선 발주 등록

[그림 11-8] 신선 발주등록

① 점포와 발주일자는 소속 점포와 당일로 고정되어 있다.

② 등록 방법은 분류별 조회 후 발주량 입력과 단품별 조회 후 발주량 입력 방법이 있다.

Ⓐ 예약발주 : D+2~D+8, D+11일 까지 예약발주 화면에서 통상발주와 동일하게 등록한다.

Ⓑ 중복발주 : 기 등록되어진 발주 상품에 대하여서는 발주가 불가능하다. 해당 상품 발주 정정은 발주 조회 화면에서 가능하며 점포 발주 마감시간 이전에 하여야 한다.

3) 점포 발주 등록 내역 조회

(1) 점포 발주 등록 내역 조회 방법

① 점포발주등록 → 발주조회 및 수정

당일 이후 발주 내역 조회(당일, 예약 발주 조회)

② 점포발주 현황확인

대분류별로 조회(모든 날짜에 대하여 발주 조회 가능 / 점장 발주 체크)

(2) 점포발주등록 → 발주 조회 및 수정

[그림 11-9] 발주 조회

① 당일 이전 발주 조회는 불가능하며 발주 구분과 조회 옵션에 따라 발주 조회가 가능하다.

② 분류를 선택하여 조회하여야 하며 전체 조회가 가능하고 조회 결과로 출력되어진 화면에서 중분류를 선택하여 더블 클릭하면 상품별 상세 발주정보로 화면이 이동하며, 상세정보화면에서 오른쪽 마우스를 클릭하면 초기 화면으로 돌아온다.

③ 발주마감 전까지는 발주한 상품에 수량을 조정할 수 있으며(발주 수량 정정 후 저장) 발주한 상품을 삭제하기 위해서는 발주량을 '0'으로 설정하면 된다.

(3) 발주현황 확인

① 금일 발주리스트

소속 점포 / 해당 일자에 발주되어진 모든 상품을 대분류별로 조회/수정 가능하다.

② 결품 리스트

CAO재고가 '0'인 상품 조회(과거 2주간 재고변동이 있는 상품 대상)가 가능하다.

③ 행사 조회

현재 행사 중인 상품 전부 조회(무발주 포함) 행사상품 발주 여부 체크 가능하다.

[그림 11-10] 발주 확인

4) CAO 관리

(1) CAO 개요

① CAO(Computer Assisted Ordering) 발주 정의

Ⓐ 판매 DATA를 기초로 『판매, 재고, 입고예정, 리드타임』 등 발주정보를 통합 분석하여 발주 권고량을 산출한다.

Ⓑ 담당자 경험, 감각에 의한 발주를 지양하고 판매 및 재고 DATA에 근거한 수요예측이 가능하다.

② CAO는 수정이 불가능한 완전 자동발주가 아니고 점포에서 수정 가능한 자동권고 발주이다.

(2) CAO 안전재고 관리

① 점포와 발주 일자는 소속 점포와 당일로 고정되어 있다.

② 분류별 및 단품별 조회가 가능하며 상품 기본정보와 당일 권고 계산된 DATA 조회가 가능하다.

Ⓐ 판매예측 : 2주간 평균매출을 토대로 계산한 예측량

Ⓑ 안전재고 : 매출유지 / 결품 방지를 위한 필요 재고량

Ⓒ 기말재고 : 발주 전일 마감재고(CAO재고기준)

Ⓓ 입고예정 : 입고 예정량

Ⓔ 권고량 : 최종 계산된 발주수량

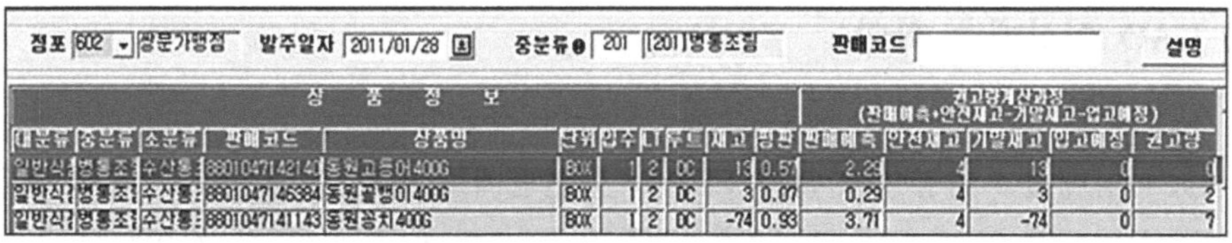

점포 602 광문가맹점 발주일자 2011/01/28 중분류 201 [201]병통조림 판매코드 설명

상품정보											권고량계산과정 (판매예측+안전재고-기말재고-입고예정)				
대분류	중분류	소분류	판매코드	상품명	단위	입수	LT	루트	재고	평판	판매예측	안전재고	기말재고	입고예정	권고량
일반식	병통조	수산통	8801047142140	동원고등어400G	BOX	1	2	DC	13	0.57	2.29	4	13	0	0
일반식	병통조	수산통	8801047146384	동원골뱅이400G	BOX	1	2	DC	3	0.07	0.29	4	3	0	2
일반식	병통조	수산통	8801047141143	동원꽁치400G	BOX	1	2	DC	-74	0.93	3.71	4	-74	0	7

[그림 11-11] 안전재고 관리

(3) CAO 안전재고 현황

① 전주 일주일 판매예측량 / 실판매 DATA 및 차주 판매예측량 DATA 조회가 가능하다.

Ⓐ 안전재고 현황 : 단품별 현재 설정값 확인 및 안전재고 수정요청 등 수정 요청

Ⓑ 안전재고 수정요청 결과 : 점포에서 요청한 수정요청 결과 확인 가능

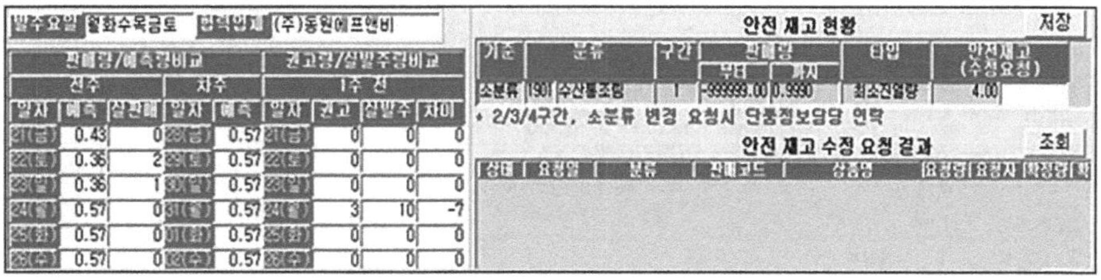

발주요일 월화수목금토 협력업체 (주)동원에프앤비

판매량/예측량비교					권고량/실발주량비교			
전주			차주		1주 전			
일자	예측	실판매	일자	예측	일자	권고	실발주	차이
21(금)	0.43	0	28(금)	0.57	21(금)	0	0	0
22(토)	0.36	2	29(토)	0.57	22(토)	0	0	0
23(일)	0.36	1	30(일)	0.57	23(일)	0	0	0
24(월)	0.57	0	31(월)	0.57	24(월)	3	10	-7
25(화)	0.57	0	01(화)	0.57	25(화)	0	0	0
26(수)	0.57	0	02(수)	0.57	26(수)	0	0	0

안전 재고 현황 저장

기준	분류		구간	판매량 부터	판매량 까지	타입	안전재고 (수정요청)
소분류	1901	수산통조림	1	-999999.00	0.9990	최소진열량	4.00

• 2/3/4구간, 소분류 변경 요청시 단품정보담당 연락

안전 재고 수정 요청 결과 조회

상태	요청일	분류	판매코드	상품명	요청량	요청자	확정량

[그림 11-12] 안전재고 현황

(4) 소분류별 안전재고

① 현재 점포에 설정된 안전재고 구간을 조회하고

② 소분류 기준으로 평균 판매량에 따라 4개 구간으로 구성되어 있으며 타입에 따

라 최소진열재고 방식과 안전재고일수 방식으로 구분한다.

③ 안전재고 구간 및 수량/일수 수정 권한은 본부에만 부여할 수 있다.

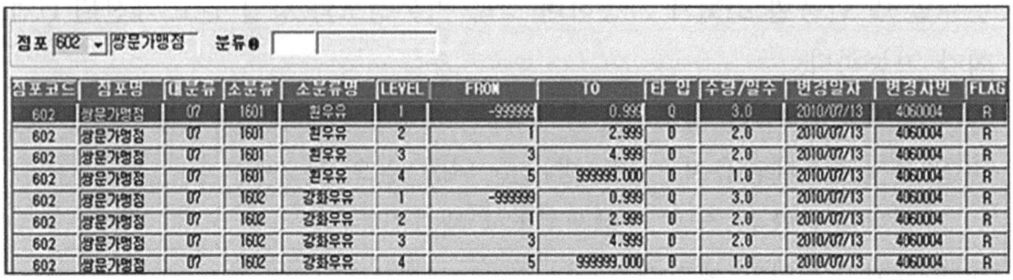

점포 602 ▾ 쌍문가맹점 분류●

점포코드	점포명	대분류	소분류	소분류명	LEVEL	FROM	TO	타입	수량/일수	변경일자	변경사번	FLAG
602	쌍문가맹점	07	1601	흰우유	1	-999999	0.999	Q	3.0	2010/07/13	4060004	R
602	쌍문가맹점	07	1601	흰우유	2	1	2.999	D	2.0	2010/07/13	4060004	R
602	쌍문가맹점	07	1601	흰우유	3	3	4.999	D	2.0	2010/07/13	4060004	R
602	쌍문가맹점	07	1601	흰우유	4	5	999999.000	D	1.0	2010/07/13	4060004	R
602	쌍문가맹점	07	1602	강화우유	1	-999999	0.999	Q	3.0	2010/07/13	4060004	R
602	쌍문가맹점	07	1602	강화우유	2	1	2.999	D	2.0	2010/07/13	4060004	R
602	쌍문가맹점	07	1602	강화우유	3	3	4.999	D	2.0	2010/07/13	4060004	R
602	쌍문가맹점	07	1602	강화우유	4	5	999999.000	D	1.0	2010/07/13	4060004	R

[그림 11-13] 소분류 안전재고 현황

(5) CAO 이상매출 확인

① 이상매출 및 권고대상 제외 조회/등록이 가능하다.

Ⓐ 이상매출 : 대량매출 혹은 과다한 할인판매로 평균 판매량이 왜곡될 경우 일정기간을 등록하여 등록기간 매출을 평균판매량 계산 시 제외한다.

Ⓑ 권고대상 제외 : 점포에서 취급하지 않는 상품을 등록하여 등록기간 동안 CAO 자동발주 대상 상품에서 제외한다.

② 시작일자/종료일자/판매코드 입력 후 이상매출/권고대상 제외 선택 후 저장한다.

③ 권고대상 제외 등록한 상품을 다시 CAO 권고발주 대상으로 반영시키려면 [권고발주재적용] 체크 후 저장하면 종료일자가 변경된다.

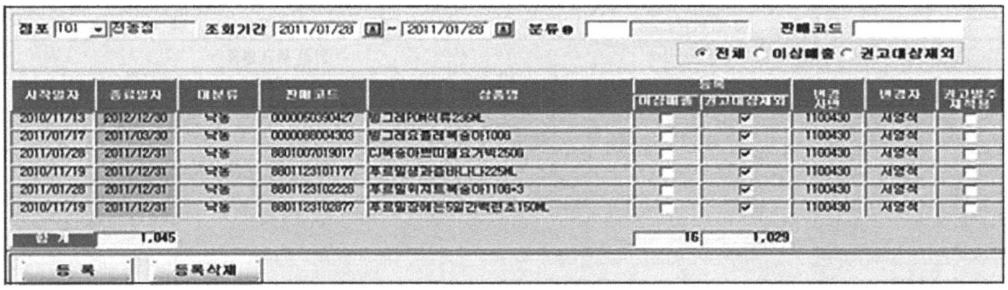

점포 101 ▾ 전농점 조회기간 2011/01/28 ~ 2011/01/28 분류● 판매코드

◉ 전체 ○ 이상매출 ○ 권고대상제외

시작일자	종료일자	대분류	판매코드	상품명	등록 이상매출	등록 권고대상제외	변경사번	변경자	권고발주재적용
2010/11/13	2012/12/30	낙농	0000050390427	빙그레PO바석류236ML	☐	☑	1100430	서영석	☐
2011/01/17	2011/03/30	낙농	0000088004303	빙그레요플레복숭아100G	☐	☑	1100430	서영석	☐
2011/01/28	2011/12/31	낙농	8801007019017	CJ복숭아쁘띠첼요거벽250G	☐	☑	1100430	서영석	☐
2010/11/19	2011/12/31	낙농	8801123101177	푸르밀생과즙바나나225ML	☐	☑	1100430	서영석	☐
2011/01/28	2011/12/31	낙농	8801123102228	푸르밀위저트복숭아110G*3	☐	☑	1100430	서영석	☐
2010/11/19	2011/12/31	낙농	8801123102877	푸르밀장에는5일간빅런조150ML	☐	☑	1100430	서영석	☐
합계	1,045				16	1,029			

등록 | 등록삭제

[그림 11-14] 이상 매출 확인

제2절 매입 및 매출관리

1 시스템 설명

1) 매입관리

그로서리 상품 중에서 매입한 상품에 대하여 점포에서 매입을 확정한다. 그로서리 경우 매입확정 시 재고에 바로 반영되도록 주로 설계된다.

① 매입 확정

당일 매입 상품에 대하여 매입을 확정 및 조회, 납품확인서를 출력한다. 매입 확정 후에는 수량에 대한 정정은 불가능하다.

② 전도금 매입

무발주 매입, 종량제 봉투 상품에 대한 매입을 확정하고 납품확인서를 출력한다. 매입확정 후에는 수량에 대한 정정은 불가능하다.

2) 매입장표 관리

점포에서 매입되어진 상품현황을 조회하여 볼 수 있는 장표 메뉴이다.

① 점포매입 현황

협력업체, 매입구분, 분류, 루트, 발주 구분별로 매입현황을 조회하여 볼 수 있다. 매입은 점포매입상품(직납), 센터경유상품을 조회하는 구분자이다. 조회된 전표별로 더블클릭하여 상세 정보를 볼 수 있다.

② 입점예정 현황

조회한 날짜에 점포에 납품되어질 상품 리스트를 협력업체별로 보여주는 화면이다.(직납상품 검품용으로 출력하여 사용)

③ 상품입점 현황

조회한 날짜에 점포로 납품되어지는 상품 리스트를 상품별로 보는 화면이다.(입점리스트로 출력하여 사용)

3) 클레임 관리

점포에서 매입되어진 상품현황을 조회하여 볼 수 있는 장표 메뉴이다.

① 그로서리 클레임 등록

당일 매입 상품에 대한 클레임을 등록하는 화면이다.

② 신선 클레임 등록

당일 매입 상품에 대한 클레임을 등록하는 화면이다.

4) 반품 관리

상품 반품을 입력하는 메뉴이다.

① 반품등록(그로서리)

그로서리 상품 반품을 입력하는 화면이다. 등록화면과 조회화면, 반품확인서 조회화면으로 구성되어 있다.

② 반품등록(신선)

신선 상품 반품을 입력하는 화면이다. 등록화면과 조회화면, 반품확인서 조회화면으로 구성되어 있다.

③ 반품확정 현황

반품이 확정되어진 상품 리스트를 조회할 수 있다.

2 매입관리

1) 그로서리 매입관리

(1) 매입확정 [매입관리 → 그로서리 매입관리 → 매입확정]

① 매입확정

직납상품의 매입 수량을 입력하고 확정한다.

Ⓐ 납품일이 당일인 상품만을 매입확정할 수 있다. 납품일이 전일이거나 익일인 경우 상품에 대한 매입은 불가능하다.

Ⓑ 대기 전표를 누르면 당일에 매입 잡을 수 있는 상품의 발주전표가 출력된다.

Ⓒ 매입할 전표를 선택하고 상품 수량을 입력한 후 확정을 하면 바로 재고에 반영된다.

Ⓓ 대기전표에 출력되어지는 발주전표는 매입되어진 수량이 발주되어진 수량과 동일할 때까지 계속 존재한다. 즉, 하나의 발주전표에 복수의 매입전표 생성

이 가능하다. 대기 전표 조회 시 매입횟수에 자료로 남아 제공된다.

② 매입확정 조회

매입이 확정되어진 전표를 조회하는 화면이다. 전표를 선택하고 출력을 하면 납품 전표가 출력된다.

③ 발주상태 조회

당일 매입되어질 모든 상품의 현재 상태를 발주전표 단위로 확인할 수 있다.

Ⓐ 미입고 상태 : 상품이 점포 또는 물류센터로 들어오지 않은 경우

Ⓑ 검품(입하) 등록 : 상품이 점포에서 검수 중이거나 센터에서 검품(입하) 중인 경우

Ⓒ 매입확정 : 상품이 점포에서 매입확정, 센터마감 완료인 경우

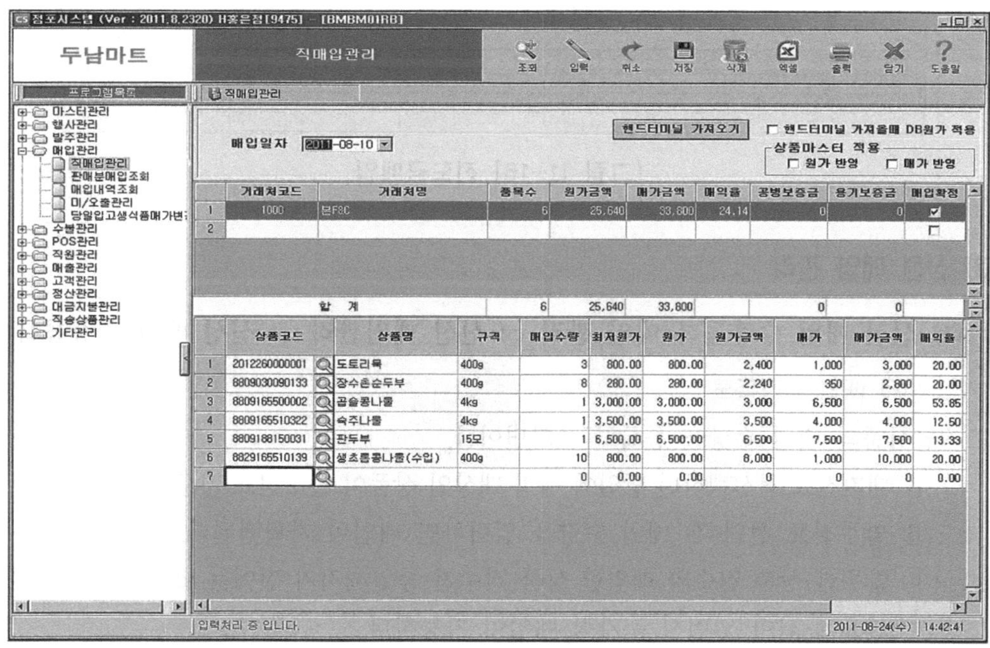

[그림 11-15] 매입확정

2) 전도금 매입 [매입관리 → 그로서리 매입관리 → 전도금 매입]

① 전도금 매입등록

무발주 매입업체, 종량제 봉투 매입을 입력한다.

Ⓐ 상품입력 후 저장 시 바로 재고에 반영되며 매입수량 정정은 불가능하다.

Ⓑ 협력업체 선택 후 조회(F2)를 하면 해당 업체의 전도금 매입 가능한 모든 상품 리스트가 제공된다. 리스트에 매입할 상품의 수량을 입력 후 저장하면 전도금 매입이 완료된다.

② 전도금 매입 조회

전도금 매입을 확정한 전표를 조회해 볼 수 있다. 전표 선택 후 출력을 하면 납품확인서를 출력할 수 있다.

③ 전도금 매입 대상

분류 - 쓰레기봉투 등 현금 구매 상품

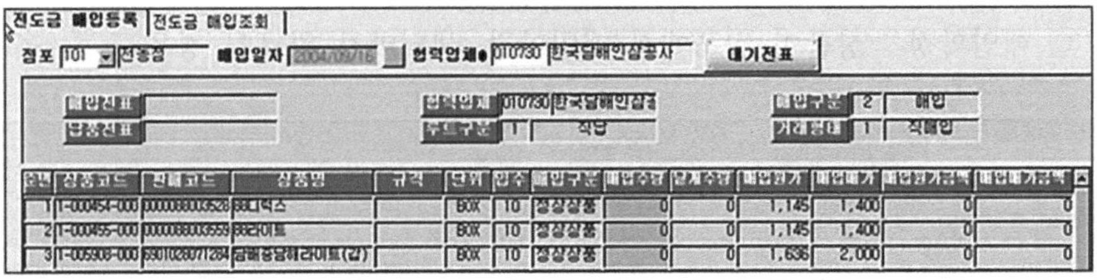

[그림 11-16] 전도금매입

3) 신선 매입 관리

(1) 신선 매입 수량등록[매입 관리 → 신선 매입관리 → 신선 매입 수량등록]

① 신선 매입 수량등록

직납상품의 매입 수량을 등록하는 화면이다.

Ⓐ 대기전표를 선택하면 당일에 매입 대상인 상품이 발주전표 기준으로 조회된다.

Ⓑ 발주전표 선택 후 매입 수량을 입력하면 매입이 가확정된다.

Ⓒ 발주한 상품 건수와 매입한 상품 건수가 동일해지기 전에는 발주전표가 대기전표에 남아 있어서 추가적 매입이 가능하다.

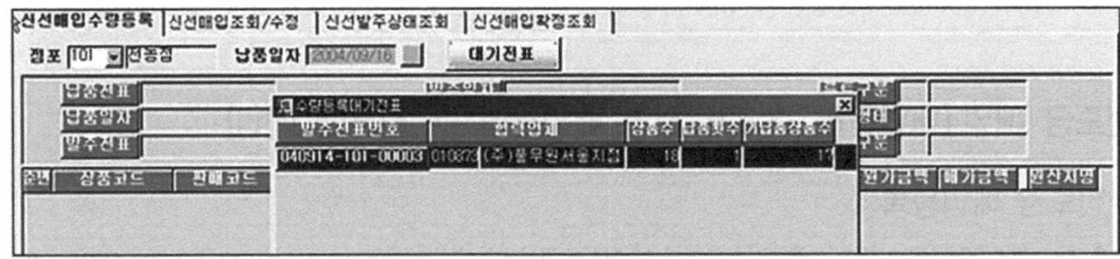

[그림 11-17] 신선 매입등록

Ⓓ 대체 상품 입력 : 화면 좌측 하단에 '대체상품등록' 버튼을 클릭한 후 상품 코드와 수량을 입력하면 된다. 대체 상품이란 점포에서 발주는 A상품을 하였으나 협력업체에 재고가 없거나 하는 여타 사유로 인하여 유사한 B상품을 협력업체가 납품할 경우에 B상품을 대체 상품이라고 한다.

② 신선 매입 조회 / 수정

가확정된 매입수량을 정정하고 가확정 납품서를 출력한다.

Ⓐ 가확정된 납품전표를 조회한다.

Ⓑ 가확정 전표 선택하면 상품별 매입 수량화면이 제공되고 수량 정정 후 저장하면 매입수량이 변경된다.

Ⓒ 신선상품의 시차매입 등록 시에 '신선매입조회/수정' 화면에서 조회가 되고 수정과 가확정 납품서를 출력할 수 있다.

③ 신선 발주 상태 조회

당일 매입되어질 상품의 현재 상태를 발주전표 단위로 확인할 수 있다.

Ⓐ 미입고 상태 : 상품이 점포 또는 물류센터로 들어오지 않은 경우

Ⓑ 검품(입하) 등록 : 상품이 점포에서 검수 중이거나 센터에서 검품(입하) 중인 경우

Ⓒ 매입확정 : 상품이 점포에서 매입확정, 센터마감 완료인 경우

④ 신선 매입 확정 조회

신선상품의 매입이 확정된 상품을 납품전표 단위로 표시한다.

3 매입 장표 관리

1) 점포매입 현황 [매입관리 → 매입 장표 관리 → 점포매입 현황]

① 협력업체별, 매입구분별, 루트별, 발주구분별, 분류별, 상품별 조회가 가능하다.

Ⓐ 협력업체별 : 협력업체를 선택하여 해당 업체에 대한 매입 현황을 볼 수 있다.

Ⓑ 매입구분별 : 반품, 매입, 매입정정별로 매입 현황을 조회한다.

② 매입, 점출입 구분

Ⓐ 매입 : 점포에서 직접 매입 확정한 상품을 표시한다. 직납상품과 물류점포직송분매입, 그리고 시차매입 상품의 매입 현황을 표시한다.

Ⓑ 점출입 : 물류센터 경유하여 점포로 납품되어진 상품의 매입 현황을 표시한다.

③ 매입 현황 조회

Ⓐ 그로서리 : 매입이 확정되어지는 시점마다 조회가 가능하다. 리얼타임이 반영된다.

Ⓑ 신선 : 당일 매입은 확정시간 이후 매입확정 후에 조회가 가능하다.

2) 입점예정 현황 [매입관리 → 매입장표 관리 → 입점예정 현황]

① 당일에 입점될 상품 리스트를 조회할 수 있다.

② 발주한 상품을 기준으로 조회되어지므로 미납 정보를 보여주지 않는다.

③ 협력업체별로 조회 결과가 나오므로 직납 상품의 검수 장표로 사용할 수 있다.

3) 상품입점 현황 [매입관리 → 매입 장표 관리 → 상품입점 현황]

① 당일에 입점될 상품 리스트를 조회할 수 있다.

② 발주한 상품을 기준으로 조회되어지므로 미납 정보를 보여주지 않는다.

③ 협력업체별로 조회 결과가 나오므로 직납 상품의 검수 장표로 사용할 수 있다.

4 클레임 관리

1) 그로서리 클레임 등록 [매입관리 → 클레임 관리 → 그로서리 클레임 등록]

① 당일에 입고되어진 상품에 대한 클레임을 입력하는 화면이다.

② 클레임에 대한 처리 결과는 센터에서 입력한 내용을 수신화면에서 확인할 수 있다.

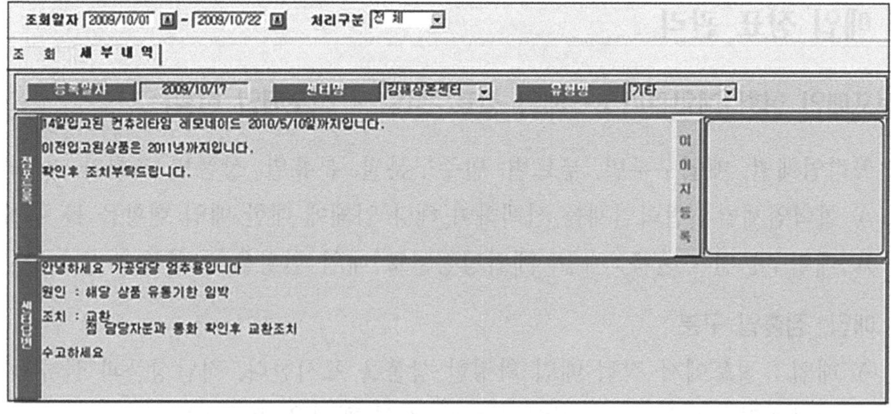

[그림 11-18] 클레임등록

2) 신선 클레임 등록 [매입관리 → 매입장표 관리 → 신선 클레임 등록]

① 클레임 등록

당일 입고 상품에 대하여서만 클레임 등록이 가능하다.

② 상품코드 입력 후 엔터키를 누르면 해당 상품 정보가 입력 필드에 표시된다.

Ⓐ 박스량 : 점포에서 입력한 발주 박스 수

Ⓑ 발주량 : 점포에서 발주한 상품 낱개 수량

③ 사유는 불량 혹은 미송으로 입력한다.

④ 클레임 조회

등록된 클레임에 대한 처리 결과를 조회할 수 있다.

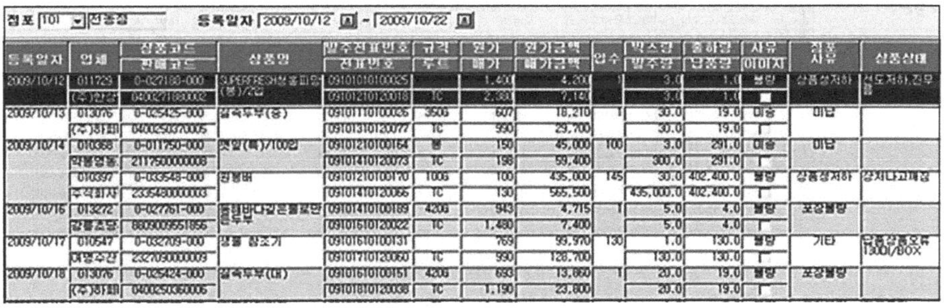

점포 101 신촌점 등록일자 2009/10/12 ~ 2009/10/22

등록일자	업체	상품코드 / 판매코드	상품명	발주전표번호 / 전표번호	규격 / 루트	원가 / 매가	원가금액 / 매가금액	입수	박스량 / 발주량	출하량 / 납품량	사유 / 이미지	점포사유	상품상태
2009/10/12	011723	0-027188-000	SUPERFRESH생홍피망(봉)/2입	0910101010100025		1,400	4,200	1	3.0	1.0	불량	상품성저하	선도저하,진무름
	(주)한강	0400271880002		0910121010120018	TC	2,380	7,140		3.0	1.0	■		
2009/10/13	013076	0-025425-000	설악두부(중)	0910111010100026	350G	607	18,210	1	30.0	19.0	미송	미납	
	(주)하피	0400250370005		0910131010120077	TC	990	29,700		30.0	19.0			
2009/10/14	010368	0-011750-000	햇알(특)/100입	0910121010100164	봉	150	45,000	100	3.0	291.0	미송	미납	
	약봉영농	2117500000008		0910141010120073	TC	198	59,400		300.0	291.0			
	010397	0-033548-000	천봉배	0910121010100170	100G	100	435,000	145	30.0	402,400.0	불량	상품성저하	상처나고깨짐
	주식회사	2335480000003		0910141010120066	TC	130	565,500		435,000.0	402,400.0			
2009/10/16	013272	0-027761-000	통영바다같은불로만든두부	0910141010100189	420G	943	4,715	1	5.0	4.0	불량	포장불량	
	강릉초당	8809009551856		0910161010120022	TC	1,480	7,400		5.0	4.0			
2009/10/17	010547	0-032709-000	영광 참조기	0910161010100131		769	99,970	130	1.0	130.0	불량	기타	유통상품오류 130DI/BOX
	여명수산	2327090000009		0910171010120060	TC	990	128,700		130.0	130.0			
2009/10/18	013076	0-025424-000	설악두부(대)	0910161010100151	420G	693	13,860	1	20.0	19.0	불량	포장불량	
	(주)하피	0400250360006		0910181010120038	TC	1,190	23,800		20.0	19.0			

[그림 11-19] 신선 클레임등록

5 반품관리

1) 반품등록 [매입관리 → 반품관리 → 반품등록(그로서리) / 반품등록(신선)]

① 반품등록

반품은 해당 상품 속성에 반품가능 표시해야 반품이 입력 가능하다.

② 반품등록 조회

반품 등록 후 등록된 상품 리스트를 조회하는 화면이다.

③ 반품확인서 조회

Ⓐ 업체 반품 : 직납 상품과 그로서리 상품 경우 점포에서 반품 등록 시 반품 확정되고 협력업체에는 익일 반품전표가 전송된다.

Ⓑ 물류 반품 : 그로서리 상품 경우 점포 반품등록 후 센터 담당이 반품을 확정

해 주어야 반품이 확정되어 점포 재고에 반영된다.

Ⓒ 반품 등록된 리스트를 조회한 후 협력업체를 선정하여 출력하면 반품확인서가 프린팅된다.

[그림 11-20] 반품조회

2) 반품확정 현황 [매입관리 → 반품관리 → 반품확정 현황]

① 점포에서 반품을 등록한 후 반품 확정 여부를 확인하는 화면이다.

Ⓐ 직납상품과 그로서리 상품(화인물류 상품)은 반품등록과 동시에 반품이 확정되는 것을 화면 조회를 통하여 확인할 수 있다.

Ⓑ 조회하고자 하는 반품 등록일자를 선택한다.

Ⓒ 협력업체를 입력하여 해당 업체에 대한 반품 정보만 조회할 수 있다.

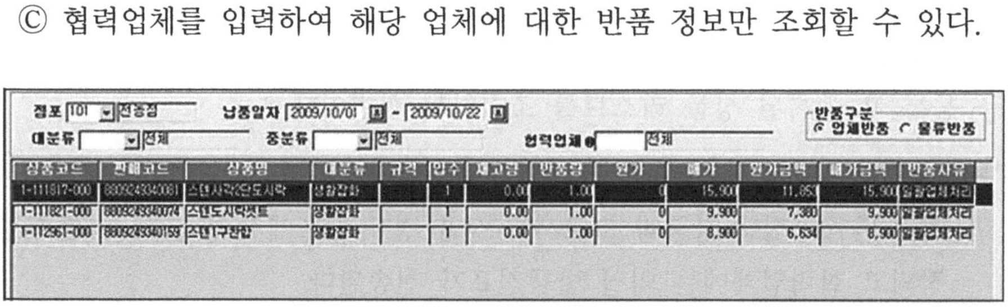

점포 101 전농점 납품일자 2009/10/01 - 2009/10/22 반품구분 ◉ 업체반품 ○ 물류반품
대분류 전체 중분류 전체 협력업체 전체

상품코드	판매코드	상품명	대분류	규격	입수	재고량	반품량	원가	매가	원가금액	매가금액	반품사유
1-111817-000	8809243340081	스텐사각2단도시락	생활잡화		1	0.00	1.00	0	15,900	11,853	15,900	일괄업체처리
1-111821-000	8809243340074	스텐도시락셋트	생활잡화		1	0.00	1.00	0	9,900	7,380	9,900	일괄업체처리
1-112961-000	8809243340159	스텐1구찬합	생활잡화		1	0.00	1.00	0	8,900	6,634	8,900	일괄업체처리

[그림 11-21] 반품확정

6 매출 조회

1) 거래 형태별 매출실적 조회

(1) 영업관리 → 매출관리 → 매출분석 → 거래 형태별 매출실적 조회

점포 114 영화점

※매출금액은 부가세 제외 입니다 (단위:원)
수중량 ▶ 수량(단위: EA), 중량(단위: G)

거래형태별현황 | 협력업체별현황 | 상 품 별 현 황

조회기간 2009/10/21 ~ 2009/10/21

거래형태명	매출일자	매출수량	총매출액	구성비	에누리	순매출액	이익액	구성비
합	계	2,128	8,150,491	100%	130,300	8,024,973	1,487,233	100%
직매입	2009/10/21	2,012	7,928,900	97.28%	130,300	7,803,382	1,441,347	96.91%
소	계	2,012	7,928,900	97.28%	130,300	7,803,382	1,441,347	96.91%
특정매입	2009/10/21	116	221,591	2.72%	0	221,591	45,886	3.09%
소	계	116	221,591	2.72%	0	221,591	45,886	3.09%

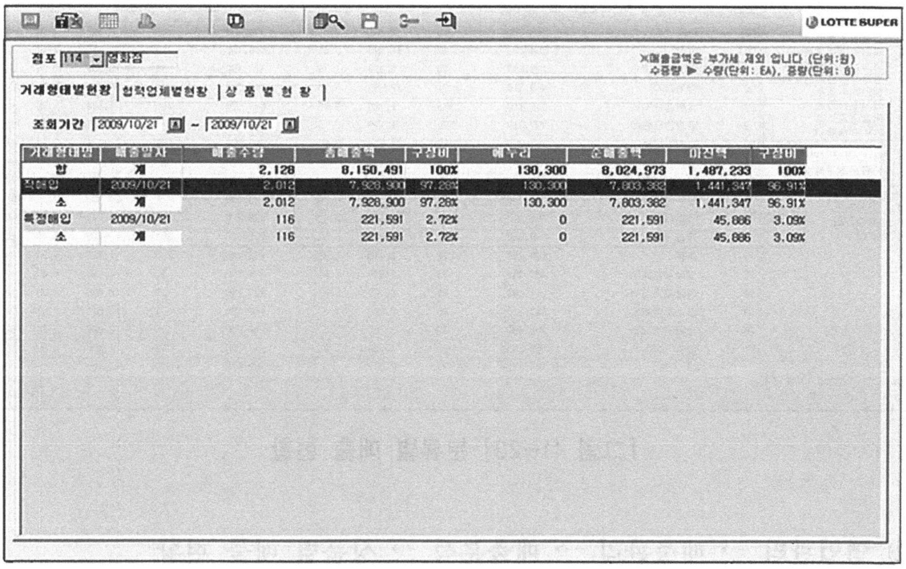

[그림 11-22] 거래형태별 매출

(2) 업무순서

① 조회기간 월 누계 실적

② 조회

③ 거래 형태별 현황 데이터 더블 클릭 시 협력 업체별 현황 조회

④ 협력 업체별 현황에서 더블 클릭 시 상품별 현황 조회

2) 분류별 단품 매출 현황

(1) 영업관리 → 매출관리 → 매출분석 → 분류별 단품 매출 현황

대분류코드/명		조회기간(2011-08-23 ~ 2011-08-23)				비교기간(2011-08-16 ~ 2011-08-16)				매출액 증감율
		매출액	수량	매출단가	구성비	매출액	수량	매출단가	구성비	
01	야채계란두부	579,445	313	1,851	7.11	516,132	290	1,780	7.61	12.27
02	과일	398,336	55	7,242	4.89	374,358	57	6,568	5.52	6.41
03	축산	554,291	47	11,793	6.81	518,130	54	9,595	7.64	6.98
05	건어물김안주	159,290	48	3,319	1.96	131,150	34	3,857	1.93	21.46
06	양곡잡곡	469,510	21	22,358	5.76	288,360	11	26,215	4.25	62.82
08	유제품빵두유	615,110	356	1,728	7.55	631,070	346	1,824	9.30	-2.53
09	냉장냉동반찬	797,310	676	1,179	9.79	651,320	518	1,257	9.60	22.41
10	과자씨리얼	704,360	566	1,244	8.65	490,250	330	1,486	7.23	43.67
11	면류	292,760	165	1,774	3.59	461,220	191	2,415	6.80	-36.52
12	장조미캔전분	767,600	251	3,058	9.42	533,580	225	2,371	7.87	43.86
13	분유이유식	0	0	0	0.00	23,900	1	23,900	0.35	-100.00
14	커피차류	197,070	21	9,384	2.42	179,380	21	8,542	2.64	9.86
15	음료생수	449,550	491	916	5.52	298,680	302	989	4.40	50.51
16	주류	656,450	272	2,413	8.06	498,040	265	1,879	7.34	31.81
17	세제구강헤어	404,860	73	5,546	4.97	274,750	66	4,163	4.05	47.36
18	화장지기저귀	261,560	31	8,437	3.21	227,560	27	8,428	3.36	14.94
19	청소주방욕실	144,310	65	2,220	1.77	182,260	51	3,574	2.69	-20.82
20	생활레저잡화	106,400	47	2,264	1.31	56,770	28	2,028	0.84	87.42
21	담배 봉투	586,260	423	1,386	7.20	445,620	313	1,424	6.57	31.56
	합 계	8,144,472	3,921	2,077		6,782,530	3,130	2,167		20.08

[그림 11-23] 분류별 매출 현황

(2) 영업관리 → 매출관리 → 매출분석 → 상품별 매출 현황

상품코드/명		조회기간(2011-08-23 ~ 2011-08-23)				비교기간(2011-08-16 ~ 2011-08-16)				매출액 증감율
		매출액	수량	매출단가	구성비	매출액	수량	매출단가	구성비	
0072810772149	리고쵸코시럽	5,000	1	5,000	0.06	0	0	0	0.00	0.00
0310119035962	리뉴센세티브아이즈	0	0	0	0.00	3,200	1	3,200	0.05	-100.00
04010508	스니커즈아몬드싱글	1,000	1	1,000	0.01	0	0	0	0.00	0.00
0781923240260	블리어드루이지아나엑스트라핫소스	1,500	1	1,500	0.02	0	0	0	0.00	0.00
1395224032302	휴지 날개(3겹)	1,100	1	1,100	0.01	0	0	0	0.00	0.00
2010060000009	햇무우(특)	9,560	4	2,390	0.12	3,590	1	3,590	0.05	166.30
2010170000005	열갈이	1,790	1	1,790	0.02	3,580	2	1,790	0.05	-50.00
2010290000008	깐마늘(특)	2,996	1	2,996	0.04	6,980	2	3,490	0.10	-57.08
2010460000005	양배추(특)	5,960	4	1,490	0.07	5,940	6	990	0.09	0.34
2010470000002	양상추(중국산)	4,980	3	1,660	0.06	0	0	0	0.00	0.00
2010660000003	청피망	0	0	0	0.00	1,411	1	1,411	0.02	-100.00
2010670000000	무순	0	0	0	0.00	590	1	590	0.01	-100.00
2010720000004	아삭이고추(오이	6,000	6	1,000	0.07	9,000	9	1,000	0.13	-33.33
2011210000009	시금치	5,980	2	2,990	0.07	8,970	3	2,990	0.13	-33.33
2011270000001	적상추	17,910	9	1,990	0.22	8,460	4	2,115	0.12	111.70
2011350000006	깻잎	7,440	6	1,240	0.09	9,030	7	1,290	0.13	-17.61
2011390000004	곱슬이콩나물	6,500	7	929	0.08	10,000	10	1,000	0.15	-35.00
2011500000009	고구마감자(특)	4,851	2	2,426	0.06	3,172	1	3,172	0.05	52.93
	합 계	8,144,472	3,921	2,077		6,782,530	3,130	2,167		20.08

[그림 11-24] 상품별 매출 현황

(3) 업무순서

① 대분류 선택(필수)

② 조회기간 선택

③ 전체 및 거래형태 선택 후 조회

3) 시간대별 매출추이

(1) 영업관리 → 매출관리 → 매출분석 → 시간대별 매출추이

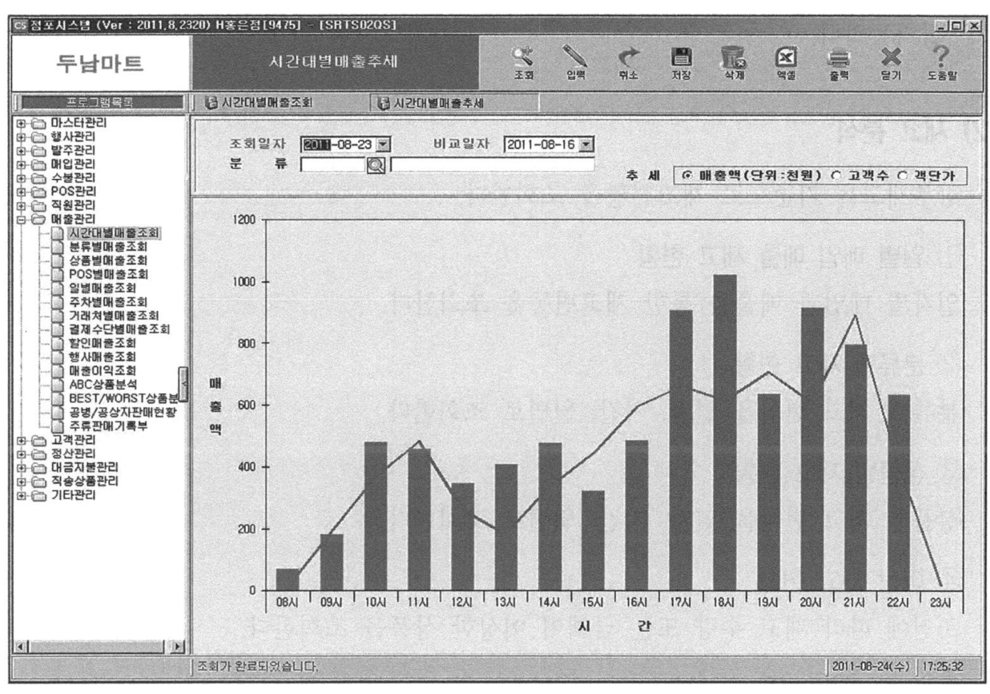

[그림 11-25] 시간대별 매출

(2) 업무순서

① 원하는 조회 일자 선택(선택일자 기준 전일, 전주 동요일 DATA 조회가능)

② 분류 선택 후 조회

제3절 재고관리

1 재고관리 시스템 개요

1) 수불 관리

▶ 폐기 등록/확정 : 영업담당이 폐기할 상품과 수량을 입력하고 점장은 등록된 폐기전표를 확정한다. 당일 입력되어진 전표는 당일에만 확정되며 당일 이후 확정은 불가능하다.

2) 재고 분석

장부재고를 기준으로 재고현황을 조회한다.

① 일별 매입 매출 재고 현황

일자별 매입과 매출을 통한 재고변동을 조회한다.

② 분류별 재고 현황

분류별 재고 현황을 일자, 기간, 월별로 조회한다.

③ 상품별 재고 현황

상품별 재고 현황을 일자, 기간, 월별로 조회한다.

④ 이상 재고 현황

조건에 따라 재고 수량 또는 금액이 이상한 상품을 조회한다.

⑤ CAO 재고 현황

재고 분석의 모든 재고 현황은 장부상 재고이며 이 화면에서만 영업재고 현황을 조회할 수 있다. CAO 재고는 발주지원 정보로 제공된 재고현황이다.

2 폐기 등록 및 확정

1) 폐기 등록 [재고관리 → 수불관리 → 폐기 등록]

① 등록 및 처리

Ⓐ 폐기일자는 당일자로 고정되어 있다.

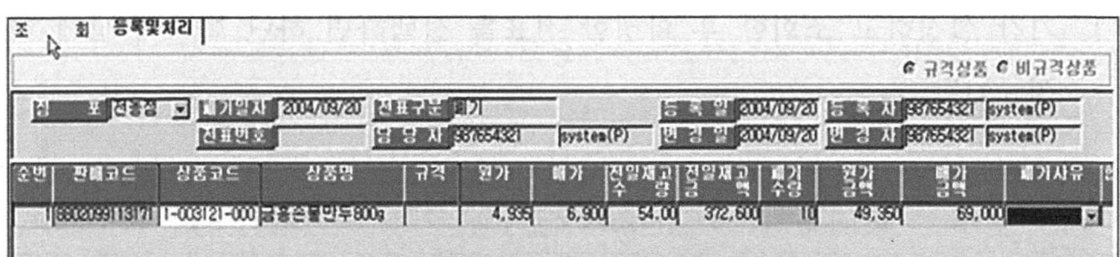

[그림 11-26] 폐기 등록

Ⓑ 규격 상품 : 그로서리 상품, 신선 규격 상품의 폐기 등록 시에 사용된다.

Ⓒ 비규격 상품 : 신선 비규격 상품의 폐기 등록 시에 사용된다.

Ⓓ 폐기 상품의 상품코드 또는 판매코드를 입력한 후 폐기 수량을 등록한다.

Ⓔ 폐기 사유

㉠ 유통기한 경과

㉡ 선도 저하

㉢ 상품 파손

㉣ 발주 오류

㉤ 판매 부진

㉥ 고객 클레임

㉦ 시식 : 시식 사유는 재고 현황에서 '시식' 항목으로 분리하여 처리된다.

Ⓕ 수량관리 상품의 경우 낱개 폐기가 가능하며(상품 마스터에 등록된 입수에 따라 원매가 계산 처리), 중량관리 상품은 킬로그램 소수점 이하 폐기가 가능하다. 신선 비규격 상품은 폐기 시 원가는 의미가 없으므로 폐기 수량에 맞추어 매가를 변경하여 등록하면 된다.

Ⓖ 원매가 수정 : 불가하다.

② 조회

Ⓐ 기간을 설정하여 등록된 폐기 내용을 조회한다.

Ⓑ 등록된 전표를 선택하여 출력하면 문서가 출력된다.

Ⓒ 폐기 등록 전표는 확정을 해주어야 완료된다.

2) 폐기 확정 [재고관리 → 수불관리 → 폐기 확정]

① 조회

Ⓐ 폐기 확정 화면과 권한은 점장 / 부점장 권한에서만 부여된다.

Ⓑ 당일 입력 전표에 대하여서만 확정이 가능하다.

ⓒ 기간 설정하고 조회한 후 확정할 전표를 선택하면 하단 화면에 상세 정보가 제공된다.

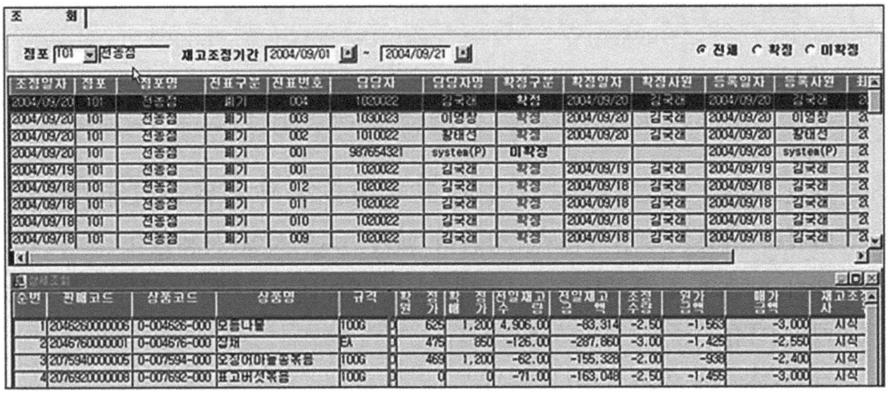

조 회

점포 101 전종점 재고조정기간 2004/09/01 ~ 2004/09/21 ◉ 전체 ○ 확정 ○ 미확정

조정일자	점포	점포명	전표구분	전표번호	담당자	담당자명	확정구분	확정일자	확정사원	등록일자	등록사원
2004/09/20	101	전종점	폐기	004	1020022	김국래	확정	2004/09/20	김국래	2004/09/20	김국래
2004/09/20	101	전종점	폐기	003	1030023	이영창	확정	2004/09/20	김국래	2004/09/20	이영창
2004/09/20	101	전종점	폐기	002	1010022	황태선	확정	2004/09/20	김국래	2004/09/20	황태선
2004/09/20	101	전종점	폐기	001	987654321	system(P)	미확정			2004/09/20	system(P)
2004/09/19	101	전종점	폐기	001	1020022	김국래	확정	2004/09/19	김국래	2004/09/19	김국래
2004/09/18	101	전종점	폐기	012	1020022	김국래	확정	2004/09/18	김국래	2004/09/18	김국래
2004/09/18	101	전종점	폐기	011	1020022	김국래	확정	2004/09/18	김국래	2004/09/18	김국래
2004/09/18	101	전종점	폐기	010	1020022	김국래	확정	2004/09/18	김국래	2004/09/18	김국래
2004/09/18	101	전종점	폐기	009	1020022	김국래	확정	2004/09/18	김국래	2004/09/18	김국래

순번	판매코드	상품코드	상품명	규격		확정원가	확정매가	전일재고수량	전일재고금액	조정수량	원가금액	매가금액	재고조정사
1	2046260000006	0-004626-000	모듬나물	100G	0	625	1,200	4,906.00	-83,314	-2.50	-1,563	-3,000	시식
2	2046760000001	0-004676-000	잡채	EA	0	475	850	-126.00	-287,860	-3.00	-1,425	-2,550	시식
3	2075940000005	0-007594-000	오징어마늘종볶음	100G	0	469	1,200	-62.00	-155,328	-2.00	-938	-2,400	시식
4	2076920000008	0-007692-000	표고버섯볶음	100G	0	0	0	-71.00	-163,048	-2.50	-1,455	-3,000	시식

[그림 11-27] 폐기확정

3 재고분석 : 장부 재고 반영

1) 일별 매입매출 재고현황 [재고관리 → 재고분석 → 일별 매입매출 재고현황]

상품 일자별 매입매출 현황을 조회할 수 있다.

① 화면 설명

Ⓐ 그로서리 상품과 신선상품 조회 화면은 별도로 있다.

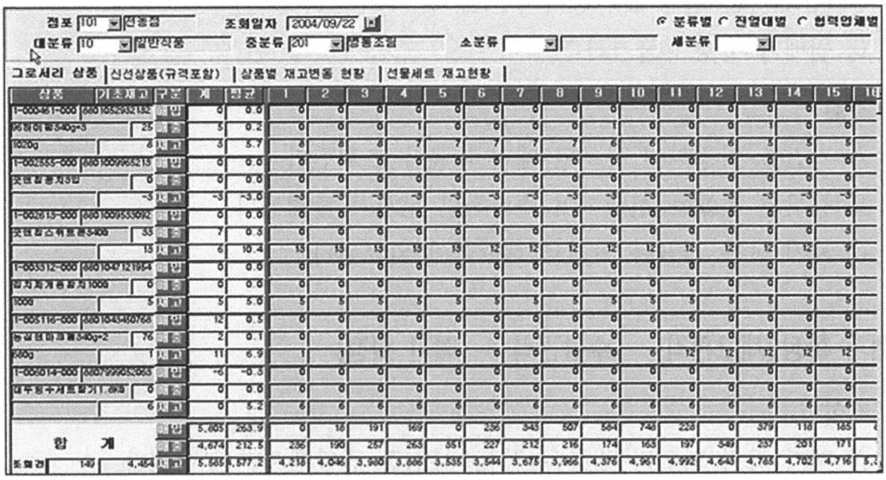

점포 101 전종점 조회일자 2004/09/22 ◉ 분류별 ○ 진열대별 ○ 협력업체별

대분류 10 일반식품 중분류 201 정통조림 소분류 세분류

그로서리 상품 | 신선상품(규격포함) | 상품별 재고변동 현황 | 선물세트 재고현황

상품	기초재고	구분	계	평균	1	2	3	4	5	6	7	8	9	10	11	12	13	14	15
1-000461-000 8801052932132		매입	0	0.0	0	0	0	0	0	0	0	0	0	0	0	0	0	0	0
[illegible]540g+3	25	매출	5	0.2	0	0	0	1	0	0	0	0	1	0	0	0	1	0	0
1020g	8	재고	3	5.7	8	8	8	7	7	7	7	7	6	6	6	6	5	5	5
1-002555-000 8801009965213		매입	0	0.0	0	0	0	0	0	0	0	0	0	0	0	0	0	0	0
[illegible]3입	0	매출	0	0.0	0	0	0	0	0	0	0	0	0	0	0	0	0	0	0
	-3	재고	-3	-3.0	-3	-3	-3	-3	-3	-3	-3	-3	-3	-3	-3	-3	-3	-3	-3
1-002815-000 8801009553692		매입	0	0.0	0	0	0	0	0	0	0	0	0	0	0	0	0	0	0
[illegible]340G	33	매출	7	0.3	0	0	0	0	0	1	0	0	0	0	0	0	0	0	3
	13	재고	6	10.4	13	13	13	13	13	12	12	12	12	12	12	12	12	12	9
1-003312-000 8801047121954		매입	0	0.0	0	0	0	0	0	0	0	0	0	0	0	0	0	0	0
[illegible]100G	0	매출	0	0.0	0	0	0	0	0	0	0	0	0	0	0	0	0	0	0
100G	5	재고	5	5.0	5	5	5	5	5	5	5	5	5	5	5	5	5	5	5
1-005116-000 8801043450768		매입	12	0.5	0	0	0	0	0	0	0	0	0	6	6	0	0	0	0
[illegible]540g+2	76	매출	2	0.1	0	0	0	0	1	0	0	0	0	0	0	0	0	0	0
680g	1	재고	11	6.9	1	1	1	1	0	0	0	0	0	6	12	12	12	12	12
1-005014-000 8807999652953		매입	-6	-0.3	0	0	0	0	0	0	0	0	0	0	0	0	0	0	0
[illegible]1.8KG	0	매출	0	0.0	0	0	0	0	0	0	0	0	0	0	0	0	0	0	0
	6	재고	0	5.2	6	6	6	6	6	6	6	6	6	6	6	6	6	6	6
합 계		매입	5,605	263.9	0	18	191	169	0	236	343	507	584	748	228	0	379	118	165
		매출	4,674	212.5	236	190	257	263	351	227	212	216	174	163	197	349	237	201	171
조회건 149	4,484	재고	5,585	4,577.2	4,218	4,046	3,980	3,866	3,535	3,544	3,675	3,966	4,376	4,961	4,992	4,643	4,785	4,762	4,716

[그림 11-28] 일별 재고 현황

Ⓑ 분류별, 진열대별, 협력업체별 구분자를 선택하여 조회할 수 있다.

Ⓒ 조회일자까지의 일자별 매입 매출 재고 현황이 조회 화면에 출력된다.

Ⓓ 상품을 선택 후 더블클릭하면 '상품별 재고변동 현황' TAB으로 이동하여 해당 상품의 일자 별 재고변동 상황 등의 정보가 제공된다.

2) 재고 현황 [재고관리 → 재고분석 → 분류별 재고 현황]

① 점포에서 조회하는 재고 현황 화면이다.

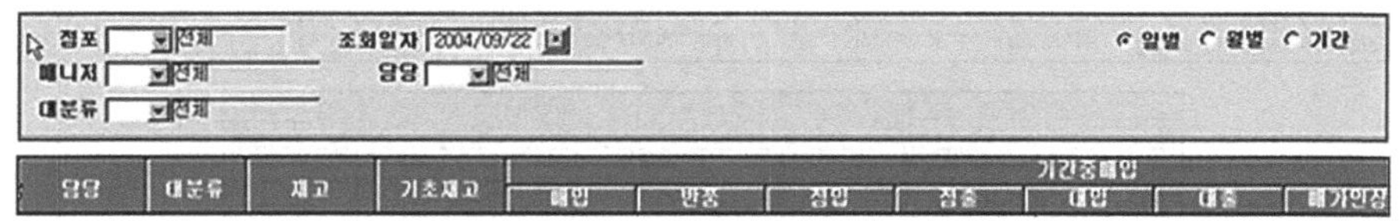

[그림 11-29] 분류별 재고 현황

3) 이상 재고 현황 [재고관리 → 재고분석 → 이상 재고 현황]

① 이상 재고 현황

Ⓐ 장부상의 재고가 음수인 이상 재고 현황을 조회한다.

Ⓑ 분류별 협력업체별로 구분자를 선택하여 조회 가능하다.

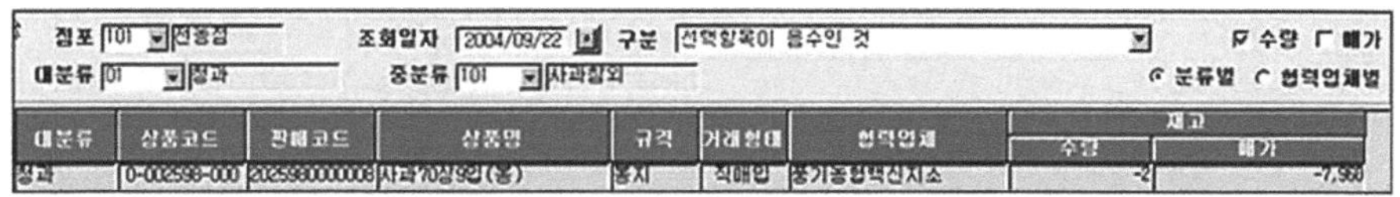

[그림 11-30] 이상 재고 현황

4) CAO 재고 현황

(1) CAO 재고 현황 [재고관리 → CAO 재고관리 → CAO 재고 현황]

① CAO 재고 현황은 영업에서만 사용하는 화면이다.

② 화면 구성은 재고분석 메뉴의 재고 현황 화면과 동일하다.

③ 상품유형 구분이 가능하다.

④ 일별, 월별, 기간별 조회가 가능하다.

⑤ 재고분석 메뉴의 '재고'는 CAO 재고 현황의 '장부재고'이다.

⑥ CAO 재고조정 : CAO 재고조정 등록된 금액이다.

CAO 재고 : 장부재고에서 CAO 재고 조정된 금액을 반영한 현 영업재고를 말한다.

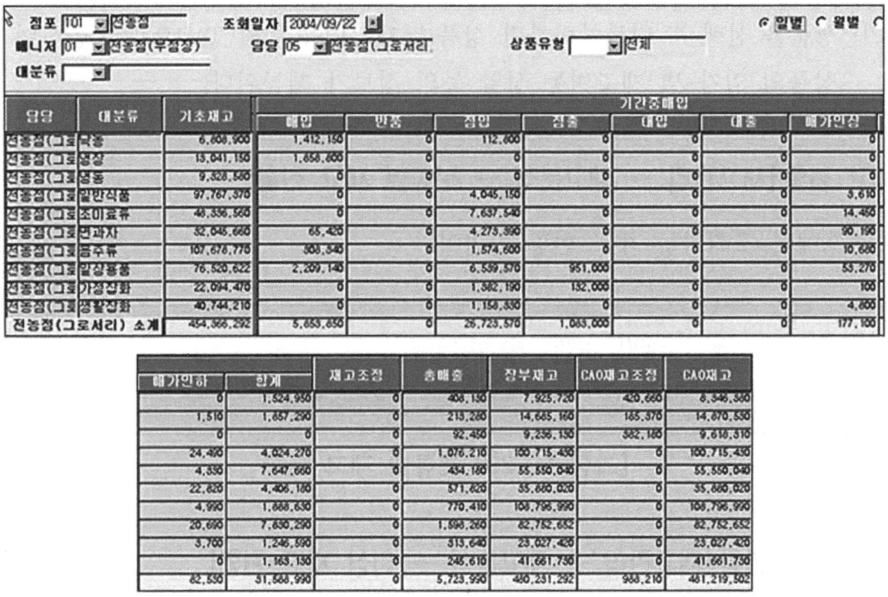

점포 101 전농점　조회일자 2004/09/22　◉ 일별 ○ 월별
매니저 01 전농점(무점장)　담당 05 전농점(그로서리　상품유형 전체
대분류

담당	대분류	기초재고	기간중매입									재고조정	총매출	장부재고	CAO재고조정	CAO재고
			매입	반품	점입	점출	대입	대출	매가인상	매가인하	합계					
전농점(그로	곡종	6,608,900	1,412,150	0	112,800	0	0	0	0	0	1,524,950	0	408,130	7,925,720	420,660	8,346,380
전농점(그로	냉장	13,041,150	1,658,800	0	0	0	0	0	0	1,510	1,657,290	0	213,280	14,685,160	185,370	14,870,530
전농점(그로	냉동	9,328,580	0	0	0	0	0	0	0	0	0	0	92,450	9,236,130	382,180	9,618,310
전농점(그로	일반식품	97,767,370	0	0	4,045,150	0	0	0	3,610	24,490	4,024,270	0	1,076,210	100,715,430	0	100,715,430
전농점(그로	조미료류	48,336,560	0	0	7,637,540	0	0	0	14,450	4,330	7,647,660	0	434,180	55,550,040	0	55,550,040
전농점(그로	면과자	32,045,660	65,420	0	4,273,390	0	0	0	90,190	22,820	4,406,180	0	571,820	35,880,020	0	35,880,020
전농점(그로	음주류	107,678,770	308,340	0	1,574,600	0	0	0	10,680	4,990	1,888,630	0	770,410	108,796,990	0	108,796,990
전농점(그로	일상용품	76,520,622	2,209,140	0	6,539,570	951,000	0	0	53,270	20,690	7,830,290	0	1,598,260	82,752,652	0	82,752,652
전농점(그로	가정잡화	22,094,470	0	0	1,382,190	132,000	0	0	100	3,700	1,246,590	0	313,640	23,027,420	0	23,027,420
전농점(그로	생활잡화	40,744,210	0	0	1,158,330	0	0	0	4,800	0	1,163,130	0	245,610	41,661,730	0	41,661,730
전농점(그로서리) 소계		454,366,292	5,653,650	0	26,723,570	1,083,000	0	0	177,100	82,530	31,588,990	0	5,723,990	480,231,292	988,210	481,219,502

[그림 11-31] CAO 재고 현황

연습문제

01 발주시스템에서 발주를 등록 하시오.

02 매입 및 매출 현황을 조회 하시오.

03 재고 관리 시스템을 조회 하시오.

04 용어설명

- CAO 재고
- 예약 발주
- 클레임
- 결품

제 12 장 매장 진단 평가

제1절 고객 눈으로 점포 관찰

세상에는 체크리스트라고 불리는 것이 많이 있다. 경영 관점에서 만들어진 것, 업무 내용 관점이라고 하는 것을 목표로 하여 만들어진 것 등 여러 가지가 있다. 그 가운데서 본서에서 제시하는 체크리스트는 철저한 고객지향을 기초하여 고객 눈에 비치는 점포 강점과 약점을 명확히 하고 거기서부터 매출을 높이는 방법을 끌어내려고 하는 것이다. 소매업은 점포가 들여온 상품을 파는 사람이 현금을 받고 교환하는 것이다. 따라서 상품을 파는 점포 보다는 돈을 지불하는 고객측에 주도권이 있다. 점포 평가를 결정하는 것은 고객이다. 고객이 돈을 지불한 것은 그 점포와 상품을 지지한다는 것이다.

유통업, 서비스업에 있어서 중요한 것은 〈고객 지지를 얼마만큼 받을 수 있는가〉에 달려 있다. 고객 지지를 얻기 위해서는 구매결정 현장에 있는 점포를 어떻게 보고 있는가를 알 필요가 있다. 어느 부분이 지지를 받고 있고 어느 부분이 지지 받지 못하고 있는지를 아는 것이다. 그래서 지지 받고 있는 부분은 더욱 강화시키고 지지받지 못하는 부분은 우선순위를 붙이면서 힘 균형 원리에 의해 효율적으로 개선해 간다. 그러면 고객 지지를 지금 이상으로 얻고 매출을 늘릴 수 있게 된다. 점의 현상을 아는 것에는 〈점포〉와 〈고객 눈〉 2가지가 필요하다.

따라서 본서 체크리스트는 〈점포 자기진단〉이라고 하는 형태로 고객이 구매할 때 유의점을 진단 항목으로서 열거하고 그 항목에 스스로 O, ×를 붙여 〈고객 눈으로 본 자신의 점포 모습〉을 명확히 밝히는 것이다. 고객은 점포를 이렇게 보고 있다.

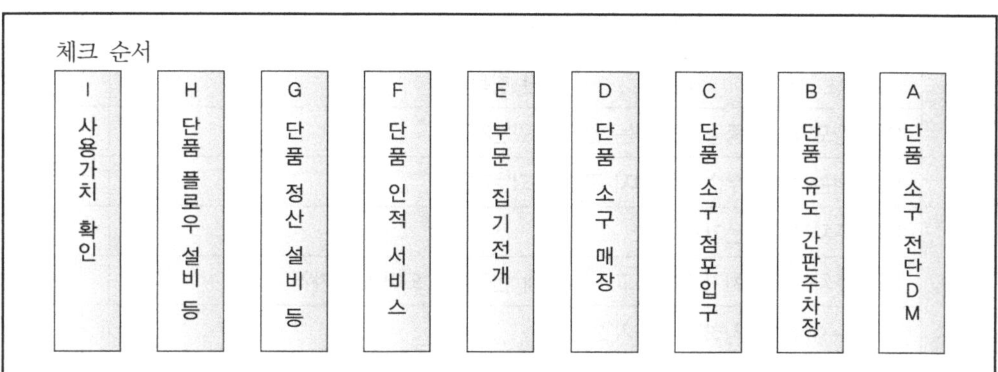

[그림 12-1] 점포 자기 진단 체크리스트

이 체크리스트는 어디까지나 〈고객 입장〉을 중시하는 진단 항목을 현장 사람들이 스스로 체크하고 매장에서 활용하기 위한 것이다. 방법은 매우 간단하며 진단 항목 하나하나에 이루어지고 있는 것에는 O를 표시하고 이루어지지 않는 것에는 ×를 체크하는 것뿐이다. 체크 불가능한 것에는 체크하지 않아도 좋다.

체크 항목 순서는 고객이 ① 점포에 들어갈 때까지 행동, ② 점포 안에서 행동, ③ 점포를 나온 후 행동으로 나누고 다시 이것을 세분화한 것이다. 고객 움직임에 따라 체크한다.

[표 12-1] 점포진단 체크리스트 A

	진단 항목	평가
A 단품소구 전단/DM	A-1 전단 혹은 DM을 최저 연 1회 발행하고 있는가?	
	A-2 전단 또는 DM에 점포명 표기가 한 곳 이상 있는가?	
	A-3 전단, DM에 처음 가는 고객도 내점이 가능하도록 지도가 실려 있는가?	
	A-4 전단, DM에 영업일 및 영업시간을 명시하고 있는가?	
	A-5 전단, DM에 전화번호를 명시하고 있는가?	
	A-6 전단, DM에 행사 기간을 명시하고 있는가?	
	A-7 전단, DM에 주차장이 있는 것을 명시하고 있는가?	
	A-8 전단, DM에 주력 상품군을 풍부히(1 단품에 3 아이템 이상) 표현하고 있는가?	
	A-9 전단, DM에 단품의 개별 아이템 가격을 90% 이상 명시하고 있는가?	
	A-10 전단, DM상의 상품을 단품별로 분류하고 있는가?	
	A-11 전단, DM에 상품 기능, 사용 방법, 유지관리 방법 등을 전하고 있는가?	
	A-12 전단, DM에 취급 신용카드 결제 특전을 표시하고 있는가?	

[표 12-2] 점포진단 체크리스트 B

	진단 항목	평가
B 단품유도 간판/주차장	B-1 점포명과 업종을 표시하는 간판이 있는가?	
	B-2 외관상으로 무슨 점포인지 구분이 되는가?	
	B-3 주차장이 있는가?	
	B-4 주차장에서 차가 들어가고 나가는데 편리하게 되어 있는가?	
	B-5 주차장은 주차하기 쉬운가?	
	B-6 처음 내점한 고객도 주차장을 찾기가 쉬운가?	
	B-7 주차장에 대기 차량이 많은 경우 차량 유도를 하고 있는가?	
	B-8 주차장 요금표시가 있는가?	
	B-9 주차장에 쓰레기나 물이 고여 있지 않는가?	
	B-10 주륜장(자전거)은 있는가?	
	B-11 주륜장은 찾기 쉬운가?	
	B-12 주륜장은 정리정돈이 되어 있는가?	
	B-13 주륜장에 쓰레기나 물이 고여 있지 않은가?	

[표 12-3] 점포진단 체크리스트 C

	진단 항목	평가
C 단품소구 점포입구	C-1 입구는 찾기 쉬운가?	
	C-2 입구는 물리적으로 들어가기 편리한가?	
	C-3 입구는 분위기적으로 들어가기 편한가?	
	C-4 점포 앞 부분은 청결한가?	
	C-5 입구에 더러워지지 않도록 우산을 꽂을 공간이 있는가?	
	C-6 입구 매트는 청결하고 반듯이 놓여 있는가?	
	C-7 입구에 재떨이, 휴지통 등이 있고 청결한가?	
	C-8 우산은 보관대에 우산 넣을 비닐이 입구 부근에 있는가?	
	C-9 입구 부근에 영업시간, 정기휴일 표시가 있는가?	
	C-10 입구 부근에 인기 상품, 행사 표시가 있는가?	
	C-11 입구 부근에 층 안내도가 있는가?	
	C-12 입구 부근에 취급 신용카드가 표시되어 있는가?	
	C-13 입구 부근에 애완동물 동반 여부 표시가 있는가?	
	C-14 점포 주력 단품이 점포 앞에 이미지화 되어 있는가?	

[표 12-4] 점포진단 체크리스트 D

	진단 항목	평가
D 단품소구 매장	D-1 매장은 한번 둘러보았을 때 밝은 분위기를 느끼게 하는가?	
	D-2 매장은 한번 둘러보았을 때 청결하다고 느껴지는가?	
	D-3 매장을 한번 둘러보았을 때 매장에서 재촉하지는 않는가?	
	D-4 매장을 둘러보았을 때 계절감이 느껴지는 상품이 있는가?	
	D-5 환경은 쾌적한가?	
	D-6 백 그라운드 뮤직 음향은 적절한가?	
	D-7 매장이 물리적으로 밝은가(1,000럭스 이상)?	
	D-8 부문 표시는 명확한가?	
	D-9 계단, 에스컬레이터 및 엘리베이터 표시는 있는가?	
	D-10 주 통로는 명확하고, 통행하기 편한가?	
	D-11 보조 통로는 명확하고 통행에 편한가?	
	D-12 쇼핑 바구니나 카트는 입구 부근에 있고 잡기 편한가?	
	D-13 쇼핑 바구니, 카트는 청결한가?	
	D-14 매장에서 고객 특전이 되는 것(바겐세일, 포인트카드, 신용카드 등)을 명시하고 있는가?	

[표 12-5] 점포진단 체크리스트 E

	진단 항목	평가
E 부문집기전개	E-1 상품은 청결한가?	
	E-2 상품은 손상되어 있지 않는가?	
	E-3 상품은 주력 단품으로 한데 묶여 있는가?	
	E-4 주력 상품은 3 아이템 이상 갖추어져 있는가?	
	E-5 주력 단품 아이템은 정말 저렴한가?	
	E-6 주력 단품 가격표가 바르게 붙어 있는가?	
	E-7 집기는 청결한가?	
	E-8 집기에 빈 공간이 눈에 띄지는 않는가?	
	E-9 상품은 취급하기 쉽게 진열(거리에 대해서)되어 있는가?	
	E-10 주력 단품이 그 매장 제일 좋은 자리에 진열되어 있는가?	
	E-11 주력 상품이 가격대별로 진열되어 있는가?	
	E-12 전단에 실린 주력 단품 3 아이템은 결품되어 있지 않는가?	
	E-13 주력 단품 아이템의 페이스 수는 많은가?	
	E-14 주력 단품 아이템에 POP, 가격표가 붙어 있는가?	
	E-15 POP가 1평당 3장 이상 붙어 있는가?	

	E-16 POP로 판매가격 표시와 사용가치를 명시하고 있는가?	
	E-17 POP로 정가, 할인율을 명시하고 있는가?	
	E-18 품절 되었을 때 품절 및 입고 예정을 명시하고 있는가?	
	E-19 POP를 보기 쉽도록 고정시켜 놓았는가?	
	E-20 POP가 더럽거나 구부러지지 않았는가?	
	E-21 저렴감이 있는가?	
	E-22 가치감이 있는가?	
	E-23 풍부감(볼륨감)이 있는가?	

[표 12-6] 점포진단 체크리스트 F

	진단 항목	평가
F 단품인적서비스	F-1 눈이 마주칠 때 방긋 미소를 짓는가?	
	F-2 "어서 오세요!"라고 밝게 인사하는가?	
	F-3 활기차 보이는가?	
	F-4 복장은 청결한가?	
	F-5 고객이 무언가 묻고 싶을 때에는 곧 대응할 수 있도록 하고 있는가?	
	F-6 손님을 기다리게 할 때에는 "잠깐 기다려 주십시오!"라고 말하고 사정을 설명하는 등 고객이 기분 좋게 느낄 수 있도록 대응하는가?	
	F-7 고객이 볼 수 있는 범위에 판매원이 1인 이상 있는가?	
	F-8 단품이 있는 장소를 즉시 답할 수 있는가?	
	F-9 고객에 대해 차별을 두지 않고 대하고 있는가?	
	F-10 상품을 사지 않은 손님에게도 "감사합니다!" 라고 기분 좋게 인사하고 있는가?	
	F-11 고객에게 특전이 되는 것(바겐세일, 포인트카드, 신용카드 등)을 권하고 있는가?	
	F-12 고객에게 접근하는 타이밍은 적절한가?	
	F-13 고객 이야기를 충분히 듣고 있는가?	
	F-14 고객 이야기를 들은 후 "알겠습니다!"라고 하는가?	
	F-15 고객이 원하는 상품을 제시하고 있는가?	
	F-16 상품을 다루는데 있어 정중한가?	
	F-17 포장은 신속하고 아름답게 하는가?	
	F-18 상품을 들기 쉽고 운반하기 쉽게 포장하는가?	
	F-19 고객 용도, 목적에 맞는 포장인가?	
	F-20 계산대에서 상품과 가격을 읽어주면서(확인하면서) 계산하고 있는가?	
	F-21 계산한 금액과 받은 금액, 거스름 돈을 말로 확인하고 있는가?	
	F-22 고객 손에 닿을 정도로 정중하게 거스름 돈을 전하는가?	
	F-23 전화에서는 친절한 어조로 대응하고 있는가?	

	F-24 전화음 5회 내에 전화를 받고 있는가? 6회 이상이었을 때는 "기다리게 해서 죄송합니다!"라고 하는가?	
	F-25 전화에서 회사(점포)명을 1회에 알아들을 수 있도록 하는가?	
	F-26 영업시간외에 부재중 전화번호 등 무엇인가 대응하고 있는가?	

[표 12-7] 점포진단 체크리스트 G

	진단 항목	평가
G 단품정산 설비 등	G-1 계산대 위치 표시는 있는가?	
	G-2 계산대 줄 표시는 있는가?	
	G-3 영수증을 고객에게 전하고 있는가?	
	G-4 계산대에서 기다리는 고객이 3명 이하인가?	
	G-5 보증서를 발행하고 있는가?	
	G-6 계산대 주변에 신용카드 특전 표시가 있는가?	
	G-7 계산대 주변이 밝고 청결한가?	
	G-8 정산 공간은 혼잡하지 않은가?	
	G-9 비닐 봉투는 보충되어 있는가?	
	G-10 빈 바구니, 빈 카트가 계산대 주위에 방치되어 있지 않는가?	

[표 12-8] 점포진단 체크리스트 H

	진단 항목	평가
H 단품플로우 설비 등	H-1 화장실 장소 표시는 있는가?	
	H-2 화장실이 밝고 청결한가?	
	H-3 화장실 휴지는 보충되고 있는가?	
	H-4 화장실에 수화물을 놓을 설비가 있는가?	
	H-5 휴식 장소가 있는가?	
	H-6 흡연 장소가 있는가?	
	H-7 흡연 장소의 재떨이에 담배재가 지나치게 쌓여있지 않는가?	
	H-8 (공중)전화가 있는가?	
	H-9 비상구가 명시되어 있는가?	
	H-10 시계가 있는가?	
	H-11 서비스(안내) 계산대가 있는가?	

[표 12-9] 점포진단 체크리스트 I

I	진단 항목	평가
사용가치확인	I-1 고객 불평(불만)에 대해 즉시 대응하고 있는가?	
	I-2 반품 처리 표시는 있는가?	
	I-3 배송 서비스와 요금 표시는 있는가?	
	I-4 고객 카드를 발행하고 있는가?	
	I-5 POP에 지역 고객에게서 얻은 상품 정보를 활용하고 있는가?	

제2절 쇼핑 사이클 별 고객만족 분석

아래 표는 득점별에 따른 점포 타입과 고객이 어떻게 느끼고 있는가를 정리한 것이다. 점포 점수가 80점 이상이라면 성공 점포일 것이다. 물론 40점 미만 점포도 있다. 다음 표에 각각 득점을 기입한다.

[표 12-10] 쇼핑 사이클 별 달성표

체크한 항목 수 :
미체크 항목 수 :

체크한 항목 수 중에서 :
O 항목수 :
× 항목수 :

달성률 :

$$\frac{\text{O 항목 수}}{\text{체크한 항목 수}} \times 100$$

평가 :

쇼핑 사이클	이루어지고 있는 항목	달 성 도
A. 전단, DM	/ 12	%
B. 간판, 주차장	/ 13	%
C. 점포 입구	/ 14	%
D. 매장	/ 14	%
E. 부문집기 전개	/ 23	%
F. 인적 서비스	/ 26	%
G. 정산 설비 등	/ 10	%
H. 플로우 설비 등	/ 11	%
I. 사용가치 확인	/ 5	%

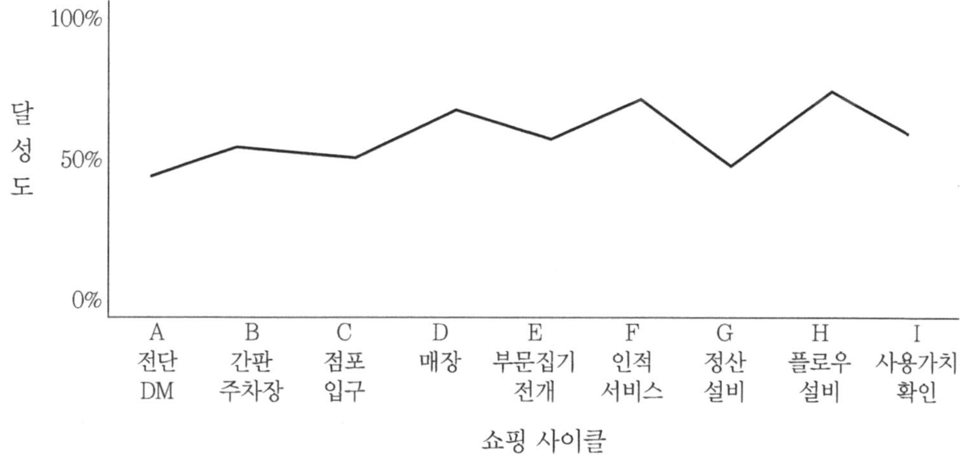

[그림 12-2] 쇼핑 사이클 별 달성도

[표 12-11] 득점별에 따른 점포 타입

득점	고객은 이렇게 느끼고 있다
80~100	"와 좋다. 쾌적한 점포. 만족!" 계속해서 활약을...........
70~79	"좋은 점포. 조금 더 쾌적하게 되었으면........!" 좀 더 분발해 보시지 않겠습니까?
60~69	"쓸모는 충분한 점포이지만........" 온순한 고객만 있다면 좋겠지만......
50~59	"여기밖에 점포가 없는 줄 아나!" 고객에게 가까이 다가서고 있습니까?
40~49	"쓸쓸한 점포. 들어가기가 어쩐지....!" 고객을 깔보아서는 안 됩니다.
40 미만	"여기가 점포?" 고객이 보이지 않습니다.

제3절 점포 상품진열 효율 분석

1 점포 상품진열 효율 분석

1) 진열 집기와 진열 초점

고객 눈에 잘 띄도록 하려면 진열 집기에 의한 상품연출이 잘 이루어져야 한다. 그러기 위해서는 점포에서 일반적으로 많이 사용하고 있는 곤돌라에 대한 깊은 이해가 있어야 한다.

2) 이익공헌도

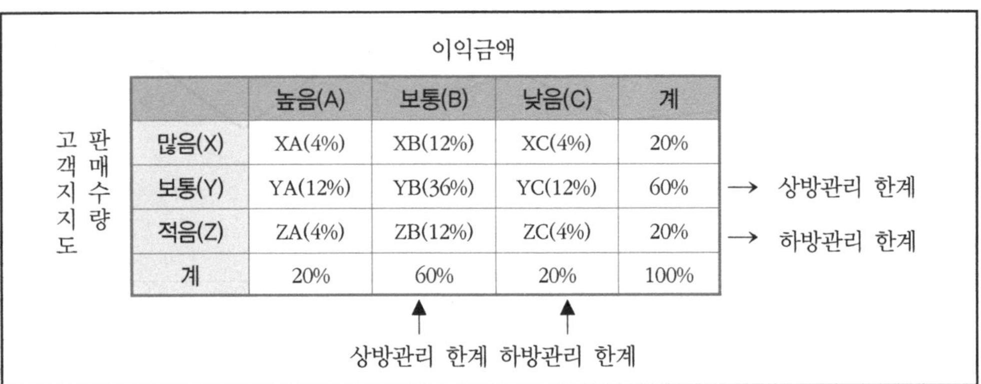

이익금액

고객지지도 / 판매수량

	높음(A)	보통(B)	낮음(C)	계	
많음(X)	XA(4%)	XB(12%)	XC(4%)	20%	
보통(Y)	YA(12%)	YB(36%)	YC(12%)	60%	→ 상방관리 한계
적음(Z)	ZA(4%)	ZB(12%)	ZC(4%)	20%	→ 하방관리 한계
계	20%	60%	20%	100%	

↑ 상방관리 한계 ↑ 하방관리 한계

[그림 12-3] 이익공헌도 관리

3) 진열위치 제표

[표 12-12] 진열 위치 제표

	높 음(A)	보 통(B)	낮 음(C)
많음(X)	- 중점판매 상품 - 중앙 위치 - 진열량 늘림	- 대량판매 상품 - 유리한 위치 - 진열량 늘림	- 박리다매 상품 - 불리한 위치 - 하단 진열
보통(Y)	- 이익 상품 - 가슴 높이 - 판매 촉진	- 판매 상품 - 중, 상단 - 일반 진열	- 구색 상품 - 중, 상단 - 연관 진열
적음(Z)	- 보여주는 상품 - 상단 - 판매 촉진	- 구색 상품 - 중, 상단 - 연관 진열	- 사양 상품 - 육성해야 할 상품이면 가슴높이

2 점포 상품진열 효율 평가 기준

[표 12-13] 대형슈퍼마켓 상품진열 효율 실험 내용

- 실험한 곳 : 대형슈퍼마켓 3개점
- 실험상품 : 스낵류
- 실험조건 : 중앙 곤돌라 진열 스낵 상품 판매경향
  단, 순수한 곤돌라별 상품력을 파악하기 위해 각 상품을 순환진열 시키고 특매나 가격인하 판매 따위를 하지 않았음.
- 실험한 때 : 0000년 00월
- 자료 신뢰도 : 3개점 공통변수의 평균치 적용으로 신뢰도가 높음

1) 고객 대부분은 곤돌라 통로 바깥에서부터 상품을 보고 느끼면서 들어온다.

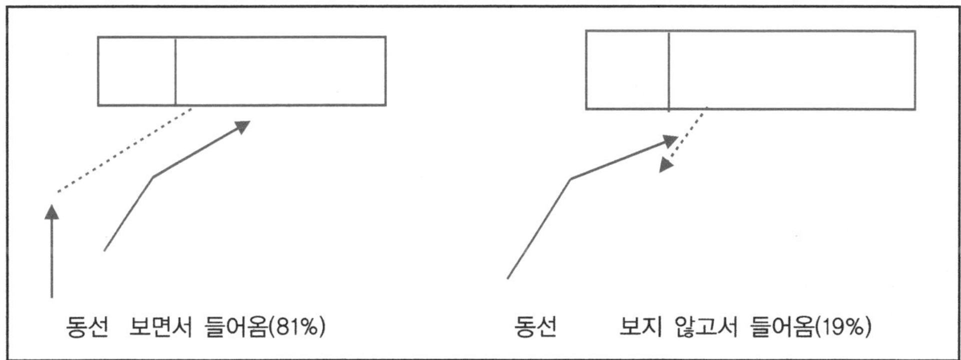

[그림 12-4] 실험결과 1 : 곤돌라 통로

2) 양쪽 곤돌라 라인 안에서 동선이 향하는 쪽 곤돌라 라인을 처음 보는 확률이 높다.

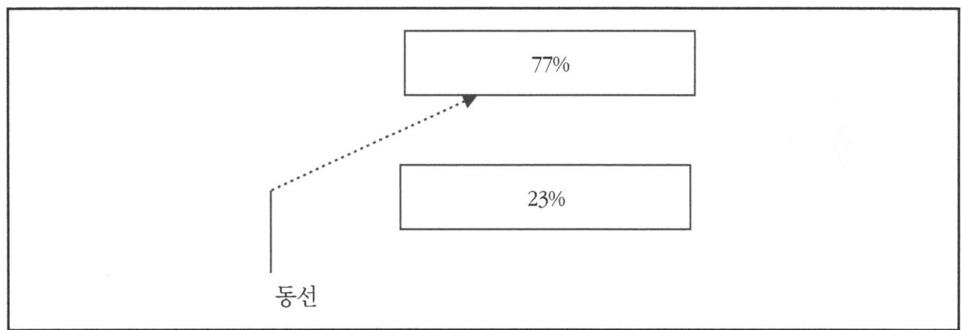

[그림 12-5] 실험결과 2 : 양쪽 곤돌라 라인

3) 이 때 눈으로 보게 되는 상품 위치는 곤돌라 8단인 경우 하단에 집중되고 있다. 즉 곤돌라로부터 떨어진 위치에서 접근하면서 보기 쉬운 곳은 곤돌라 아래 부분이다.

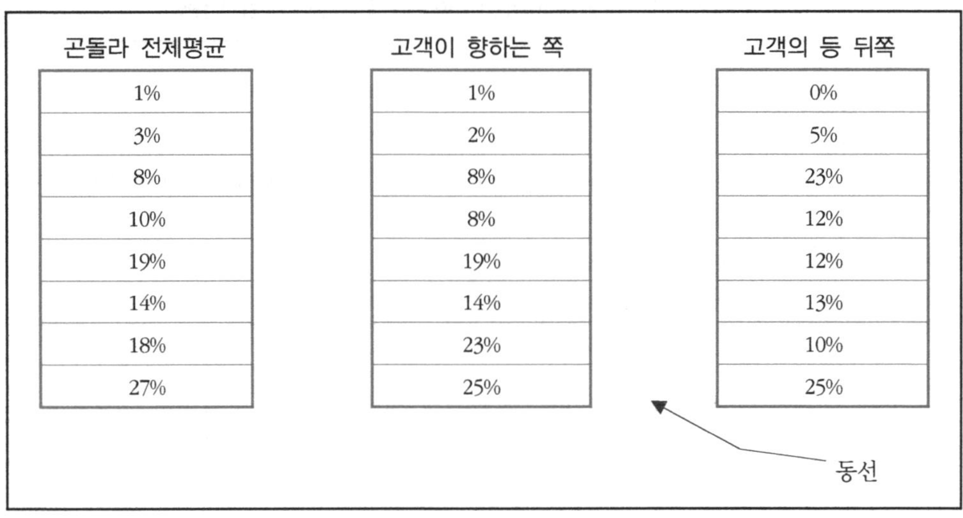

곤돌라 전체평균	고객이 향하는 쪽	고객의 등 뒤쪽
1%	1%	0%
3%	2%	5%
8%	8%	23%
10%	8%	12%
19%	19%	12%
14%	14%	13%
18%	23%	10%
27%	25%	25%

[그림 12-6] 실험결과 3 : 상품 위치

4) 곤돌라마다 어떤 상품이 진열되어 있는가를 확인하는 방법은 크게 두 가지 형태로 나타난다.

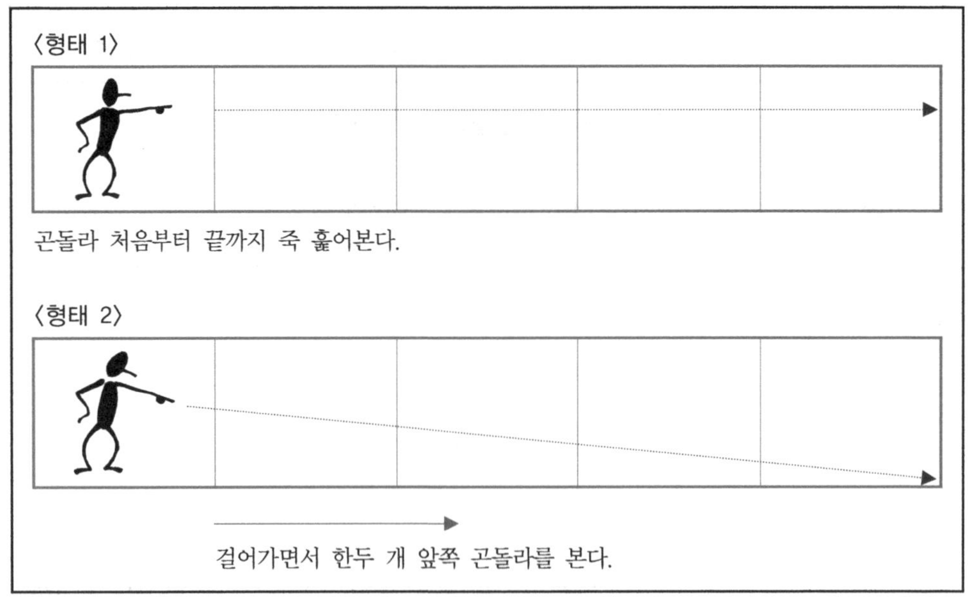

[그림 12-7] 실험결과 4 : 상품진열 확인법

5) 상품 군별 진열에 있어 중앙 곤돌라를 좌우로 잘게 써는 형태의 진열보다는 곤돌라 단위로 구획하여 진열하는 것이 고객에게 훨씬 효과적이다.

품목군 A	품목군 B	품목군 C	품목군 D

(좋은 진열)

	품목군 A
	품목군 B
	품목군 C
	품목군 D
	품목군 E

(나쁜 진열)

[그림 12-8] 실험결과 5 : 좋은 진열과 나쁜 진열

6) 고객이 매장에서 상품을 탐색하기 위해 곤돌라 앞에 서는 경우, 약 40cm 거리를 둔다.

[표 12-14] 실험결과 6 : 곤돌라에서 발끝까지 거리

40cm 미만	70%
40 - 60cm	24%
60 - 80cm	5%
80 - 100cm	1%
100cm 초과	-

7) 하나의 곤돌라 앞에 서서 최초로 보게 되는 선반은 대개 중단이 많다. 냉장 쇼케이스 경우 하단이 대체로 많다.

[표 12-15] 실험결과 7 : 최초 시인 선반

최초로 보는 것	곤돌라	냉장 쇼케이스
상	30%	14%
중	38%	31%
하	32%	55%

8) 곤돌라 앞에서 상품을 고를 때 사지 않는 경우 시선의 형태는 위, 아래로 내려다 보는 예가 많고, 사는 경우는 좌우로 보는 예가 많다.

[표 12-16] 실험결과 8 : 상품을 고를 때 시선

	좌 우	아래 위	좌우+아래 위
안 살 때	35%	36%	29%
살 때	44%	35%	20%

9) 상품을 고르고 사기 위해 시선을 움직이는 범위는 가로 90 - 110cm, 세로 3 -4단인 경우가 대부분이다.

94.1cm

3-4단

따라서 90cm 또는 110cm 짜리 곤돌라 내에서 품종별 각 상품 배치를 세로가 아니고 가로로 집약해 배치하는 것이 가장 효과적이다.

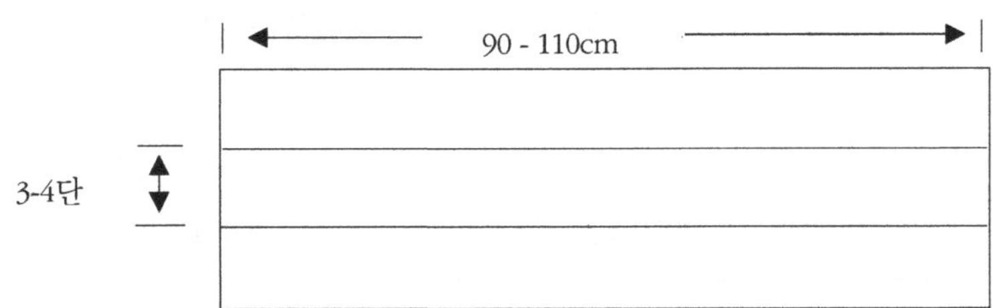

[그림 12-9] 실험결과 9 : 상품을 구입한 경우 시선 범위

즉, 하나의 품종별 집약은 가로 90 - 110cm, 세로 3 - 4단 선반에 배치시키는 것이 상품을 고르고 사기 위해 시선을 움직이는 범위와 일치하게 된다.

10) 고객이 비교선택의 대상으로 하는 품목 수는 대체로 5 - 10가지 정도이다.

[표 12-17] 실험결과 10 : 선택 집합 수

품 종	품목수	선택집합 수(평균)
생리용품	16	4.5
샴푸	16	4.8
치약	16	5.3
맥주	16	5.2
컵라면	11	5.1
케첩	23	4.5 – 7.4
음료	104	7.9 – 12.4
스낵	74	12.6 – 16.5

주 : 선택집합 수란 어떤 품종 내에서 고객이 '사고 싶다' 또는 '사도 좋겠다'고 생각하고 있는 품목의 집합

따라서 단품관리적 측면에서 보면 무턱대고 잔뜩 구색을 갖추는 것이 좋은 게 아니라 고객이 비교선택의 대상으로 느낄 수 있는 범위로 상품을 압축하여 구색을 갖춤으로써 매출 향상을 도모할 수 있음을 알 수 있다.

11) 곤돌라 선반 높이가 상품판매에 미치는 영향, 즉 선반별 판매력 지수는 다음과 같다.

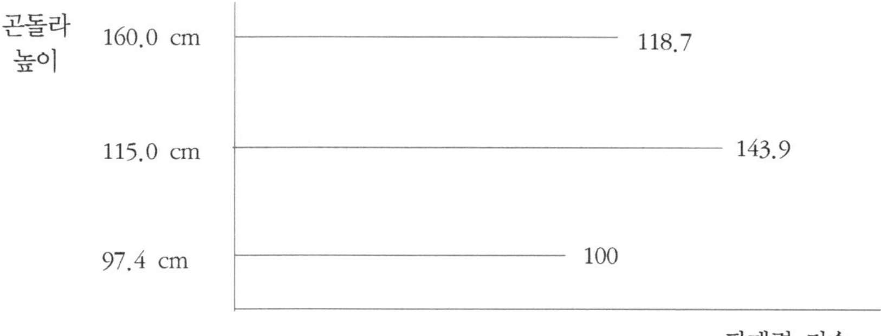

5단 곤돌라 경우

높이	지수
145cm	129.34
115	141.97
85	142.96
55	132.31
15	100

6단 곤돌라 경우

높이	지수
150cm	126.10
125	139.05
100	143.92
75	140.70
50	129.40
15	100

7단 곤돌라 경우

높이	지수
155cm	122.54
135	134.84
113	142.30
90	143.60
68	138.35
46	126.84
15	100

8단 곤돌라 경우

높이	지수
155cm	122.54
135	134.84
115	141.97
95	143.92
75	140.70
55	132.31
35	118.74
15	100

[그림 12-10] 실험결과 11 : 선반별 판매력 지수

12) 대용량 병 또는 페트용기 상품인 경우는 하단이라도 중, 상단 못지않게 판매력이 있다.

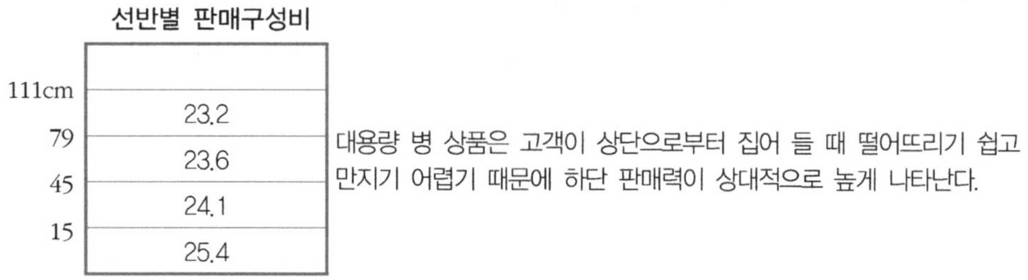

선반별 판매구성비

높이	판매구성비
111cm	
79	23.2
45	23.6
15	24.1
	25.4

대용량 병 상품은 고객이 상단으로부터 집어 들 때 떨어뜨리기 쉽고 만지기 어렵기 때문에 하단 판매력이 상대적으로 높게 나타난다.

[그림 12-11] 실험결과 12 : 선반별 판매구성비

연습문제

01 실습 점포를 평가기준에 의하여 평가하여 보시오.

02 실습 소감을 기록하시오.

◎ 참고문헌 ◎

〈국내 참고문헌〉

김경태(2016), 「경영 빅데이터 분석사」, 서울 : ㈜시대고시기획.

김낙회(2012), 「쇼퍼 마케팅」, 서울 : ㈜재일기획.

김성배 · 노은정 · 김규동(2010), 「머천다이징」, 서울 : 광선출판사.

김승욱 · 강기두(2009), 「고객관계관리 원론」, 파주 : 법문사.

류인철 · 최용석 · 강한수 · 김선구(2013), "대형 유통업체와 중소상인 상생방안 연구", 산업경제연구, 26(1).

리테일메거진(2005년 ~ 2015년 각월호), 한국체인스토어 협회.

박영봉 · 이윤재 · 이경탁(2015), 「소비자 행동론」, 파주 : 학현사

박정식 · 박종원 · 조재호(2007), 「현대재무관리」, 서울 : 다산출판사.

박재홍(2007), "국내할인점 분석을 통한 대형슈퍼마켓의 유통부문 발전전략에 대한 실증연구" 건국대학교 대학원 벤처전문기술학과 석사학위논문.

박한혁(2012), "대형마트/SSM 출점 및 영업규제 대응에 따른 상생모델방안", 프랜차이즈경영연구, 3(2).

박한혁 · 이상윤(2016), 「소매점창업론」, 서울 : 도서출판 두남.

반병길 · 이인세 · 김성영(2001), 「다국적기업 전략과 관리」, 서울 박영사.

설영기(2001), 「다국적기업과 글로벌전략」, 서울사 상조사.

소상공인시장진흥공단(2013), 「경영관리 가이드 」,리더스경영건설팅(주)

신영식 · 차경천(2011), "브랜드 통합포인트 카드의 이용형태와 통합효과", 상품학연구, 29(4).

신재호(2008), "서울시 대형할인점 입지유형 및 특성에 관한 연구" 석사학위논문. 한양대학교 도시대학원.

안영일 · 김호남 · 전재완(2015), 「유통관리사2급」, 서울 : ㈜시대고시기획.

오영애 · 김문정 · 김은희(2013), 「유통관리」, 서울 : 도서출판 두남.

유통업체연감(2005년호-2015년호), 한국체인스토어 협회.

유동근(2010), 「마케팅 조사론」, 서울 : 두양사.

윤경구 · 신건철(2012), "로열티프로그램이 고객참여와 소비자-브랜드 관계에 기초한 관계형 시장 행동에 미치는 영향", 유통연구, 17(2).

이광종(1995), "슈퍼마켓 경영기술Ⅰ", 한국슈퍼체인협회 출판부.

이동일 · 현근식 · 이지현 · 이혜준(2014), "편의점 성장 시뮬레이션을 통한 편의점 운영 효율화 정책", 유통연구, 19(4).

이상윤(1998), "한국 편의점 체인본부의 운영시스템에 대한 연구", 한국유통정보학회.

이상윤(1999), "체인스토어의 시스템적 운영향상을 위한 교육점포활용에 관한연구", 명지대학교.
______(2010), 「유통영업관리론」, 서울:도서출판 두남.
______(2005), "프랜차이즈본부의 균형성과평가지표개발에 관한연구", 유통과학연구, 제3권제1호, (사)한국유통과학회.
______(2005), "중국의 유통경로구조와 정책에 관한 연구", 유통과학연구, 3(2), (사)한국유통과학회.
______(2006), "글로벌 다국적 소매기업의 해외진출 전략에 관한 연구" 2006동계정기학술대회, 명지대유통경영대학원창립10주년기념, (사)한국유통과학회.
______(1995), 「CVS는 시스템이다」, 세시.
______(1997), 「점포경영진단지도매뉴얼」, 중소기업청.
______(2000), 「가전제품 머천다이징」, 한국체인스토어협회 출판부.
______(2000), 「고객관리」, 상업계 고등학교 교과서, 서울보건대.
______(2001), 「신 유통경영 전략」, 한국생산성본부.
______(2001), 「무재고 유통관리시스템」, 한국생산성본부.
______(2001), 「CRM과 유통정보」, 한국생산성본부.
______(2001), 「이익지향 계수평가 모델」, 한국생산성본부.
______(2001), 「전략적 마케팅관리」, 한국생산성본부.
______(2001), 「유통관리 실무」, 한국능률협회.
______(2005), 「신 마케팅론」, 도서출판 두남.
______(2005), 「유통실무사」대학교재, 도서출판 두남.
______(2006), 「유통관리사 2급」, 한국체인스토어협회 출판부.
______(2009), 「상권분석론」, 도서출판 두남.
______(2009), 「유통학 개론」, 도서출판 두남.
______(2010), 「유통영업관리론」, 도서출판 두남.
______(2010), 「매장관리론」, 도서출판 두남.
______(2013), 「최신 유통관리론,」도서출판 두남.
______·박한혁(2015), 「판매관리론」, 도서출판 두남.
이세웅(2001), 「글로벌경영과 전략」, 서울 도서출판 두남.
이영우(2011), 「재무관리 」, 서울 : (주)웅진패스원
장세진(2003), 「글로벌경쟁시대의 경영전략」, 「제3판」, 서울 : 박영사.
추호정·문희강·전대근역(2012). 「2012유통트랜드」, 서울 : 한국체인스토어협회.
한동철·성희승(2003), 「소매관리」, 서울 : 우용출판사.

찾아보기

A

C

E

G

H

J

K

N

O

P

Q

R

S

U

V

저자 약력

■ 해항(海沆) 이 상 윤(李相允)

〈훈포상 경력〉

- 2010년도 서울신문 VISION 2010 경영혁신 대상 수상(유통산업)
- 2011년도 세종사이버대 강의제작부문 최우수상(BTA)-매장관리론
- 2011년도 (사)한국유통과학회 국제학술대회 공로상 최우수논문상 수상
- 2012/3년 (사)한국프랜차이즈경영학회 최우수논문상 수상
- 2014년도 (사)한국유통과학회 하계 동계 국제학술대회 최우수논문상
- 2014년도 스포츠동아 선정 대한민국 대표 아름다운 교육인 대상 수상
- 2016년도 (사)한국유통과학회 중국 국제동계학술대회 최우수논문상
- 2017년도 (사)한국유통과학회 인천대학교 국제동계학술대회 최우수논문상
- 2018년도 (사)한국유통과학회 서울대학교 국제하계학술대회 최우수논문상

〈학 력〉

- 연세대학교 졸업(사회복지학 전공, 행정학 부전공)(1986)
- 명지대학교 유통대학원 유통학과 졸업(경영학 석사)(2000)
- 일본유통과학대학원 유통세미나과정, 프랜차이즈세미나과정 수료(2003)
- 명지대학교 일반대학원 무역학 박사과정 졸업(경영학 박사)(2005)
- 미국 훼이스 신학대학원 실천신학 박사과정 졸업(철학 박사)(2008)

〈자 격〉

- 사회복지사 1급(보건복지부)
- 인적자원관리사(한국생산성본부)
- 경영진단사(한국생산성본부)
- 유통지도사(한국유통과학회)

〈경 력〉

- 태인샤니그룹(SPC) 과장/진로그룹 팀장(1986-1997-12년)
- 한국능률협회그룹(KMA) 수석전문위원 /경영 컨설턴트(1995-2007)
- 한국능률협회컨설팅 프랜차이즈 최고경영자과정 주임교수(2001-2007)
- (사)한국체인스토어협회 한국유통연수원 교수(1995-2008)
- (사)한국유통과학회 명예회장(2011), 회장(2009)
- 중소기업청 시장경영진흥원 자문위원/교수(2009/2011)
- 명지대 유통경영대학원 유통학과 주임교수(2002-2011)
- 세종대 경영대학 경영학과/경영전문대학원 교수(2011-2014)
- 세종사이버대 유통물류학과 외래교수(2011-2019)
- (사)한국프랜차이즈경영학회 부회장(2011-2014)
- 중소기업유통센터 전문위원(2014-2017)
- 성남시 상권활성화재단 전문위원(2014-2017)
- 미국 캐롤라인대학교 경영대학장 경영학과 정교수(2016-2019)
- 미국 임페리얼대학교 총괄 부총장, 경영대학 경영학과 정교수(2019-2020)
- 가천대 경영대학원 경영학과 겸임교수(2014-2020)
- (사)한국마트협회 경영자문위원(2019-2020)
- 한국영업관리학회 부회장(2017-2020)

(현재)
• RMI컨설팅그룹/대표, 연구소 유통21/소장(1997-)
겸 한국인공지능학회 5대·6대 회장(2020-)
겸 한국세일즈협회 회장(2014-)
겸 (사)한국유통과학회 전 회장/상임이사/유통과학대상 위원장(2004-)
겸 동아시아경상학회 2대·3대 전 회장/명예회장(2016-)
겸 국제융합경영학회 고문(2014-)
겸 한국생산성본부 경영지도위원/교수(1995-)
겸 한국경제신문사 한경아카데미 전문위원/교수(1997-)
겸 중소벤처기업진흥공단 중소기업연수원 교수(2007-)
겸 한국기술교육대학교 국가직무능력표준(NCS) 자문위원(2016-)
겸 소상공인시장진흥공단 상인대학/소상공인 자문위원 전문교수(2000-)

〈저 서〉
• [CVS는 시스템이다-세븐일레븐 유통정보전략] 역서(1995), 도서출판 세시
• [신 마케팅론](2005), 도서출판 두남
• [유통학개론](2009), 도서출판 두남
• [물류관리론](2009), 도서출판 경록
• [유통영업관리론](2010), 도서출판 두남
• [유통시장조사론](2016), 도서출판 두남
• [경영학원론](2017), 도서출판 두남
• [유통정보론](2017), 도서출판 두남
• [영업관리론](2017), 도서출판 두남
• [최신유통관리론] 개정2판(2017), 도서출판 두남
• [상권분석론] 개정판(2018), 도서출판 두남
• [매장관리론] 개정판(2018), 도서출판 두남
• [종합물류관리론] 개정판(2018), 도서출판 두남
• [마케팅조사론] 정선 문제집(2019), 와이제이학사고시
• [판매관리론] 개정판(2020), 도서출판 두남
• [소매점창업론] 개정판(2020), 도서출판 두남 외 다수

〈국가 공공기관 학술용역프로젝트〉
• 국립국어원, 유통분야 전문용어 관리실태 현황조사, 책임연구원(2013.5-12)
• 서울신용보증재단, 서울시 소기업 소상공인 창업성공실패요인 조사분석, 책임연구원(총괄), (2014.11-2015.1)
• 서울산업진흥원, 국내 유통마케팅 기반조성 육성 고객 '중소유통(벤더)사' 현황조사, 책임연구원(총괄) (2015.7-9) 외 다수

〈발표논문 기타 저작물〉 : 아래 홈페이지에서 검색

■ e-mail : rmi21lee@hanmail.net ■ Homepage: www.rmi21.co.kr

■ **박 한 혁(朴 漢 爀)**

〈학 력〉
• 서강대학교 졸업(경영학과, 1987)
• 서강대학교 언론대학원(언론학석사, 광고전공, 2003)
• 세종대학교 일반대학원 박사과정 졸업(경영학박사, 마케팅전공, 2014)

〈경 력〉
• 대농그룹 미도파 백화점 13년 근무(1987-1999)
• 롯데백화점 본점 영업총괄팀장, 본점 식품팀장 역임
• 롯데슈퍼 지원팀장, 가맹사업팀장, 오픈지원팀장 역임
• 롯데쇼핑 22년 근무(1999-)
• 우송정보대학, 경복대학교, 서정대학교 겸임교수 역임
(현재)
• 롯데쇼핑 슈퍼사업본부 수석 재직
• (사)한국유통과학회 이사
• 삼육대학교 겸임교수(2018-)

〈저 서〉
• [판매관리론] 개정판(2020), 도서출판 두남
• [유통시장조사론](2016), 도서출판 두남
• [소매점창업론] 개정판(2020), 도서출판 두남

〈발표논문〉
• 대형 유통점 영업규제에 대한 소비자 평가와 쇼핑행동수정(유통연구/2015.07)
• 대형마트/SSM 영업규제에 따른 소비자 쇼핑행동수정에 관한연구(박사/2014)
• 한국 슈퍼마켓 동반성장을 위한 상생방안(유통과학회/2014.03)
• 대형마트/SSM 출점 및 영업규제 대응에 따른 상생모델방안(프랜차이즈경영연구/2012.12)

■ e-mail : race811245@hanmail.net

유통정보론 - 개정판

초 판 1쇄 발행 —— 2017년 8월 25일
초 판 2쇄 발행 —— 2018년 8월 20일
초 판 3쇄 발행 —— 2020년 8월 25일
개정판 1쇄 발행 —— 2022년 8월 10일
지은이 —— 이 상 윤 · 박 한 혁
펴낸이 —— 전 두 표
펴낸곳 —— 도서출판 두남
서울시 강동구 성내로 6길 34-16 두남빌딩
신 고 : 제25100-1988-9호
TEL : 02) 478-2065~7, 2311
FAX : 02) 478-2068
E-mail : dnbooks@dunam.co.kr
http://www.dunam.co.kr

정가 31,000원

ISBN 978-89-6414-951-5 93320